U0095125

文
景

————————

Horizon

＊ 光启文景丛书

陈恒 主编

大发现四百年

一部文化冲突的历史

[美] 布赖恩·M.费根 著

乔沙婷 译

上海人民出版社

出版说明

　　梁启超在《清代学术概论》中，把由徐光启（1562—1633）为代表的回溯"汉学"、追求"西学"的学术思潮，看作中国近代思想的开端。正是以徐光启为首的一代人，立足中华文化，承续学术传统，致力中西交流，展开文明互鉴，在江南地区开创出思想文化的新局面，也遥遥开启了上海作为近现代东西交流、学术出版的中心地位。有鉴于此，我们秉持徐光启的精神遗产，继承和发扬其经世致用、开放交流的学术理念，创设"光启文景丛书"，立足中国、借鉴国外、挖掘历史、把握当代，关怀人类、面向未来。努力构筑优秀学术人才集聚的高地，思想自由交流碰撞的平台，展示当代学术研究所取得的成果；同时，大力引介高质量的世界学术精品，既在自身文化中汲取活力，又积极把自身文明带到世界前沿，以高水准的国际性成果丰富中华文化的内涵。

　　丛书推重"经世致用"，即是注重文化的学术性和实用性，既促进学术价值的彰显，又推动现实关怀的呈现。本丛书以学术为第一要义，所选著作务求思想深刻、视角新颖、学养深厚。同时也注重实用，收录学术性与普及性皆佳、研究性与教学性兼顾、传承性与创新性俱备的优秀著作。以此，关注并回应重要时代议题与思想命题，推动中华文化的创造性转化与创新性发展，在与世界学术的交流对话中，努力打造和呈现具有中国特色的价值观念、思想文化及其话语体系，为夯实文化软实力的根基贡献绵薄之力。

丛书推动"东西交流"，即是注重文化的引入与输出，促进双向的碰撞与沟通，既借鉴西方文化，也传播中国声音，并希冀在交流中催生更绚烂的精神成果。丛书着力收录西方古今智慧经典和学术前沿成果，推动其在国内的译介与出版；同时也致力收录国内优秀专著，促进其影响力的提升，发挥更大的文化效用；此外，还将留意海内外学者具有学术性、思想性的随笔、讲演、访谈等的整理汇编，结集出版，建构思想操练和精神对话的空间。

我们深知，无论是推动文化的经世致用，还是促进思想的东西交流，本丛书所能贡献的仅为涓埃之力。但若能成为一脉细流，汇入中华文化发展与复兴的时代潮流，便正是秉承光启精神，不负历史使命之职。

丛书创建伊始，事务千头万绪，未来也任重道远。本丛书涵盖文学、历史、哲学、艺术、宗教、民俗诸多人文学科，需要不同学科背景的学者通力合作。本丛书综合译、著、编于一体，也需要多方助力协调。总之，丛书的顺利推进绝非仅靠一己之力所能达成，实需相关机构、学者的鼎力襄助。谨此就教于大方之家，并预致诚挚的谢意。

清代学者阮元曾高度评价徐光启的贡献："自利玛窦东来，得其天文数学之传者，光启为最深。……近今言甄明西学者，必称光启。"追慕先贤，知往鉴今，希望通过"光启文景丛书"的工作，搭建起东西文化会通的坚实平台，打造上海乃至当代中国学术高原的瞩目高峰，以学术的方式理解和阐释中国，阅读与走向世界。

"光启文景丛书"编委会

2017 年 8 月 1 日

Warhafftige Contrafey einer wilden Frawen/mit jrē Töchterlein/gefunden in der Landtschafft/Noua terra genañt/vnd gehn Antorff gebracht/vnd von menigklich alda offentlich gesehen worden/vnd noch zusehen ist.

第一幅关于拉布拉多地区因纽特妇女及其孩子的画像（1567 年）

资料来源: Handbill printed in Augsburg, Germany. Translated by W. C. Sturtevant, *Inuit Studies* 4(1-2) ：48-49 (1980). Courtesy of the Department of Prints and Drawings of the Zentralbibliothek, Zürich.

注："一名蛮族女性（矮小的人）和她的小女儿一起，在 1566 年乘船自西兰岛（Zealand）到达安特卫普，并在特拉诺瓦（Terra Nova）附近被发现，她的体形和衣着如图所示……他们掳走了这个女人和她的孩子；没有任何一个法国人能理解她说的话或与她交流。但她在八个月中得到了足够的教学，足以让他人获知她曾以人为食。她的衣服是用海豹皮制成的……她面部的绘画是纯蓝色的，像天蓝色……她对真正的上帝（God）一无所知，同时活得几乎比野兽还凶恶……"

献给

1977年冬，加利福尼亚大学圣巴巴拉分校，人类学187号课程的成员们，

没有他们的帮助，这本书将永远不会出现。

还要献给这门课程后来的成员们，

他们就历史中被遗忘的篇章给予了我同样多的指教。

再一次，经由制造者、建模者、搬运工和生产者，开始了人类工作与人类设计的实验：

……播种和黎明之时正在迫近。为此，我们必须制造一名供应者和养育者……因此让我们试着制造和平的给予者，尊重的给予者，供养者。

——丹尼斯·特德洛克（Dennis Tedlock）编译，《波波尔·乌：玛雅人的生命黎明和荣耀之书》（*Popol Vuh: the Dawn of Life and the Glories of Gods and Kings*, 1995）*

目　录

中文版序言　大发现四百年给我们留下了什么？（张广智）　1

前言与致谢　7

作者自序　11

第一部分　大发现时代

第一章　引言　15

第二章　好望角的科伊科伊人　42

第三章　阿兹特克人　71

第四章　西班牙征服的结果　104

第五章　旭日之国　122

第二部分　影响

第六章　大灭绝　143

第七章　高贵的野蛮人：塔希提人　156

第八章　范迪门人　189

第九章　"高贵的野蛮人是条狗！"　203

第十章　上帝的话语　217

第十一章　火地岛人　238

第十二章　大地尽头的传教士　258

第三部分　互联性

第十三章　皮草与火器：加拿大东部的休伦人　275

第十四章　西北海岸的印第安人　297

第十五章　毛利人　321

第十六章　新西兰的殖民　345

第十七章　不平等的遗产　368

资源指南　382

参考文献　401

索　引　408

插图目录

图 1　澳大利亚原住民与他的轻便狩猎装备（弗朗索瓦·佩龙［François Peron］绘）..............17

图 2　邂逅新几内亚比奈（Binai）人（大卫·爱登堡提供）..............19

图 3　15—18 世纪欧洲航海者的世界地图..............22

图 4　一位巴黎艺术家绘制的 1833 年莫舒舒国王的理想化肖像（1859 年）..............29

图 5　中世纪的怪物（佚名）..............45

图 6　好望角（the Cape de Bona Speranza）野人（佚名）..............49

图 7　好望角的男人和女人（托马斯·赫伯特［Thomas Herbert］绘，1627 年）..............55

图 8　科伊科伊营地..............59

图 9　科伊科伊人在好望角的领地（之一）..............60

图 10　科伊科伊人在好望角的领地（之二）..............63

图 11　阿兹特克领域和墨西哥谷的大致边界..............76

图 12　特诺奇蒂特兰的建立..............78

图 13　人祭..............81

图 14　阿兹特克使者向科尔特斯献礼..............90

图 15　阿兹特克武士的六个等级及其俘虏..............94

图 16　建筑师伊格纳西奥·马基纳（Ignacio Marquina）对特诺奇蒂特兰中央广场的复原..............98

图 17　埃尔南·科尔特斯（制章者克里斯托弗·韦迪茨［Christoph Weiditz］绘，1529 年）..............105

图 18 一名西班牙宫廷中的印第安人（制章者克里斯托弗·韦迪茨绘，1529 年）..............108

图 19 巴尔托洛梅·德·拉斯·卡萨斯（J. A. 洛伦特［J. A. Llorente］绘，1822 年）..............115

图 20 日本地图 126

图 21 织田信长 132

图 22 德川家康 134

图 23 一对弗吉尼亚印第安人夫妇进餐（约翰·怀特［John White］绘）..............158

图 24 一幅浪漫主义风格的塔希提美人画像 170

图 25 詹姆斯·库克船长（纳撒尼尔·丹斯［Nathaniel Dance］绘，1776 年）..............172

图 26 塔希提地图 173

图 27 库克船长的船队在莫雷阿（库克第三次远征中的艺术家约翰·克莱弗利［John Cleveley］绘）..............176

图 28 阅兵中的塔希提舰队（W. 伍利特［W. Woollett］据威廉·霍奇斯［William Hodges］作品雕刻）..............180

图 29 塔希提集会地的人祭 183

图 30 古典造型的奥迈肖像（乔舒亚·雷诺兹［Joshua Reynolds］绘）..............188

图 31 塔斯马尼亚地图 195

图 32 带孩子的塔斯马尼亚男人和女人 197

图 33 塔斯马尼亚篮子 201

图 34 存在之链的树状图 206

图 35 沙利文湾（Sullivan's Cove, 1804 年）..............210

图 36　地方长官乔治·阿瑟（George Arthur）对原住民的公告（1830 年）
　　　…………212

图 37　奥古斯塔斯·鲁滨孙和一群塔斯马尼亚人及他们的狗…………214

图 38　一名塔斯马尼亚人（佚名）…………215

图 39　库克之死（约翰·佐法尼绘，1789—1797 年）…………219

图 40　"因你倾倒的响声，海岛岂不都震动吗？"…………225

图 41　马塔韦的休止（罗伯特·斯默克［Robert Smirke］绘）…………227

图 42　波马雷二世（Tu-Nui-e-A'a-I-Te-Atua, Pomare Ⅱ）（威廉·埃利斯绘，
　　　1819 年）…………230

图 43　永不复还（保罗·高更绘）…………234

图 44　火地岛地图…………245

图 45　特基尼卡（Tekeenica）部落的一个火地岛人（"贝格尔号"探险中的
　　　艺术家康拉德·马腾斯［Conrad Martens］绘）…………247

图 46　雅甘印第安人在他们的屋旁（法国科学考察队［French Scientific
　　　Expedition］摄，1884 年）…………248

图 47　雅甘印第安人捆扎矛头（法国科学考察队摄，1884 年）…………250

图 48　皇家海军"贝格尔号"在默里海峡，火地岛（康拉德·马腾斯
　　　绘）…………255

图 49　艾伦·加德纳船长的殉难（基督教艺术家为同时期传教手册绘）
　　　…………264

图 50　一条独木舟上的火地岛人（康拉德·马腾斯绘）…………266

图 51　休伦尼亚（Huronia）和圣劳伦斯谷地图…………277

图 52　休伦印第安人耕种其田地（约瑟夫-弗朗索瓦·拉菲托［Joseph-
　　　François Lafitau］绘，1724 年）…………279

图 53　亡灵节…………285

图 54　圣玛丽耶稣会殖民地的现代复原建筑…………292

图 55　西北海岸与部落分布图 298

图 56　努特卡印第安人向库克打招呼 299

图 57　库克的船队在努特卡湾（约翰·韦伯［John Webber］绘）..............300

图 58　努特卡男人（约翰·韦伯绘）..............307

图 59　18 世纪的努特卡房屋内 309

图 60　夏洛特皇后群岛斯基德盖特（Skidegate）的海达人村庄（R. 梅纳德
　　　　［R. Maynard］摄，1884 年）..............310

图 61　梅特拉特拉卡教堂台阶上的印第安儿童（1881 年）..............319

图 62　新西兰地图 325

图 63　默丘里湾（Mercury Bay）的毛利堡垒（悉尼·帕金森绘）..............326

图 64　夏洛特皇后湾（约翰·韦伯绘）..............327

图 65　毛利哈卡（haka），战舞（J. J. 梅里特［J. J. Merritt］绘）..............331

图 66　毛利战船（斯波林［Sporling］绘）..............333

图 67　毛利男人的肖像（悉尼·帕金森绘）..............335

图 68　毛利人捕鱼（悉尼·帕金森绘）..............337

图 69　"一位穿着他特有服饰并按其风俗全副武装的毛利武士"（悉尼·帕金
　　　　森绘，1773 年）..............340

图 70　岛屿湾的传教站 347

图 71　传教士（佚名）..............350

图 72　19 世纪中期的奥克兰市场 354

图 73　1880 年位于权力巅峰的特·菲蒂（比阿特丽斯·多比［Beatrice
　　　　Dobie］绘）..............365

图 74　最浪漫化且怪诞的传教士传道场景（J. C. 伍德［J. C. Wood］绘，1868
　　　　年）..............370

大发现四百年给我们留下了什么？

张广智（复旦大学历史系教授）

布赖恩·费根是一个会讲故事的人，在《大发现四百年》的前言开头和结语尾句，作者表明这本书是为读者讲述了一个"悲剧故事"。历史证实，大发现四百年史沾染着原住民的血与泪。掩卷而思，这不由令人发问：大发现四百年给我们留下了什么？或者说从这本书里，我们获取了多少知识、几多深思？笔者不才，就此略说一二，望识者赐正。

其一，改制了世界近代史的版图。

《大发现四百年》以丰硕的史料，疏远与批判了欧洲中心论。人类从原始、孤立、分散的状态发展为全世界成一密切联系的整体，是一个悠远漫长的过程。马克思在《政治经济学批判》导言中指出："世界史不是过去一直存在的；作为世界史的历史是结果。"世界近代史是断代史，不过是整个世界历史的一个组成部分，它或许可以从哥伦布发现新大陆至19世纪与20世纪之交，正如费根的《大发现四百年》所涵盖的，它时间虽短，但意义非凡，自此人类历史迈上了一个新台阶。

这不由让我想起大学念书时，教我们世界近代史一课的启蒙老师程博洪先生，他上课时随身携带一个蓝封面的小本子，但他从来不看，只是讲到兴致高时，用手拍拍这个小本本，意思是"我之所云，句句有据也"。程先生不仅熟谙世界近代史，而且还是当时国内屈指可数的拉丁美洲史的权威。现在回想起来，我们所接受的世界近代史的启蒙，还是疏离欧洲中心论的，它增添了拉丁美洲的养分，真是得益匪浅。

说起欧洲中心论，自然又想起了教我们世界古代史的周谷城先生。一次在复旦大学校庆学术报告会上，我聆听这位史界前辈尖锐抨击欧洲中心论，他说，"世界整体的历史，应该具有世界性。地理的'发现'叙述了，发现了的'地理'仍略而不谈，这分明是违背史实的欧洲中心论的表现"。先生用浓重的湖南乡音演讲，然此言却一直记在我的脑海里。

这"发现了的地理"，充盈在《大发现四百年》一书里，此书所展示的各个异域民族，如南非的科伊科伊人、南美的阿兹特克人、澳洲新西兰的毛利人等皆创造了各自的文明（文化）成果，对此，我们都要重视。殊不知，"莺歌燕舞"的19世纪欧洲盛世，无论是维多利亚时代的雍容华贵，还是哈布斯堡王朝的轻歌曼舞，怎能漠视"发现了的地理"中原住民的贡献呢？由此说开去，人类文明具有多样性和独特性，因此一切文明成果都要珍惜和尊重，应以文明交流互鉴超越文明隔阂和冲突，唯其如此，才能去拥抱世界文明的未来远景。

其二，助推了历史人类学的兴旺。

大发现四百年，充满探险，充满发现，而且不断有新的发现。作者在书中写道："16世纪以后，欧洲国家把目光投向外部一个完全不同的世界。大发现时代的旅行者、传教士和殖民者带回的关于全球的知识，为新的冒险和科学探索开辟了无限可能，还有那留传了数世纪的关于天堂与高贵野蛮人的传说中的灿烂未来。"（本书第156页）这也应了美国文化史家丹尼尔·J. 布尔斯廷（Daniel J. Boorstin）在其名著《发现者：人类探索世界和自我的历史》（*The Discoverers: A History of Man's Search to Know His World and Himself*）一书中所言，时间与空间的发现势必成为一种连续不断的探索范畴，而一种新的激励因素又促使人们不断去寻求大自然的秘密，这是个没有结尾的故事，整个世界仍是个"美洲新大陆"。在人类知识的地图上，最令人瞩望的标识永远是terra incognita，即"未知领域"。是的，人类的发现是永恒的，世界文明的广阔无垠，将会持久地闪耀出各自的光彩，犹如我们前行，会一直朝着诗和远方……

倘如是，由于历史发展进程充满了"未知领域"，那么历史学的发展进程亦然。就西方史学而论，20世纪以降，具有悠久传统的西方史学发生了裂变，日渐剥离传统史学的脐带，开启了现当代西方史学的新进程。这一进程，随着社会发展而推陈，适合时代进步而更新。历史人类学就在这多姿多彩的史学景观中应运而生了。

须知，历史人类学并不是历史学或人类学的分支学科，在一段相当长的时间内两者之间仍是相当疏远的，但到了20世纪60年代后期则发生了变化，历史学与人类学之间的相似性与共同性被逐渐揭示，因此两者结合的可能性，被提上了议事日程。法国年鉴学派史家雅克·勒高夫（Jacques Le Goff）在《新史学》（*La Nouvelle Histoire*）一文中阐述"史学的前途"时，就用了"历史人类学"这一雅名。不管今后怎样，历史人类学的问世，有助于历史学与人类学两个学科的发展。

《大发现四百年》，粗览是历史学的著作，作者对原始文献的看重，研究型著作的给力，都应属史学范畴，但再览又不尽然了，作者在"前言与致谢"中说"《大发现四百年》涵盖了一段引人入胜又鲜为人知的世界史的要点，这一点我是满意的；它还展示出把人类学作为一种历史学科的重要性"（本书第7—8页）。换言之，他的书并非纯粹的世界史著作，还有人类学的"展示"，尤其是在对阿兹特克人（见本书第三章）的叙述时，顿使"欧洲人凝望着一个眼花缭乱的、新鲜的、充满异域风情的世界"（本书第71页）。从比较史学的角度来分析，我们把《大发现四百年》视为历史人类学之作，或可以在法国年鉴学派第三代代表人物埃马纽埃尔·勒华拉杜里（Emmanuel Le Roy Ladurie）的《蒙塔尤：1294—1324年奥克西坦尼的一个山村》（*Montaillou, village occitan de 1294 à 1324*）那里找到两者之间的关联，在这部史学名著中，我们可以发现很深的人类学痕迹。

费根的《大发现四百年》联绵历史学与人类学，这不由令人联想起时下学术文化界的"出圈"与"跨界"，此书也是"跨学科"之作。

令人颇有兴味的是，本书篇章的散文化风格，增添了阅读的兴趣。关于这本书，我可以向广大读者作如下的荐词：布赖恩·费根徜徉在历史学与人类学之间，博观而圆照，以生动的笔调书写了大发现四百年史，使读者看到了一个别样的、色彩纷呈的新世界。在知识世界的莽原里，《大发现四百年》自有它应得的地位与标识。

其三，看到了未来世界的希望。

本书第十七章，章名为"不平等的遗产"，正文前引《圣经·启示录》21：1—4中的文字，照录如下：

> 我又看见一个新天新地，因为先前的天地已经过去了，海也不再有了。……我听见有大声音从宝座出来说："看哪，

神的帐幕在人间。……神要擦去他们一切的眼泪,不再有死亡,也不再有悲哀、哭号、疼痛,因为以前的事都过去了。"[*]

这不到万字的篇章,我读过不止一次。依我看,从书的结构来看,可以作为全书结语。引《圣经》之言,它启发人们从非西方的视角,阐释"不平等的遗产",以获取每个人的"启示录",称得上是匠心独具的点睛之笔也。

这万字的"结语",可摘要如下:作者落墨于工业革命后,西方与非西方社会之间的冲突,随之而来的是殖民国家通过或"精心骗局",或"武力威胁",以稳固地维持着它的统治地位,因为大多数非西方的部落社会,几乎无力在同等条件下抵御西方文明,而一大堆眼花缭乱的支持原住民利益的声音或行动,或是宗教的信条,其力也微不足道。长久以来,不平等成了把整个社会、文明甚至帝国维系在一起的黏合剂,历史向我们展示了不存在让不同文化或民族背景下的族群走向和谐关系的简单道路。历史的进程正是这样,在我们看来,"二战"以来,世界不平等不是在削弱,而是在日益加深。面对此景,作者并不悲观,他指出:"现在我们正在寻找一个新世界,一个新的乌托邦,数世纪的不公正和不平等将会在那里被消除和遗忘。"(本书第 380 页)

"《大发现四百年》讲述了一个悲剧故事,但从它的教训中显现了一条有希望的讯息。即或许某天,人类将能在地球上创造至少一部分公正的社会。"本书以此结尾。作者不无乐观地预示着世界有一个美好的未来,这正连亘了中国学者陈恒教授的论断:"当

下的世界变化复杂，未来难以预料，但我们相信进步是大趋势，虽然有时会有很大的倒退，但总会有一个越来越美好的世界。"（见《人类发展的中心、边缘与美好世界秩序》，《探索与争鸣》，2022年第8期）。两位学人表述不同，但恰有异曲同工之妙矣。

最后，试作小诗一首，与广大读者分享阅《大发现四百年》的读后感。

希望吟

大发现，多少代

暴月凶年究可哀

四百年，风云疾

论世衡史几多载

忆往昔，万千灾

悲剧故事记心怀

观当下，思安危

乌云终散化阴霾

世道难，奋力迈

期盼五洲百花开

看星空，前景灿

揣着希望向未来

是为序。

壬寅秋日于复旦书馨公寓

前言与致谢

这本书尝试描述一些处于变化中的、关于非西方社会的观点，它们在 15 世纪至 19 世纪晚期影响了欧洲人与非西方社会的交往。这是一本关于传说与现实、关于通常出于善意的人们因不理解和误解的鸿沟而分离的书，一部高尚行为、恶劣行径和离奇思维的编年史。最重要的是，它是普通人追求日常目标，真挚地做出决定，却给后世酿成悲剧的、难以想象的后果的故事。本书不试图涵盖一切。读者们若要寻找关于塑造了大发现时代和工业革命的重大事件的全局性观点，应查阅本书所附的参考文献。

为本书而做的研究涉及对广泛学术领域的选择性阅读，资料来源丰富多样，如考古学专著、早期荷兰殖民者的日记，甚至是 19 世纪的新西兰小说。我随库克船长一起环游世界，试图掌握传教士文献中的复杂线索，并赞叹着数代历史学家和人类学家一丝不苟的研究。其结果是一个复杂但通常被简化了的记叙。如果有人指责我的分析过于简单，我只能托称这是多样性的材料和空间限制的结果。不过，《大发现四百年》涵盖了一段引人入胜又鲜为人知的世界史的要点，这一点我是满意的；它还展示出把人类学作为一种历史学科的重要性，很多理论家已经趋向于遗忘这一点。

　　某种结合了复杂理论观点与学术争论的困境笼罩着本书。埃里克·沃尔夫（Eric Wolf）已经在他对1400年后世界历史的权威考察，即《欧洲与没有历史的人民》（*Europe and the People Without History*, Berkley: University of California Press, 1982）中讨论了这一主旨的理论背景。感兴趣的读者和学者们应参考该书的理论视角。很多相关讨论令专家都难以应付，更不用说普通读者了。人类学家和历史学家激烈地争论，考古学家与这两方争吵，而民族史学家则提供了另一种观点。基于这个原因，我决定不把这本书放入任何特定的理论框架。确实，我的才智也不足以让我这样做。本书旨在证明一个论点，我认为它也成功做到了——今天我们与非西方社会互动中产生的很多问题，深深根植在始于四个多世纪前的历史进程中。

　　本书第二版面世于对这段历史的兴趣正逐渐增长的时期。我改写了第一章以涵盖我最近对该主题的一些思考，并在后面的章节中强调中心议题。第五章增加了一段简短的、关于日本文化因受欧洲人接触而产生的那些变化的描述，填补了第一版的缺环。第六章"大灭绝"讨论了一个新兴的、记述流行性疾病毁灭性后果的研究领域，尤其是在关于美洲原住民人口方面。本书业已经过修改并进行了一些订正。自1984年的第一版后，这一文本经受住了时间考验，因此这些变化是相对微小的。

　　很多人为这项研究提供了帮助，我不知该如何对所有人表示感谢。我要特别感谢詹姆斯·贝尔森（James Belson）和比尔·泽西（Bill Jersey），他们曾为一个后来未能投入制作的系列电视节目的脚本大纲做了倾力奋战。相比我人生中大多数其他研究经历，我从他们的思想和与他们的友谊中学到了更多。本书中的大多数照片要归功于新墨西哥圣菲（Santa Fe）的简·威廉斯（Jane Williams），她旅行至其中很多地区，拍摄了大量有关地貌和人群的照片，补充了我已然广泛的旅行所见。我不仅得到了一位朋友，还有关于成为一名好摄影师会遇到的困难的真知灼见。埃尔文·哈奇（Elvin Hatch）教授阅读了大量草稿，毫无保留地与我分享了他关于人类学思想史的丰富知识；我从他的智慧中获益良多。许多学者对特定章节进行了协助，尤其是西蒙弗雷泽大学的罗宾·费希尔（Robin Fisher）教授、克努兹·弗拉德马克（Knud Fladmark）教授和卫斯理大学的理查德·埃尔菲克（Richard Elphick）教授。我很感谢罗伯特·麦吉（Robert McGhee）教授、道格拉斯·奥利弗（Douglas Oliver）教授和伦纳德·汤普森（Leonard Thompson）教授对初版底稿进行的评阅。阿尔塔米拉出版社（AltaMira Press）的米奇·艾伦（Mitch Allen）对第二版做出委托，用热情洋溢的感染力打消了我的异议。我感激他的支持以及对不断拖延交稿日期的包容。杰克·斯科特（Jack Scott）用他的惯有技术绘制了地图。

对本书的构想，来自 1977 年加利福尼业大学圣巴巴拉分校的一门高年级本科生课程的参与者们。他们对当时尚且模糊的主题有极高的热情，以至劝导我写作本书。自那时起，我先后 20 次为跨越了一代人之久的本科生们讲授这一课程，他们全情投入这一科目，也教给我很多有关我从未听说过的社会的事情。他们使教学成为一种乐趣，而我至少可以尽我所能把这一完善后的版本献给他们。《大发现四百年》中的很多想法也在 1982 年 7 至 8 月开普敦大学的高阶研讨会上进行了打磨。约翰·帕金顿（John Parkington）教授、安德鲁·史密斯（Andrew Smith）教授和其他

同仁给予了我有价值的建议，该大学也为我的访学提供了慷慨的
资金支持。

布赖恩·M. 费根

加利福尼亚，圣巴巴拉市

1997 年 6 月

作者自序

鉴于"土著""原始人"和"野蛮人"这类术语是带有贬义的表达，人类学家倾向于避免使用它们。我在后文中偶尔使用这些词汇，并非出于负面理由，只是单纯因为它们是在当时被使用的词汇。显然，它们出现于此是一种历史现象，而非当代用法。同样不可避免的是，后面的章节中也将不时出现被人抗议"无耻""民族中心主义"和"价值判断"的内容。我已然从艰难的经历中了解到，本书涵盖的这些主题对很多人而言都是具有煽动性的，说来奇怪，对人类学家而言尤其如此。像所有人一样，我也有自己的观点和偏见。然而，我已经尽我所能地调和它们。当批评性的意见被引用时，它们（正如大多数有识之士显然会理解的）属于当时写作或说出它们的人，而非作者。

本书对传统文化的描述是高度概括性的。读者应意识到，每种文化都具有或曾经有无数局部性的变化，并且人类社会从未在时间中停滞。因此，我们对所谓的1769年塔希提社会的描画，只是转瞬即逝的印象。它们并不意味着岛屿社会是静态的。全然相反的是，动态变化总是任何一种人类文化的特征。

《大发现四百年》关注1488年至1900年之间，最初的欧洲探险和殖民时代。通常情况下，我们的故事会结束在 1900 年左右，到那时，这里描述的所有社会都已经对西方文明做出重要调适。武断地选择这个时间仅仅是因为本书的首要焦点是历史性的。同样灾难性的文化变迁进程，在今天仍旧影响着非西方社会，而 20 世纪末的社会、政治和环境压力加剧了这一影响。

第一部分

大发现时代

鉴于发现迄今尚不为人们所知的国家，以及获取不同领域中已被发现但尚未深入探索的知识，将极大地巩固英国在海事力量上的声誉和大不列颠王权的威严，并大大推动与此相关的贸易与航海的发展……

——英国海军部对詹姆斯·库克船长的指示（1768 年）

第一章 引言

　　土地愈加广袤，天空愈加无际，海洋愈加阔大；生物充盈了这些空间。众神已占据他们自己的领地，人类应在何处安栖？

　　——记录于 1822 年的塔希提传说，引自道格拉斯·奥利弗，《古代塔希提社会》（*Ancient Tahitian Society*, 1974）

　　1772 年，探险家马里恩·迪弗伦（Marion du Fresne）带领一小队法国水手在塔斯马尼亚（Tasmania）南部的沙滩登陆。在迪弗伦的船停靠陆地时，一队异域风情且约有 30 人的"黑色皮肤，有着毛茸茸头发并全都裸体"的土著居民携着削尖的木棍和锋利的石器从树林中出现，迎接了这些陌生人。令人些许惊讶的是，塔斯马尼亚人竟能辨认出他们的访客是人类同伴。马里恩·迪弗伦是至少 8 000 年以来第一个进入他们视界的外来者。

　　冰期末期，由于巴斯海峡上涨的海水，塔斯马尼亚人被隔绝在他们偏远的海岛家园。马里恩·迪弗伦到访时，有 3 000 至 5 000 名原住民，分为至少 80 个不同的 30 至 50 人的营居群，占据着塔斯马尼亚（参阅第八章）。他们的后代在西方文明中只幸存了不到一个世纪。这些原住民被认定为地球上最原始的族群，是

"介于人和猴子一族之间的链接环上"的野蛮人，外来的欧洲疾病导致他们大量死亡，渴望土地的殖民者的猎杀行为使他们濒临灭绝。从一开始，因缺乏理解而导致的巨大鸿沟就已将塔斯马尼亚人与他们并不受欢迎的来访者分隔开来。

16　　　迪弗伦和他的队员谨慎地登上沙滩，同时，当地人堆起一堆浮木。这些原住民用一种像是"从喉咙底部"拖拽出的词汇组成的语言向登陆的白人们打招呼。一名军官想把当时每支南太平洋探险队都携带的珠饰和其他相似的小装饰品送给原住民。塔斯马尼亚人藐视并拒绝了那些礼物。当这些法国人送出活鸡时，原住民厌恶地丢开它们，跑进了树林。最终，迪弗伦亲自设法劝说他们回来。原住民领队们又向木料堆打起手势。在疑惑中，船长点燃了干树枝。塔斯马尼亚人迅速逃向附近一座小山丘的顶部，并且精确地向吃惊的海员们齐射出石弹。法国人逃向他们的船。海员们一逃离射程，就划船沿海岸行进，寻找另一处登陆地点。塔斯马尼亚人在他们身后扔出密集的岩石去追击他们。在两名军官被击中后，迪弗伦无法控制他的怒火，命令步枪齐发射。塔斯马尼亚人急匆匆地跑开寻找掩护，遗留下其中一个倒在沙滩上的人。探险队在这个小湾又逗留了六天，希望那些原住民会回来。与此同时，军官们安置好那具被遗弃的尸体，并出于科学的目的对其进行测量，注意到这个人有五英尺三英寸（1.6 米）高，有着"略微发红的棕色头发"。之后，他们起航去新西兰，在那里，马里恩·迪弗伦"被土著人吞食"。

在大发现时代这充满冒险的几个世纪中，西方探险者穿梭至全球各个角落，迪弗伦与塔斯马尼亚人的经历并不特殊。在大多数事例中，与尚不为人知的社会的初遇，就像受好奇心驱使而飞速变化的万花筒，时而有令人震惊的魅力，并且常常因浪漫而使人兴奋。"土著"可能是礼貌、殷勤，甚至热情的。然而，他们的行为经常是无法预料的。即使是像著名的詹姆斯·库克船长这样具有丰富的接触异族人经验的航海家，也会在理解塔斯马尼亚人、澳大利亚人等异域族群时遇到困难。"他们以一小组人为单位，在地区间徘徊以寻找食物"，库克写道。（图1）"他们都一样愚昧无知，是人类中可怜的种族，即便那时这个国家的居民具备在全世

图1　澳大利亚原住民与他的轻便狩猎装备（弗朗索瓦·佩龙［François Peron］绘）

界最良好的气候下生产日常必需品的能力。"（Reed 1969, 163）最使库克及其他观察者感到困扰的是，这些人对提升他们的个人生活品质并无一点兴趣，完全只是满足于"活着"。这种价值观迥异于以目标为导向、强调个人主义的西方人，西方人带着心中特定目标探索世界，不论是寻找中国、纯粹的探险、传教活动、贸易还是殖民。

我们生活在一个已被充分探知且熟悉的世界，难以想象遭遇一个从未接触过西方文明的社会会是怎样的情景。BBC 著名的旅行家大卫·爱登堡（David Attenborough）就是在最近有此类经历的小部分人之一。在 20 世纪 60 年代晚期，他陪同一些政府官员去到新几内亚塞皮克河（Sepik River）的源头，一名无人区飞行员汇报那里有些在山中的居所，而这出乎他们的意料。在未知的国度行进两周后，爱登堡的小队发现了两组脚印。

小队跟随着脚印前进并在森林中遗留下礼物。这些陌生人留下明显的足迹，说明他们一直在观察。欧洲人用一种已知的沿河地带方言喊出了问候语，然而没得到任何回应。最后他们跟丢了足迹也几乎放弃了希望。之后，突然在一天早晨，七个小个子、几乎裸体的男人出现在靠近他们营地的灌木丛中。当旅行者们从帐篷里跌跌撞撞地走出来的时候，这些陌生人正站在原地。爱登堡叙述了他怎样和同伴一起向不懂任何已知沿河地带方言的部落男子们匆忙打出表示友好的手势（图 2）。幸运的是双方有许多相通的手势：微笑、皱眉、表示惊讶、不赞成和提问。这些手势是理解对方，用铁刀交换水果，甚至加深两个互不相容的社会间关系的唯一途径。这样的手势是少数的、人类共通的、在交流上的遗产之一；早期探险者充分利用了它们。

两个世纪以前的旅行者们对在陌生海岸和荒芜沙滩上登陆的

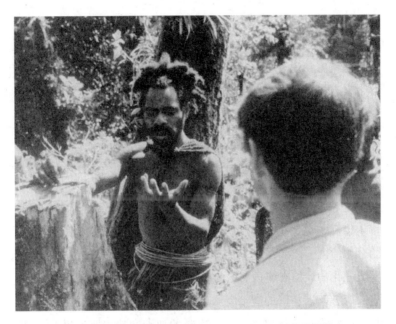

图2　邂逅新几内亚比奈（Binai）人（大卫·爱登堡提供）

步骤要麻利许多。确实，英国海军部有让船长们遵循的标准指南。小队应以最大限度的谨慎登陆，火器安置在触手可及之处，船上的加农炮和一艘武装艇应在他们背后。如果有人接近，一名军官将会献上礼物——可以是铁质工具、衣物或玻璃装饰品——并且打出表示友好的适当手势。所有人屏息以待当地人的反应。有时候他们会接受礼物，或者犹豫不前直到一个大胆的人上前取走礼物。有时暴力冲突会突然发生，或者探险小队逃离此处。库克船长和他的同时代人深知富于表现力的手语的价值、铁质工具的无限诱惑，以及他们携带的枪炮的力量。弗朗西斯·德雷克（Francis Drake）的一名随行军官在大发现时代早期的几年写道："一些队员像猪一样咕哝叫唤，而后指向其他队员——其他队员像

19

鸡一样鸣叫使他们明白我们想要家禽。"（Shipton 1973, 14）经过几个世纪的经验积累，尽管火药和大型舰船有压倒性优势，欧洲人仍总是害怕遇到不可预测和出乎意料的情况，致命的错误预估会带来突如其来的危险和可怕的杀戮。

历史背景

在 15 世纪晚期至 19 世纪之间，即所谓的大发现时代，对奇特生物和人类文化多样性的发现是西方文明在知识水平上最重要的分水岭之一。历史的长期推动促成了这些发现。与近东和亚洲更集权化的、拥有朝贡关系的政治体制大不相同，在公元 1000 年后，西方欧洲各国的统治者给予了商人更多自由空间并强化了特权。西欧地区穷困贫瘠，处于富裕的亚洲和地中海世界的边缘。商人们及其广布各地的活动网对目标远大的欧洲君主们至关重要，因为他们为首都带来战争、征服还有和平扩张。成熟完善的河道与海上航路为商人提供了价格更低且可靠的交通手段，这使得他们避免了像跨越大陆的旅行商队一样面临通行税和其他危险。由于西欧人扩大了他们的商品经营范围，在一些人手中，金钱的流通更加迅速，利润也增长了，这些人被很多历史学家认为是首要的资本主义创建者。

但是，对所有国家而言，纳贡所得的盈余一直是统治者及其朝廷的支柱。在新西班牙（西班牙的墨西哥殖民地），征服者们向国王交纳他们收益的五分之一。在大发现时代早期的几个世纪中，这些进贡网络戏剧性地扩张，因为遍布世界各地的生产者——北美东北部的皮货商、墨西哥和秘鲁的银矿开采者、加勒比地区的糖类作物种植园——都被卷入了庞大的经济依赖网。在很多地区，商人和旅行者供应着价值低廉的异国商品，比如玻璃珠、棉布和铁斧以换取原材料。由于这些材料的生产者习得了对异域产品的品位，他们变得更加依赖于购买其皮货、奴隶或铜锭的人。在很多案例中，商人最终会供应工具甚至原材料，通过劳役偿债式的不等价交换系统在成品中获得补偿。非洲奴隶贸易为生产糖料、开采珍贵矿石和种植棉花提供了劳动力。

20

15—18 世纪，欧洲航海者们在世界航道中穿梭（图 3）。他们发现了黄金、白银和宝石资源。他们发现了富于毛皮动物的地区和繁衍着拥有巨大獠牙的大象的热带疏林草原。无论航行到哪儿，他们都会渗入既有的贸易网络，将这些贸易网连接在一起，并操作它们以获取最大利益。回到欧洲，在各个村庄或规模相当的工厂里工作的工匠们会为海外殖民地和供应商生产各类商品货物。一个根植于世界各地更早期贸易联盟的全球性的商业网络，即很多学者所说的"世界体系"，就此诞生。在数个世代间，无论社会是大是小，西方还是非西方，都被连接在一张相互依赖和关联的庞大网络里。除了大西洋奴隶贸易这一值得注意的例外，这些连接几乎被限制在商人和传教士，以及极少数远离家乡、在邻近固定航线的海岸群落从事劳动的移民中。

四个世纪间，欧洲的贸易在其政府赞助者的保护下运转，各种约束条件和垄断像沼泽一样包围着它。国际贸易沿着可预测的路径流动，大多数利润源自人力、糖料或象牙等货物，而非制造业商品。在这几个世纪中，国家仍然是一种收集贡物的组织，由力图从对手的损失中增加自己财富的统治者支配。之后，在 18 世纪晚期，伴随着工业革命的黎明，英国纺织工业将商业财富变为资本。

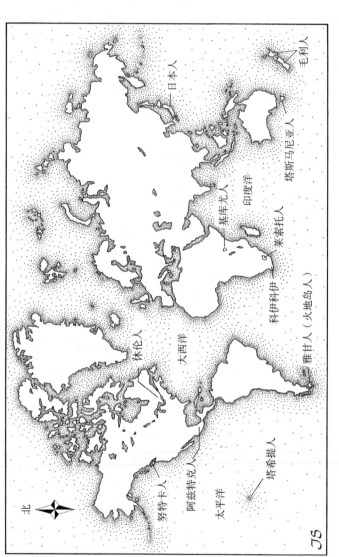

图 3　15—18 世纪欧洲航海者的世界地图 *

资料来源：杰克·斯科特绘制。

注：这张地图展示了本书主要描写的一些非西方社会。

—————

* 英文版部分插图无图题，本书根据原书图注文字提炼出图题以便索引。本书中地图均系英文原书插图，本书使用时做了汉化处理。——编者注

英格兰在 15 世纪已经成为主要的羊毛生产者,其产品出口至欧洲乃至更远的地方。因此,越来越多的土地所有者转向牧羊和其他集约农业。商人群体及其财力支持者居住在大大小小的城镇里,在愈发复杂的贸易中扮演中间商的角色。到了 18 世纪,土地所有者和商人之间会通婚,大地主和贵族支配着 80% 至 85% 的土地。曾经的中世纪农奴,继而是佃户,越来越多地被迫离开土地。在 17 世纪晚期,高达 40% 的人口已经离开土地,其中很多人进入制造业,成为领工资的工人。新的更商业化的农业是资本密集型的,与此同时,商人需要更多政治权力以及对乡下工匠的更强控制,这些人制造出供他们分送各地的商品。

英国社会在快速变化,但是这个国家的制造商们面对着强硬的竞争,既来自荷兰人,他们是内行的羊毛加工者,也来自印度的棉和棉布,它们被制成织物以迎合欧洲人的品位。英格兰制造商在生产羊毛制品时混以丝、亚麻或棉,并用精梳羊毛制成精纺毛织物来应对荷兰人。为降低劳动力支出,他们首先将布料生产转移至乡村,然后提升生产流程的机械化程度。而面对印度的竞争,则是采取政治手段,禁止其棉布的进口。同时,英格兰制造商开发了几乎与印度布料一样的亚麻和棉织物,他们利用机械以机制布料省下了亚洲劳动力的成本。到 1750 年,地方商人与制造商开始愈加紧密地控制生产技术,利用从酿造业、不动产等其他领域获得的财富购买能加速编织与修整工作的简单机械。在 1779 年,塞缪尔·克朗普顿(Samuel Crompton)发明了"骡子"(mule)纺纱机。这种机器不仅使一名纺纱工能同时纺数根纱线,还能绕起加捻纤维并将其抽取出来。11 年后,这一革命性的装置被蒸汽发动机取代,又令生产力取得惊人的增长。一名印度手工纺纱工纺 100 磅棉花需要 50 000 小时,克朗普顿的骡机将所需时间减少至 2 000 小时，而蒸汽驱动的机器则将这一时间缩减至 300 小时，并且可以由未受专门训练的人操作，这些人主要是薪资低廉的女人和儿童。这个数字在 19 世纪甚至下降到更低（Wolf 1982）。

不可避免地，更高效率的生产进程使得家庭手工业和小作坊被抛弃，它们被组织有序的工厂替代。工厂使制造商能更好地控制全部生产流程，以及控制曾经以亲属关系作为基础、现在以工资为收入的劳动力。与此同时，偷窃行为可以被控制，运输成本降低，发货时间缩短，而用宝贵资本购得的昂贵机器可以尽可能不间断地工作。这种转变不是轻易达成的。很多家庭手工业者强烈抗拒新工厂的纪律和持续的工作，其中很多工厂就像监狱一样。持续的社会动荡，几近内战的状态在 1815 年后的英格兰社会蔓延，直到 19 世纪中期工厂体制有了自己的制度，产业工人才稳定下来。

工厂的出现伴随着庞大的纺织制造业城市的兴起，其中曼彻斯特从 1773 年仅有 24 000 名居民发展到 1851 年拥有超过 25 万的人口。这些新兴城市就像磁铁般吸引着来自周围乡村以及爱尔兰等国家的移民。由于被迫离开土地且无法在故乡受到雇用，成千上万的家庭迁往新兴城市，他们在那儿凭借劳动换取工资。棉纺织业是工业革命及与之相伴的资本主义的催化剂。工业革命的涟漪在拿破仑战争后影响到整个世界。那时，占英国出口品总值一半的是棉制品，而未加工棉在英国进口产品的占比达 20%。到 1807 年，这些棉花中有超过 60% 都来自美国。生产上的增长是令人震惊的。1790 年，3 000 包美国棉到达英格兰。到了 1850 年，这一数量达到 450 万。

在英格兰纺织业的驱动下，工业革命带来了一种基于资本调配、机械制造和雇用劳动力而非基于贡物的新的社会秩序。英格兰农业的重组造成了大量失业，提供了一种特别的劳动力和以分配资本支付工资而非进贡、奴役制度为基础的社会。同样的资本也在以一种前所未有的规模为铁路和汽船提供资金，以改善交通联系，为原材料和移民的流动提供条件。这场革命创造出的源源不断的对原材料的需求遍及世界各地，把需求施加在远离兰开夏郡和约克郡工厂的当地人口身上。与此同时，成千上万的工匠和缺少土地的农民离开他们的家园，移居远方以寻找财富和新的机会，以及从当地长期所有者手上"购买"或夺取土地。

世界上很多地区的非西方社会在面对大量外来的农民移民时似乎都束手无措，这些移民相信他们有在异国他乡开拓新生活的权利，并且认为不用顾及当地原住民也无可厚非。

大发现时代把世界上全部已有人定居的地区永久地相互连接起来，这仍旧影响着我们的生活。这几个世纪里，西方人与庞杂多样的人类社会先是断断续续而后持续不断的接触，急剧改变了欧洲人对罕见事物和异国风物的态度。

文化的冲突

西方人对非西方社会的态度变化构成了我们可宽泛地称之为"文化的冲突"的迷人背景。在一个扩张的、拥有完全陌生信仰的复杂文明，与许多需要与周围自然环境谨慎相处以保持平衡的社会之间的冲突，是富于进步意义的。西方探索发现的几百年，是关于冲突和不理解、陌生人间谨慎的相遇、对黄金的搜寻和残忍的军事活动、有利可图的贸易、争夺土地与传教士不懈努力的故事。它们也是一段令人灰心的编年史，在始终互不相容的社会间充满了伤感、不幸与幻灭。因这些冲突而产生的知识、道德和精神上的影响至今与我们同在。

在对非西方世界态度和期待不断变化的背景下，不同文化间的冲突正逐渐展开。出于同样的原因，在这几个世纪，非西方人的观念也发生了彻底的变化。

最初，远航的欧洲人要寻找人间天堂，那曾经的黄金时代最后的净土。一开始，天堂是一个遥远而古老的梦想，随后它又坐落于土地，成为时而与埃塞俄比亚，后来又与印度群岛和西方土地相联系的传说中的黄金王国。讽刺的是，现实情况却为，最开始那些葡萄牙人的探险活动，接触到的是某些复杂程度远不及15世纪欧洲社会的现实。我们的故事从发现非洲南端的科伊科伊人（Khoikhoi）开始。作为单纯的牧人，他们的生活方式似乎过于原始，以致其迅速成为欧洲人观念中野蛮人的缩影（参阅第二章）。科伊科伊人似乎远在基督教的救赎之外。

美洲印第安人则不然，在葡萄牙人到达好望角的几年后，克里斯托弗·哥伦布（Christopher Columbus）将其揭露在讶异的欧洲面前。在印度群岛和新西班牙，关于高贵的野蛮人以及天堂和乌托邦的想象数百年来流连于人们的脑海中。也是在这里，学者和商人争论将印第安人带向"真正的信仰"以及强迫他们劳动的道德正当性。墨西哥成了西方文明与非西方世界相对抗的前线（参阅第三章）。

那些去到新大陆、探索太平洋、沿岸航行至非洲继而印度的欧洲人，他们所处的文明刚刚才从中世纪封建制度中摆脱出来。他们曾被君主们统治，这些君主过去支配着有严格阶层划分的国家。在这个意义上，西班牙人或英格兰人与阿兹特克人或印加人面对的统治者并没有什么差别，其帝国统治的前提也是权力和特权只属于少数人。不平等和社会分层是为了共同利益，这一现实被默许，且没人想去质疑。但这些欧洲人是基督徒，他们信仰的是个人自由与人人平等是全人类的根本信条。使人皈依基督教，就是让他们接受一些信条的影响，这些信条从长期来看就是要削弱以不平等为永恒状态的根深蒂固的观念。在特定的时候，这些具有破坏性——在某种程度上不亚于此——的教义颠覆了每个欧洲民族所建立的殖民帝国。

征服墨西哥已过去近乎五个世纪，人类全部的多样性在这几百年里暴露在欧洲人眼中。然而当成百上千的社会经受着创伤般的文化变迁，严酷的现实降临在遥远的海岸和战场，哲学家和旅行者们编织出一整套传说和成见，至今困扰着我们对人类多样性的认识。这种奇怪的在虚构和现实间的对立永远存在且不断变化。西方对其他社会的看法经常因西方人对他们自己的文明所持有的尊敬态度而起伏不定。当塔希提岛在 1769 年被发现时，英法哲学家怀着乡愁，为朴素简单的生活发出叹息（参阅第七章）。18世纪，高贵的野蛮人和与自然生活在一起的人开始流行，带着一种即便在今天也令人吃惊的震撼突然降临到西方文明。然而，并不是所有人都以高贵为信仰。这不过是当时对非西方世界的正面看法的一部分。拿破仑战争时期，工业革命和强烈的民族主义永久地改变了全球政治，人们意识到一种崭新的、对工业文明及其令人震惊的技术成就的理智自信，"高贵的野蛮人"就此破灭（参阅第九章）。

25

19 世纪及此前的欧洲人认为，西方文明是人类成就的高峰，是一个向着将来、指向必然前进之路的标志。但他们的观念却远远没有那么具有包容性。非西方人在欧洲人眼中成为愈发低劣的存在，常被认为只有 10 岁孩童的智力水平。这种观念与 19 世纪帝国主义欧洲强烈的种族主义只有一步之差。殖民者和移民在种族优越感的庇护下为吞并部落领土或优质耕地辩护，他们通常诡辩道，这些土地并未得到其本土拥有者的合理利用。这种似是而非的说辞一针见血地指出：不太聪明的孩子怎么可能习得最新的农业技术，或用一种"文明的"方式管理他们自己呢？把这些问题留给一个优越种族吧，帝国强权们喋喋不休道，与此同时给非西方世界造成了毁灭性的影响。数百个鲜为人知的社会，很多如塔斯马尼亚人和雅甘印第安人（Yahgan Indians）所属的狩猎-采集者文化（参阅第十一章），以及其他像毛利人和西北印第安人所属的复杂社会（参阅第十四章），都在与19世纪的传教士、商人和殖民者们接触后被彻底改变了。很多族群，例如好望角的科伊科伊人和塔斯马尼亚人，迅速地销声匿迹了。其他的，如阿兹特克人和毛利人，分散在各地，其中的幸存者沦为新社会中边缘又穷困、受压迫的少数群体。只有极少数非西方社会设法成功地适应了新世界。

没有人知道为什么一些群体能更好地适应欧洲人的支配。这可能在很大程度上依赖于他们的政治结构。很多管理结构松散，有时也存在高压措施的非西方社会，都因派系斗争分崩离析，这使他们很难团结地面对外在威胁。在恰当的时间给予其犹如神赐领袖的精明领导，是很多社会得以适应新秩序的原因。

26　　非洲南部巴索托（BaSotho）的莫舒舒国王（King Moshoeshoe，1786—1870）就是这样一个人（图4）。他出生在一个靠小酋邦组织起来的、由务农的村庄构成的与世隔绝的社会中。这是一个没有马匹、火器和白人的世界。在他30多岁时，逃离祖鲁（Zulu）强大统治者沙卡（Shaka）的非洲难民涌入了他的家乡，打破了

27　　数百年来的旧秩序。就是在那时，莫舒舒成了领导者。通过道德影响和军事智慧，他集合起幸存者，建立了一个以德拉肯斯山脉

图 4 一位巴黎艺术家绘制的 1833 年莫舒舒国王的理想化肖像（1859 年）

（Drakensberg Mountains）为屏障的小王国，就在如今南非的纳塔尔（Natal）。他将这个王国命名为"莱索托"（Lesotho），意即索托人（Sotho）的家园。当西方文明扩张至好望角的时候，莱索托才刚诞生不久。莫舒舒在他的后半生里不断地与四处破坏的掠夺者、传教士、手持条约的英国官员和侵犯他领土的南非白人制造出的各种问题作斗争。他是一个仁慈、自律的人，他用民意统治国家，并且只在自我防卫或受到极端挑衅时才诉诸武力。尤其是他作为一个现实主义者，看到了诸如枪支、马匹、欧洲农作物和书写等欧洲革新中的优势。这种现实主义给予了他关于改变当时非洲权力关系的全面且深刻的理解。为了生存，他领导着他的国民处在一条微妙的分界线上，既保持一只脚坚定地踏在传统社会中，同时又至少拥抱一些福音派基督教教义。他追求这种道路的政治和社会动因实在引人瞩目，以至于他从未受过洗礼，尽管天主教和新教传教士在他生命最后时刻做了疯狂努力。他的去世和他在世时一样，同时处在两个世界中。

在那段南非白人和英国人都对莱索托的土地感兴趣并且激烈竞争的时期，莫舒舒保持了他领土的统一。他与南非白人突击队残酷地斗争，向他们的指挥者申明他不会放弃他的国家。"它并非属于我，正如你们清楚地知道，世界上的每个国家都属于居住于其中的人民。如果我迁移走巴苏陀人（Basutos）*，我没有其他地方可以安置他们。"（Thompson 1975, 294）他最后的外交计策，就是让他的人民附属于对开发巴索托兴趣不大的英国人。如果那些奥兰治自由邦的南非白人也是这样，他们就能够夺取这里几乎所有的耕地了。结果，莱索托在近乎一个世纪中都是英国殖民地。英国人禁止白人占有土地，基本完整地保留了当地的社会制度。但他们几乎不鼓励经济发展或高等教育，或者让莱索托成为独立国家。莫舒舒家族在 1966 年 10 月 4 日新独立的莱索托占据了大

---

* 巴苏陀人即莱索托居民。

多数拥有权力和威望的职位。但令人气馁的问题从过去延续至今：土地匮乏，人口持续增长，以及单一的面向南非的矿业劳动力出口。紧随其后的是一段政治动荡期，部分原因在于莱索托新的政治机构没能给仍在弥合巴索托社会新旧要素的那条分界线以反馈。

但是莫舒舒在他身后留下了一项至关重要的遗产：相比周边长期遭受南非白人统治压迫的黑人邻居们，巴索托掌握着更多文化完整性和社会凝聚力。通过政治斡旋，这个伟大的非洲国王竭尽所能，在选项总令人无比失望的世界里，为他的人民确保了最好的选择。极少有其他非西方统治者遗留下这样影响深远的成就。

尽管许多非洲和亚洲社会经由它们的遭遇者而被欧洲文明深深改变，它们仍旧设法适应和存活——就像日本人（参阅第五章）或肯尼亚的基库尤人（Kikuyu）——在从殖民统治下获得独立后，作为国家出现在主流社会。

没有历史的人民

"文化的冲突"建立在一个基础性的，也可能显而易见的假设上：过去六个世纪的世界历史不仅仅是西方扩张的历史，也是成千上万的、多样的人类社会在日益相互依赖和联结的世界中相互作用的历史。这个重要的观点隐藏在历史学家和社会科学家所提到的"世界经济体系"，即作为影响深广的大发现时代的结果中。如一些考古学家建议的那样，如果"世界经济体系"的概念仅限于中世纪后期，而不回溯到青铜时代晚期，那么这个概念还是有些价值的。

世界体系理论认为，在遥远的欧洲发生的事件可能会影响到数千英里以外的人群，即便他们可能从未听说过伦敦，甚至从未见过白人。相应的，北美圣劳伦斯河沿河地带对皮草的缺乏和关于新西兰毛利人食人的报道，也可能会以多种方式改变欧洲时事的轨迹（参阅第十三章和第十五章）。例如，自16世纪圣劳伦斯河上的欧洲渔民为了加拿大海狸皮而在河岸与印第安人进行交易，国际皮毛贸易就开始有了长期高盈利的历史。海狸皮毛是一种利润很高的产品，先经荷兰西印度公司，后由英国人和法国人进口到欧洲，再销往欧洲各地。加拿大海狸皮给欧洲时尚带去革命性的改变。进口方十分谨慎地控制着再分配环节以使价格维持稳定。毛皮帽很快取代了此前使用数世纪的羊毛帽。拥有一顶海狸毛皮帽曾是拥有社会地位甚至政治背景的标志。直到19世纪早期，毛皮帽子才被丝绸和其他材料的产品取代。

最开始，北美皮草贸易牵涉的竞争不仅在欧洲诸势力间发生，也出现在印第安群体间。由于海狸种群接连不断地被发现，交易的边界快速移动着，捕猎者也不得不转移至更深入内陆的地区。正如我们所写的关于休伦人的段落所示，这项新的贸易对欧洲和印第安社会都影响深远（参阅第十三章）。最初休伦人通过贸易获利。他们的文化和仪式生活都变得更加充实丰富。他们和联盟伙伴一起控制了数千平方英里的皮草贸易，尽管他们极少与欧洲殖民者接触。然而，随着对皮草的争夺愈发激烈，欧洲势力和印第安族群都在为圣劳伦斯河地带丰富的毛皮资源竞争。最终，休伦人屈服于耶稣会士令人无法抵抗的精神高压，并且沦为他们那些缺乏毛皮的易洛魁邻居的牺牲品。易洛魁人夺取了他们的领地和与之相伴的贸易资源。因此，对于相隔在数百甚至数千英里之外生活着的男人和女人们，他们的生活和社会都由被他们忽视的远程贸易和精神力量塑造着。孤立地去考虑西方文明的历史，抑或文中所举的这些社会的历史，都是幼稚且过分简化的。他们的命运不仅源自他们自身的行为，也被其他人的行为所塑造。

涉及这些大问题的时候，世界体系理论在概念上是有用的，但它在面对更小规模的历史范畴时是否具有同样的价值？如果它驱使人类学家和考古学家们从全球性的、历史的视角来考虑这些问题，那么它就是有益的。就像著名的人类学家埃里克·沃尔夫在他对资本主义和非西方社会的权威研究《欧洲与没有历史的人民》（1982年）中指出的，人类学家在研究非西方世界时已趋同于忽略历史的作用。而他提出，不论是在欧洲还是在偏远地区发生的事件，都对历史进程有深远的影响，所谓的"没有历史的人民"是全球历史的一个重要因素。他还提到，即便在人类学家研究其中最小型的社会时，不考虑到以各种形式被记录下来的、他们与外界的广泛联系和他们的历史，是不足以说明问题的。换言之，人类学家和历史学家应该将世界看作一个整体，而非一个"独立自足的社会和文化的集合"。沃尔夫说到要阐明"作用于特定群体的因果链……（它们）延伸并超出了单一群体，囊括了其他群体——其他所有群体的轨迹"（Wolf 1982, 385）。*欧洲在这过程中扮演了重要角色，但是沃尔夫所说的单个社会中的"因果链"却囊括了所有大洲，把整个世界联结在一起。

埃里克·沃尔夫大体上把"没有历史的人民"还原至历史舞台的中央，调动了大量的学术资源来实现他这一卓越的综合性工

---

* ［美］埃里克·沃尔夫著，赵丙祥、刘传珠、杨玉静译《欧洲与没有历史的人民》译文："在特定人群生活中发挥作用的因果链……它们也超越了任何一个群体，包含着其他群体——所有其他群体——的生活轨道。"（上海：上海人民出版社，2006年，第450页。）

作。他所需要的方式，意味着研究者们必须敢于超出文件和政府档案，进入一个即便在半个世纪前也难以想象的、包含大量多学科知识的领域。探险者的记述、传教士的日志和西方资料只讲述了复杂、多维度故事的某一侧面。当很多我们所研究的社会对历史、对它们周围的世界有完全不同的看法时，我们怎样才能修正这种历史的不平衡，并同时从西方和非西方的角度检视文化的冲突？代代相传的口述历史、考古学证据和本地知情者在天主教修道士监视下记录的文件可以占据多大的分量？多学科知识背景下的新一代学者正在寻找转瞬即逝的线索。澳大利亚历史学家英加·克伦蒂南（Inga Clendinnen），作为令人印象深刻的阿兹特克文化研究的作者，恰当地称我们是"追寻着我们的巨大白鲸的水手亚哈*们"。她补充道："我们永远无法抓住它……当我们处于这些陌生水域之时，我们检视的是自己思想、理解和想象力的局限。接着我们认为自己看到了在更深的水域中出现的黑影，一番突如其来的大浪，一次偶然的晃动——随后掠过那让人悬心的巨大白影，它的白反射出它自己独有的光芒，映出隐约浮现的地平线。"（Clendinnen 1991, 275）

信息源四重奏

新的学问有赖于下意识的多学科思考，它对传统的和科学系统的信息源的混合产物进行评估，进而创造出多维度的历史综合体。这种方法意味着要抓住通常很吸引人的不完整的信息资源，

---

* 亚哈是小说《白鲸》中的主人公船长。

例如从接触时期获得的口述历史或被遗留在荒废考古遗迹的材料线索。如克伦蒂南所说，有很多我们永远无法得知的事情，比如塔斯马尼亚人对马里恩·迪弗伦的反应。然而，信息源的多元至少允许我们能够管窥这些事件和反应。这个侦探一般的工作需要各种主要信息源重奏式的结合——史料资源、民族史、人类学和考古学——也有来自很多其他学科的洞见。

史料资源是历史学家惯用的工具，并且体现在多种形式中。探险者对他们航行和旅行的描述，他们经现代学者评注、出版的日志，政府档案，传教士的记述，早期移居者的日记，甚至条约文本，这些都是关于过去五个世纪内历史事件的原始资料。它们几乎无一例外以西方人的观念呈现出事件、人群和社会。

民族史是由非西方的信息源得到的传统历史，是在历史探究中迅速发展起来的领域，不仅涉及分析、收集迄今尚未记录的口述历史，还要对与欧洲人发生接触后的本土文本资源做批判性检视。最重要的美洲民族史来自中美洲，那里对阿兹特克和其他社会的本土描述来自 16 世纪的修道士，有时也来自在欧洲人管理下工作的说本族语言的人。弗雷·伯纳迪诺·迪·萨哈冈（Fray Bernardino de Sahagun）利用一些消息提供者，完成了对西班牙征服后一个世代的阿兹特克文明的可靠记录。萨哈冈的 12 卷本《新西班牙博物通史》（*General Things of the History of New Spain*，以下简称《通史》）*覆盖了阿兹特克文明的早期历史，包括它的社会、宗教和经济组织，并以出自本土视角的对西班牙征服的描述作结。单单围绕萨哈冈的著作，一个完整的学术专业就已发展起

31

---

* 萨哈冈此书的西班牙语原名为 *Historia general de las cosas de nueva España*，结合本书索引可知此处英译名有误，应为 *General History of the Things of New Spain*，原缩写为 *General History*，下文缩写首次出现之处暂按原文保留。

来，而且明显区别于《门多萨抄本》（*Codex Mendoza*）等本土文献，后者是 1547 年为西班牙国王所作的关于阿兹特克社会的民族志记录。

这些信息源充满了学术性的挑战。即便伯纳迪诺·迪·萨哈冈的《通史》具有源于同年轻时生活在传统社会的人对话的直接性，他也在西班牙征服后的一种敌对政治环境中进行了一个世代之久的工作。萨哈冈认为他的消息提供者是可靠的，他对他们的叙述进行编辑，以使他的著作符合他自己的基督徒的宗旨。知识的裂谷分隔开那些消息提供者和萨哈冈的年轻纳瓦特尔（Nahuatl）语翻译们，翻译们出生在西班牙征服后，处在一个十分不同的文化环境中。同样的鸿沟也分开了现代学者和那些令人尊敬的修道士。现代萨哈冈专家与这些问题缠斗，首次遭遇了和早期抄写员对高级神职人员原始文本复制时同样的困难，和一种尚不成文的，词语高度变形、杂糅的语言。纳瓦人（Nahua）的讲述充满了典故和未言明的暗示，我们在五个世纪后遗漏了这些。阿兹特克人通过结合抄本上有组织的图画文字和正式演说来铭记他们的历史。这种"替代性读写能力"（alternative literacy）的形式提供了一种对过往墨西哥合理、准确的描述，他们非常依赖记忆法和学校教育。在那里，孩子们靠死记硬背进行学习，就像古代埃及抄写员们一样。早期的修道士们与口耳相传的、如骨骼般复杂的历史纠缠。其后是对精心编纂的往事的缩写。阿兹特克人从他们祖先那里继承了关于宗教信仰和哲学的复杂遗产，而其领导者们出于自身目的又进行提炼。

口述历史，不论是由文本形式记录或是由录音机捕捉而来，都像历史文献一样有严重的局限。最好的情况是，口述史呼应了可靠记忆引起的共鸣，而老人们无疑保留了这些记忆，也能够轻松宣之于口。科学家必须从零碎的口头线索和偶然的暗示中重构他们所经历的内容及其背景。其中大多数都有一套程序——使首领的王朝合法化，提出政治观点，宣示对某块土地的所有权。为了解析它们，需要具备非凡的语言学和批判性的能力，不过一个熟练的专家能高效运用口述传统来准确阐释重大事件，例如日食和主要的人口迁徙。幸运的是，以任何标准来看，陌生人乘大船越过地平线的抵达都是一个重要事件，是人类记忆中一段极为特别的经验。经过几百年后留存下来的偶然的口述传统，有那么一刻让人感到震惊，像是众神从未知世界到来的一刻。一位毛利人首领在他年迈的时候还记得库克船长的队员像"地精"（goblins）一样倒滑向海岸，他们的眼睛就像长在后脑勺一样。民族史告诉我们，与欧洲人的接触无疑是一次粗暴的冲击，就像从天而降的霹雳突然在秩序井然的、可预测的世界中释放。如何能整合这些关于到访的众神的记述和老练的探险者的观察？我们永远无法百分之百地确定。围绕库克船长在夏威夷的抵达和死亡众说纷纭。夏威夷人真的把他当作他们归来的罗诺神（god Lono）一样欢迎，还是这种描述只是欧洲人的想象或人类学本身所虚构的？辩论围绕同时期欧洲信息源的可靠性，以及学者们对他们并不所属的其他社会的先入之见展开。大体上，同时代观察者的准确性在争论中占上风。

人类学是最广泛意义上的贯通古今的关于人类的学问。然而，最早被西方人接触到的一些社会早已销声匿迹，在工业文明的影响下已然辨认不出了。我们对那些最早接触到的社会的了解，来自库克船长的日志或传教士先驱的记述等同时代资料，成文远早于欧洲人与其进行长期互动的时期。这些文字时而表现出能穿透数年的直接性，但在不同观察者的眼中其价值无限变换，并且也必然地反映出作者的一些偏见。库克对塔希提人是一位冷静的记录者。他的植物学家同伴约瑟夫·班克斯（Joseph Banks）是个有点浪漫的人，他受过古典教育，嗜好法国哲学家让-雅克·卢梭的作品，卢梭颂赞了野蛮人所拥有的人类自然状态。

这类记录在与田野工作者，即耗时数年生活在其研究对象当中的人，所进行的现代人类学（民族志）研究进行结合时具有一定价值。然而，这些学者必须时刻注意，从未有诸如"民族志现在时"（ethnographic present）这样的东西，意即在最初欧洲人与科伊科伊或塔希提社会接触的时候，那个处于在时间中被冻结的"原始"状态。所谓的"民族志现在时"是一种虚构，因为人类文化自最初的人类先祖制出石斧起就是不断变化的。欧洲人的接触不过是另一个触发文化变革的历史事件，就像更早前的一些发明一样，例如澳大利亚原住民的飞去来器从整体上推动了狩猎方法和社会内部结构的调整。

民族志就过去五个世纪的非西方社会提供了非常丰富的背景信息，但是我们必须记住，每个观察、每项研究都只是对一段短暂时间的快照。正如埃里克·沃尔夫指出的，几乎没有人类学家会在深思熟虑后拥有那样一种历史视角，它在过去甚至现在，都会导向形成非西方社会不会随时间的推移发生显著变化的印象。

民族志和民族史两者都在向我们提供关于人类社会具有显著多样性世界观的重要观点。很多非西方社会在广义上分享着相似的宇宙观念——一种层级化安排的宇宙、一种在生活和精神世界之间的连续体，以及萨满和祖先们作为处于现在的一代和无形宇宙间的媒介，在其中发挥的核心作用。这些观念深深根植在古代遗物中。至少 9 000 年前，祖先崇拜在西亚的早期耶利哥（Jericho）就已留有充分证据。伯纳迪诺·迪·萨哈冈的《通史》

揭露出一个令人震惊的复杂的阿兹特克众神和宇宙体系，其中的很多元素都在一种天主教和本土信仰的微妙融合中，从西班牙征服所致的创伤里幸存至今。

西方人信奉一种线性的历史，它以重要事件、国王和王后的统治、普通大众和政治家的活动作为尺度，时间跨度长达数百乃至上千年。现代西方学界那些相对客观的史料编纂者，即作出西方人在学校里学习到的成文历史的作者，可能会在某些时机下为政治和意识形态目的服务，但总归与塔希提人、休伦人和其他非西方社会所持的对历史的想法完全不同。大发现时代的探险者们在与不同文化相遇时，这些文化持有一种关于时间和人生的周期性观点，这一点基于春夏秋冬和播种、萌芽、丰收的永恒循环。这个农业上的循环重演了人类生命的真谛：生殖、诞生、生活和死亡。从出生至死亡，人生在无法改变的节奏中展开。在一个生者承继于死者，又传递给后继者的世界里，伴随着世事恒久如此的期望，代代相继。每个人都享受与土地保持紧密的物质和精神联系，土地养育着他们，并且是循环性的人类生存的关键。许多非西方社会也有对历史的线性感知，如像阿兹特克人和玛雅人那样用字符或日历计量，或者以为人熟知的祖先、日食等重要事件，或者以外来者的到访为参照，利用口述传统来记忆。这种线性的历史有助于时间的再次细分，以证明帝国雄心或君主统治的合法性，或单纯只是代际记忆中的事物，与由数百年档案和考古学的千年所汇成的长时间跨度的西方历史十分不同。调和周期性的和线性的历史观点，是研究大发现时代的历史学家所面临的重大挑战。

考古学因其描述和解释长时段文化变革的能力而在所有学科中分外独特。例如，在塔斯马尼亚西南部的发掘，给历史补充了人类至少在距今 32 000 年的冰期晚期就已经占据澳大拉西亚（Australasia）南端的信息。考古学家赫伯特·马施纳（Herbert Maschner）最近在阿拉斯加东南部的研究显示，随着时间变化，那个区域沿海地带的美国原住民社会在文化复杂性和定居形式上都在剧烈变化。他的研究提出，美国国内西北部海岸地带这种复杂的处在接触时期的社会可能并未长期存在于所有地区。

34　　考古学提供了一种长期视角，它在与历史材料结合使用，以此重构早期欧洲定居者的生活境况时也是一个得力助手，例如用以探究 15 世纪西非加纳海岸上埃尔米纳（Elmira）[*]的葡萄牙要塞等。除了毫无疑问是外国产品的异域手工制品，如玻璃珠、海贝和用于从非洲海岸至海外的长距离贸易的其他小玩意，在本地遗址很难发现关于与外来者互动的证据。在圣劳伦斯谷地区历史时期的休伦和易洛魁考古遗址也提供了早于皮草贸易扩张及与之同时期的欧洲人和美洲原住民群体进行贸易的证据。

从其本质来看，考古学是一个不表现个性特征的学科，相比个体行为，它更关切人类文化的普遍性，只能提供相对很少的有关欧洲人接触的信息。但是发掘、田野调查和对史前至历史时期手工制品的细致分析能提供极其有价值的关于科伊科伊人或阿兹特克人等社会的早期起源的资料。

这种强大的历史资源的四重奏，为我们的故事编织起丰富多彩的架构。然而，一些值得注意的有时甚至令人吃惊的洞察来自一些预料外的材料：维多利亚时代冒险小说里的绚丽散文；儿童读物；以探险者为创作对象的艺术家们使用的艺术风格，例如第一位用以唤起塔希提景象的苏格兰色彩为库克绘像的艺术家；乃至为冒险家所作的手册和旨在为政府性探险考察提供指引的官方指

---

* 此处系原书有误，应为 Elmina。

南。生物人类学家提供鉴定和医学资料；语言研究给出关于古代移民的线索；还有动物骨骼碎片和被长时间丢弃的种子揭露出饮食上的压力，以及有关渔业枯竭或面临周期性干旱导致的谷物歉收时人类改良饮食的证据。这份充满可能性的清单，和随想象继续发展扩大的资料是无止境的。五个世纪时而剧烈并一贯复杂的文化接触为创造性的、非常规的研究提供了难得的机会。这些研究仍处于起步阶段。

即便在今天全球化的世界，只有极少数人能轻松地接受与他们不同的人，不论这些不同是源于肤色、教义，还是单纯出于思维方式。人类对理解他人的无力加剧了我们工业的、原子能的世界里的紧张局势。本书利用当代学术研究和九种人类社会类型来探索我们祖先回应人类多样性的一些方式。我们今天对待非西方文化的态度，被形成于中世纪的、那强大又鲜为人知的历史力量所渲染，并且在19世纪晚期的帝国全盛期愈渐增强。我们的生活伴随着种族主义遗产和已形成一个多世纪的陈旧观念，这种境况因20世纪的诸多事件愈发尖锐。

第二章　好望角的科伊科伊人

> 他们在吃东西上非常贪心……他们在荷兰人宰杀公牛时乞求牛肠，他们仅仅用手指从牛肠里拉出牛粪并把它刮去，然后把它放在火上；在它还未烤至半熟时他们就带着好胃口咬上去，这是个让人惊恐的场面。
>
> ——1653年对科伊科伊人的描述，引自 R. 雷文-哈特（R. Raven-Hart），《好望角》（*Cape Good Hope*, 1971）

西欧诞生于3 000年前。它曾在上千年中作为亚洲在地理上的前哨，位于建立在近东和地中海地区的数个文明和帝国的边缘。2 500年前，它成了拥有自我意识和身份认同的西部半岛。这种意识诞生在古希腊文明，培植在马拉松和萨拉米斯的战场前线，成熟于更晚些时候的欧洲对匈奴人、突厥人和摩尔人的胜利中。欧洲朝向东方，它的知识和政治前沿止于亚历山大里亚和君士坦丁堡（拜占庭）。古希腊的哲学和思想从地中海深入传播至西欧，创造出一种既与亚洲相对抗又面向亚洲的欧洲精神。这种哲学的一部分是亚里士多德的著名论断，世界分为古希腊人和野蛮人，即那些天生自由的人和那些命定会成为奴隶的人。本章节中描述的西方人和南非好望角科伊科伊牧人的遭遇，成为欧洲人对其他社会的观点的缩影。

外面的世界

这种对其他社会的态度，是促使欧洲在面对外部世界时抱有古怪矛盾情绪的因素之一。他们在心理上部分地充斥着一种对外国人的敌意和拒绝的情绪，还有一种为自我保护而对抗侵入者的需求。而与此同时，犹太-基督教信条教导人应该爱他的邻居——甚至他的敌人——像爱他自己一样。同样的基督教教义适时地鼓励着一种个体与国家同样重要的深刻意识，并且培养了关于公正和平等的学问，这些学问在改变欧洲人与其非西方邻居的关系时是最重要的。逐渐增强的有关个人主义和冒险的意识引发了对外部世界的强烈好奇。什么人居住在撒哈拉沙漠无尽荒地的更南边？越过大西洋宽广的地平线，是否还存在远方的土地？

直到 14 世纪，欧洲的世界还是相对较小和同质化的地方，被地中海海岸束缚，东边的尽头是大草原、未知的撒哈拉，西边是无尽的大西洋。确实，古代斯堪的纳维亚人在 11 世纪就向西航行至比格陵兰岛和拉布拉多更远的地方。13 世纪的《挪威历史》（*History of Norway*）提到"矮小的人"（small people）生活在格陵兰岛西岸的北部，他们"没有铁，但是使用海象的长牙作为投掷物并用削尖的石头替代刀具"（McGhee 1983, 122）。挪威人那时的目的是向西航行并定居在新发现的土地上。但是这些殖民者在当地人中遇到了他们的对手。这片土地是殖民的理想之地，但是"由于那些已经在当地定居的人，那里总是有恐惧和冲突困扰他们"（123）。在五个世纪里，对东部美洲印第安人战斗能力的惧怕阻止了欧洲人向北美洲扩张。

对大多数欧洲人而言，耶路撒冷被认为是中世纪世界的中心，《圣经》所描述的圣地位于"列邦之中，列国都在她的四围"。*未知的土地在外部，充斥荒芜的大地，并使人淹没在巨人、怪鸟和凶猛的海蛇之间（图5）。

远在古典时代之前的几个世纪里，人们曾经带着对黄金时代，对一个大地丰饶且所有人都生活得舒适享受的神话中的往事怀旧情绪，回顾历史上纷乱的千年。深感全体人类都已从伊甸园的恩典中坠落的信念弥漫在欧洲人的意识里。守卫在伊甸园门口，手持发光宝剑的天使对一个因了解自己已从恩典中坠落而被谴责的文明关上了大门。这种堕落感直到16世纪及以后还在支配西方人的思想。它也助长着对外部世界的强烈好奇。全人类都在人类的堕落一事上遭受痛苦吗？还有人生活在自然状态，不受文明的重担约束吗？在人间也仍能够寻找到天堂吗？

最初，"天堂"的概念无法在当时的现实中找寻，只存在于基督教教义中和过去。但是十字军和威尼斯人马可·波罗一类人等的旅行给一个四处璀璨的诱人世界揭开了幕布，那是一个充满黄金珠宝、丰富香料和各种耀眼布料的世界。当欧洲人的眼界扩展开来，一个新的神话诞生了——一个关于人间天堂的神话。其中首要的候选地就是埃塞俄比亚，一片位于尼罗河发源处的陌生非洲土地，被难捉摸的、统治东非直至印度河的祭司王约翰庇护的王国。因此，天堂被认为在东方，可能介于尼罗河和印度河、底格里斯河和幼发拉底河之间（《创世记》2：11—15）。葡萄牙人去往西非海

---

*《圣经·以西结书》5：5。

图 5　中世纪的怪物（佚名）

岸探险的主要目的之一就是要打开一个与祭司约翰沟通的渠道。对这个天堂般国度的信仰太过流行，以至开辟了去印度航线的瓦斯科·达·伽马真的携带了葡萄牙国王致传说中君主的信件。

大发现时代开始于 15 世纪，葡萄牙亲王"航海者"亨利和其他与之同时代的君主都被激励去探险。他们的大部分动机是商业和政治的——找到香料和新的市场，寻找对抗伊斯兰势力的新同盟。他们也有高尚的动机——为了上帝的荣光和意义深远的传播信仰的愿望而付诸伟大行动。但无论他们的目标是否可行，他们仍会被非理性的、心理上的欲望驱使去进行伟大的探索，去寻找神话和传说述及的地方。

16 世纪中期，欧洲海员为了找寻这些黄金之地，已经在世界范围内的大多数海域航行过。正如葡萄牙人向南航行绕过非洲并往东驶向亚洲，西班牙人发现了新大陆，他们意外地遇见了一个令人不安的新世界，一个不是被似神般的、天堂的生物，而是被此前未见过且多样到令人困惑的，忙于"日常骚乱、恐惧、疑惑、怀疑和野蛮行为"的异教徒族群密集占据的世界。亚里士多德和其他人的民族中心主义学说将这些人中的大多数归入了没有文明、社会秩序或宗教的野蛮模式。极少数的社会，例如西非的一些王国，被描述为有秩序的，"君主政治的，在法律、秩序和首领之下生存"，约翰·奥格尔比（John Ogilby）在他的《非洲》（*Africa*, 1670, 34）中写道。其余的人则"在所有场合下都摇摆得像吵闹的兽群一般，其他时候就像顺从的被饲喂的家畜，追随着他们的无聊乐趣"（34）。这些和天堂的图景相去甚远，而是出自相信大多数野蛮人与野兽相差不远的无知、迷信且流传甚广的想法。这些人是"坏的野蛮人"（bad savages），与宏伟的人类社会形成对比，繁旺在人们的认知范围以外。直到晚些时候的几个世纪，把原始人视为野兽的倾向才让位给更人道主义的观点，视非西方人为孩子般的人类，但至少已视为人。

西方人对野蛮人和原始的多种想象形成于这些早期发现。最终人们弄清楚了祭司约翰不过是无稽之谈，天堂也不存在于人间。所以对天堂的追求变成寻找乌托邦王国。那里的人民依旧高尚，充满兄弟情谊。慢慢地，黄金时代从一个朦胧的梦转为对某个社会具体的、理想化的想象，在那里，大自然原始的孩童栖居在一个天堂般的海外国度。探险者不再寻找天堂，而是寻找乌托邦，一个能忘却西方文明所带来的压力的怀旧之地。

关于天堂和乌托邦，以及黄金之地的神话持续了几百年，一部分精致的故事画面和理想主义的陈词滥调又演化成关于印第安勇士和忧郁少女的故事，为19世纪的美国小说家所钟爱。这类虚构的故事在本土被编织起来，与探险者面对的敌对部落并为了黄金和奴隶而毁坏当地村庄的远方海岸、岛屿相距甚远。只要一丁点浪漫主义、富于想象力的旅行者回到家，传闻便诞生了——关于富于黄金的土地，关于伟大的国王、食人族和广阔、富饶的城市，关于不受西方文明的退化堕落影响而过着单纯生活的人们。有关高贵的野蛮人的神话就此诞生了；在这个世纪内，它将丰富欧洲人对非西方世界的想法。

五个世纪里，西方人用一种奇怪的矛盾心理看待非欧洲人。哲学家们在刚从欧洲出航20天时，就吹捧生活在完美幸福国度里的大自然原始的孩子们所具有的美德。这是一个虚构和幻想的世界，是征服者、船长和传教士的领域；严酷的现实中则充斥着屠杀、掠夺土地、强制改宗和强制劳役。关于非西方世界总存在二元对立的看法：一方面，那是一个物质的、有实际用处的世界；另一方面，那是一个理想的、怀旧的世界，欧洲人能够在那里实践他们的理想主义，发泄他们的不满足，以及梦想得不到的天堂。这个外部世界保有无限变化的可能，总是容易被不同的解读影响，成了我们对其他社会持续变化的、复杂化的臆想的牺牲品。

"像野兽般生活的一个种族"

在大发现时代的初始阶段，欧洲人第一次绕非洲西海岸航行时，外部世界的真相就对本土社会造成了冲击。在 15 世纪 20 年代和 30 年代，葡萄牙亲王，"航海者"亨利每年都组织从欧洲出发，向南深入到热带纬度地区的航行。他的船长们声称到达了亚速尔群岛、马德拉和加纳利群岛。他们沿岸航行至非洲西海岸，在 1433 年绕了它西部巨大突出的海岸线。亨利的目的是挫败伊斯兰商人，他们控制了撒哈拉商队贸易和西非与地中海之间有利可图的黄金交易。15 世纪 50 年代，葡萄牙人已经与热带的非洲人有直接联系，不仅是与位于今日加纳和尼日利亚相对发达的西非诸王国，还有其他族群，他们"完全是黑皮肤，被称作'黑人'（Negroes），在他们的隐私部位前没有任何遮盖物"（Hakluyt 1903—1905, 10: 15）。很快，非洲奴隶就在欧洲、在加纳利群岛和马德拉的葡萄牙农场工作。国王的舰船一直向南行进，直到巴尔托洛梅乌·迪亚士（Bartolemeu Dias）在 1488 年绕过好望角，瓦斯科·达·伽马随之在 1497—1498 年重走这一航线并横穿至印度。迪亚士和达·伽马邂逅了科伊科伊人，即声名狼藉的好望角"霍屯督人"（Hottentots）。他们是漫无目的地游荡着的牧牛人，只有极少量的财产，没有明确的宗教信仰。科伊科伊人必然地成了所有野蛮、邪恶和原始事物的缩影，与其他人类几乎没有什么相似之处（图 6）。

图 6　好望角（the Cape de Bona Speranza）野人（佚名）

注：来自 16 世纪的荷兰版画，其描述称科伊科伊人像火鸡般咯咯叫。

经常光顾码头周围小酒馆的那些粗野的海员用有关食人和古怪之人、神秘类猿生物和"好色的"黑人的故事粉饰非洲的实际现实。葡萄牙人和西班牙人曾经与北非有几百年的密切联系。在他们的印象里，南部热带地区的黑种人对他们的影响不及对更北部，尤其是英格兰人的影响那么强。但是很多年代史编者对非洲和新大陆的肤色多样性感到惊奇。"上帝用以创造人的其中一个非凡事物，就是肤色：在看到一人是白皮肤，另一人是黑皮肤，彼此在肤色上截然相反时，毫无疑问地不得不对其怀有极大的钦佩"，一位西班牙观察者在 1555 年写道（Arber 1885, 338）。有一件事是清楚的：非洲人并非天堂的"埃塞俄比亚人"，而是拥有令很多欧洲人反感的肤色的外国人。

对于一个 16 世纪的英格兰人，没有其他的颜色（或许除了白色）能像黑色一样具有根深蒂固的含义。黑色并非使非洲人成为令人排斥的野蛮人的必要条件，但它使他们成了令人强烈好奇的对象。他们如何获得了黑色的皮肤？是因为非洲炎热的气候还是因为上帝诅咒了看到父亲挪亚裸体的含。非洲人黑色的皮肤开始成为一个科学上的谜团。直到晚些时候，在奴隶贸易的年代，它才成为一种社会现实、一种被歧视的对象。但是在一开始，非洲人的黑皮肤就使他们与在遥远的、异教的大陆上的人区分开来。他们明显缺乏宗教信仰，使他们与主流的基督教文明相隔绝。一些英格兰作家甚至把他们的不信教与野蛮和黑色联系在一起。一名观察者写道，他们是"像野兽般生活的一个种族，没有上帝、法律、宗教或共同的财富"（Hakluyt 1903—1905, 6: 167）。

非洲人不只因其肤色，还因为他们与欧洲人截然不同的生活方式和品行而被区别开来。他们被发现的时候，正值欧洲人对地中海和大西洋（Western Ocean）以外精彩而有异域风情、充满冒险并时常不可思议的世界抱有填不满的兴趣之时。非洲人的野蛮与其说是一个问题（就像它在奴隶贸易高峰期成为的那样），不如说是将黑人与其他完全不同的种族区分开的既成事实。他们经常被描述为"粗野的""野蛮的"或"兽性的"。连篇累牍的早期旅行者的故事围绕着食人、战争、恐怖的饮食和可怕的酷刑展开。或许这难以让人惊讶，因为非洲本身就是充满神秘色彩的大陆，遍布野蛮的猛兽和异域妖怪。

非洲还是奇怪的类人生物，像人一样游走的无尾猿的家园。欧洲人在同样的时间和地点初次认识了黑猩猩和黑人。没有人会对猿的特征有任何疑问——它好色又贪婪，就像"有低平鼻孔"的人。他们"像猩猩一样好色，对女人有企图，有上片罩着下片的厚嘴唇，就像驴子和猩猩一样被认为是傻瓜"（Topsell 1607, 18）。中世纪哲学家的存在之链（Great Chain of Being）把所有拥有生命的事物与天堂的上帝联系在一起，提供了一个便于以密切的关系安置类人猿、科伊科伊人和非洲人的框架。

15—16 世纪如雪崩一般的地理发现不仅改变了已知的世界，也引导学术去往新方向。学者越来越多地从全神贯注于他们的自我救赎转向对外部世界和人类多样性的好奇。随着时间推移，人类之间的生理差异占据了最重要的位置。要如何在人类多样性之外建立秩序？人类是怎样克服兽性的？有没有低于西方人的更次级的人类秩序？这样的问题吸引了欧洲思想者数百年。

几乎没有人对哪种野蛮人处于人类阶梯的最底层有疑问。如果能够投票，在非洲最南端好望角的科伊科伊人将会大幅获胜。在系统的考量里，他们远远排在黑人后面。"在所有人中他们是最野蛮和肮脏的，"约翰·奥文顿（John Ovington）船长在 1689 年写道，"他们是人类倒退的极致。"（Ovigton 1696, 284）科伊科伊人成了野蛮人的缩影。他们被牢固确立在 17—18 世纪支配着欧洲人对野蛮人认知的存在之链低处。就像美洲印第安人和后来南太平洋诸岛居民将会与寻找天堂和"自然的"野蛮生活之中的高贵联系在一起，单纯的甚至不是黑色皮肤的科伊科伊人及随后的塔斯马尼亚人和火地岛人（Fuegians），都会被划分为无可救药的原始人。科伊科伊人在欧洲人殖民的猛烈势头下并没能幸存很久，但是他们被冤枉而得的近乎野兽的名声却持续到 20 世纪。

发现科伊科伊人

1488 年 3 月，两艘残破的葡萄牙海船在巴尔托洛梅乌·迪亚士的指挥下在好望角东侧一个避风港抛锚停泊。经受了 13 天暴风雨，疲倦的水手们凝望着眼前点缀着安详牛群的肥沃大地。而照看着牛群的人吃惊地凝视到来的陌生船只。"由于他们没有能被理解的语言，我们无法和他们交谈；而且他们向内地驱赶牛群，好像是被新事物吓到了，因此除了他们是黑人，像几内亚人一样拥有羊毛般的头发，我们无法了解更多关于他们的信息。"（Raven-Hart 1967, 1）迪亚士将其宁静的下锚地命名为"圣布莱兹取水处"（Angra dos Vaqueiros，今莫塞尔贝［Mossel Bay］），他没有再与那些牧人有更多接触就起锚回到葡萄牙。他辛苦的航行打开了通向印度的大门。

1497 年，在哥伦布出发去新大陆五年后，瓦斯科·达·伽马带领另外四艘葡萄牙海船在同一处港湾下锚。那是在牧人出现的几天前。达·伽马曾在好望角以北的一处下锚地与他们中的几个人发生斗殴。他们是一些以海豹和鲸鱼肉以及野生蔬菜为食的人。"他们有很多同在葡萄牙见到的一样会吠的狗"，其中一个当事人写道。
遵循长期与西非人打交道的习惯，达·伽马和他武装好的海员们就
在外围碎浪上徘徊。他们比出友好的手势，向岸上扔小铃铛和其他
小玩意。牧人们做出欢迎的信号，然后葡萄牙人在一处难以被突袭
的地点登上陆地。象牙手镯和红色帽子等礼物被平安无事地完成交
换，但当地人在面对金子和香料时却摇起了头。两天后，科伊科伊⁴⁴
人为葡萄牙人表演夜曲并伴以笛子和舞蹈，水手们演奏小号并跳起
他们的吉格舞（jigo）来回应。由于外境并不安稳，达·伽马关注
着每个动作以防误解。当一些牧人拒绝提供用水时，他点燃了他的
加农炮。人们在恐慌中四下散开，只偷偷地回来收取他们的斗篷和
牛。几天后瓦斯科·达·伽马向东非和印度航行。他在1499年回
到葡萄牙，把东方香料贸易交到他的君主手中。

年复一年，葡萄牙船只组成的小型舰队被派遣经过好望角前
往印度洋，它们被命令向所有接受基督教和贸易的人传达和平和
友谊，而对不接受的人发动战争。在16世纪90年代，荷兰和英
格兰舰船开始追随葡萄牙的足迹。他们会在好望角停留，补满水
箱，收集木柴，购买牛羊肉，并安排船员休整。有时船员会与科
伊科伊人打斗，科伊科伊人因此背负了凶猛并且有军事实力的名
声。1510年，袭击了放牧营帐的一支葡萄牙武力被击退且损失惨
重。50名欧洲人被科伊科伊人的突袭杀死，科伊科伊人的行动
"敏捷得就像小鸟一样"。现在葡萄牙人规避好望角，但是英国人
和荷兰人在1590年后经常到访那里，因为他们在印度洋没有其他
安全基地。他们为了牛与当地人交易，但是从未信任他们。那些
牧人对欧洲人表示怀疑，害怕他们的火器，并且急切地要阻止他
们向内陆前进。总体上看，好望角成了一个和平的地区，很大程
度上是因为没有在那里发现黄金或白银，而且那里的土地被认为

没有特别的价值。那里的居民继续像从前那样生活，就像在过去几百年里一样。偶尔到访的船只会用小玩意交换牛或羊。"我们用两把刀买一头公牛，一把刀买一头小牛，一把刀买一头绵羊；还有一些，我们用不及一把刀价值的东西买"，埃德蒙·巴克中尉（Lieutenant Edmund Barker）回忆，他在1591年于莫塞尔贝停留（Raven-Hart 1967, 15）。那些部落居民背负了偷窃和行为鬼祟的名声。"他们在我们回来时从旁经过，没有让我们察觉到，他们会非常聪明地穿过灌丛"（17），一位荷兰到访者在1595年写道。交易并不容易，除了多余的牲畜，科伊科伊人不情愿交换任何东西，因此牛肉价格飞速上涨。英国人在1614年把一个叫作"克里"（Coree）的当地人带到伦敦，以利用他掌控这些交易。他学习了英文并成了交易中间人。克里厌恶英格兰，但是他的精明足以令他意识到英格兰人送到好望角的交易商品价值低廉。他立即告知科伊科伊人他们被骗了。一个英格兰人厌恶地说："他最好能在英格兰被吊死或者在归家途中淹死。"（84）

　　总之，好望角的居民们得到格外原始的名声（图7）。"这个国家在海角端点方向那边的居民，我相信，是到目前为止被发现的最卑鄙的野蛮人"，奥古斯丁·德·博利厄（Augustin de Beaulieu）在1620年就海滨打环者（Strandloopers）*写道。"他们吃特定的植物根茎，作为他们的主要食物……他们还沿着海边走，不论在哪儿发现了特定的贝类，或者一些死鱼，不管它们可能腐烂到什么程度，他们都把它放在火上只烤很短的时间就饱餐一顿。"（Raven-Hart 1967, 100）这些人生活在用灌木和木棍搭建的粗糙庇护所，有时也住在岩洞里。不断有到访者惊骇于这些牧人甚至会拾取腐烂的

---

* 曾在非洲南部海滨聚居的已灭绝族群。

图 7　好望角的男人和女人（托马斯·赫伯特［Thomas Herbert］绘，1627 年）

注: 这幅关于两个科伊科伊人的 16 世纪绘画不具有真实性。

牛或海豹内脏并饶有滋味地吞掉它们。这些牧人很快便得到了"霍屯督"的名字，这个标签衍生自他们的某种伴舞唱诗里一个持续出现的词语。他们自称"科伊科伊人"，学者们现在用这个术语描述他们。太过低级和无可救药的野蛮人，这是科伊科伊人出现在到访者面前的样子，以至于"霍屯督"一词迅速成为西方词汇中的一

46

个贬低用语。甚至今天的《牛津英语大词典简编》(*Shorter Oxford Dictionary*)都定义霍屯督象征"具有下等智力和文化的人"。"霍屯督"是一个在18世纪被普遍滥用的侮辱性词汇：切斯特菲尔德勋爵(Lord Chesterfield)曾经称著名的塞缪尔·约翰逊(Samuel Johnson)为"值得尊敬的霍屯督"(respectable Hottentot)。这个词甚至留存至今。在一种古怪但又有点自我意识的幽默感的语言使用中，"霍屯督帐篷的展览场地"(*Hottentottententententoonstellingsterrein*)传说是荷兰语中最长的单词。

大多数好望角的到访者都被科伊科伊人所击退。他们穿着动物皮并涂抹上发恶臭的油脂。其中很多人会在脖子上戴动物肠子。"他们在吃东西上非常贪心"是一种普遍的反映，这是一种施加于世界上很多地方的异教徒的描述。"他们吃虱子，他们熟练地把它从头发中拉出来然后用牙咬……非常肥硕。"(Raven-Hart 1971, 1:130)他们看起来"吃所有令我们作呕的东西"。科伊科伊人生吃动物内脏的习惯直接给他们带来了食人族的名声。同一些科伊科伊人陷入纠纷的荷兰当事者失去了13名他们的同伴，整夜坚守着武器躲在他们"被食人族和牛群围困"的营地。他们陌生的语言加强了其野蛮人的印象，只有极少数欧洲人开始掌握这种语言。"当他们开口时他们用舌头在嘴里放屁"，一名傲慢的到访者在1660年写道。

科伊科伊人那发出咔嗒声的陌生语言和看起来原始的生活方式，似乎代表了人类的最下层、人类中最野蛮的群体。一些学者甚至怀疑科伊科伊人是否能够算作人类。他们主要的罪行就是他们散漫的宗教信仰："他们的宗教并不为人所知，但在接近天亮时，他们聚在一起，拉住彼此的手，跳舞，从他们舌头发出尖声划破天空：或许能据此认为他们还是对上帝拥有一定的认识"

（Raven-Hart 1971, 29），荷兰人约翰·雅各布·萨尔（Johan Jacob Saar）在1659年写道。15年后，另一位作家富有表现力且轻蔑地描写他们更像是"不可理喻的野兽而非不可理喻的人"。

"这些土地的居民是发黄的"

尽管有逾一个世纪的零星研究，人们对科伊科伊人仍了解甚少。我们对他们的大多数了解来自旅行者的描述、历史记载、人类学前沿研究和少量考古发掘。我们对那些牧者了解不多的原因之一是他们一直在迁徙。"他们根本没有固定的住所，而是四处游荡……带着妻子和孩子们，以及他们的工具"，在荷兰人于好望角建立殖民地的两年后的1654年，简·纽霍夫（Jan Nieuhof）这样记录。不仅他们的生活方式明显原始且毫无目的，科伊科伊人还被认为是笨拙粗野的。"这些土地的居民皮色发黄，像日本人，他们给自己涂一些使他们看起来很丑、很恐怖的油脂，编了两三股的野兽肠子绕在他们脖子上，上半身披着兽皮但是其他地方都裸露着，除了他们的男性器官被一小块手掌宽、一拃长的碎片遮住"（Raven-Hart 1971, 6），一位旅行者在1609年写道。男人和女人都穿着围裙，男人的围裙稍长过阴茎护套。被称作"披肩"的皮斗篷使牧人们在寒冷天气里可以保暖。这些万能的衣物也可以作为运坚果、贝类和其他食物的提袋。每个人都穿着牢固的皮凉鞋以在长途行进中保护他们的脚。铜和象牙饰品、小皮袋以及其他小玩意挂在他们的脖子上或装饰着他们的头发。

科伊科伊人中等个头，皮肤呈浅黄棕色，体毛稀少。他们短短的黑色的头发螺旋式地盘布在头顶。他们身材苗条，有一双能使他们跑得很快的腿，这在猎取小猎物时至关重要。那些女人们显示出两个使欧洲人入迷的特点。她们的臀部被厚厚的脂肪覆盖，表现出臀脂过多的情况，被认为是为了适应饱餐和饥荒循环，后者有时是狩猎-采集者生活方式的典型特征。有些女人还有瘦长的小阴唇，这是引起早期荷兰人很多好奇的一种生理特征。关于这种特征的照片通常被20世纪早期的人类学教科书禁止。

不仅因这些人的外貌，还因他们简易的手工制品和物质文化，西方人加深了对他们朴素与原始的印象。就像所有牧人都会迁徙一样，科伊科伊人依赖于最简单的便携手工制品：削尖的石矛和木矛、碗和箭，还有打猎用的飞去来器。他们制作皮袋和木质奶碗，还有雕刻线条或点状装饰的袋状黏土罐。牧人们从远方来的内陆人手上获取稀少昂贵的铜和铁来做箭头或装饰。一旦发现能从到访船只获得欧洲金属，他们就迫切地用牛交换。不只他们的手工制品，他们的营帐也很简易。科伊科伊人住在轻便的简易小屋，即用小树干做成统一向中心弯曲的圆形外框，做成蜂窝的样子（图8）。框架被覆盖上细枝和特制的羊毛毯来做成一个耐用且轻便的庇护所，有时衬有动物皮。整个营帐能够被卷起，驮在牛背上运到新的营地。牧人们把他们的营地排布成圆形，通常用荆棘栅栏围起来，以保护人和牲畜免受动物捕食者和突袭队的袭击。

48   "一个裸露着的可怜悲惨的民族……他们像火鸡般咯咯叫还弄脏自己的身体以致散发出令人讨厌的恶臭……"（Raven-Hart 1967，29）前仆后继的旅行者评论着接近海角岸边的那些缺少目标且生活原始的人，他们除了漫无目的地游荡似乎别无所长。但即便是我们能获取的记录中那些对科伊科伊社会的粗略考察，都反映出它对复杂的海角环境的适应比欧洲人意识到的要复杂、敏锐得多。

图 8　科伊科伊营地

资料来源: W. J. Burchell, *Travels in the Interior of Africa* (London: Longman, Hurst, Orme, and Brown, 1822).

注: 在好望角的科伊科伊人销声匿迹很久之后，伯切尔（Burchell）在内陆旅行，但是内地的营地和描述中的沿岸营地几乎一样。

这些表面上随意的游荡对科伊科伊人自己来说远非如此，通过长期的生活经验，他们得以了解牧草何时最为茂盛、植物类食物何时当季。科伊科伊人能察觉其家园每个微小时刻的时令变化。他们细心规划每年的迁移以保证最大限度利用好他们领域内的资源，避免珍贵草场的过度消耗。这种隐式策略是基于数世代以来，在环境的自然限制下生存而得来的文化和生态惯例。而这些先例将会被欧洲移民彻底打破。

　　牛和羊是科伊科伊人赖以生存的主要产物，因此，牧人不断迁移，驱赶他们的畜群到新鲜草场和可靠水源地。他们表面上缺乏目的的移居使得荷兰人试图理解他们的全部尝试都落空了。科伊科伊人有时广泛散布在乡下；有时生活在很近的居所。从 18 世纪观察者的描述中推断，科伊科伊人每年的迁移依据各种各样的微妙迹象，例如同类植物的开花、蹄兔的繁殖季，以及滋养牧草的雨型。决定科伊科伊人聚落形态的不仅有环境因素，还有微妙的、不起眼的风俗惯例和社会原因，家庭成员的死亡也会促使他们立即遗弃他们的营地，这些都加重了表面的混乱。

目前，考古学家安德鲁·史密斯已经尝试用早期旅行者的记录重现季节性移动。他提出科伊科伊人冬季生活在靠近萨尔达尼亚（Saldanha）和桌湾（Table Bay）的沿岸地带。夏季里他们可能会向内陆迁移至海角群山西侧的山谷草场，那里水源充足，还有优质牧草（图9）。这个传统模式最终被欧洲船只对桌湾的频繁造访打破，牧人们会前往海岸地带用他们的货品换取金属。季节性放牧的模式对保持牧场和利用土地承载尽可能多的牛群有至关重要的作用。"牧草在任何地方都不会太接近被吃光"（Sparrman 1787, 2: 54），18

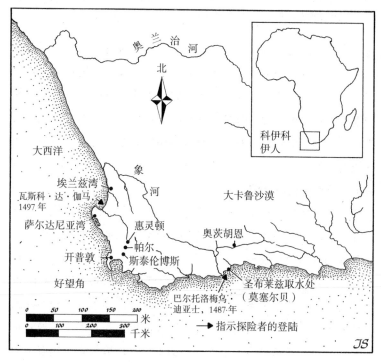

图9　科伊科伊人在好望角的领地（之一）

资料来源：杰克·斯科特绘制。

世纪时安德鲁·斯帕尔曼（Andrew Sparrman）写道。科伊科伊人的畜牧方式和欧洲大农场经营者的完全不同。欧洲人在相对更小的区域集中他们的畜群，有组织地在脆弱的草场上过度放牧。相反，科伊科伊人在冬天的雨季和早前的干旱月份会大范围分散在内陆卡鲁沙漠（Karroo Desert）的干燥地带。他们会用小猎物和植物类食物充饥，他们的牛群以地面上生长的植被为食。之后，随着地面水资源的蒸发，他们会在贫瘠的月份，集中去往能获取永久性水资源并且牧草丰富的区域。这里有季节分明的气候，科伊科伊人不得不依照雨季波动和植被覆盖情况采取行动，分布居所。科伊科伊人的生活是细致地参照奇异的气候和海角地区的承载能力来调试的，而这不会发生在欧洲人身上。

尽管猎物、蔬菜和贝类是科伊科伊人饮食的重要来源，牛和羊却是海角生活各方面的主导。牛也是强有力的社会工具。很少有荷兰定居者能明白科伊科伊畜群就是活着的财产，所以才极少被宰杀或任意交易。多余的牲口在特殊场合会被宰杀——在婚礼，或向特殊到访者致敬时。牛和羊都会为满足社会责任而被交换，作为嫁妆，或者作为礼物。富有的男人会用剩余的牛奶制作黄油，将其涂满全身。牛的作用远不止作为食物或财富的象征。它们会被作为驮兽，偶尔被骑乘，甚至在战时被训练成方阵以冲向敌人并扰乱他们。

毫无疑问，科伊科伊社会是灵活的、高度机动的，并且一直处在流动状态中。欧洲人认为的无目的的游荡，其实是为了应对持续变化的自然环境和社会条件而做出的调整。社会自身持续变化的亲属关系和非正式的等级结合在一起，凝聚了所有社会成员。大多数科伊科伊家庭同声称拥有相近祖先、共同血统的人生活在一起。这些"氏族"（clans）依次被组织进松散的群体，可以称之

50　为"原始群"（bands）。荷兰人将科伊科伊人至少划分为九个"民族"（nations），但在确定他们的身份时有很大困难。部分原因是科伊科伊氏族会更换名字，根据牲口判定贫富，彼此存在分裂或合并。牧人们认识他们重要的世袭首领，即充分涂抹脂肪并且通常是一夫多妻的富有男人。另一方面，荷兰人困惑地发现，在物质层面他们的所有品中只有很少一点东西能区别他们。科伊科伊人表面上似乎就是一个缺乏目标、缺少领导的族群。

　　正是这种灵活性使科伊科伊社会成为能够独立生存的社会。有关牲口和牧草的权利非常重要，以至更强、更成功的氏族通常是在战争和袭击中占优势的人。盗牛的小偷、对牧场的争夺和诱拐女人——这些都是发生战争的原因。科伊科伊人的战争极少会超过一天。战士们会参加激战，精确地向对方投掷矛、石头和木棒。有时，进攻者们会驾驶牛的饲料楔进入争斗处，通过其所有

51　者的口令控制惊跑的牲畜。正如累赘地武装起来的荷兰大农场主们沮丧地发现的那样，突然性的游击袭击也是高度有效的策略。进攻者们会陷入暴怒、攻击，随后飞快地消失在树丛中。

　　没有人知道科伊科伊人从哪里来，或者他们已在好望角生活了多长时间。最近的考古学研究确定了他们已经在接近非洲最南端的地区生活了至少 1 800 年。他们的语言和文化非常接近狩猎-采集者桑人（San），后者已经在非洲南部生活了至少一万年，甚至可能更长。有些学者已经更进一步，把科伊科伊人描述为拥有畜群的桑人。严格意义上这个描述并不准确。然而，失去牲畜的科伊科伊人可能再次变成狩猎-采集者，所以在海角北部科伊科伊人和桑人领域的交界前沿，这两者之间的界限在一定程度上可能

52　是模糊的。围绕好望角地区牛和羊的起源有着相当大的争论。科伊科伊人可能是从好望角北面或西面的远方牧民手中得到它们的，

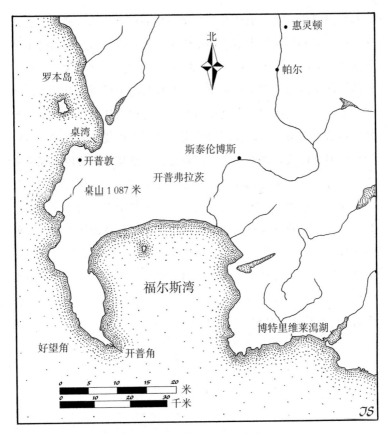

图 10　科伊科伊人在好望角的领地（之二）

资料来源：杰克·斯科特绘制。

或者也可以想见，是通过内陆更富饶地区的农业族群进行贸易得到的。不过，可以确信的是科伊科伊人在欧洲人到达前已牧牛数百年，安享着一种随世代变迁不断变化的文化。

　　1652 年在好望角定居的欧洲人面对的是一套比他们所想的更复杂的本地文化。由于牧人们处在一种持续的文化变迁状态，我们对科伊科伊社会的描述充其量是简单而概括性的。那里还有其他人在开发利用海角丰富的环境资源。海滨打环者是依靠野生植物和贝类生存，但不畜养牛的族群。还有狩猎–采集者桑人，他们生活在环绕海角的群山和荒漠中，并且与科伊科伊人有长期接触和竞争。海角生活的动力是复杂的，没有理由认为在欧洲定居者没到达这里的情况下，表面简单实际上却高度复杂先进的科伊科伊社会不能持续兴旺下去。不幸的是，不论是科伊科伊人或桑人的社会都无法与荷兰海员、定居农民和商人所在的社会相兼容，后者相信土地的个人所有权。欧洲人一在好望角定居，就开始了对同一片牧草的直接竞争。他们的犁、火器和高级技术给予了他们优势地位。后来，荷兰人进口马来奴隶，其他欧洲人在好望角定居，给已经高度复杂的形势增加了更多文化线索。科伊科伊人面临着一个几乎不可能完成的任务，即在这个新的、高度等级分化的社会秩序中找到位置。

"他们已经从我们这里学会了亵渎神明"

这 164 年来，科伊科伊人和经过的欧洲船只保持着偶尔的接触，保有一种对已知世界边缘地带的轻微的、原始的好奇。牧人们最初害怕白皮肤的定居者，然后就产生了一种虚假的安全感，认为他们只是千变万化的到访者。接着，在 1652 年，简·范·里贝克（Jan van Riebeeck）在桌山（Table Mountain）山脚建立了荷兰东印度公司的要塞。荷兰人仅仅只是为给船只寻找贸易和补给站而焦虑。他们想要的只是和他们的新邻居进行安稳的贸易并和平共处。但是为土地、牧草甚至牛群而进行的直接争夺是不可避免的。另外无法回避的是弱势社会的消亡。问题在于科伊科伊人拥有新鲜的尚未屠宰的肉食资源，在海上航行数月的海员们对它们渴求已久。他们的文化很快因为对牛持续迅速增长的需求、对草场的大规模兼并、时而发生的牛群抢劫和使欧洲人与牧人对立的本地战争而败坏。在一个世纪内，大多数好望角的科伊科伊人就销声匿迹了。很多人被天花等外来的欧洲疾病摧毁。一些牧人为应对欧洲殖民者，迁徙到更远的内陆地区。留下来的那些人，被同化入荷兰社会的边缘，成为劳动力、随从和家庭佣工，或者因牛群抢劫和欧洲疾病而死。

极少有殖民者会对科伊科伊人的福祉感兴趣；确实，很多白人认为他们永远不会吸收欧洲文化。范·里贝克自己决心至少使一些科伊科伊人适应新的文化。他让一名叫作"伊娃"（Eva）的女性进入他的家庭做翻译。在只有极少当地人说荷兰语的情况下，伊娃是一个很大的成功。范·里贝克在1662年离开去了东南亚的巴达维亚，伊娃开始独自生活。这时，说荷兰语的科伊科伊人有几十个，她的服务就不那么具有价值了。伊娃开始卖淫，还生了两个孩子，他们的父亲都是欧洲人。两年后，她嫁给了一位名叫"彼得·范·米霍夫"（Pieter van Meerhoff）的年轻外科医生，他在附近的罗本岛（Robben Island）负责看管罪犯。她为丈夫生了三个孩子，但是发现这座岛屿太过封闭，还开始酗酒。后来，她丈夫在1668年的一次前往马达加斯加的远征中被杀。伊娃再次变成一名妓女，直到令人厌恶的地方长官把她驱逐至罗本岛，罗本岛邻近海岸，近来作为一所监狱而臭名昭著。伊娃一直住在那里，直到1674年死去。

1713年以前，只有少数几个科伊科伊人完全暴露在欧洲人的生活中。很多到访者和殖民者非常排斥他们的出现，不会主动与他们结交。极少数与白人有交往的科伊科伊人感到恐惧。一些人自杀，另一些人开始酗酒或者卖淫。一个科伊科伊人通过一名荷兰牧师改信基督教并被带往荷兰，他在那里受了洗礼。后来他回到好望角，在那里因举止不端被驱逐至罗本岛。为数不多的在好望角的牧师太过忙于与白人有关的工作，只有很少的时间留给科伊科伊人，科伊科伊人的语言对欧洲人而言也太过难以掌握。

很多开普敦的科伊科伊人的生活条件甚至还不如奴隶。他们靠乞讨竭力维持生活，常常登上到访船只，径直去厨房乞讨油脂和动物内脏。那些被逗乐了的海员们会看着他们用厨子遗弃的食物残渣盖在自己身上。之后，他们身上会满是酒气和烟草味，跳舞娱乐全体船员，双脚来回跳动，同时一遍遍地唱"霍屯督，霍屯督"（Hotantot, Hotantot）。传言科伊科伊男人只有一个睾丸，于是一些科伊科伊人会向游客展示他们的生殖器。这些举动使得全世界对"霍屯督人"更鄙视了。

最初，大约 8 000 名在好望角生活的科伊科伊人繁荣了货物交易。他们向荷兰人供应数百头剩余家畜以换取铜或其他商品，再把商品带入更远的内陆地区以换取额外的牲口。牧人们同时也是精明的商人，在最初的几年里，他们既要扩大畜群的规模，也要三倍提升牛羊的价格。科伊科伊人变得非常善于洞察荷兰人，以至于范·里贝克警告他的后继者们永远不要在他们在场时说任何重要的事情。当好望角的牛对荷兰东印度公司来说供不应求时，麻烦开始了。缺乏想象力的掌管贸易的官员们对科伊科伊人对待牛的态度，以及科伊科伊人对自己喂养的货物的关切毫无概念。他们只单纯地考虑越来越多的数量。他们开始鼓励欧洲人不要光参与贸易，也要开始做大农场主。很快，个人所有制下的欧洲家畜向科伊科伊人的共有土地渗透，打破了古老的季节性迁移的放牧模式。东印度公司还禁止了牛群抢劫，这条命令一夜之间改变了科伊科伊氏族的生活动态，并且颠覆了他们灵活的社会秩序。欧洲牲畜贸易的需求通过让白人交易者与拥有勃勃野心但早前在社会上无关紧要的牧人中间人们接触，进一步瓦解了科伊科伊社会，后者使自己变富并且为了财富和威望与既有首领竞争。

牧人们首先的反应是对殖民者发起战争。1659 年，他们在荷兰步枪无法开火的雨天偷盗荷兰人的耕牛并发动突袭，并反复袭击荷兰人。即便是在恢复和平的时期，科伊科伊人也不断抱怨他们的牧场被强占。17 世纪晚期白人领地的边界从好望角向外扩张，精心管理的官方牲畜贸易转而向所有人开放。大规模的肉类承包者在边界经营，占据了数千英亩科伊科伊草场，在那里过度放牧。科伊科伊人用袭击来回应他们的邻居。流血冲突和牛群抢劫一直持续到 18 世纪晚期，移民通过野蛮杀戮击垮了幸存的原始群。

考古学家卡梅尔·斯赫里勒（Carmel Schrire）发掘了一处荷兰东印度公司在萨尔达尼亚湾教堂港半岛（Churchhaven Peninsula）为过往船只设立的偏远的前哨补给站。旧波斯特（Oudepost）遗址在 1669—1732 年被使用，斯赫里勒称之为一个"由履行着荷兰东印度公司合约的小伙子们使用的粗糙的边界殖民地"（Schrire 1995, 99）。但是斯赫里勒主要关心的是殖民者和本地科伊科伊人在旧波斯特发生的互动，她从本土和殖民者人工制品的联系进行推论。她利用动物骨骼研究这些互动，发现动物骨骼反映出关于火器给小型猎物、鸟类和其他动物造成毁灭性影响的直观证据，一种从科伊科伊人持续性的部分捕杀向大规模攻击的转变。但在遗址中发现的遗存却具有误导性，因为殖民者把包括大量的牛在内的被屠宰的大型动物尸体丢弃在邻近的海里。水面边缘的骨头记录下殖民者们对科伊科伊本土家畜基地的深入侵袭，这是科伊

55

科伊社会崩溃的重要原因之一。发掘中发现的小珠子暗示出一种不平等的本质，它属于一种在一方微不足道的小玩意，却是另一方所需基础商品的交易，属于一种使科伊科伊人永远无法处于平等竞争的物物交换体系。

1700年，白人农民占据了开普半岛（Cape Peninsula）大部分的牧人领地。由于贸易带来的累积效应，或者袭击以及随后向欧洲人出售战利品，大多数好望角科伊科伊人已经失去了他们的牲畜。现在他们已经无法弥补自己的损耗。在他们自己社会的流通中，牲畜已经太过稀少。为了试图重新获得几头牛，很多牧人在白人农场主手下工作。但是他们被移出自己的主流文化，即依赖不同群体间牲畜的不断流动和规律的狩猎、饲养与放牧的季节性循环。成为雇佣劳动力的压力是那样的普遍，以致在1713年，大多数西开普地区的牧人已经完全依赖荷兰经济体系。

在那一年，天花流行病席卷了好望角，杀死了大约30%的科伊科伊人口，他们对陌生的疾病没有内在抵抗力。牧人们比欧洲人要好一些，因为他们居住在感染风险比较低的分散住所。但是这个传染病和后来的其他疾病使科伊科伊社会留存下来的事物处于更加无序的状态中。

尽管有袭击和武装抵抗，大多数好望角科伊科伊人选择把他们自己依附于白人社会。他们成为家庭佣人和欧洲人农场里的农工。荷兰军事突击队主要依赖科伊科伊兵士，他们在军队中作为士兵、翻译、追踪者和向导。科伊科伊人在欧洲人的社会中远没有那么成功，他们在社会底层中地位最低。殖民者发现牧人们不情愿为他们工作，所以他们进口了马来奴隶来做替代。尽管一些科伊科伊人在好望角社会中获得了一定程度的成功，并且接纳了白人邻居的语言、宗教和很多习俗，但是他们的文化、外貌和语言使他们不同于移居者及其奴隶。深刻的种族偏见使得他们被迫从事酬劳最为低廉的卑微工作，处境近乎农奴。几乎没有向上层流动的机会。在欧洲政府向他们施加的政治和社会压力下，许多科伊科伊人屈服于酗酒和心理重压。一部分今天的好望角有色人种来自18世纪当地人和白人间的结合。直到最近，他们在欧洲人的社会中仍是从属的阶层。

科伊科伊人的迅速消失在当时只引起了很少的注意。只有极少数移民，通常是对他们自己社会不满的人，会为科伊科伊人辩护。"他们已经从我们这里学会了亵渎神明、伪誓、冲突、争吵、醉酒、欺骗、抢劫、偷窃、忘恩，对不属于自己的东西的放肆贪求，他们从前不了解的罪行，其中，还有其他深以致死的罪，对黄金的可憎欲望"，一位荷兰先驱如是写道（Elphick 1977, 198）。大多数人把他们当作卑鄙、原始的族群，不过是实用的农业劳动力资源。人们认为科伊科伊人为生存挣扎的故事没有任何戏剧性和浪漫性，与以此吸引历史学家或小说家的纳塔尔祖鲁勇士部落，或其他精彩的黑人和白人之间的接触不同。但是理解科伊科伊人衰落的过程十分重要。正如历史学家理查德·埃尔菲克指出的，欧洲人的征服开始"不因为政治家或商人想要这样，也不是历史的无形力量使其变得必须；而是由于成千上万的普通人，白种人和棕种人，在默默地追逐他们的日常目标，没有意识到他们宿命般的结果"（239）。问题是科伊科伊人占有的资源对欧洲人在前往印度之路上的生存至关重要。他们只是单纯地处在这条通路上。

科伊科伊人出现在西方人的意识中，就像是一个全新的世界向西方打开大门。即便最浪漫的旅行者也不能宣称他们是属于伟大的祭司约翰的耀眼臣民。就在巴尔托洛梅乌·迪亚士于莫塞尔贝下锚几年后，对美洲印第安人的发现在西班牙的圈子里引发了透彻的自省，而科伊科伊人不是那种能够触发这样的自我省察的族群。他们也没有因征服者对黄金和土地的渴求直接灭绝。相反，他们化为一种人类学上的好奇，一种被认为太过原始、只比动物稍好一点的族群，"坏的"（bad）野蛮人的缩影。许多欧洲人对非西方社会的刻板印象源于一套旅行者们关于好望角原始居民的故事。科伊科伊人就在已知世界的边缘默默地消逝了。

与之相反，墨西哥的阿兹特克印第安人使欧洲人震惊于他们的壮丽文明，它的首都可与塞维利亚和萨拉曼卡相比，甚至超越后者。然而这个高度发展的社会在同样遭遇到摧毁了科伊科伊人的无情力量时，就像叠起的纸牌倾倒了一样。我们现在必须要看看西方探险带来的影响，不仅是关于阿兹特克人，也关于在新大陆殖民的道德争议的大辩论。

第三章　阿兹特克人

> 一切都太完美了，我不知该如何描述第一眼看见这些从未听说、看到或梦见过的事物时的感受……现在，所有我那时曾看到的东西都已被倾覆和毁灭。没有任何东西还留存在那儿。[*]
>
> ——贝尔纳·迪亚斯（Bernal Diaz），《征服新西班牙信史》（*The Conquest of New Spain*, 1963）

　　1492 年 10 月 12 日，仅在巴尔托洛梅乌·迪亚士于好望角发现科伊科伊人的五年后，克里斯托弗·哥伦布在巴哈马（Bahamas）圣萨尔瓦多岛（San Salvador Island）登陆。他在那里邂逅了"老实的不好战的族群"，和一种"世界上最甜美、绅士的"语音。在一个世代的时间里，欧洲人凝望着一个眼花缭乱的、新鲜的、充满异域风情的世界，遍布无数岛屿和一片广阔未知的、延伸向太平洋海岸的大陆。这片"新大陆"就像亚美利哥·韦斯普奇

---

[*]［西班牙］贝尔纳尔·迪亚斯·德尔·卡斯蒂略著，江禾、林光译《征服新西班牙信史》（上册）译文："因为我们看到的是见所未见，闻所未闻，连做梦也没梦过的东西；许多值得赞美的东西，我真不知如何描述才好……如今，这块土地上有过的一切都已消失，一件完好的东西都没有了。"（北京：商务印书馆，1991 年，第 193 页。）

（Amerigo Vespucci）命名的那样，是一片"比欧洲或亚洲人口密度更高且充满动物的大陆"。对美洲印第安人和美洲的发现被描述为欧洲历史上最为重要的事件，在认知方面给西方哲学、科学和神学带来重大影响。

哥伦布把一些美洲印第安人一起带回了西班牙。他们穿梭在塞维利亚的街道，在庞大的人群面前游行，他们与众不同的外表触发了诸多猜测。一些博学明智之士开始对这些衣着怪异的印第安人产生猜测。这些格外与众不同的人来自何方？上帝创造了他们吗？他们源自伊甸园，或是"魔鬼诱骗了这些可怜的野蛮人来到这里？"。应该认为他们是动物还是人类？尤其是，他们是否有能力接受基督教信仰？这些令人不安的有关野蛮人的问题，因科伊科伊人和其他非洲族群而起，又因美洲印第安人显著的多样性被放大十倍。新大陆的发现触发了一场长期的、令人痛苦的，并且鲜为人知的关于如何对待非基督教社会的论战，在 16 世纪和 17 世纪波及甚广。这场争论爆发于哥伦布作为征服者探索西印度群岛，登陆古巴，向西航行穿过不知名的大洋去往尤卡坦（Yucatán）和发达的、位于墨西哥高地的阿兹特克文明后的四分之一世纪内。在少数冒险者和修道士们推翻阿兹特克统治者蒙特苏马（Moctezuma）*并在 1521 年毁坏了他的首都后，这场争论的影响延续了好几代。

大群涌入印度群岛的西班牙雇佣兵、政府官员和牧师带有趋向严重极端的特质。西班牙人是虔诚的，有着对法治的热情，并且毫不动摇地相信他们为了上帝、君主和个人利益去"新西班牙"殖民的神圣使命的正当性。这其中的一端是贪婪的冒险家，他们为了黄金和安逸的生活而来。"他们好像猴子一样抓着金子，"一

---

* 此处及部分阿兹特克神明的译名选用《征服新西班牙信史》中的相应译名。

位阿兹特克年代史编者回忆，"就好像他们的内心被满足了、照亮了、安抚了。真相是他们强烈地渴望金子；他们用它喂饱自己；他们因它忍饥挨饿；他们就像猪一样贪求它。"（Sahagun 1975, 19）大多数冒险家对这件事的态度十分开放。秘鲁印加人的征服者弗朗西斯科·皮萨罗（Francisco Pizarro）告诉一位教会批评家（ecclesiastical critic）他来"带走他们的黄金"。一部不朽的征服墨西哥编年史的作者贝尔纳尔·迪亚斯承认道："我们来这里侍奉上帝，同时也要变得富有。"绝大多数涌入印度群岛的西班牙人对印第安人的福祉并不感兴趣。大多数人认为印第安人没有比野兽好过多少，他们的主要欲望是"吃饱，喝足，崇拜异教的偶像，还有做出野蛮的下流举动"。因此，西班牙人主张，强占印第安人的财产和强迫他们服务完全是为了他们好。

另一个极端是西班牙人中激昂、强力的一派，他们相信王权的神圣使命是将基督教带到世界上所有的角落。其他任何考虑在上帝给予的任务面前都是次要的。多明我会士和方济各会士提出西班牙王权的首要职责是印第安人的皈依和福祉。多明我会士巴尔托洛梅·德·拉斯·卡萨斯（Bartolomé de las Casas）写道："目标是这些地区的原住民应听到传道所宣讲的信仰以使得他们可能被救赎。并且达到这一目的的方式不是去抢劫、诽谤、俘虏或毁灭他们，或者糟蹋他们的土地，这些可能会导致异教徒们憎恨我们的信仰。"（Hanke 1949, 24）两派思想都意识到，他们只有在宫廷获得政治影响力才能使他们的观点流行起来，所以他们不断地进行游说以保持这个议题存在。没有殖民力量曾涉入这种关于帝国政策合法性和道德性的持久辩论。不幸的是，这场辩论和由它引发的立法对数千里外，在大西洋另一边发生着的事情只有相对微弱的影响。政府缺乏当地管理机构或定期通信交流来保障其设计的律条能保护印第安人。印第安人是首个受到欧洲扩张和殖民的全部影响的非西方群体。

欧洲理论家们明显困惑于缺少如基督教、组织化政府和法典等许多欧洲文化元素的社会。几乎所有在接下来的几个世纪里考虑过该问题的人都想当然地认为，印第安人对欧洲人而言是下等的。印第安人究竟归属于事物存在格局的什么位置？这些"铜色皮肤的人"是具有理性的人类吗？或者，就像科伊科伊人一样，他们应该被视作介于人类和动物之间的野蛮人吗？神学家想知道印第安人是异教徒，还是在几个世纪前就已被到访新西班牙的信徒圣托马斯传教的堕落的基督徒？还有关于奴隶制度的复杂问题。上帝是把印第安人创造为自由的人民，还是把他们认定为在亚里士多德所列原则下的奴隶？亚里士多德曾经提出特定的人生来"天性卑劣"（inferior by nature），他们只能被英明的领导者统治，为其服务。问题并不限于这些，很多卓越的关注法律程序的法学家担忧西班牙对它的新领地是否有正当所有权，以及征服者们对印第安人发动战争是否公正合法。在西班牙人征服并开发前往尤卡坦之路时，所有这些问题都积郁着；当征服者发现他们遭遇了高度复杂的阿兹特克文明时，这些问题迸发了出来。

阿兹特克人的崛起

阿兹特克人从默默无闻到成为墨西哥耀眼的掌控者，这一戏剧性的崛起跨越了仅仅四个世纪。不幸的是，阿兹特克人是有才华的宣讲者，所以通常很难将历史事实和虚构进行分离。他们有记录的历史开始于摩尔人仍然统治西班牙大部分地区，以及托尔特克人（Toltecs）掌控墨西哥高地的时候（图11）。1150年，阿兹特克人（通常被称为"墨西卡"[Mexica]）是生活在托尔特克世界边缘的一个较小的游牧族群。三个世纪后他们主宰了一个庞大的帝国（可能形容为贡赋收集组织[tribute-gathering organization]更合适），它从墨西哥湾延伸向太平洋，从墨西哥盆地延伸至危地马拉边缘。他们戏剧般地崛起为辉煌的帝国，是世界历史的伟大史诗之一。幸运的是，在他们可能因伴随西班牙征服的混乱无序而消亡之前，几位西班牙修道士收集了一些纪念阿兹特克过去事迹的传说和口述历史。他们的记录提供了一种对于阿兹特克历史和社会不完整的、时而有偏见的观点，它是真实历史事件与传说、想象和愿望的混合体。

60

　　在西班牙征服过去近一个世纪后，一部印第安编年史描述了阿兹特克人如何从地球的子宫，即被称作"奇科莫斯托克"（Chicomoztoc）的岩石中诞生，"它在七个面上有洞；从那里诞生出墨西哥人，带着他们的女人们"。这七个山洞被发现的地方靠近神秘的阿兹特兰（Aztlan），"白色之地"（the Place of Whiteness），即墨西哥盆地西北方向的一个湖中岛，那里的人一度依靠捕鱼并作为猎人生活。阿兹特克人的漫游自12世纪早期开始，跟随着由四位祭司背负的、他们意为"南方的蜂鸟"（humming bird of the south）的维奇洛沃斯（Huitzilopochtli）神的圣药。随着半个世纪后托尔特克帝国的陨落，这些漫游者陷入混乱，在"群山间、树林中和悬崖绝壁上"迷失了自己。1168年后，他们开始逐渐增加与墨西哥盆地原住民阿科卢亚人（Acolhuas）和特帕内克人（Tepanecs）的接触。他们分享着一种深深根植于托尔特克文明的共同的文化，包括一个含260天的圣历，以及一种敬奉复杂的神殿，和以神圣化人祭作为供养众神和世界之方式的理论。

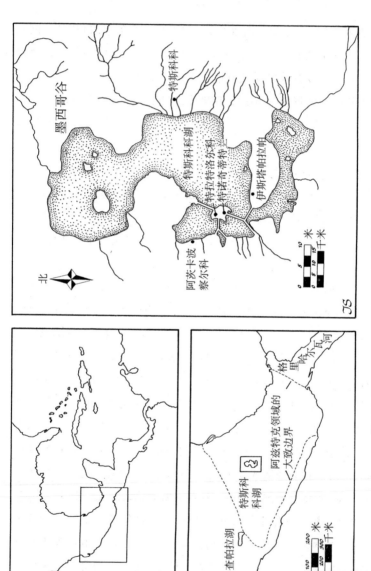

图 11　阿兹特克领域和墨西哥谷的大致边界

资料来源: 杰克·斯科特绘制。

缺少土地的阿兹特克人在墨西哥谷内处于竞争状态的诸王国之间是不受欢迎的访客，但是在13世纪末，他们最终定居在被称为"查普特佩克"（Chapultepec，即"蝗虫之丘"[Hill of the Locust]）的丘陵上。在那里，他们享受着特斯科科湖（Lake Texcoco）的壮美景色，然而也经受着和他们邻居之间的紧张关系。这时，阿兹特克人已经是积极进取的族群，他们相信自己是被战神维奇洛沃斯选中的人。经过重复性的战斗，他们大约在1319年被迫从查普特佩克逃跑，被允许在接近科尔瓦肯（Culhuacan）镇的荒凉土地上定居，他们的邻居们希望他们在那里因饥饿消亡。与死于饥饿相距甚远的是，阿兹特克酋长们成了成功的商人，并且迅速因其托尔特克血统习得了贵族的架子和举止。他们不可避免地与东道主们反目。这时他们被迫带着维奇洛沃斯神像退回特斯科科湖的湿地。

传说告诉我们，那时，神现身在其中一位祭司面前，并且命令他去寻找一棵栖息着巨鹰的仙人掌。神说，这就是特诺奇蒂特兰（Tenochtitlán，图12），"仙人掌果之地"（the Place of the Fruit of the Cactus）。祭司们意识到此地的象征，因为鹰是太阳——维奇洛沃斯自己——的标志，而红色的仙人掌果是神吞没的人心脏的形状。他们立即在一片低平的草地上用芦苇为神建了一座庙宇。这座庙建立于被称作"两座房子"（Two House）的阿兹特克年，即约1325年，尽管一些专家把这个时间推后了20年。特诺奇蒂特兰是作为首都的理想选择，不仅仅因为那里丰富的食物供应和水源，也因为它显著的战略位置。不到两个世纪后，特诺奇蒂特兰已是美洲最大的城市。

最初，阿兹特克人生活在特帕内克人的阴影下，这些人直到1428年左右都支配着墨西哥盆地。他们站在特帕内克一方参与战

图 12 　特诺奇蒂特兰的建立

资料来源: 出自《门多萨抄本》, 牛津大学博德利图书馆（the Bodleian Library）提供, 排架号 MS. Arch. Selden A. 1 folio 2。

斗，获得了一些大陆上的领地，并且围绕他们的首都发展出广大的用于耕作的湿地网络。在15世纪中期，特诺奇蒂特兰及其邻居特拉特洛尔科（Tlatelolco）以帝国的礼仪性建筑和贵族居住的石头建筑而自豪。1428年是一个转折点，阿兹特克统治者采取了新的攻击性政策，旨在统治他们的邻居。经过长期的外交交涉，阿兹特克人联合特斯科科和塔库瓦（Tacuba）的城市创立了三部落联盟（Triple Alliance），这个联盟延续了数代。但是阿兹特克人是主宰者。他们利用自己新的同盟，在1531年粉碎了特帕内克。现在，墨西哥世界躺倒在他们脚下，这个世界不是因突然的征服或突出的战功而属于他们的，是他们耗费数代在不断变化的政治环境中持续加强自身地位才取得的。一系列伟大的、攻无不克的统治者们凝视着墨西哥盆地的边界之外的地区，带领他们的军队前往低地、墨西哥湾沿岸和太平洋，以及危地马拉的南方更远处。他们的将军会要求当地酋长进贡。当这个要求被拒绝，军队会介入并用武力带走贡物。

或许阿兹特克霸权最伟大的缔造者是蒙特苏马一世（Moctezuma Ilhuicamina I），"一个凶猛的人，天空的弓箭手"，他自1440年到1468年在位，使阿兹特克人控制了超过数千英亩的耕地，并创造出一个把土地的掌控权授予贵族的帝国。他和他的继任者们利用土地确保当地领主的忠诚并以此奖赏对国家的服务。蒙特苏马声称战争是阿兹特克人的主要事务，是用来提供囚徒以供养难以满足的神明们的手段。其直接后果是几乎连续不断的战争。当时，阿兹特克帝国是大财阀，一个复杂的组织，光是为追踪大量朝贡和通过特诺奇蒂特兰及其卫星群落进行的商业买卖，就需要数千小官员的工作。蒙特苏马自己创建了一套复杂的管理系统，不仅管理朝贡，也涉及服装、等级和个人交往。他把自己对社会的统治建立在两个准则上：出身和在战斗中的英勇。所有事情都巩固着国王及其贵族们的权力。蒙特苏马自己呈现出一个有权势之人的全部细节和尊严，穿戴最好的珠宝和衣服，他的头饰上有耀眼明亮的热带羽毛。他的行政改革扩张成一种严酷的法律，规定了通奸、酗酒乃至更严重犯罪行为的方方面面。阿兹特克法律的严格性令西班牙人吃惊。甚至盗贼都会被处置为奴隶或强制其为受害者服务。

这样的冷酷并不令人意外，因为阿兹特克帝国不是一个殖民性质的存在，而是结构松散、极其高效的贡赋收集机器。国家允许被征服的当地酋长有一定的活动范围和权力，只要他们上交每年应缴的金额。令人憎恶的阿兹特克收税官几乎不需要武装。他们深知拒付贡赋会带去迅速、野蛮的惩罚，因而安心地从事自己的工作。1440—1519 年间，蒙特苏马一世和他的后继者创建了一张政治和军事同盟网络，通过冷酷自私地使用侍从、重税，以及军事力量和恐怖行动使之结合在一起。对人祭的严重不正当使用只是征服手段之一。迪亚斯和其他人使我们确信隶属帝国的每个城市都生活在对阿兹特克人的恐惧之中。附庸国的酋长们经常被邀请到特诺奇蒂特兰，去见证涉及人祭的节日活动。15 世纪的修道士迭戈·杜兰（Diego Duran）告诉我们，统治者阿维措特（Ahuitzotl）在 1487 年给扩大的战神维奇洛沃斯之庙奉献人祭，在长日照的四天里从日出持续到黄昏（图 13）。他向客人平均分配一年的贡品，包括不少于 33 000 把有异国情调的羽毛。每次公开展示都是为确保阿兹特克人的敌人"会意识到墨西哥的强大且会被恐吓震慑"而设计的。

1502 年，当 34 岁的蒙特苏马二世（Moctezuma Xocoyotzin Ⅱ）被选举继承王位时，特诺奇蒂特兰是座庞大的城市，拥有被防御

图 13　人祭

资料来源: 出自《马利亚贝奇亚诺抄本》(*Codex Magliabechiano*, folio 70)。

墙环绕的壮观的仪式性区域。这个自负傲慢的人有着作为英勇武士和英明顾问的声誉。他执掌着以征服，越来越多的征服，不断的征服为生的帝国。帝国曾以严格的商业经营作为起点，现在则变成对威望、众神之安抚和军事技巧的迷恋。阿兹特克人被封锁在一个迫使他们只是为了得到更多用来献祭的受害者，和确保贡品稳定流入而扩张、征服的恶性循环中。蒙特苏马是有深刻宗教信仰的人，他确信他的使命是奉献一直要索取的神明。他掌管由不安的臣属们组成的灿烂帝国，他们都全然准备好反抗已经建立起的权威。源于大量人祭和征服远方的神学势力太过强大，即便是再有声望的阿兹特克统治者都不希望发展出新的、更集中化的、能导向长期政治稳定并为无法满足的维奇洛沃斯提供更适度饮食的管理形式。

　　蒙特苏马着迷于神学教条，这使他不可能脱离他的征服者前辈们的政策。他声称自己是一位神，试图巩固早期的领土收益。他还陷入了与特拉斯卡拉（Tlaxcala）的作战中，那是特诺奇蒂特兰东边的城市，后来成为西班牙人坚定的同盟之一。蒙特苏马的全部努力都是为了确保驾驭墨西哥权力的所有缰绳都在他的并且只在他的手中。很快，这个孤独且排外的统治者开始对所有事物都产生了幻觉并且看到邪恶的征兆。海岸地区的印第安人在1517年看到"群山"（mountains）向海上移动，这些征兆，或许是蒙特苏马的恐怖想象所虚构出的，预示出新的、灾难性的方面。因确信自己神圣的权力，偏执的蒙特苏马向其所生存的象征世界（symbolic world）那些众所周知的原则寻求帮助。这些原则提供了仅存的应对存在于阿兹特克文化体验外的现象的先例。

第五个太阳

　　阿兹特克人生活在一个高度象征化且神秘的世界，那里的每个行为，不论是平凡的或是琐碎的，都有礼仪性意义。西班牙四个半世纪以来的征服以及由此导致的断裂将我们同他们的智者分隔开来，甚至阿兹特克形而上学、哲学和宗教的基础准则都挑战着我们的理解。他们用古代神话中的语言，通过诗歌和歌曲里的隐喻表达他们的信仰。他们的演说家诵咏着讲述了五个墨西哥世界的诗篇，其中的第五篇是讲现在的宇宙。四个早期世界中的每一个都曾经被阿兹特克神庙里的其中一位伟大神明统治过。神明们持续互相争执，直到几个世纪前，第五个太阳在废弃的特奥蒂瓦坎（Teotihuacán）城诞生。这一次，竞争的众神达成某种形式的不稳定合作。但是第五个太阳，就像早期的几个世界一样，注定会在命定的日子最终毁灭，《四运动》（*Nahui ollin*,[*]即阿兹特克四日运动［four-day movement］）：

> 老人们说
> 地震将出现在这个时代
> 饥荒会到来
> 我们必将毁灭

（Leon-Portilla 1963, 64）

　　阿兹特克祭司们使用复杂的世俗和宗教历，来测量以 52 年为一周期而持续增加的月份和天数，标记第五个太阳走向天罚的进程。同时，他们每日用珍贵的液体（*chalchihuatl*），即生命所必需的来自人类心脏的液体，也是生命的最佳象征，来献祭喂养太阳。阿兹特克世界建立在认为所有事物都短暂，转瞬即逝，注定会被湮没的设想之上。古代神话强调"即使是玉，也会破裂，即使是金子，也会压碎"。

---

[*] 英语译名为 Four Movement，［美］乔治·C. 瓦伦特著，朱伦、徐世澄译《阿兹特克文明》（北京：商务印书馆，1999 年）把作为纪元的"Nahui ollin"译为"四地震"，与其他几个时代的命名形式相统一（第 179 页），而把与此同名的庆典表述为"四运动"或"四地震"（第 209 页），参考其他英文释义和相关的阿兹特克文物说明，此处译为"四运动"。具体如墨西哥国立人类学博物馆说明牌译为"4 movimiento"，指自然的四种运动（太阳运动），不是特定某日，而与纪元方式相关。除"四运动"外还有表述类似的其他纪元。

因为相信物质世界实际上是个梦境，阿兹特克智者们逃避到托潘（topan）这个超自然的世界，托潘意即"超越我们的世界"。托潘的影响，善与恶的宇宙力量的影响，不仅被作为整体的阿兹特克人感受到，也被每个社会成员所感知。人人依靠在圣历中的日、月、年中依次相接的连续天文征兆而生。或许有理由认为这样一个象征世界属于悲观的、沉溺于迫近的灾难和残酷命运的族群。事实上他们是一个精力充沛的、热情的社会，被强大而神秘的，为了战争、征服和其养育太阳的神圣使命的帝国主义所驱动。因此仪式性的战争和献祭成为国家生活的重要核心。

　　阿兹特克人崇拜复杂的众神谱系，其中很多都对人类不怀好意。他们是无形的，但是至少部分地有人类形态。他们中的多数具有基本方位、颜色和人际交往等维度。例如维奇洛沃斯与战争有关，特拉洛克（Tlaloc）则与降雨有关。阿兹特克宗教有三个主要的祭祀主题。第一个主题认为：神明是超自然的魔术师，负责创造世界，是有关夜晚与黑暗的可怕力量。第二个主题关乎降雨和农业土地的丰收。雨神特拉洛克和与他相关的许多神明受整个帝国崇拜。阿兹特克人相信自然的力量有善有恶，他们把这些要素拟人化为男性神和女性神。他们会供奉这些神明，并且完成象征性的行为以召唤利于国家的天命。土地的丰收和降雨的出现和阿兹特克有关从出生、成熟最终到死亡的生命周期以及四季无尽循环的信仰紧密联系在一起。因此他们非常仔细地关注自然的循环，如此，环境的力量从不会使他们震惊或压倒他们。

　　阿兹特克宗教的第三个，也是最普遍的主题是养育地球和太阳，即在墨西哥世界中给予生命的要素。这个主题与人祭紧紧相连，因为人类牺牲的血能填饱太阳，并确保世界不会终结。太阳神托纳蒂乌（Tonatiuh）与人祭关联密切。他是武士社会的保护神，为阿兹特克军队提供乳脂。其他三位主要的神明被广泛地崇敬：特斯卡特普卡（Tezcatlipoca），有时也被称为"烟雾镜"（Smoking Mirror）；维奇洛沃斯，特诺奇蒂特兰人民的伟大战神；克萨尔科亚特尔（Quetzalcóatl），即"羽蛇神"（Feathered Serpent）。克萨尔科亚特尔是创造和文明之神，也是古时被崇敬的托尔特克"圣人"（saint），在西班牙征服的戏剧性事件中充当了至关重要的角色。

阿兹特克作为一种社会，发展出了简单的经济和物质文化，也有灵活的社会组织，确保每个人能和谐地一起生活。贵族、商人、武士或平民都与他们自己的当地亲族维系着紧密关系。地域身份是阿兹特克社会有效性的一个主要要素，把中央政府、官方机构和城市中的当地居住区，及城外大大小小的群落联系起来。个体自由、个人财富和行动自由这些思想对阿兹特克人来说是尚未被了解的。每个人在社会中的位置都被有形的符号所决定，如他们穿的斗篷，允许特定等级穿戴的珠宝和装饰等，给予了所有人对地位的即时识别，还有对权威的尊重。

阿兹特克社会全神贯注地维持万物及其外围世界的正确秩序，平衡光明与黑暗的力量，这能够解释它的许多铺张和仇外行为。国家和个体的存在都是关于上天保佑的事。当西班牙人遇到阿兹特克力量的耀眼光芒时，那些人盲目地跟随他们虔诚的领导者们去破坏。他们不习惯为自己考虑；反而是有一种对自己所处组织的力量的盲目自信。如人类学家乔治·瓦扬（George Vaillant）曾写道："一个阿兹特克人会惊骇于我们西方世界个人生活的赤条条的孤立。"在遭遇信奉完全相异的价值观和信仰，并且用钢铁和火药开展活动的陌生人时，蒙特苏马和他的子民依靠的是他们象征性世界的超自然价值观。一旦这个熟悉的世界被挑战和推翻，庙宇都被夷为平地，抄本被焚毁，神明的图像被丢弃，阿兹特克人相信他们自己也会随之毁灭。

科尔特斯和蒙特苏马

1517 年，在哥伦布登陆圣萨尔瓦多四分之一个世纪后，一些西班牙帆船在弗朗西斯科·埃尔南德斯·德·科尔多瓦（Francisco Hernandes de Cordoba）的指挥下到达墨西哥尤卡坦。他们沿着人口稠密的岸边航行，有过几次登陆，带走了一些"焙烧黏土做的偶像，一些有着魔鬼的脸……另一些同样丑陋，像是表现印第安人互相鸡奸"*（Diaz 1963, 19）。他们也收集了一些黄金饰品，发现了人祭的证据，与当地人发生战斗，然后带着关于西方新的富饶土地的热情报道返回古巴。

有关白皮肤、长胡须的外国人的汇报迅速抵达远在山岳地带墨西哥盆地中的蒙特苏马面前。当陌生的人们在一年后返回时，蒙特苏马派遣了三位重要的贵族去迎接他们。他的大使发现四艘船在胡安·德·格里哈尔瓦（Juan de Grivalja）**的指挥下于近海处下锚。伴随着值得赞赏的对恰当礼仪的考虑，使者们焚香并赠给他本是敬予神明的仪式性披风。当格里哈尔瓦对这些置之不理，还拒绝了食物（那天恰好是斋戒日）时，他们非常震惊。阿兹特

---

*［西班牙］贝尔纳尔·迪亚斯·德尔·卡斯蒂略著，江禾、林光译《征服新西班牙信史》（上册）译文："泥塑偶像，有的面目狰狞……还有其他一些偶像也很丑陋。从这些塑像来看，印第安人好像通行鸡奸。"（第 6 页）

** 根据《征服新西班牙信史》等相关材料，该指挥官的姓名原文应为 Juan de Grijalva，格里哈尔瓦河的名字就是由此而来，参见《征服新西班牙信史》第 23 页。

克神明永远不会拒绝他们的华服或给养。格里哈尔瓦反而给他们拿出玻璃珠，还用手势表示这些印第安人应该带金子来。他们立刻遵从。"在我们停留的六天里，他们带来价值超过 16 000 比索，形状各异的劣等黄金。"*（Diaz 1963, 36）这些黄金饰品仅仅激发了西班牙人们的贪婪。格里哈尔瓦一行人看到了西方远处巨大的、白雪覆盖的群山，据说在山后面叫作"墨西哥"的土地上居住着最富有的印第安人。

69

蒙特苏马和他的顾问们完全被到访者们的奇怪行为弄糊涂了。他们的表现远非虔诚，对每个墨西哥神明都渴望得到的披风和礼物都完全不感兴趣。西班牙人不能像其他敌人一样被带往或引诱至阿兹特克帝国。然而他们从东方的地平线穿越海洋而来，在阿兹特克历史的其中一个伟大传奇里，几个世纪前，神明克萨尔科亚特尔，即羽蛇神，正是在那里销声匿迹。

这个传说是这样的：克萨尔科亚特尔是风神和启明星，墨西哥虔敬之行的核心。几个世纪前，他曾是特奥蒂瓦坎众神的一员，并使图拉（Tula）的托尔特克成为他喜爱的家园。那里的祭司统治者们（priest-rulers）使用了他的名字，用人祭奉养神明。传说讲述了一位名叫"托皮尔岑"（Topiltzin）的高等祭司如何着手对托尔特克宗教进行彻底的改革。托皮尔岑是个狂热分子，他信仰赎罪而非人祭和杀戮，信仰圣德而非战争。他与他的改革者们很快同强大的、信奉军事政策的武士阶级发生冲突。被疏远的贵族们从克萨尔科亚特尔转向崇拜他强大、嗜血的对手，战神特斯卡特普卡。经过剧烈的内部冲突，特斯卡特普卡获胜。他的武士们

---

* ［西班牙］贝尔纳尔·迪亚斯·德尔·卡斯蒂略著，江禾、林光译《征服新西班牙信史》（上册）译文："我们在那里的六天中，他们找来了制成各种形状的低成色的金饰物，价值在一万六千比索以上。"（第28页）

灌醉克萨尔科亚特尔并且迷惑他与自己的姐姐同床。无论如何，以托皮尔岑为化身的克萨尔科亚特尔及其追随者们，逃离了托尔特克城，烧毁或埋藏了所有神庙中的财宝。神首先到达附近的乔卢拉（Cholula）城，随后去了海湾沿岸，"于是他用大蛇做成筏子。当他安排好［筏子］，他把自己安置在上面，就像那是他自己的船。随后他出发横穿渡海"（Sahagun 1953, 3: 12）。

萨哈冈的阿兹特克消息人告诉他，战胜克萨尔科亚特尔的特斯卡特普卡预言道，克萨尔科亚特尔会在阿兹特克记为"一根芦苇"（1 Reed）的年份回来索取他的领地。事实上，没有当地历史提及这条预言，很多学者认为它是在西班牙征服后，阿兹特克历史学家为试图解读新来者的到来和胜利而创作的。人类学家苏珊·吉莱斯皮（Susan Gillespie）令人信服地提出，他们出于对历史循环发展，即阿兹特克世界观核心部分的深切信仰，而重写了过去。因此他们用有关一位返回的神明的预言，使西班牙征服合理化。

我们无法得知蒙特苏马对新来者的想法。显然，这些陌生人对王国造成威胁。但是存在与宇宙哲学和历史相关联的潜在重要性。新来者们有着异域的外表、陌生的武器，傲慢无视既有礼仪与行为规则，他们来自东方，在阿兹特克信仰中这是代表权威的方向。不仅如此，他们从海洋上来，它是水的原生之母。表示为"一根芦苇"的年份在阿兹特克宇宙中非常重要，因为它孕育了羽蛇的宇宙征兆。阿兹特克智者记得他们自己曾作为神秘的征服者到来，在一个循环的世界中，历史会很好地自我重复。据萨哈冈的消息人说，蒙特苏马仔细思量了白人到访者，并开始相信"这是回到陆地的托皮尔岑·克萨尔科亚特尔。他们心知他会来，他会来到大地上，为了寻找他的座席、他的位置"（Sahagun

70

1957, 9）。实际上，他可能认为他们是潜在威胁并谨慎行事，用皇家礼仪欢迎他们，以备一位祖先统治者回来宣称对其王国的所有权。

更多的陌生人在 1519 年春天到达尤卡坦。这一次，名叫"埃尔南·科尔特斯"（Hernán Cortés）的 34 岁冒险家指挥 11 艘船下锚，它们载着 508 名士兵、100 名海员、16 匹马和一些火炮。科尔特斯被一些历史学家描述成一位伟大的、几乎被神化的将军，另一些人认为他没有比渴望黄金的强盗超出多少。作为一个"有些罗圈腿的"严肃男人，科尔特斯是个天生的冒险家，"一个好骑手，还擅长所有武器"。据说他是个受欢迎的、英勇且魅力超凡的指挥官。毫无疑问他是个极其狡猾和精明的男人，他与阿兹特克人打交道的方式展示出他在很大程度上了解对手的弱点。他的官方指令是探索这个国家，以王权的名义占领土地，并说服印第安人接受基督教信仰。

蒙特苏马通过严格服从宗教礼仪来回应关于侵略的新闻。他派遣了五位高贵的使者，携带着克萨尔科亚特尔及其对手特斯卡特普卡的仪式性披风。他们在科尔特斯面前焚香，"随即安置好船长。他们给他戴上蓝绿色的蛇面具，用来转动绿咬鹃羽毛做的头扇……之后他们给他穿上无袖夹克"（Sahagun 1979, 12: 15）（图 14）。科尔特斯用友好的方式回应，但同时确认了那些外交人员已见识到西班牙加农炮的火力和骑兵的实力。一位修道士当着他们的面吟咏赞颂复活节弥撒。随后科尔特斯告诉酋长们他想拜访蒙特苏马。他们拒绝了，因此西班牙人派出使者传递消息，同时呈上玻璃珠、玛瑙、木雕扶手椅，以及送给蒙特苏马的带有圣乔治与龙的徽章的深红色帽子。

返回的使者在消除特诺奇蒂特兰的困惑上收效甚微。蒙特苏

图 14　阿兹特克使者向科尔特斯献礼

资料来源: 出自《佛罗伦萨抄本》(*Florentine Codex*, volume 12, courtesy of University of Utah Press)。

马在他们出席时祭出两个俘虏,以防使者已注视到神明的面容。他品尝了芳香的西班牙食物,听了关于轰隆巨响的加农炮、凶猛的猎犬和"像屋顶平台一样高的"鹿(马)的故事。因此,他命令子民赠予陌生人大量食物,他们能吃多少就给多少。新的一队大使带着丰厚的礼物出发了,包括"一个太阳形状的圆盘,和车轮一样大，用质量上乘的黄金制成"。蒙特苏马还派遣了"俘虏以备［西班牙人］可能喝他们的血"（Sahagun 1979, 21）。当科尔特斯一行因牺牲品和浸泡在血液中的献祭食物而作呕时，印第安人被深深震惊。蒙特苏马意图把这些礼物作为统治和慷慨的声明。西班牙人认为这些是贿赂。大量的食物和发光的金子使科尔特斯71相信他必须尽快见到蒙特苏马，不仅是为了找到更多金子，还要与人祭和偶像崇拜斗争。

　　同时，科尔特斯了解到，当地人对严重压迫他们的阿兹特克人没有好感。他精明地说服他们，在他的保护下他们会活得史好。当他要求一名当地酋长拘禁五名明显可以免于惩罚的蒙特苏马的收税官时，他的地位被大大强化了。现在，他有了立场一致的同盟，开始制定前往阿兹特克首都的有效计划。科尔特斯首先发现了韦拉克鲁斯（Vcracruz），它是拥有"一座教堂、一个市场、军械库和所有其他乡镇应有设施"的小型聚居地，设立在友好的区域内，并且建了一个堡垒。接着他大胆地安排他的所有船只登陆72并烧毁了船只。西班牙人后方毫无退路，他们只有一条路——进入内陆。在寡众悬殊、对前方的乡村没有确切了解的情况下，科尔特斯一行在 1519 年 8 月 16 日开始了他们史诗般的墨西哥之旅。

　　一代人以后，博学的修道士伯纳迪诺·迪·萨哈冈着手开展他对阿兹特克社会的终身研究，他相信这些知识对成功的传教工作而言是非常重要的。他与见证了西班牙征服的年长者紧密协作。萨哈冈利用问卷和采访，在他 12 卷本的不朽著作《新西班牙博物通史》中拼合出阿兹特克文明崛起和衰落的故事。最后一卷用纳瓦特尔语（阿兹特克通用语）创作并以西班牙语释义，记录了西班牙人的到来和阿兹特克帝国的衰败。从印第安人眼中得来的这份关于西班牙征服的陌生而动人的记录，是一部独一无二的、十分带有偏袒性的文献，但是揭露出令人惊讶的、对胜利者的容忍态度。它使我们能从双方各不完整的视角来看 1519—1521 年间令人激动的事件。

蒙特苏马默默地注视着西班牙人向高地移动。流言在特诺奇蒂特兰蔓延。"那里有恐惧、震惊，对危难的表达和感知。"蒙特苏马自己犹豫不决，完全不知道该做些什么。最终他只是等待命运，因为他无法决断他面对的是人类还是不朽的敌人。

西班牙人在到达特拉斯卡拉前没有碰到对手，这个城市超出海平面 7 000 尺（2 100 米），是阿兹特克的死敌。他们遭遇了由衣着鲜亮的武士组成的庞大军队。在特拉斯卡拉酋长被迫投降前，间歇性的战斗持续了近两个礼拜。西班牙人通过保持队列的紧密结合和有效利用他们的马匹与条令，使自己能够经受住集中袭击。印第安人对骑兵和猎犬感到困惑，而且不习惯加农炮的烟雾噪声及其造成的可怕创伤。尽管如此，如果不是内部纷争引起许多印第安军队变节的话，特拉斯卡拉人原本能以数量优势损耗西班牙人。一旦和平被确立，特拉斯卡拉人就成了科尔特斯最忠实的同盟之一。来自其他勉强臣服于阿兹特克的附属国的使者赶忙造访他的营地。

特拉斯卡拉距离乔卢拉很近，那座城镇是阿兹特克的一个松散同盟，蒙特苏马试图在那里贿赂当地酋长来制造对西班牙人的屠杀。科尔特斯进入乔卢拉，期望它的变节并且没有失望。科尔特斯被预先警告了一个关于屠杀他们一行人的阴谋，遂召集贵族们去往一个在有围墙的场地中进行的会议。随后，西班牙人杀掉了这些贵族。这是科尔特斯精心策划的战略。"吃一堑长一智"，贝尔纳尔·迪亚斯写道。

毫无疑问，在科尔特斯心里，蒙特苏马就在与他的小规模军队进行对抗的阴谋背后，因为前者的间谍无处不在。他们送回的报告明明白白地记录下征服者们古怪的行为。当科尔特斯指示他的印第安盟友释放他们的所有因犯，而非像通常的阿兹特克行为一般用其献祭时，蒙特苏马非常震惊。西班牙人命令乔卢拉人抛弃他们的异教偶像，"停止献祭和食用人肉，放弃劫掠和他们习惯性的兽行"。科尔特斯注意提醒印第安人其神明是如何欺骗了他们，战斗前的献祭是如何徒劳无用。他命令摧毁"我们在城市中发现的用结实木条做的笼子，里面满是被养胖以用于献祭的男人和男孩们"。科尔特斯做的所有事情似乎都在攻击阿兹特克宗教信仰的核心（图15）。

因此，蒙特苏马继续踌躇着。为了拖延时间，他派出更多带着丰厚礼物的使者，用另一种方式展示财富和权力。黄金和精美珠宝只会使西班牙人更加下定决心要造访特诺奇蒂特兰。最终，蒙特苏马投降并向科尔特斯保证他可以访问自己的首都。但是蒙特苏马仍旧试图拖延他的行进。他在绝望之下向西班牙人派遣预言家。萨哈冈的消息人告诉我们，这些使者遇到战神特斯卡特普卡的显现，神伪装成腰间束绳以引导入侵者的醉鬼。特斯卡特普卡大声叫唤他们："为什么徒然走到这里？那里将不再是墨西哥；它已经永远［消逝］……"当他们环顾四周就好像"墨西哥的所有庙宇……所有房屋都被焚烧；并且就好像那儿已经进入战斗"。至于蒙特苏马，"当他听说这件事，他只是弯下头；他只是垂头坐着……他只是沮丧地坐了很长时间，好像他已经失去希望"（Sahagun 1975, 34）。

西班牙人向墨西哥盆地行进，他们的道路旁排列着成百上千远道而来观看陌生人的人群。最终，他们凝视着肥沃的墨西哥盆地。"当我们看到那些建在水中的城市和村庄，另一些建在陆地的

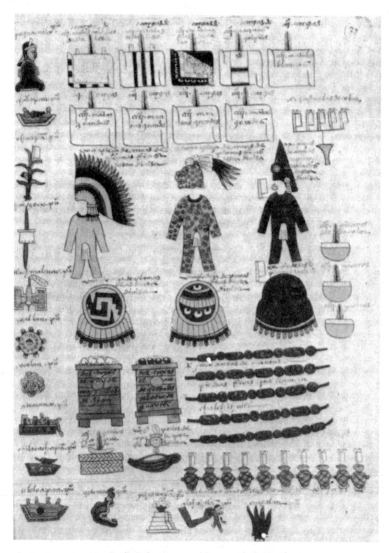

图 15　阿兹特克武士的六个等级及其俘虏

资料来源: 出自《门多萨抄本》, 牛津大学博德利图书馆提供, 排架号 MS. Arch. Selden A.1, folio 65。

大城镇，以及通向墨西哥的笔直水平的堤道时，我们非常震惊"，*贝尔纳尔·迪亚斯在美洲文学的一段不朽篇章里写道。"这些大城镇……和建筑物从水中升起，全都由石材构成，看起来像是魔法做的幻象……确实，我们的一些士兵问到那是不是个梦境……一切都太完美了……当我们进入埃斯塔帕拉帕城，看到他们安置我们住下的宫殿的景象，我不知该如何描述第一眼看见这些从未听说、看到或梦见过的事物时的感受！这些建筑非常宽敞并且建造精良，使用了华丽的石材、雪松木和其他散发香气的木料，有宽大的房间和庭院，都有极佳的视野，而且全都盖着编织布做的遮阳棚……我重复一遍，我看着这些景象，想到世界上不会有另一处这样的土地被发现，因为那时秘鲁尚未被知晓。但现在，所有我那时曾看到的东西都已被倾覆和毁灭。没有任何东西还留存在那儿。"**（Diaz 1963, 214–215）

特诺奇蒂特兰

蒙特苏马自己对这些外来者有所提防。他准许他们进入城市以使他们能领略到他有多伟大。萨哈冈的消息人告诉我们，统治者亲自欢迎了科尔特斯，就好像他是回归的克萨尔科亚特尔一样："汝已归来抵达这片土地。汝已归来掌管墨西哥之城；汝已归

---

* ［西班牙］贝尔纳尔·迪亚斯·德尔·卡斯蒂略略著，江禾、林光译《征服新西班牙信史》（上册）译文："见到水上有许多城镇，旱地上也有许多大城镇，而且那条通墨西哥城的堤道又直又平，我们非常惊奇。"（第192页）

** 参见［西班牙］贝尔纳尔·迪亚斯·德尔·卡斯蒂略略著，江禾、林光译《征服新西班牙信史》（上册）（第192—193页）。此处跨越段落较长，为避免歧义，恕不摘录原文。

来降临于我的座席、我的位置上，我为你看管了它片刻，为你守卫它……现在天命已至；汝已归来。"（Sahagun 1975, 12: 44）征服者们被护送前往中央广场的一座宫殿。他们发现自己置身于科尔特斯认为的"像塞维利亚或科尔多瓦一样大"的城市。事实上，特诺奇蒂特兰是特斯科科湖19个岛屿群落中最大的。它覆盖了大约6平方英里（15.5平方千米）的土地并且通过三条长堤道与大陆相连。而超过60万人在城市中或接近城市的地方生活，伴随着它庞大的市场和大规模的农业系统。"在科尔特斯到来时，墨西哥是拥有6万座房屋的城市"，他的秘书告诉我们。"国王、贵族和朝臣的住所宽大精致；其他人的住所则狭小且可怜得连门窗都没有，但无论多小，至少也有两三人或十人居住，因此城市有极其庞大的人口。"（Gomara 1964, 156）蒙特苏马的宫殿靠近巨大的仪式区域，那是特诺奇蒂特兰的中心。"它有朝向广场和公共街道的20扇门，三座大庭院，其中一座是美丽的喷泉。"（164）在这座两层建筑里有超过100个房间，还有很多浴池。墙面上有彩绘，地面铺有席子。统治者自己居于至高无上的地位，伴有数十名侍者。只有少数重要官员被准许直接与他说话。

首都实际上是两座城市，特诺奇蒂特兰本身和特拉特洛尔科，征服者们在那里找到了一座庞大的市场。"我们震惊于人群和商品数量的庞大，以及有效的秩序和良好安排。"*那里有黄金和白银经销商，织物商人和巧克力卖家。粮食、兽皮、陶器、木材，甚至独木舟载着的用作肥料的人类粪便也在销售。经过专门指派的官员管理易货贸易并调停争端。特诺奇蒂特兰和特拉特洛尔科位于

---

* 可参阅［西班牙］贝尔纳尔·迪亚斯·德尔·卡斯蒂略著，江禾、林光译《征服新西班牙信史》（上册）（第210页）。

复杂贸易和朝贡系统的中心，把来自不同生态地域的许多产品带入巨大的城市市场。玉米来自韦拉克鲁斯低地，豆类来自普埃布拉（Puebla），热带植物和棉花来自南方。乔卢拉送出彩绘器皿和珠宝。奴隶、葫芦、布披风、热带羽毛、黑曜石刀具、盐及大量其他商品和奢侈品穿过堤道流入特诺奇蒂特兰。

征服者发现特诺奇蒂特兰被划分为四大部分，与阿兹特克世界的基本方位相一致。每部分都被进一步分成区（barrios），即每个卡尔普利（calpulli）所住的居住性区域，每一处都有自己的庙宇、市场和管理性建筑。特诺奇蒂特兰是一个高度组织化的城市，那里有军队，有管理从饮水到朝贡清单所有事务的官员系统。"所有事都被很好地记录下来以至没有任何细节被遗漏"，迭戈·杜兰写道。"甚至有官员负责扫除。"（Duran 1964, 183）在一个权力依赖于个人控制其国民所思所行的能力的群落，没有组织化的可能。

整个国家以特诺奇蒂特兰为基础，为神明、极少部分贵族精英、武士和祭司的利益运转。只有贵族可以经统治者的允许拥有土地。他们通过控制土地的个人所有权和用象征的、神学的信仰教育每个人来维持权力，使养育神明成为在有朝一日必将毁灭的世界里生存的关键。其中一个用于社会控制的最为普遍的方式就是人祭。

"死亡的提醒"

在一切目光所及之处，征服者们发现他们身处一个不可思议的、高度组织起来的世界，个人及其目标毫无价值。巨大的庙宇金字塔就像人造的山峦一般耸立在湖上（图16）。蒙特苏马在科尔特斯到达的第二天带他参观了神庙。特诺奇蒂特兰的神庙区域"是方形的，以弓弩一发射击的距离为边长"。通向城市的堤道在巨大的神庙围墙处结束。神庙本身由阶梯金字塔组成，"以泥土和沉重石材组成的结构，像［神庙］围墙一样呈方形，边长50英寻（约91米）"。神庙金字塔的顶端是边长约40英尺（12米）的方形平台，通过西面114级的高大台阶可以到达。"在一些仪式中祭司上下攀爬阶梯，或运送一个用于献祭的人，是值得观看的场面。"（Diaz 1963, 240）近来靠近墨西哥城宪法广场（Zocalo）的发掘揭露了大神庙（Temple Mayor）被毁的立面，那是在特诺奇蒂特兰还是个小村庄时建造的一系列原始简陋神庙中的最后一处。

　科尔特斯和他的修道士们惊骇于特诺奇蒂特兰金字塔顶那些沾满血污、散发恶臭的神殿。他们得知献给维奇洛沃斯的牺牲被

图16　建筑师伊格纳西奥·马基纳（Ignacio Marquina）对特诺奇蒂特兰中央广场的复原

资料来源: courtesy of the American Museum of Natural History, negative no. 326597.

安排在置于神庙平台边缘的两个大祭坛上。每个祭坛都连着一座"非常精致的、装饰着雕刻木板的神龛，每一座有三个小阁楼，一个叠一个，非常高，用雕刻镶板制成"（Diaz 1963, 236）。下方的区域有一众较小的神庙，还有一个头骨架，露着牙齿的人牲头骨就陈列在那儿。征服者们算了算这些恐怖的东西。"向我描述此事的安德烈斯·德·塔皮亚（Andres de Tapia）和贡萨洛·德·翁布里亚（Gonzalo de Umbria）数了一天并发现共有136 000具头骨，包括在杆子和台阶上的"（Gomara 1964, 167），科尔特斯的秘书汇报道。毫无疑问，这个数字被夸张了。

尽管征服者们早已习惯于流血、屠杀，更不用说惯常的酷刑，但就连他们都对阿兹特克神明对人肉的狂暴嗜好毫无准备。自西班牙征服起，阿兹特克人就被贴上"嗜血食人者"的标签，部分原因是他们在特诺奇蒂特兰金字塔顶，通过撕扯掉其受害者们的心脏来杀害他们。之后祭司们会把尸体滚下台阶，尸体在那里被肢解并且"被分割以便食用"。著名的历史学家威廉·普雷斯科特（William Prescott）在描述萨哈冈相对属实的关于人祭的记录时，将其润饰为"一场充满可口饮品与精致食物的盛宴，筹备得具有艺术性且男女两性皆出席"（Prescott 1843, 421），也无法改善阿兹特克的形象。我们永远无法得知嗜食同类对阿兹特克人有多重要，或者更恰当地说，它在他们的社会充当怎样的角色。不幸的是，消耗人肉就像异国的性习惯、多配偶制和其他异于西方人的习俗一样，趋于增长风俗学者那些强烈且显然通常不理智的热情。一些人类学家，如威廉·阿伦斯（William Arens），彻底否认阿兹特克人是食人者。另一些，例如社会研究新学院（the New School for Social Research）的迈克尔·哈纳（Michael Harner），认为阿兹特克人利用人祭和食人作为向人口提供重要肉类蛋白质的一种方式，他们生活在缺乏动物类食物的环境中。当然，阿兹特克领导阶层不可能凭借食人供应所有蛋白质，但是哈纳认为他们在饥荒时凭借食人来使人民保持安定。哈纳的假设遭到异议，即阿兹特克人可以从豆类和其他资源中获取超过所需供应量的蛋白质，他们无须欧洲人所需的那么多动物蛋白。极少有学者赞同阿伦斯或哈纳。大多数人认为阿兹特克人可能已经成熟地实践着某些形式的食人仪式。仅有的关于消耗人肉的确定性证据可能来自对居住区域的考古发掘，那或许指示出人类骨骼是为食用而被故意破碎。迄今为止，这样的考古发掘尚未展开。

西方的"献祭"（sacrifice）一词覆盖了多种纳瓦特尔语词群，它们指示人类祭品的不同形式，其中有在神像前的个体的仪式性流血，还有为神明而死，尤其是在"花之战"（Flowery Death）中，无论是在战斗里还是作为被献祭的战争俘虏。阿兹特克"献祭"概念的中心是向神明偿债，或是在宴会和节日上安排和进献礼物。阿兹特克重要节日里的主要环节是仪式表演和宴会，被祭者在其中被打扮成神明。重大的公众仪式和典礼是表演艺术，是神明们将阿兹特克社会各个方面联系在一起的重要工作。

人祭深刻地影响了阿兹特克人发动战争的方式。蒙特苏马和他的继任者们为防卫、增加经济利益和镇压叛乱而发动战争。他们所有的策略都有同一个首要目标：获取战争俘虏以向神明献祭。多数战斗包括围攻袭击，未受过训练的兵员试图通过纯粹的数量优势和近身搏斗压倒对方。阿兹特克人使用带有锋利黑曜石刀片的木棍和标枪进行战斗。他们穿着的装填棉花且用盐水处理变硬的盔甲能非常有效地对抗矛和箭，以至西班牙人很快用它替代了自己又热又拘束的钢质盔甲。印第安战争有局限的目标和粗糙策略致使其武士在面对要一决生死，并且脑中有长期策略的西班牙士兵时处于直接的不利境地，无论他们有多英勇。对于阿兹特克人，战争是一种仪式性事件，是黑暗之力和光明之力进行伟大斗争的尘世再现，在这个斗争中，太阳每日生存并牺牲而死，以确保人类的幸存。持有这种战争观的人们在抵抗科尔特斯那支由残酷无情、经验丰富的老兵组成的小队的猛攻时，是能力不足的。

特诺奇蒂特兰的衰落

蒙特苏马给予科尔特斯非凡的荣誉，但是很快发现他的访客只对黄金感兴趣。我们知道被围困的蒙特苏马愿意同意定期向科尔特斯的君主进贡，但这位统治者没有意识到这笔交易只有在强制支付的情况下才会成立。更糟的是外来者们在神学上的需求，他们鲁莽地力劝推翻维奇洛沃斯神像并替代以他们自己的十字形标志。当科尔特斯说到如果祭司们继续用人祭祀神明，他将会毁掉神像时，蒙特苏马被惊吓到了。对任何人，甚至归来的神明而言，怀疑人祭的正当性都是怪诞的。

蒙特苏马开始密谋毁灭西班牙人。科尔特斯明白他的位置易受到攻击，他居住在被金字塔和堤道环绕的宫殿里，这座宫殿很容易被用来封堵扼杀他微弱的力量。之后他听说印第安人已经在他的一支小队前往海岸的路上把他们杀了。因此他和一支武装小队前往蒙特苏马的宫殿，并且指控这位统治者密谋对抗他，同时给予他死亡或经陪同前往西班牙人住处的选择。蒙特苏马勉强同意被囚禁，科尔特斯命令用锁链捆绑住蒙特苏马，而进犯的印第安人则被烧死在木桩上。几个星期前，征服者们已经发现了靠近他们住处的巨大宝藏储藏地。蒙特苏马大度地并且很有可能是在绝望中，把里面的东西交给了科尔特斯。几乎所有宝物都被熔化了。除了西班牙国王可得到的法定五一税，其中大量成了赌注。1520年，著名的艺术家阿尔布雷克特·丢勒（Albrecht Dürer）在布鲁塞尔看到了王冠的一部分："一个纯金的太阳，直径达6英尺（1.8米），还有纯银的月亮……那儿有两个房间装满了那些人所用的盔甲和全部种类的武器……所有这些都非常昂贵，估计价值达到10万弗罗林。"（Fagan 1977, 11）

阿兹特克人现在意识到蒙特苏马不过是科尔特斯手中的傀儡。他们的将军在1520年6月攻击征服者们的住所。蒙特苏马在接连发生的混战中惨死。西班牙人被迫离开特诺奇蒂特兰。科尔特斯士兵只有四分之一的人安全抵达大陆。征服者们在特拉斯卡拉休整，而科尔特斯利用了周边城市已分裂的忠诚，组织起庞大的印第安同盟军队。接着他向特诺奇蒂特兰进军，摧毁房屋以填入河道，让他的马匹和火炮向守卫者发动攻击。城市在经过93天残忍的围攻后倾颓，其间征服者们看到他们的伙伴被捕并被献祭给战神。"印第安屠夫……剥下他们的面皮，之后被他们准备成像制手套的那种皮，连同上面的胡须一起"（Diaz 1963, 387），*贝尔纳尔·迪亚斯写下他的生动记忆。阿兹特克人把他们可怕的战利品送到周边相邻的城镇，但是没有效果。特诺奇蒂特兰被夷为平地，它的居民沦入彻底的饥荒之中。"城市看起来就像被犁平了一般"，**迪亚斯写道。阿兹特克人被拥有着指挥技术优势的冷酷士兵

---

* ［西班牙］贝尔纳尔·迪亚斯·德尔·卡斯蒂略著，江禾、林光译《征服新西班牙信史》（下册）译文："印第安屠夫……剥下面部的皮，留待以后鞣制成像做手套用的那种皮革，并把它连同胡须保存起来。"（第101页）
** ［西班牙］贝尔纳尔·迪亚斯·德尔·卡斯蒂略著，江禾、林光译《征服新西班牙信史》（下册）译文："全城的土地有如翻耕过一般。"（第117页）

的少量武力和他们自己同盟的变节所压倒，屈服于难以置信的败势并投降于西班牙人的统治。阿兹特克文明像纸牌一样倒塌，埃尔南·科尔特斯发现自己成为一片新的复杂土地的统治者。至于阿兹特克人本身，就好像是第五个太阳走向终结，正如一位祭司向西班牙人谈道："因为神明才有了生命，他们给予我们生命。"现在神明被毁灭，人们面对着一种处在外来统治者手下的不确定命运。

欧洲人与阿兹特克人接触而产生的影响远比作用在科伊科伊人身上的要激烈、直接得多。除了牛羊，好望角牧人们没有什么能提供给他们不受欢迎的到访者。荷兰殖民者很快就饲养起他们自己的畜群，渐渐占据科伊科伊的牧场并破坏了牧人生活的基本结构。经过近乎两个世纪的间断性接触，欧洲人用了大约50年摧毁了开普半岛上的传统生活方式；然而，阿兹特克人体会到了西方文明的直接影响。征服者们渴望黄金、土地和财富。教会渴望使数千名在散发着献祭者臭气的神庙进行礼拜的印第安人皈依。短短几代之内，几乎没有阿兹特克文明的事物还留存着，除了曾目睹征服中历史事件的人们的记忆。第四章"西班牙征服的结果"通过更多细节检视西班牙征服所带来的后果，并呈现出印第安人如何被一个激进的新社会秩序所影响。

第四章　西班牙征服的结果

> 只要世界永恒存续，墨西哥特诺奇蒂特兰的传说和繁荣就将永远不朽。
>
> ——多明戈·奇马帕因·卡姆切瓦尼欣（Domingo Chimalpahin Cuauhtlehuanitzin），《成立库尔瓦坎市的简要追忆》（*Memorial breve de la fundacion de la cuidad de Culhuacán*, 1965）

对特诺奇蒂特兰的围攻在 1521 年 8 月结束，科尔特斯和大约 1 000 名西班牙人成了阿兹特克帝国令人不安的掌控者。一年后，西班牙王室批准了埃尔南·科尔特斯担任新西班牙的总司令和总督（图 17）。那时他自己已成为一大笔财产的所有者，有权享有 23 000 名印第安人的服侍和进贡。这位新总督发现自己处于一个艰难的境地，即夹在王室的官方政策和自己忠实的追随者之间，前者强调司法和秩序，后者不惜一切代价寻求暴利。他还继承了数十年争论所留下的遗产，即关于印第安人以及掌控他们最为恰当的方法。大量的法律、法令和官僚作风的办事程序告诉他应如何处理印第安人，所有这些都是为了克服西班牙王室在面对新大陆时遇到的严重的智识和道德难题而设计。虽然这里面的很多规则都是高尚的，但它们中只有极少数被用于实践。

图 17　埃尔南·科尔特斯（制章者克里斯托弗·韦迪茨［Christoph Weiditz］
绘，1529 年）

资料来源: courtesy of the Regents of the University of California.

委托监护制和《布尔戈斯法》

1493年5月3日和4日，教皇亚历山大六世（Pope Alexander VI）
颁布了两条著名的诏书，名为《教皇子午线》（Inter Cetera）。这些
法令赋予了西班牙和葡萄牙在他们新发现的、位于印度群岛的领地
管理世俗和宗教事务的权利。因此西班牙王室想当然地认为有责任
把成千上万印第安人从异教信仰中解救出来，并依照欧洲的道德
和公正原则管理他们。最初，王室及其官员相信法令赋予了他们
合法的权力以任何他们想要的方式去操纵印第安人，赋予他们至
少是象征性的权力去尝试改变印第安人的信仰。国王的印度群岛
议会从未认为印第安人是高贵的野蛮人。议会成员提出欧洲人和
印第安人之间的恰当关系是主人和仆从。因此他们利用一种当时
被称为"委托监护制"（encomienda）的法律制度来调和这个关系。

"委托监护制"一词意为"交与托管"（to give in trust）。"委
托监护制"作为一种暂时性授予的敛收贡赋的权利，初创于西班
牙。看起来，把它用于印度群岛，作为一种向西班牙殖民者委托
当地基督徒福祉的便捷手段，是合乎逻辑的。在这一系统下，王
室把一组印第安人赐予一位移民，他拥有以宗教皈依和提供保护
作为交换，从他们身上敛取进贡或强迫其劳动的权利。不可避免
地，由于移民的财产位于远在西班牙数千里之外的私人领域，移
民们能够摆脱几乎所有管理，导致的结果是委托监护制造成可怕
的虐待和残暴行径。个别几个负责在印度群岛实施政府政策的官
员也只是在焦急地使自己变得富有，几乎没有做什么去阻止这些，
甚至是对最骇人听闻的虐待。

1511年，在圣诞前的星期天，多明我会修道士弗雷·安东尼
奥·德·蒙特西诺斯（Fray Antonio de Montesinos）在他位于伊斯

帕尼奥拉岛（Hispaniola）茅草顶教堂的讲道坛公开抨击殖民者对待印第安人的方式。他用"我是在旷野中哭喊之声"作为布道词，并且抨击移民们在对待印第安人时犯下的道德罪行。"告诉我，你们凭借何种正义权利使印第安人持续身处残忍可怕的奴役中，"他怒喝道，"你们凭借何种权威对这些平静、安宁地生活在自己土地上的人们发动可憎的战争？……他们难道不是人吗？他们没有理性的灵魂吗？你们难道没有责任像爱自己一样爱他们吗？"（Hanke 1949, 17）他激昂的布道引发了抗议风暴，导致了一条禁止继续此类讲道的王家命令。但是安东尼奥·德·蒙特西诺斯和他的多明我会同道者远未被王室的不悦威吓。他们奋起反抗且持续数代在当庭为印第安人的境况辩护（图18）。

多明我会士的首次成功发生在蒙特西诺斯布道的一年后。王室在1512年12月27日颁布了著名的《布尔戈斯法》（Laws of Burgos），即第一部被制定出台的处理原住民事务的法典。这部法律对委托监护制的运行，对印第安饮食、住所和宗教指导规则有一丝不苟的指令。殖民者被禁止用棍棒和鞭子打印第安人，或者称其为"一条印第安'狗'或任何其他并非其真名的名字"。法律对印第安人并不宽容，一年后的一个修正案强制他们每年为西班牙人劳动九个月，"去防止他们懒散地生活并确保他们学会像基督徒一样生活和管理自己"（Hanke 1949, 25）。西印度群岛上没有人对《布尔戈斯法》有太多关注。这些法条更多地被违背而非遵守。

当时，国王更关心西班牙对抗、征服印第安人的权利的合法性。律师团队搜寻先例，辩称国王"可以非常正当地派人去要求那些崇拜偶像的印第安人把他们的土地交给这些人，因为那是教皇授予他的。如果印第安人不照做，他可以正当地向他们发动战争，杀死他们，并且奴役那些在战争中被俘获的人"（Hanke

图 18　一名西班牙宫廷中的印第安人（制章者克里斯托弗·韦迪茨绘，1529 年）

资料来源: courtesy of the Regents of the University of California.

1949, 32）。王室在对守法主义的热忱中，命令西印度群岛上所有的军事远征领导者在袭击敌对的印第安人前给他们读一份名为《要求》（Requirement）的官方宣言。这份古怪的文件详细说明了王室与印第安人战斗并使其皈依的合法权利。《要求》给予印第安人两个选择。他们可以承认教会和王室，并被允许以和平的家臣侍从的身份离开。那些不这样做的人将会被处罚。"我们会带走你和你的妻儿，并且将奴役他们……我们还会带走你的财产，以及施加所有我们能做到的伤害和破坏……"（33）

《要求》成为每个西班牙征服者行李中的必需品，尽管它被当作官僚主义的废话。如要像通常那样向空荡的村庄、一群囚犯或一个潜藏的听众宣读《要求》，会有一位官方公证人见证这一过程。极少有远征者会重视《要求》，除了像科尔特斯那样的一些人在寻找用来奴役大批反抗的印第安人的理由时。从字面上看，《要求》多少是份伪善的文件。然而这也不完全公平，因为编制它的官员真诚地关切西班牙的行为在法律和神学依据两方面的合法性。不幸的是，他们对西印度群岛和新西班牙的生活现实所知甚少。

《布尔戈斯法》是多明我会士及其支持者发起的，为印第安人之权利进行的一项长期且不成功的运动的第一阶段。法律和神学的辩论关注一个简单、基本的问题：印第安人是理性的人类存在吗？多明我会士通过他们在印度群岛不知疲倦的传教工作，及其采用的令人钦佩的智力资源，有长期与印第安人打交道的经验。他们的学者激烈地辩论道："印第安人的活动依照的是他们自己认为理性的方式。这是已经证实的，因为他们已经按照一定的条理建立其各类事务的规则。此外，他们还信奉某种宗教并且不会陷入对他人而言显见的错误，这指示出对理性的运用。"（Hanke 1949, 44）伟大的多明我会神学家弗朗西斯科·德·维多利亚（Francisco de Vitoria, 1492—1546）继续提出："……尽管他们以十分愚蠢寡言的形象出现在我们面前，但是这在很大程度上是由于他们不良、野蛮的教育，因为即便在我们之中，与动物相差无几的粗野也并非不寻常……"

（63）维多利亚的论证并非建立在有关印第安人的浪漫主义的或高贵的设想上，而是建立在严谨的逻辑之上。这位多明我会士把他强有力的关于理性的论证带给教皇本人。经过长期辩论，教皇在 1537 年 6 月 9 日颁布了两条著名训令。《崇高的上帝》（*Sublimis Dens*）和《真理》（*Veritas Ipsa*），* 用清楚有力的言辞说明了这项事务。"人具有接受对基督的信仰的条件和本性，任何拥有人类天性的人适用于接受同样的信仰。"（25）教皇禁止任何基督徒剥夺印第安人或其他人的自由，并且宣布奴隶制度不合法。

尽管这些辩论在科尔特斯踏入墨西哥前进行得非常激烈，它们对西班牙征服者们却作用甚微。教皇训令不仅到来得过迟以致无法阻止西班牙征服的过度行为，也招致新西班牙特权阶级的抗议风暴。教皇被迫撤回公告中与早前教令发生冲突的部分条款。西班牙王室成立了一个强大而有威望的西印度群岛议会去监督西班牙在新大陆的领地。其成员们对训令大为惊骇，以致他们禁止了训令在新西班牙的散播。

西班牙征服的余波

直到 16 世纪 30 年代早期，新西班牙才完全被西班牙征服者

---

* 据芝加哥洛约拉大学的查尔斯·罗南（Charles Ronan, Loyola University of Chicago）对《对墨西哥的精神征服——1523—1572 年新西班牙托钵修会秩序下使徒的权威与传道方法》（*The Spiritual Conquest of Mexico. An Essay on the Apostolate and the Evangelizing Methods of the Mendicant Orders in New Spain: 1523–1572*［by Robert Ricard, translated by Lesley, Calif Reprint Series Edition, Berkeley: University of California Press, 1974］）一书的评述，此处的两个训令名本为一条训令的不同名称，训令内容有关殖民时期西班牙人对印第安人的奴役。此外，原书此处第一条名称的拼写有误，应为 *Sublimis Deus*。

征服。一些印第安群体被轻易制服，另一些则抵抗到死。成千上万人在数十场血腥冲突中丧生。数千印第安人遭受了由天花、流行性感冒和麻疹等欧洲疾病导致的灾难。西班牙征服时，估计有约1 100万印第安人生活在墨西哥中部。人口统计学家舍伯恩·库克（Sherborne Cook）和莱斯利·伯德·辛普森（Lesley Byrd Simpson）利用殖民地档案计算出1540年的人口达6 427 466人，减少了近乎50%。1607年，原住民人口不及一个世纪前的五分之一（参阅第六章）。

在面对以压倒性技术优势为武装的文明时，原住民人口的衰退是必然的。西班牙人和阿兹特克人都是依据他们确立已久的文化价值观和思维方式行动的。各方出于其最佳短期利益做出决定，对长期后果考虑甚少。不可避免地，在双方交锋中技术处于劣势的一方落后，因为那些人的首领无法再召集庞大的劳动力，这些劳动力曾参与战争、修建神庙、养活城市中的非农业人口，本是可以弥补技术不足的庞大劳动储备。

而关于印第安人的理性和滥用委托监护制的辩论则达到顶峰，传教士史学家迭戈·杜兰哀悼西班牙征服所带来的破坏："这片最肥沃富饶的土地，连同它的首都墨西哥城，已经遭受了太多灾难并且随着其宏伟非凡面貌和曾居于其上的伟大人民的流逝而衰落。"（Duran 1964, 213）甚至是意志最坚定的传教士和官员在看到一系列悲剧事件后都感到被背叛了。他们相信西班牙给印第安人带去的是新的事物——基督教、王室和法律的权威、书写文学、西班牙的语言和欧洲的劳动力观念，然而他们在身边看到的则是不满、剥削以及对新秩序的反抗。他们看到印第安人接纳了新的农作物、铁质工具和欧洲礼服带来的好处，期望印第安人心怀感激地收下这些礼物并且支持他们社会发生彻底改变。当印第安人反抗土地接管和宗教教育时，他们感到困惑和气愤。因此他们转向委托监护制、强制宗教指导和政令，印第安人也尝试逃避所有这些东西。

埃尔南·科尔特斯发现自己处于绝望的境地。他主持着一个崩溃的帝国，遭王室禁止授予他人"委托监护地"（encomiendas），还不得不运用策略去满足其难以驾驭的追随者们的贪婪。16 世纪 50 年代中期，墨西哥盆地内 130 个委托监护地控制着超过 18 万印第安人的命运。在必须防备抵抗威胁的脆弱借口下，那些享有特权的家庭对其掌控的印第安人的滥用远甚于阿兹特克贵族所做的。王室用 16 世纪余下的大部分时间去反复伸张它对阿兹特克人的控制，以及废止委托监护制。

委托监护制建立在强制劳动力的基础上，但是保留了许多阿兹特克帝国贸易和朝贡体系的特征。例如，墨西哥新的殖民宗主国尊重生活在其所有委托监护地的劳动者的技艺，但是需求改变了。一度创造出融合黄金和羽毛的饰品的工匠们成了木匠和石匠、裁缝和制陶工。传统的手工艺中心继续繁荣，西班牙征服前已存在的市场保持开放。但是阿兹特克社会中的变化是意义深远并且灾难性的。早先等级森严的社会在殖民统治的冲击下变得越来越同质化。最初贵族比平民的境遇好些。一些蒙特苏马的后裔甚至被授予委托监护地。调整适应了西班牙文化并在教会学校里受到基础教育的那些人取得了一定程度的成功。西班牙征服确实增强了一小部分平民向上流动的机会。一些有进取心的家庭佣人和小生意人学习了如何利用这一新的体制。他们获得了土地，投身于有利可图的贸易，并且成为除强调出身以外的所有事务中的贵族。随着时间流逝，想象和创业驱动代替出身成为通向成功与财富之路的要素。由于政府主张向民众支付报酬而非让他们献出劳动上贡，贵族的地位愈发地被削弱。这些规则使具备雇佣劳动力的能力比利用世袭特权更重要。

西班牙征服摧毁了前西班牙时期对时间的神话般的计算，计算始于宇宙形成时那个令人崇敬的原始时代。毁灭和创造的循环跟随其后，复制了行星和恒星的运转以及自然界和人类生命的生死循环。介于贵族和原始的、受崇敬的时代之间的象征性联系居于阿兹特克文明的核心位置，因为它的首领们从克萨尔科亚特尔外将其索得。现在国王们被消灭，民族混合又分裂，一度记录下历史的抄写员消失不见，组织人间事务所需的天文和历法知识也消失了。过去的礼仪和口述传统不再是阿兹特克文化代际传承的有效方式。但适时地，一些阿兹特克天启传统的要素被融合于基督教的千年至福说。

紧随征服者的脚步而来的移民浪潮使得印第安社会的本质在与西班牙人通婚后愈发被冲淡。大多数早期西班牙移民是为逃离家乡极度贫困的生活而来到新大陆的出身卑微之人。他们与受过教育的神职人员、律师和高级官员一起成为新社会的上层阶级，后者在新的殖民地进行传教和管理。几乎没有西班牙女人前往新西班牙，因此殖民者与印第安人联姻，形成了"梅斯提索人"（mestizos）这一新阶层，呈现出墨西哥所有社会角色的举止方式。一些人无法与西班牙贵族区别开来，而另一些人像印第安人一样生活。印第安人的地位难以明确，而阿兹特克人的地位被牢固确立。梅斯提索人处于社会金字塔的底层，是科尔特斯曾面对的复杂社会中一片同类相聚、受贫穷困扰的阴影。只有少数很有门路或者格外有能力的人，在这一新秩序中依靠自身或调整自身来获得成功。

西班牙征服不仅大量削减了印第安人口并给后者社会带来浩劫；它还使得自然环境面目全非。西班牙人为了木柴和墨西哥城的建筑而砍伐大量树木。他们深深地犁开盆地的土壤，剥去大地的养分。他们种植新的作物——小麦、甘蔗、橄榄和葡萄藤——而印第安人仍然更喜欢他们传统的玉米和豆类产品。委托监护地维持着庞大的牛羊兽群，剥蚀了自然植被并永远改变了地貌。在西班牙律法下，牛群享有共有牧场。印第安人持续抱怨西班牙畜群侵占他们的土地。通常这只是土地吞并的开端。在西班牙征服后的第一个世纪里，墨西哥谷大约一半的农业用地落到了欧洲人手中。

委托监护制下的经营者们对待他们土地的方式与印第安人非常不同。他们开挖自己的排水系统，填埋了阿兹特克巧妙的水道。短短几代人的时间，土壤腐蚀和被更改的排水系统的组合效应就在很大程度上导致墨西哥谷不再适于农业生产。尽管如此，印第安人设法靠土地勉强维持生活，很大程度上是因为需养育的人口大大减少了。现在他们在贫瘠的土地上种植龙舌兰仙人掌，从中酿造龙舌兰酒——一种让他们暂时逃离新世界压力的酒精饮料。在一个曾经禁止除了老人之外的任何人饮酒的社会里，所有控制饮酒的努力都失败了。农业生产条件过于混乱，以致印第安人在挨饿时，欧洲人却种植专门作物来喂养牲畜。

阿兹特克社会秩序的瓦解发生得太过迅速，以致在与西班牙征服相距一个世代后才进行工作的传教士史学家难以调查他们被征服前生活的细节。阿兹特克社会解体的时候，关于印第安人权利的论战在西班牙仍旧丝毫不退。多明我会士仍旧处在这一冗长乏味的笔战的前沿，在法庭、大学讲堂和无数讲道坛强调他们的主张。他们的愤怒直指移民，尤其是对过度的委托监护制。其中最具说服力的是巴尔托洛梅·德·拉斯·卡萨斯（1474—1566年），一名曾身为地主的修道士，他因古巴印第安人遭受的对待而良心不安（图19）。他用极大的热情将余生致力于印第安事务，以"印第安人的使徒"（Apostle of the Indians）而为人所知。作为一位注重细节的理想主义者，拉斯·卡萨斯接连不断地写作宣言，雷鸣般地对抗不公正和剥削。他把和平殖民、农业、温和皈依与理性行为而非对黄金和暴力的诉求作为写作题材。在《吸引所有人走向真正信仰的唯一方法》（*The Only Method of Attracting All People to the True Faith*, 1537）中，他提出世间的每个人都受上帝召唤而得到作为赠礼的信仰。他认为基督教应通过和平的方式，

图 19　巴尔托洛梅·德·拉斯·卡萨斯（J. A. 洛伦特［J. A. Llorente］绘，1822 年）

而非战争、折磨和虐待进行传播。他的反对者们（其中的很多牧师都参与了世俗事务并且受益于委托监护制系统）猛烈地反对他。他们不无理由地将他视为自我本位的麻烦制造者。

拉斯·卡萨斯担任了一段时间的墨西哥恰帕斯州主教（Bishop of Chiapas），在他威胁说要因为定居者们虐待印第安附庸而将定居者们逐出教会时，他与后者发生了冲突。1542年，在他写作《西印度毁灭述略》（*A Very Brief Account of the Destruction of the Indies*，以下简称《述略》）时，一场抗议和辱骂的风暴降临在他头上。在接连不断的义愤之词中，拉斯·卡萨斯公开点名并引用实例。他声明有1 500万到2 000万名印第安人灭亡于西班牙人之手。"基督徒们杀死并毁灭数量如此庞大的灵魂的原因，是把黄金作为他们的终极目标，谋求在尽可能短的时间将财富满载其身。"（Hanke 1949, 25）《述略》激起的论战太过猛烈，以致其出版被推迟十年。但在一个世代之内，他悲怜的年代记就以六种欧洲语言被译出。拉斯·卡萨斯的谴责被反西班牙的宣传者兴奋地利用起来，他们声称征服者们屠杀了数百万印第安人。所谓的"黑色传奇"（Black Legend）至今仍萦绕着历史文学，而拉斯·卡萨斯的反对者们争辩是外来疾病而非大屠杀带走了大多数印第安人的生命。毫无疑问，拉斯·卡萨斯的许多主张言过其实，但他关于印第安人既非动物亦非智力有限的儿童，而是完全有能力在西班牙文明的框架下成为基督徒的人类的论辩则永不过时，至今未失其效用。它们甚至显示出对同时期反西班牙颠覆运动的思想吸引力。

拉斯·卡萨斯和他的多明我会同伴已足够有力量去说服王室在1542年发布《新法》。他们在当前所有者死亡后废除了委托监护地，宣布奴役战俘不合法，还禁止虐待印第安人。结果《新法》

完全没起作用。在殖民者指出王室将会损失一大笔贵重的贡赋时，很多条款就被撤回了。拉斯·卡萨斯没有气馁，诉诸天主教会令人印象深刻的教会制裁来强化他的观点。他使殖民者意识到，他们将被要求在他们的主教和告解神父面前为自己的过分行为担负责任。像逐出教会、禁令和拒绝免罪这样的武器在 16 世纪远比它们在今天有效得多。"委托监护主"（*encomenderos*）通过袭击传教士激烈地反对他们参与政治。教会自身在支持和不支持殖民者之间严重分化为两派。论战在 1550—1551 年间著名的巴利亚多利德陪审团（Junta de Valladolid）身上达到顶峰。一个正式的调查庭被召集起来，陪审团使拉斯·卡萨斯与一位名叫"希内斯·德·塞普尔韦达"（Gines de Sepulveda）的才华横溢的知识分子陷入对立，他像亚里士多德一样认为特定人群生来卑劣且命定被奴役。

辩论缓慢地进行了数月。拉斯·卡萨斯在辩论中或许具有理论上的优势，但是殖民者有能力给调查庭带来必然的压力。王室选择无视教会在新西班牙诸事务中巨大的政治力量，并且屈从于所谓的经济现实。多明我会士的影响渐渐衰减。关于印第安人政治和经济情况的事务在宫廷占据的重要性逐渐减小。随着新西班牙开拓期的结束，教会和国家达成和解。印第安人被忽视并归入殖民地进贡公民的角色。拉斯·卡萨斯的工作被证明很少有直接、实际的价值，尽管他的旧敌委托监护制的影响在他死后也迅速下降。

上帝的话语

对阿兹特克人的基督教传教始于 1524 年的一次报复，当时一队 12 名方济各会士到达特诺奇蒂特兰。他们因从韦拉克鲁斯一路赤脚走来而在印第安人中引起轰动，他们贫穷、谦卑，与自大的征服者完全不同。他们从与阿兹特克智者的辩论和论证基督教信仰的绝对优势开始。"因神明才有生命是长老们的信条，"印第安人回答，"他们通过自己的牺牲给予我们生命……现在我们要毁掉生命古老的秩序吗？"（Leon-Portilla 1963, 66）修道士们善辩地指出阿兹特克的神明显然已经辜负了他们而且是时候做出改变了。但有疑问的是他们是否在辩论中占了上风。

一旦他们掌握了当地方言，方济各会士就着手开展大量转变信仰的运动。他们制定了一个给予年轻贵族，即印第安社会潜在领导者以基督徒训练的计划。起初传教士们成功了。印第安人作为一个整体，跟随着他们已经接受了基督教教育的年轻领导者，抛弃了他们对旧有神明、异教神庙和人祭的忠诚。表面上，印第安人被天主教会复杂的礼仪和华美的仪式所吸引。他们自己的一些围绕婚姻、苦行和斋戒的传统实践与基督教仪式有着相似性。但是信仰所包含的因素过于复杂，不可能如此简单地转化为精神上的忠诚。修道士们无法传达基督教信条更深的意义，例如关于"善"与"罪"的抽象概念。很多印第安人仅仅把上帝加入他们的神明名册中，并且认为圣人们是一群拟人化的次级神明。

印第安人喜欢并信任早期修道士，一部分是因为他们在传统框架中运作，也因为他们生活得与他们的教区居民很近，承受着同样的苦难。人际关系是有迹可循的，因为印第安人总是尊重他们的祭司。但是当热心的高级教士施压于越界者和倒退者时，这种尊重化为了憎恨。一些偶像崇拜者被处死，而另一些被判决流放并在修道院服务。笞刑是刑期中司空见惯的。1525 年，教会着手于一项移除所有偶像崇拜迹象的系统运动。六年后，狂热的墨西哥苏马拉加主教（Bishop Zumarraga of Mexico）吹嘘他毁了 500

92

座异教神殿和 20 000 个偶像。印第安人给出"自愿的"捐款来修建最早的教堂和修道院。16 世纪 30 年代，教会转向以强制劳动来替代。修道士们回应对其手段的批评时辩称他们正按大致 12 岁孩子的心智能力教育民众。

最终，随着印第安人退回其群体中并回避与欧洲人的接触，教会成为复杂、富有且对印第安社会影响越来越弱的官僚机构。印第安社会和宗教生活的焦点变为小型的区（barrio）即当地礼拜堂，和"教友会"（cofradia）即教区居民组织。这些印第安人支持的组织为他们的成员提供属于他们自己的小型、关系密切的协会，为抵抗社会压力和种族歧视提供了避风港。教友会成为社区福利的标志。每一处都拥有自己的主保圣人，他的教名时而是微妙的、珍贵的信仰和价值观念的幌子，这些信仰与价值观可追溯至更早的年代。过去或现在，在其他地方也不存在比社区节日（fiestas），即常规性圣人庆典和圣日能更好地表达信仰融合的方式了。与之相伴的仪式、队列和公众宴会将基督教仪式同服装、面具、表演和舞蹈结合起来，后者给予印第安人以群体感及普遍身份认同。例如，印第安人对灌溉用水的关注至今可以在公共节日中被辨识出来，如每年 5 月在墨西哥格雷罗（Guerrero）的阿卡特兰（Acatlan）和兹特拉拉（Zitlala）镇举行的为雨水而进行的年度美洲豹之战。戴面具的战士们通过在竞赛中向对方抽鞭子来模拟对雨的献祭。直到最近，人们还可能会在这些庆典中被杀。

西班牙人统治了墨西哥超过 300 年。他们建立了一种殖民模式，即政府围绕着由主要市镇（cabeceras）和次级定居点村庄（suiegos）包围的主要城市网络而建立，主要市镇由过去的印第安统治者统治，次级定居点村庄内部又划分为乡村和教区。官方给每个小镇指派"长官"（corregidors），即在当地人民所能承受的范围内尽可能榨取贡赋和税钱的收税官。随着西班牙人更严密地控制墨西哥，印第安人被孤立了，失去了他们的社会流动性，并且尽可能地使他们自己摆脱欧洲人的政治和社会生活。印第安人很快被迫变卖他们的土地以购买食物和纳税。他们有时被重新编入更小、更紧凑的定居地（"集合地"[congregacions]），理论上他们在那里更易达成宗教信仰的转换。印第安人以正当的理由控诉到他们最好被留在他们传统的土地上，部落和亲属纽带能够在那里被珍视和促进。不幸的是，他们缺乏政治组织及统一体以对所有事务发出同一的声音，或者是在面对欧洲入侵时维持统一战线。相比于被圈进"集合地"，很多印第安人进入城市，或是大型"农庄"（ haciendas ），即此时出售印第安农民曾供给移民的产品的地方。城市和农庄都需要大量印第安劳动力来高效运转。很多新的雇佣劳动者与其传统家庭断开联系，加强了他们的政治和社会异化。太多印第安土地被集合地政策释出，以致很多社区挨饿。麻烦在于很多西班牙移民不是农民，因此新吞并的土地常常休耕而印第安人则遭受饥饿。天花、奴役和免疫应激的幸存者很快彻底疏离了那个除了把他们组织进一个庞大、迟钝的政治单元以外别无他长的社会。印第安人带着他们破碎的信仰和价值观念退回自己的社群。或许他们的祖先是对的，把有限的价值放在尘世生活上，而与死亡的国度"米卡特津特里"（ miccatzintli ）为邻，相信尘世生活很可能只是一场梦。

94 　　西班牙征服的可怕现实及其余波见证了西班牙人主要出于经济和个人获益而加大了其对大量印第安人口的控制。西班牙征服里没有理想主义的成分，对于使印第安人大量减少与使得阿兹特克人被抛入一个全新的陌生的经济、政治和精神世界的疾病和严苛责难也是如此。很多围绕殖民道德和对待美洲原住民的辩论，与远在大西洋另一侧的墨西哥的真实事件进程全然无关。在那些实际参与新西班牙事务的人中，几乎没有人对当地居民拥有高尚品质的错觉，或者相信阿兹特克人一度享受天堂般的生活。关于生活在遥不可及的人间天堂，某天将会在遥远土地上被找到的高贵的野蛮人的传说，是留给归家的闲散旅行者和脱离实际的哲学家们的。直到18世纪，阿兹特克文明几乎被遗忘很久以后，那片天堂似的土地被定位在南太平洋。它将会改变欧洲人数代以来对野蛮人的概念。

第五章　旭日之国

> 白色，对我们来说是代表节日和欢乐的颜色，对于他们是悲痛和哀伤的符号，而他们喜欢以黑色和深紫色作为表达快乐的颜色。我们的歌唱和器乐伤害他们的耳朵，他们喜欢的音乐却在折磨我们的听力。
>
> ——耶稣会传教士范礼安（Alessandra Valignano），1580 年，引自 C. R. 博克瑟（C. R. Boxer），《日本的基督教世纪》（*The Christian Century in Japan*, 1951）

正如我们所看到的，"航海者"亨利亲王沿非洲西海岸向好望角乃至更远处探索航行的首要目的，是寻找一条向西通向传说中"印度群岛"的路线。1497 年，葡萄牙航海者瓦科斯·达·伽马绕行好望角，探索了向北至今肯尼亚境内马林迪（Malindi）的东非海岸，并且争取到一位阿拉伯舵手的协助以借助季风穿越印度洋到达果阿。东印度群岛这一航海时代通向亚洲的大门，第一次向欧洲船只敞开。五年后，克里斯托弗·哥伦布登陆巴哈马圣萨尔瓦多岛，他认为那里是中国的一处边远岛屿。他也称他发现的热带岛屿为"印度群岛"，但是一片位于大西洋和远方亚洲岛屿之间贸易航路上的完整大陆很快显现出来。

自马可·波罗的时代开始，欧洲人就已经了解通向中国的陆上路线，但是除了最大胆、最富于进取的旅行者，这趟旅程对其他任何人都是危险并且超出能力范围的。亚洲本身由强大的宗主国控制，其中一些国家的人口相对更稠密，也确实相较欧洲国家更为富饶，这给平衡状态增加了强烈的政治风险。海洋提供了用以替代前者的无限可能，排除了单峰驼和限量负载导致的物流困难。其他人跟随行至瓦科斯·达·伽马所指引的地区，沿着有几百年历史的、利用半年期季风前行的航海时代高速公路穿越印度到东南亚，随后向北进入中国海。自古罗马时代开始，这些线路就被阿拉伯和印度舵手所使用。考古学家已经在远居东部的巴厘岛发现了两千年前从南印度通过贸易进口的陶器。

葡萄牙人把战略要点设在连通非洲、阿拉伯、印度和东南亚的伊斯兰贸易网络上。他们相对灵敏的载枪炮的舰船强于阿拉伯装载大三角帆的"单桅三角帆船"（*dhows*），这使得他们能夺取介于东非海岸蒙巴萨（Mombasa）和东南亚中心马六甲之间的主要伊斯兰贸易据点，在他们的新领地建立要塞。葡萄牙船长们在1518年已沿印度西侧海岸地带和斯里兰卡建立商栈，1511年时已在富于香料的东南亚各岛屿进行贸易，到了1577年已在广东沿岸的澳门开展商业活动。葡萄牙贸易的主要产品是胡椒，即王室所说"印度群岛的财富"。葡萄牙人从未完全主导香料贸易，他们满足于通过控制航道，强迫所有船只携带执照并在其贸易站缴纳海关税。葡萄牙人成为已存在的贸易结构中不可或缺的部分。

荷兰以荷兰西印度公司为代表紧随其后，开始为暴利的香料贸易与葡萄牙人激烈竞争。他们训练有素的船员袭击了葡萄牙人的前哨，在1658年把他们的对手及其利润丰厚的肉桂贸易赶出斯里兰卡，并在位于今日雅加达的巴达维亚建立起他们的主要据点。最终，他们通过与当地首领达成协议而垄断了摩鹿加群岛（Molucca islands）的丁香和肉豆蔻贸易。荷兰人执着于靠武力获取利润，从而实现了他们的目标。他们的成功致使1652年好望角殖民地和补给站的建立（参阅第二章）。

受英国王室许可的东印度公司在1600年成立。东印度公司始于挑战荷兰人对香料贸易的控制权，之后又把注意力放在印度，在那里与莫卧儿统治者达成协议，还在1639年后于马德拉斯东海岸建立了贸易站。随着17世纪晚期莫卧儿王朝的衰落，东印度公司的影响和力量上升。到1765年，东印度公司有效地统治了印度。它从一个商业组织转变为英国政府的一个官僚机构和军事武装。东印度公司调动了印度大量资源来扩张其与中国的贸易。

97

三个世纪以来，强大的欧洲海事力量为了黄金、瓷器、丝绸、香料和其他有利可图的商品在亚洲水域彼此竞争。他们建立了小型商业定居地"工厂"，作为在亚洲土地上不稳定的立足点。强大的海军力量和商业组织使欧洲人可以控制远距离的海洋贸易路线。更敢于冒险的、更有野心的船长蚕食着印度和中国之间由港口承载的贸易，它曾在多个世纪里掌握在阿拉伯、古吉拉特（Gujerati）*、马来和中国商人手中。然而，他们的活动依赖于当地首领的好意和如流沙般无常变换的陆上政治同盟。欧洲人对产品和贸易的支配无法像他们曾在美洲和非洲所做的一样，后者凭借的是对奴隶贸易的控制。外国人面临巨大的干扰，其中有中国的满族贵族统治者，他们紧紧地控制着与"红毛野蛮人"（red-

---

* 此处可能指印度古吉拉特。

headed barbarians）的贸易。一位满族皇帝甚至在中国海岸和内地之间清理出一片无人缓冲地带，以防止外国人和他的臣民之间进行不受控制的交易。作为回应，欧洲贸易组织沿亚洲海岸建立起一张贸易网络，设立专门化的生产中心来生产诸如棉花或鸦片的商品，用以对欧洲方兴未艾的对中国茶的喜好买单。数字能够说明这个情况。1664年，荷兰人带了恰好两磅两盎司的茶叶到英格兰。1793年，仅东印度公司便卖出600万磅，两年后这个数字翻倍。最后，鸦片成为抵付中国茶费用的（非法）商品。

不可避免地，欧洲探险和贸易组织的触角到达了日本海滨、近海沿岸。因地理上的孤立及其自身与众不同的文化，日本发展出一种特殊的接触外国人的方法，使其有效地自我隔离于外界达两个世纪。

幕府的崛起

冰期晚期，大约早至3万年前，狩猎-采集者定居在富于山脉的143 000平方英里（约370 368平方千米）的日本（图20）。在冰期后的全球变暖时期海平面上升，很多日本群落在河口、湖岸和有屏障的海岸聚集，他们在那里发展出特别的、半定居的觅食文化，很大程度上依赖鱼类、坚果、海洋哺乳动物和贝类。"绳文"文化带着它与众不同的，其中一些是世界上最早的陶皿*兴盛

---

* 绳文文化遗址出土的部分陶器是世界上相对最早的陶器之一，包括中国华南地区在内的世界其他地区也发现有年代相当甚至更早的陶器，近年来，这个数据还在不断更新。

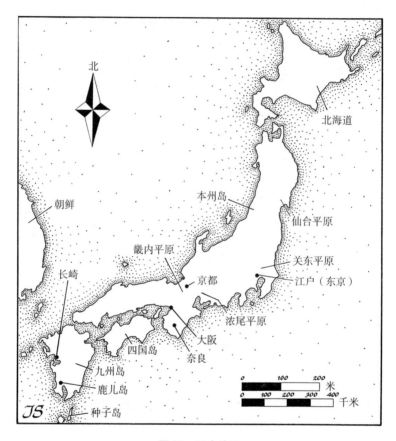

图 20 日本地图

资料来源：杰克·斯科特绘制。

了数百年，在某些地区延续至 8 世纪。

98　　　日本夏季丰沛的降水和温暖气候对稻作农业而言非常理想。自南部的九州岛至向北 100 英里（161 千米）远的东京，农民一年可收获两种作物，先是小麦或大麦，接着是水稻。公元前 1000 年，大麦和稻作农业经邻近的朝鲜传来，在九州岛稳固下来。后来的弥生文化从九州岛向北扩展，展现出相当可观的本地性变化。公元前221年，秦统一中国，它的统治者们实行了一种高度中央集权的政府形式。在其后继者汉朝统治下的统一的中国向外扩展其贸易利益，穿过黄海到达朝鲜和日本。来自所谓"倭人"的弥生领导者们在公元57年和107年向汉朝派遣携带玉、珍珠、弓箭和奴隶等礼物的使者。弥生墓葬中的汉代早期铜镜和其他人工制品证明了其与大陆贸易活动的增长。中文的记载告诉我们"倭"是一系列散落在日本西部岛屿的小型政治体，这些岛受辖于一个仍可被识别出来的"邪马台国"，它可能位于九州岛。

5世纪晚期的中文文献描绘了一幅不太完整的关于早期日本的图景。当时，日本社会高度分散，权力散布在各个交战部族中。最重要的文化中心位于本州岛南部的大和半岛，今日京都的南边。那时，日本（"旭日之国"）限于九州岛*北部和本州岛南部。本州岛北部是"野蛮的"阿伊努人的家园，阿伊努人根基深植于遥远的过去。大和民族的领导者是天皇，至少理论上拥有凌驾于所有部族之上的权力。实际上，他只统治大和民族。每个部族可追溯到一位特定的神，它的祭仪是公共生活的核心。传统的神道教（"神之道"）信仰赋予家庭和社会极强的重要性，同时信奉天皇是神之后裔与国家统一的象征。

538年，一位朝鲜统治者派遣了一名佛教高僧到日本宫廷。天皇命令一个氏族，即苏我氏接受佛教以做实验，来检验封臣领主的反应。内战立刻爆发，但是更多传教者陆续到来。593年，帝国摄政者圣德太子声明推崇佛教，并且派遣僧侣和学生到中国。很快，佛教和儒家思想伴同中国的政治和法律观念在日本

---

* 原文是 Kyushi，疑为 Kyushu 之误。

广泛传播开来。645 年，强大的藤原氏控制了朝廷。藤原氏采取了大化革新，结束了贵族对土地的占有，将国家置于天皇的掌控下，通过给氏族首领指定贵族中更高的阶位来安抚他们。半个世纪后，702 年的大宝律令被平安贵族*采用，并在此后的五个世纪里塑造着日本社会。失败的贵族联盟成为有地方官，并且给农民分配固定土地的高度集权的国家。公共教育专属于贵族，他们接受中国伦理和价值观的培训，愈加扩大了统治者和被统治者之间的隔阂。贵族从不纳税，但是农民必须缴纳，这给所有平民造成了沉重的负担。

到这时，佛教比神道教更具影响力。一座新的帝国都城在奈良崛起，奈良是重要的宗教中心，那里富有的贵族资助僧院和庙宇。日本天皇们赞赏中国强大的唐朝统治者，尤其是他们的儒家思想，它规范了百姓和政府之间的关系。儒家思想影响了日本人的思想，但也精微地发生改变以适应当地情况。孔子宣扬的有关社会天然秩序的思想，在日本人的观念中转变为关于金字塔式组织和等级制度的强烈观念，顺从贵族和家长的权威至关重要。在日本化的儒家观念中，君主掌握着天命并且是国家永久的权威。因此被君主统治的所有人必须服从上天的命令。

整个 8 世纪，佛教势力愈加强大，直到藤原氏在该世纪晚期崛起。他们精明地诱导皇室王子们与藤原氏家族的女儿们结婚，直到最后天皇通过皇后一方与氏族联系起来。藤原氏把皇都迁至京都并且说服多位天皇早日退位享受安逸的生活，把政务留给藤原氏摄政者。中央政府变得更加强大，将它的统治向北扩张，并把那里的本土阿伊努人驱赶至北海道岛。从 794 年至 1185 年，藤

---

* 原文表达或有偏差，此处应指平安时期的贵族。

原氏摄政者控制着日本。早期领导者们才能卓越，但是朝廷的势力因 10 世纪出现的腐败而消减。近乎无政府的状态在地方上盛行，军事贵族构成的新阶级在那里成为实际上的军阀。平安政府修改了大宝律令，允许一些贵族拥有多达 1 250 英亩（506 公顷）的免税土地。有重税负担的农民把他们的财产交与当地地主，相较于苛捐杂税宁愿服务于一位雇主，庄园的规模也随之扩大，越过邻界。这些庄园越来越大，到了最后越来越多远方的贵族掌管着形形色色完全独立的国家。不可避免地，藤原氏和其他强大军事氏族之间的内战爆发了，在 1185 年大规模的海军战斗中走向顶峰，源赖朝击败平氏集团，夺取了对日本的控制权。

源赖朝在离现代横滨不远的地方建立起军事政府，与朝廷所在的京都有些距离。1192 年，他造访天皇并说服他的统治者授予他征夷大将军（"征服蛮夷的最高将领"）头衔。赖朝得到终身的将军头衔，这一头衔迄今为止仅在军事紧急状态时被暂时性地授予。他还得到指定他自己继任者的特权。尽管在公开场合把天皇当作神圣的君主去服从，其实将军有效地僭取了所有的统治权力。从 1192 年至 1857 年，他和他的继任者们带着傀儡天皇进行统治。其中一些完全无视天皇。

自 1186 年到 1333 年之间，日本封建主义的基础形成了。有别于中国还有庞大的中央集权官僚机构，出于用常备军、大量公共灌溉和防洪工事来维持国家统一的需求，日本与外部侵略者相隔绝。这个国家在地理上更加破碎，没有对大型灌溉方案的需求，并且由信仰用财富和特权条件支配着的等级化社会的人统治。遍布乡村的私人庄园自平安时代以来迅速膨胀，大多数由宫廷贵族或佛教僧院赞助。大领主们小心地维持其在朝廷的存在，而地产经理人和武士替缺席贵族打理事务。数千耕作者在多种所有制之下在庄园土地上工作，所有这些制度给予他们在自己所占的面积上耕作的永久权利，欧洲农奴则不享有这种优待。

在 13 世纪，北条家族通过武力和战略联姻掌控幕府。他们是严酷、正直的管理者，依靠一支由贵族特别税费资助的军队，试图通过他们自己的军事长官压制地主日渐增长的权力。还好他们是强大的统治者，因为 1268 年中国皇帝忽必烈汗遣送使者要求天皇服从他的权威。北条氏拒绝屈从并设法抵挡了 1274 年 11 月蒙古武士的大举入侵。那时，一场巨大的暴风雨驱散了蒙古人的舰队，后者在混乱中退回朝鲜。1280 年，日本人同样借助台风的帮助击退了第二次攻击。

在欧洲人来接触的两个世纪前出现了强大的封建领主（大名），其中很多是过往军事政府的官员。每一位都保持有他自己的军队。在 14 世纪，这些领主及其武士组织掌控了整个国家。政治上的不稳定和反复无常的足利幕府导致了不可避免的、持续的内战。尽管如此，国家仍昌盛着。土地法的变化提高了农业生产力。与中国和朝鲜的贸易也急剧增长。货币经济取代了古老的易货交易系统，强化了商人和专业行会的地位，他们迅速行使起对稻米和其他基本食物的价格控制。日本商人不断向社会施加影响，尤其是在与欧洲人接触以后。几世纪后，他们成为日本从封建到工业社会的戏剧性飞跃的领导角色。

16 世纪，封建领主使日本转变为一系列名义上由在京都的天皇统治的独立采邑。领主保有他们自己的军队，用过高的征税压榨农民，还用铁拳维护他们的权威。农民叛乱经常发生，通常由激进的佛教僧侣领导。持续的战争引起某种形式的政治僵局，领主们在错综复杂的谋划和反计中暗暗图谋互相对抗。马匹、刀剑和弓弩等传统的战争武器没有给任何人带来压倒性的战术优势。

102

然而，1542 年葡萄牙轻快帆船的初次到来给军事上的平衡引入了一种新因素：火器。

一处欧洲人的落脚点

1542 年，一艘沿着中国南方海岸航行的葡萄牙船被吹离航线。船在种子岛的海岸登陆，该小岛位于日本南端的九州岛南岸外。这艘轻快帆船带着来自大陆的丝绸、瓷器和其他精良的制造品靠岸。船员携带着当地封建领主深感兴趣的火器和人工制品，领主们立即觉察到新武器在这片武士们仍使用弓弩和刀剑的土地上所具备的战略优势。在非常短暂的时间内，致命的"种子岛铁炮"，"通过种子岛进口的来复枪"，促进了日本战争的变革，并使得一小部分封建领主得以支配一片持续数代陷入混乱的土地。

一位名叫"织田信长"*（1534—1582）的少年领主是第一个采用火器的人（图 21）。他给步兵大军装备步枪，还建造带有用于配合加农炮的带射击孔的狭间的壮观要塞。武士骑兵不是织田信长的战争机器的对手。曾经并不重要的贵族在面对强大的佛教势力和其他军阀时成为日本有力的统治者。他的继任者，也即曾经忠诚的指挥官丰臣秀吉（1536—1598），结合武力和外交手段在极短的时间内平定了日本。由于面临着保持他当前庞大军队的需求，丰臣秀吉在 1590 年侵略朝鲜。这场在很大程度上失败的海外冒险直接产生于对火器的引入。朝鲜战役以日本人在丰臣秀吉死后撤退而结束。

---

* 原文 Oba Nobunaga 有误，应为 Oda Nobunaga。

图 21　织田信长

资料来源: courtesy of the Regents of the University of California.

随着织田信长和丰臣秀吉统一国家，耶稣会传教士神父方济各·沙勿略（Francis Xavier）和两位同伴在1549年抵达九州的鹿儿岛港口。当地领主急需更多的贸易，因此他友善地对待新来者，理由是亲切的接待可能会吸引更多商人。沙勿略在长崎成立了一个传教团并且使其贵族东道主改信天主教。耶稣会士的成功部分源于纯粹的坚持，也有赖于他们对与澳门的葡萄牙港口进行丝绸和贵金属贸易的积极促进，澳门是位于中国广东港湾中的一座岛屿。1573年，视外国人为获准在许可的情况下继续居留的请愿人的织田信长，允许基督徒在首都京都公开践行他们的宗教。织田信长不是基督徒，但是他精明地视传教士为一种对强大且令他厌恶的佛教集团的反对势力。然而，官方好意在面对耶稣会士过分热情的传教及其对其他信仰的偏狭中蒸发不见了。他们冒犯了强大的佛教利益集团，但是凭其拥有的西方技术——书籍、指南针、钢琴和时钟有别于其他信仰而被容忍。

在他的敌人被制服前，丰臣秀吉准许了耶稣会士相当大的自由。1587 年，他命令所有基督教传教士离开日本，否则将被处以死刑，同时通知所有葡萄牙商人必须遵守当地法律。远在印度的葡萄牙总督为耶稣会士撰写有关安全通行的请求。丰臣秀吉拒绝了，但是没有强制执行他的命令。1592 年，西班牙商人和方济各会修道士从菲律宾抵达京都。他们同耶稣会士一样被授予一些特权，但是像葡萄牙人一样被禁止在京都举行仪式。方济各会士和耶稣会士都无视了这条命令。丰臣秀吉正因他在朝鲜的战役心烦意乱从而再一次未做处理。

当方济各会士和耶稣会士为了管辖权事宜而争吵时，西班牙的大型帆船"圣菲利普号"（*San Filepe*）在 1590 年因为台风而到四国岛的一个海港避难。当地领主声明拥有这艘船及船上的货物。被激怒的船长制作了地图来展示西班牙在全世界支配的广大地域。他用西班牙国王拥有的全部军事武力威慑领主。他扬言传教士是士兵的先驱，是为扩大伟大君主的领地而登陆。被警告的领主把面谈报告给丰臣秀吉，后者立即处死 6 名方济各会士并命令所有传教士离开他的领土。他们假装准备出行，却并未离开。丰臣秀吉在能采取更多行动前死去。在他死后的 12 年，1598 年，有 50 万日本人至少是名义上的基督徒。

秀吉的后继者德川家康（1542—1616）自江户，即今天的东京开始统治（图 22）。一开始，他也欢迎商人，邀请外国经商者

图 22　德川家康

资料来源: courtesy of the Regents of the University of California.

到他的首都。葡萄牙人和西班牙人都因距离问题谢绝了。德川家康渐渐认为相比商业交易，他们对信仰皈依更感兴趣。这时，葡萄牙和西班牙覆盖亚洲贸易的据点在面对荷兰和英格兰侵略性的扩张时瓦解。1600 年，一支由 5 艘荷兰船只组成的舰队在向西前进穿越太平洋时被暴风雨离散。其中一艘由英格兰舵手威廉·亚当斯（William Adams）指挥的"利夫德号"（*Liefde*）在九州寻找避难所。亚当斯是一个老练明敏的男人，他成了德川家康亲近的顾问。他教给东道主欧洲的造船和航海技艺，并警示后者有关外国势力对其领土进行扩张的危险。随着荷兰在接近长崎的一个岛屿平户开设工厂（商栈），日本本国造的船只开始从九州航行至中国和东南方向的港口，公然与欧洲商人展开竞争。

在最好的情况下欧洲在日本的落脚点也并不牢靠的。德川家康容忍着外国人。他的后人德川家光（1622—1651）则没有那么胸怀宽广，他视基督徒和改换信仰为他服务的官员为潜在的政治颠覆分子。他加重了对仍未离开的传教士的迫害。到1636年，西班牙人和英格兰人已经离开了。与葡萄牙人的贸易通过其在长崎的基地繁荣至1637年，那时约有37 000名穷困潦倒的农民和失业武士反叛政府，抗议难以容忍的生存条件。他们借助荷兰舰船的帮助夺取了对一座战略堡垒的控制，并且在被处死或残杀前抵抗住10万名士兵超过两个月的武力包围。德川家光怀疑反叛有宗教基础。此时他禁止了基督教，更限制了与外人的接触。同时，他禁止所有日本人离开家乡并且停止建造远航船。葡萄牙人在1639年被驱逐。只有荷兰人留了下来，实质上是被软禁在长崎湾出岛的囚徒。每年有几艘荷兰舰船被允许在出岛停泊。

隔绝的两世纪

从1640年至1854年，日本处于与世界上其他地方隔绝的状态。航海业终止，没有殖民地被建立，遏制了欧洲帝国主义的不可避免的蔓延。日本统治者把他们的领土从国际贸易网络中阻隔开，他们得以避免因贸易而越来越富有的军阀不受控制。与此同时，他们禁止了来自其海岸的、被他们视为危险信仰的事物。在两个世纪里，出岛是门面上唯一的裂缝，是西方思想和技术作用下飞速变化的世界的一扇窄窗。

这片长期被党派纷争和战争撕裂的土地现在改变了方向。日本的封建主义现在变得高度集权化，被京都一位名义上的天皇掌控，而实权在幕府将军手上，其中第一代就是德川家康。德川家族的成员及其忠诚的臣属在接近江户、京都和关东平原的地方被授予土地，以便他们能在突然袭击中守卫都城。"外样大名"在谨慎的监督下居于边远省份。外样大名通常比谱代大名更富裕，被强制留在江户，离开他们的妻子孩子作为人质，缴纳巨额的朝贡，这常常使他们变得贫困。政府核准外样大名的婚姻，所以它能够阻止潜在的危险联盟，也能阻止外样大名加强他们的堡垒。

德川氏对管理和良好秩序的热情建立在儒家关于万物有其自然秩序的学说上。日本统治者建立起一套明确社会阶层等级秩序的新意识形态，确切规定了有关每个社会成员的行为要求，不论是武士、商贾或平民。针对武士的严格行为准则被称为"武士道"（"武士之道"），它强调了忠诚、服从和尊敬。"武士道"在根源上是一种领主和臣属之间的关于忠诚的封建守则。德川氏通过修改它来创造一套复杂的伦理准则，规定了介于所有社会阶级，男人和女人、父母和子女，甚至同胞兄弟姊妹之间的行为。"武士道"力图以过于死板的方式控制武士的行为，以致这一准则不具备随着社会变迁发生改变的弹性。严酷的刑罚强制规范着行为守则并惩罚犯罪。德川氏认为如斩首这样的严格惩罚可以阻止犯罪行为。平民可能因粗鲁行为被处死刑，而有特权的武士有无须询问就杀死失礼农民的权利。

中央集权的政府给日本社会带来很多益处，尤其是对商人，他们聚集到由杰出领主管理的城下町。17世纪末，日本从几百年来基于稻米的易货体系转换至货币经济。商人变得富有，通常以损失幕府将军的利益为代价充实自己，将军依靠农民耕种的土地和政府定量供给的米生活。日本城市繁荣，而乡下和将军则忍受损害。一些领主因米债过多不得不放走其封建制度下的追随者，引起当地的混乱，例如受饥者抢劫村庄并偷盗那里的稻谷。一些将军和商人之女结婚然后变得富有。19世纪中期，将军的阶位被买卖。以商业化经济为基础的新社会秩序里没有武士的位置。将军成为不合时宜的人物。

处于经济和社会金字塔底层的是农民，他们通过重税支撑着领主及其家臣，通过村庄首领和被称作"五人组"的五家一组网络被管理。如同他们的统治者一样，农民们也对商人欠下大量债务。到1750年，他们常常没有能力供养孩子，被强迫抵押财产还参与杀婴。很多农民流入城市，或置自己于"外样"的保护之下，后者同外来者对抗，尽力保卫他们的土地。

107

德川幕府统治持续了两百年。尽管贫苦在乡村蔓延，收入和生产力却提升了。但是还有社会变迁和沉重债务导致的大面积动荡，富者更富贫者更贫。变革的种子嵌在僵化的政体之下，在这个西方国家和亚洲国家已于经济和政治上联系得愈加紧密之时，没有激励出任何社会转变。很多日本学者明白他们的国家已到了变革的时候。他们沉迷于所有能到手的荷兰人走私来的西方书籍。

明治维新

1815年欧洲拿破仑战争的结束开辟了民族主义和国际竞争的新时代。作为对手的欧洲各国和新近坚定自信的美国把它们的注意力中心重新转向亚洲。德川氏现在面对来自外部的威胁。在18世纪晚期，俄罗斯人穿过西伯利亚到达白令海峡。他们尝试开启与日本的贸易，但是失败了，转而在千岛群岛和库页岛建立殖民地。直到1850年，西方所下的功夫主要瞄准中国，与统治者进行持续三个世纪的常规贸易。加利福尼亚在1850年加入联邦，激起美国对环太平洋沿岸地带远端和日本的新兴趣。德川氏继续回绝任何友好的提议。遇难的美国海员被监禁虐待。1840年中英鸦片战争是另一帖重要的催化剂，西方国家更有侵略性地追逐贸易权利。

美国视扩张亚洲贸易为其"天定命运"的一部分，认为西方文化和物质利益应该被带往中国、日本及世界其他欠发达地区。这个国家的舰船也需要一个位于战略性位置的装煤港，最好是在日本，这是地理位置上的理想之所。1853年，海军准将佩里（Commodore Perry）和四艘汽船组成的小舰队进入江户湾。虽然日本人已经被荷兰人警告过美国人即将到访，他们还是被海军舰船烟囱中升出的蒸汽云吓了一跳。佩里要求日本人开放港口做贸易，然后撤回并承诺将在一年内返回以接收答案。德川政府意识到无法抵挡西方军事力量，恐慌席卷了日本。尽管保守派发出强烈的反对声音，但徒劳无力，天皇及其朝廷很多领主，以及幕府在1854年3月31日和佩里签署条约。协议确保美国的两处装煤港连同其所在地点的贸易权利，并允许一位美国领事住在下田。一根细楔子在门上打开了裂缝。两年内，日本被迫与英国、荷兰和俄罗斯缔结等效条约。

第一位美国领事汤森·哈里斯（Townsend Harris）在1856年抵达。他用了两年时间来缔结全面贸易协定，这给予他的国家自由贸易的权利，以及在大阪和江户的居住权。技术性条款自动扩展了与其他国家的协定条款。现在大门完全打开。日本社会中的保守力量无情地批判德川氏。一些领主在他们的海岸攻击外国舰船。欧洲人在路上被谋杀。为了报复，英国人轰炸了鹿儿岛港口，激怒了当地大名。驱逐所有西方人的呼声出现了。德川幕府实际上无能为力，并在1867年11月2日向天皇交出权力。

睦仁天皇在他及其顾问夺取最高权力的时候年仅14岁。他的朝臣和将军行政官们强烈反对德川政权，同时决心不重复中国的命运。中国士大夫是非常保守的人，他们彻底地反对任何可能在知识和任何形式的权力上威胁其垄断地位的西方思想或制度。实际上，他们无能为力，因为他们的军事资源相对西方而言是有限且陈旧的。中国被迫向西方做出重大的经济和领土让步。

日本在另一种处境中。日本的武装是强大的。天皇的很多高级官员是已变成行政官的军人。他们是虔诚的民族主义者，意识到自己能够通过采取西方的工业和技术知识来保护日本的文化特性。在睦仁天皇以"明治"（"开明的统治"）为名的长期统治中，这个策略取得辉煌成功。在1868年到1912年之间，日本把自己从封建制国家转变成一个民族国家。这场维新是坚决、务实的官员精心策划开展的变革，他们认识到西方从工业和军事力量中获得了优势。他们也欣赏西式的立宪政府，后者培育出国家认同的观念。

明治行政官员从恢复天皇的权力和地位开始。他们通过补偿大名来使其交出权力并承担其债务，以此建立一个强大的中央集权政府。等级化的贵族系统和津贴保障了封建领主的社会地位。到1871年，对保全日本和获得庞大开支的强烈渴望导致几乎所有古代封建庄园的废止。新的法律宣布传统社会阶级中的不平等为不合法。平民现在被允许选择任何他们所希望的职业。1871年时200万日本人享受着武士特权。那一年，政府废除了他们的特殊权利，甚至禁止了幕府将军的发型及此前武士可携带的两把武士刀。全面的军事征兵在两年后到来，进一步削减了武士力量。彻底的经济和社会变革允许人们自由旅行，鼓励工业扩张，并且锻造了一支强大的军队。帝国官员旅行至欧洲，去研究工业生产，学习军事战略。社会动荡不可避免地出现了，在 1877 年的紧要关头军队直截了当地击败一支反叛武士力量。这次胜利鼓励了政府改良征税，以及引进现代农业技术。到 19 世纪 80 年代，铁路连接起日本很多地区，政府和工业紧密联合，这成了日本的特征。

日本的现代化及其对西方文化的大量接收似乎是与过去的有意割裂。然而，明治维新背后是数百年以来形成的文化价值观。这个国家形成了一种金字塔式的层级，天皇处在顶端。个体并不重要，每个人都为了同样的目标工作。他或她的忠诚是对家族群体或其他组织的，责任由他在群体中的位置决定。其效应是伴随深远保守主义的党派纷争和竞争不断浮现，这可能阻碍经济或社会变革。然而有时，同样的凝聚力和忠诚也能实现国家奇迹。

到 1894 年，日本拥有了一个中央集权的政府，一部铭刻了国家基本思想，承认天皇全能、神圣且绝无谬误的宪法。顾问委员会"元老"（"政界元老"）在 20 世纪前 40 年里代表天皇有效地掌控国家。日本强大的军队在 1894 年至 1895 年和 1904 年的大陆冲突中战胜中国和俄国，从而使日本成为 20 世纪早期世界上主要的亚洲力量。

第二部分

影　响

　　你们凭借何种权威对这些平静、安宁地生活在自己上地上的人们发动可憎的战争？他们难道不是人吗？他们没有理性的灵魂吗？

　　　　　　——弗雷·安东尼奥·德·蒙特西诺斯（1511 年）

第六章　大灭绝

我想我一直是这样，

这就是我，

但现在我的力量不再。

我曾徘徊的大地，

那个地方，

听我说：

忘记我吧。

——丹·汉纳（Dan Hanna）作，哈瓦苏派（Havasupai）离别曲，引

自布赖恩·斯旺（Brian Swann）编，《重见天日》（*Coming to Light*, 1994）

　　他们称之为"大灭绝"（the great dying），即混乱无差别地袭击了或年轻或年迈、互为朋友或敌人的美洲原住民的神秘疾病。疾病随同哥伦布一起航行的征服者们登陆。在几个世代内，罕见传染病就大量毁灭了印度群岛的原住民人口。1492 年，埃斯帕尼奥拉（Española，圣多明戈［Santa Domingo］坐落于此）的人口约有 100 万。到 16 世纪 20 年代，只有极少数印第安人还幸存。麻疹和天花是罪魁祸首，通常因呼吸系统疾病使情况变得更加复

杂。美洲原住民群体都不具备对这些旧世界致病生物的免疫力。

麻疹和天花的灾难像野火一样席卷加勒比。由于历史的偶然，我们得知一名参与围攻特诺奇蒂特兰的黑人征服者在 1520 年把天花带入墨西卡。一场流行病迅速扫荡了被包围的城市。毁灭性的天花流行病一次次肆虐中美洲，大量削减印第安人口。数字可以为它们自己发声。1519 年，墨西哥中部的印第安人口约有 1 100 万。1540 年，经谨慎计算的估值把人口数定位在 640 万。到 1607 年，当地印第安居民的人口不足一个世纪前的五分之一。多达 14 种的主要流行病扫荡了中美洲，或许在 1520 年至 1600 年间全秘鲁有 17 种，这进一步把人口减少了 79% 至 92%。

对于与欧洲人接触后美洲原住民人口减少的程度，我们掌握的确切数据很少。一些有效数据来自对加利福尼亚印第安人的长时段人口统计研究。超过 31 万印第安人在 1769 年西班牙殖民时期居住在加利福尼亚。到 1830 年单是沿海人口数就从 72 000 减少至 18 000。1900 年，仅仅 2 万加利福尼亚印第安人幸存，低于欧洲接触前时期人口的 7%。这些灾难性削减中有很多可以归咎于西班牙的"缩减"（reduction）政策，它把数千分散的印第安人圈进靠近天主教传教团的拥挤定居点，他们在那里很快受到陌生疾病的侵袭。

评估人口衰减

回溯至 16 世纪，欧洲知识分子和政治家就疾病造成的屠杀谴责西班牙当局时，关于传染性疾病和美洲原住民的全部议题被情感所阻碍。这个"黑色传奇"被西班牙愤怒地否认，今天仍时而浮出水面，就像它在 1992 年纪念哥伦布发现美洲 500 周年时出现的那样。这里存在着关于人类学的巨大争议之一：传染性疾病在美洲原住民的人口减少中扮演了怎样的角色？

杰出的加利福尼亚大学人类学家艾尔弗雷德·克罗伯（Alfred Kroeber）等人提出疾病在最初接触后的早期几十年扮演了相对不重要的角色。然而，流行病确实在持续交往后减少了美洲原住民人口。克罗伯认为对这类人口的最初普查反映出在衰减发生之前人口总量为 900 万人。

相反地，人类学家亨利·多宾斯（Henry Dobyns）、历史人口学家舍伯恩·库克和威廉·博拉（William Borah）设想传染性疾病甚至在隔离群体时期也发挥影响，可能在早于欧洲人和美洲原住民实际接触的几百年前。所以，即便是最早的接触后的估值也反映出人口比前哥伦布时期的水平缩减高达 95%。多宾斯已经提出 15 世纪早期印第安人口数高达 1 800 万，远高于克罗伯的原始估算。他认为文献所载的 1520 年特诺奇蒂特兰的流行病，事实上是在群落之间传播直至加拿大，并且向南至智利的普遍流行性疾病。因此他提出，当弗朗西斯科·皮萨罗的征服者们行进至他们安第斯王国的心脏时，印加帝国的人口最多有十年前的 50%。因此，"欧洲人的接触"不是身体上的对抗，而更多的是微生物的接触及随后人口减少的过程，这通常发生在外国人到来很早之前。

不同于克罗伯，多宾斯在估算原住民人口时从不保守。身体接触前已有人口衰减的确切事实意味着，最初的人口普查反映出不稳定的人口已在适应新环境。多宾斯及其同事立论于结合历史记载和源自人口统计计算的人口减少比例，这两者均非完全可靠。

考古学家安·拉梅诺夫斯基（Ann Ramenovsky）已经评估了克罗伯和多宾斯的假设。她指出多学科方法和新的考古资料都毋庸置疑地表明，持续的文化变迁远早于欧洲人的接触就在所有人类社会展开。例如，威斯康星大学考古学家赫伯特·马施纳已揭示了东南阿拉斯加的海岸社会如何在远早于欧洲人抵达时就达成了文化的复杂性。但是复杂性的程度在几个世纪间显著波动，反映在定居模式从非常密集的村庄到分散的、通常是防御性定居点的变化上。

拉梅诺夫斯基用考古记录所反映的文化变迁模式来评估人口衰减，独立于民族志或历史记述。她用综合的定居数据测算人口变化以检测一个单纯的考古学假设："美洲原住民是否经历了直接随欧洲人接触而来的人口暴跌，但是早在文字记录和遭受殖民之前？"她研究了北美洲的三个地区：密西西比河谷下游、纽约州中部和密苏里河谷中部。这个研究做起来很困难，因为她必须面对不充分又偏倚的考古样本，有关房屋和定居点规模的定量数据的缺乏，还有区域覆盖范围的空白。但是她能够展示考古和历史材料如何证明16世纪——在德·索托（de Soto）探险之后和17世纪晚期法国殖民之前该区域内原住民人口清晰而骤然的减少。

易洛魁"五族同盟"（Five Nations of the Iroquois）在历史时期的初期占据纽约州北部的芬格湖群地区（参阅第十三章）。拉梅诺夫斯基使用定居地和房屋顶部面积数据来证明17世纪易洛魁人口大量缩减。历史文献支持并扩充了16世纪和17世纪人口骤减的考古记录。它们记录下激烈重组的定居地，以及多家庭长屋寓所和早期几世纪间加筑防御工事的群落的最终崩溃。

北方平原的密苏里河谷中部地区见证了肇始于1540年的欧洲人接触，以及三个世纪后永久的殖民。源自大规模流域调查的考古学资料记录了至晚在17世纪原住民定居点模式的主要变化，这些变化可能与欧洲贸易商品在本地考古遗址的首次出现同时发生。

不幸的是，拉梅诺夫斯基的数据没有透露人口衰减是否早于外国贸易物品到达密苏里中部。

拉梅诺夫斯基的所有研究趋向证实多宾斯的理论，即人口学上的灾难早于欧洲人大量汇入北美数十年，并且在一些地区早了数世纪。拉梅诺夫斯基估计了北美在欧洲接触前的原住民人口数有约1 200万，一个比多宾斯的数据更保守的估算，但是远高于艾尔弗雷德·克罗伯及其同代人的估计。

人口减少的原因

出于一些尚不明确的原因，新大陆没有与欧洲疾病对等的事物。可能的是，当数量很小的原住人口在数千年前移民到美洲时，寄生虫就被北极圈的温度杀死。此外，严重疾病的存续依赖于被感染个体的持续接触，比如发生在紧密聚集处、小镇和大型村落等长久定居地。北美洲，在一定程度上还有中南美洲，缺少欧洲和西亚那样密集的城市定居地，细菌和病毒引起的疾病在那里的城市人口中被固定下来。然而从遗传学角度看，相对同源的美洲原住民在免疫上特别易受攻击。结果就是在那时未受欧洲疾病侵袭的人口中的过高死亡率。

流行病不均衡地传播。从一地到另一地，在很大程度上依赖社会和政治条件。征服者们在对黄金的肆意掠取中猛袭印第安人，奴役数千印第安人来挖掘金属矿藏并且为委托监护地霸占土地。1494年后，奴隶贸易加强。在16世纪早期，成千上万的印第安奴隶被船从尼加拉瓜这样的地方运至加勒比群岛的种植园。1560年，单单在巴西就至少有4万名美洲原住民沦为奴隶。在这样的条件下，人们对疾病的抵抗力急剧下降。

在中美洲和安第斯山脉，阿兹特克人和印加人把他们的帝国当作庞大的朝贡体系运行。食物供给和所有类型的货物流通依赖于高度有序的土地使用和商品分配系统。当如秘鲁高地和低地间建立已久的交换体系那样的系统随着西班牙的入境（*entrada*）而瓦解时，很多人陷入饥饿或流入增长中的殖民城市。传染性疾病再一次大幅暴发，成千上万人死亡。

在当地条件助长了传染病时，疾病如野火般蔓延，通常早于西方人和非西方人之间实际的面对面接触。例如，在北美东南部，欧洲人的接触开始于1540年埃尔南多·德·索托从佛罗里达到密西西比河那声名狼藉的探险。即便在那时，天花和其他疾病已经通过更早时期经过的到访者传播至内陆。在南卡罗来纳州塔洛梅科（Talomeco）的村庄，西班牙征服者看到数百具尸体被堆积在四所房子里。1583年，弗朗西斯·德雷克爵士的海员在佛得角群岛感染了高度传染性的发热疾病，可能是斑疹伤寒。他们袭击了位于佛罗里达圣奥古斯丁的西班牙定居地，把病毒带上岸。数百名印第安人在由此导致的流行病中死亡。在北部的弗吉尼亚州，伊丽莎白一世时期的作家托马斯·哈里奥特（Thomas Hariot）注意到是怎样"在短短几天的时间中，我们离开一个又一个……城镇，人们开始非常快速地死亡，并且很多是在邻近地区"（Crosby 1972, 117）。

在接下来的一个世纪，外来疾病和西方贸易商品都早在欧洲人定居前渗透，在古老的、使用了数世纪的村与村间的道路传播。沿岸地区的流行病推进内陆，使所有村庄的人口减少，有时是当地人口的90%。幸存者常常死于饥荒，特别是疾病在种植或收获期袭来的时候。疟疾是一个早期杀手。易于传播疟疾的按蚊在欧洲人接触前就出现在美洲。一旦某人被传染疟疾并获得了对它的免疫，寄生虫就留存在他们的血液里。疟疾寄生虫可能通过藏匿于看似健康的黑人奴隶的血液来到新大陆。

这样大量的人口减少在文化意义上是毁灭性的，特别是因为疾病常常袭击社会中最年轻和最年迈的成员。老者在全部知识都通过口述代代相传的社会里，是有关文化经验的无价资源。这种知识常在数周或数月中销声匿迹。尤其是至关重要的血缘和宗教知识消失了，恰是在一个此类知识能以某种形式使人们适应一种新的文化和社会秩序的时候。在北美东南部，德·索托遇到了大型酋邦（chiefdoms），它们由主持着相当大的群落和很多村庄的酋长统治。随后的流行病的影响将会使至今强大的酋邦分裂成更小型的社会。很多人从其家乡逃离，试图逃避传染，导致了覆盖广泛地域的大规模政治和社会破坏。

流行病不仅增长了死亡率，它们也影响了出生率和美洲原住民从人口危机中恢复的能力。很多传染性的疾病诱发了流产的频发并增加了怀孕女性的死亡。在小型群落，失去妻子和受文化约束相对少的潜在婚姻伴侣可能减缓了生殖率。伴随着婴儿死亡的高发和灾难性死亡率所致的情感压力，即便是暂时性的生殖率断层都可能会威胁维持现有人口所需的高出生率。在很多地区，生物学的和文化的幸存是种例外而非常规。

美国西南部

西南地区的遭遇相比其他地域则非常不同。不同于东南部或加勒比地区，西南部的原住民群体幸存下来，并且仍旧构成当地生物和文化景观的重要元素。生存模式是零散的。例如，阿尔伯克基（Albuquerque）南部印第安村庄的人口在不晚于 1680 年抵抗西班牙统治的普韦布洛起义（Pueblo Revolt）期间消失。阿尔伯克基北部，12 个 1680 年前建立的东部的印第安人村庄仍旧兴盛。我们如何解释这种不同的生存模式？为什么西南部的部落比东南部的人生活得更好？外来传染性疾病在这个干燥的、人口非常分散的地区致命性更弱且更少流行吗？

西班牙人与西南部的接触开始于 1540 年的科罗纳多远征（Coronado Expedition）。科罗纳多从新西班牙向北行进，搜寻传说中充斥黄金的西波拉七城（Seven Cities of Cibola）。当发现除了密集排布的祖尼人（Zuñi）村庄别无他物时，西班牙征服者深深地失望了。他们空着手返回墨西哥城，徘徊在西南部的很多地区以及外部更远的大平原。接下来的 140 年，相比于外国人，更多的传染性疾病在这个地域传播，大批毁掉了拥挤的印第安人村庄。灾难性的疾病暴发自 18 世纪以来才被很好地记录下来。但是介于西班牙入境和普韦布洛起义之间长达 140 年的关键时期呢？有趣的是，这些年间，仅有两处提及新墨西哥殖民地疾病的直接材料，一处与南部邻近地区的疾病暴发有重叠，另一处与长达四年的严重饥荒同时发生。然而，很少有历史学家特别注意到疾病和人口统计学，因此这个记录可能是不完整的。

世界上很多最致命的人类感染在热带环境里变异和暴发。因此，科学家相信气候和海拔在人口衰减中起到重要作用。例如在墨西哥，库克和博拉计算出 1532 年至 1608 年间的海岸地区有 26∶1 的人口下降，这与高地原住民人口中 13∶1 的比例形成对照。沿岸地带的秘鲁见证了 26∶1 的人口衰减比例，但是在海拔 13 000 英尺（4 000 米）以上地区这个比例仅有 4∶1。海岸地带虽然不总是潮湿的，也比更隔绝的高地经历着更加持续的与西班牙人的接触。

在新墨西哥，一个非常不同的环境里，拉梅诺夫斯基对超过5 000尺（1 524米）的高地和更低海拔的地区做出区分。几乎所有同时代的印第安人村庄位于高地。从1540年到1680年之间，高地和低地的人口都有所下降，但是下降比率在更高的地带相对更低（68%对86%）。

多个因素可能造成人口下降，其中一个因素是低地村庄离墨西哥的疾病中心更近。这些同类型的村庄通常与西班牙人的主要道路"现实大道"（the Camino Real）距离很近。拉梅诺夫斯基追踪了1778年至1780年天花从墨西哥谷沿着现实大道进入新墨西哥严重肆虐的情形。疾病从那里传播，横穿大平原北部并进入密苏里中部。高地更高的海拔可能起到了一些抵抗天花的防护作用，但是很多西班牙人生活在像圣菲这样与原住民群落毗邻的镇子里。与此同时，新的西班牙农业技术及其水库可能为携带疟疾的蚊子提供了繁殖之所。

厄瓜多尔的人口减少

伦敦大学的琳达·纽森（Linda Newson）研究了16世纪厄瓜多尔基多（Quito）"检审庭"（Audencia[行政区]）*的人口统计史。她的研究领域包含三个地区，并且尝试分析不同的可能对各个生态和文化区内美洲原住民人口生存率造成影响的因素。低洼的、生态上各异的海岸地带是大约50万人口在欧洲人接触前的家园。

---

* 原文是 Audencia，疑为 Audiencia 之误。

多达 838 600 人居住在安第斯山脉起伏的山脊地区，其中很多人生活在由重要部落领袖统治的王国中。一个富饶多样的高海拔环境为相对稠密的人口提供丰富的食物资源。扩张的印加帝国大约在西班牙人到来的 70 年前征服了这个地区。奥连特（Oriente）包含安第斯山脉东翼及东边森林稠密的低地，即世界上一部分最丰富的热带雨林。约有 23 万人在"入境"前生活在奥连特，主要生活在小型、分散的部落中。纽森认为约有 160 万人在与欧洲人接触前生活在厄瓜多尔全境。

120　　在对历史上的课税和贡赋记录进行广泛研究后，纽森估计出山脊人口数从 838 600 减少至 164 529，人口减少比率大约为 80.4%，可与舍伯恩·库克为邻近的安第斯山脉高地计算的数据对照。在当地的人口减少率中有相当程度的差异，这取决于地理条件、征服的严重程度和对原住民人口的剥削。海岸地区承受了最严重的人口衰减，平均人口减少比例为 21.1∶1（95.3%），接近墨西哥海岸人口衰减的数值。最大的损失出现在南部海岸的瓜亚基尔（Guayaquil）地区，以令人震惊的 104.9∶1（95.3%）的比例暴跌。瓜亚基尔是有到访舰船不断涌入的港口，这带来了很多到访者和船只装载的劳动力，同样也有新的感染病。矿物的匮乏和分散的农村人口在 16 世纪保护了很多海岸人口，但是与黑白混血儿（mulattos）的持续接触在后期带来人口下降。

　　奥连特被安第斯山脉隔离在海岸西侧。低人口密度和分散的人口可能在疫情中保护了很多地区。很多疾病未成为地方性疾病并且消亡，但是与成人高死亡率相关的流行病的非直接性影响可能加剧了部落间的冲突，破坏了脆弱的生存系统，并且减少人口数直至低于临界值。除了主要的区域差异，奥连特较高海拔地区人口在 16 世纪以 3.7∶1（73.3%）的比率下降，一个世纪后在较低海拔地区又下降了 72%。总之，到 1600 年，基多的检审庭经历了 85% 的人口衰减。衰减的不均匀不仅是因为同秘鲁案例中相似的海拔因素，还有西班牙人定居的强度变化、金银贮藏总体上的不足和在很多地区广泛分布的人口。

人口衰减和"民族志现在时"

关于人口缺失的案例研究正在激增，但正如罗伯特·邓内尔（Robert Dunnell）指出的，基础的方法论问题正等待解决。最早的记载，例如埃尔南·科尔特斯或英格兰探险者詹姆斯·库克船长对阿兹特克或塔希提社会的记录，仅仅是短暂的、不完整的并且时常是对更复杂且仍所知甚少的人类社会的偏颇映射。常见的情况是，我们对全世界接触前时期的社会的知识并非来自探险者的最初印象，而是考古学研究，它衡量了数世纪甚至千纪间的文化变迁。而且不论是早于或跟随欧洲人接触的灾难性人口下降都不仅涉及人口缺失，还有对社会的持续重新定义。因此，一个民族志"现在时"的概念，即需要我们去描述的一个前欧洲时期（pre-European）社会保持着的瞬间，是一个错觉，尤其是在美洲，传染性疾病甚至常在欧洲人和印第安人发生实际的物理接触前就已大量毁灭了美洲原住民。例如，埃尔南多·德·索托及其征服者们发现密西西比河谷在 16 世纪中期充满密集的人口。100 年后，法国远征者发现河谷已几乎荒芜，这里并没有长期的欧洲人接触。此类人口衰减使晚期美洲原住民文化是早期原住民文化之确切反映的假设成为徒劳。只有少部分文化知识和传说幸存于遭受了流行病攻击的年轻人和老人——早期世代之代表，丰富的文化信息

121

之智囊和命定领受它之人。

　　传统上，考古学家依赖早期旅行者的记录和同时期的人类学观察，来解释同一地域中早期文化的考古记录里所留存的事物。这种方法论依靠所谓的"直接历史方法"（Direct Historical Method），20世纪早年间人们在西南地区率先采用了这种方法。考古学家从历史上的已知向回推导古代的未知。同时，他们使用民族志的推理，即与现存文化的比较，作为解释早期社会物质遗存的方法。至少推理在总体上受良好控制的使用有时是可行的，但是人口衰减的影响将彻底降低美洲原住民社会里的生物和文化多样性。今日印第安人口的祖先是一小部分16世纪活着的印第安人，他们因随机的人口学事件——传染性疾病的传入而大量毁灭。

　　除了陈词滥调，这些现实使关于前哥伦布时期和晚近美洲原住民社会间连续性的概念变得高度可疑。幸存者们生活在接触后沿着不同文化轨道进化的社会，他们变得日益欧化。在过去，学者们臆断这种连续性，并且在进化论条件下考虑欧洲人接触期间的转变。今天，他们开始单纯地以考古证据评估人口衰减的影响，因为考古学提供了关于接触前时期繁盛的文化的唯一直接信息。因此，对此类问题的研究，就为什么一些地区相比另一些地区被流行病攻击得更严重而论，仅仅处在假设阶段。例如，广泛分散、复杂程度较低的狩猎-采集者社会和村庄的农业社会，相较人口更稠密的纽约州北部圣劳伦斯谷的易洛魁城镇，或者城市人口以异乎寻常的速度被大量毁灭的特诺奇蒂特兰等阿兹特克城市，是否较不易受到流行病攻击？同时以考古学和人口学为基础的新一代研究将会提供决定性的答案。

122　　我们才刚开始正确评估流行性疾病对美洲原住民人口灾难性

的短期和长期影响。但我们现在已从足够多的信息了解到，考古学和人种历史学呈现的前哥伦布时期社会的信息反映出美洲原住民社会令人震惊的多样性和丰富性，它们是在短短几代人的时间里被灾难性、戏剧性地毁灭的。美洲原住民内部生物和文化多样性的毁灭是文化的冲突最残酷的遗产之一。

第七章　高贵的野蛮人：塔希提人

最初只有造物神（Ta'aroa），他没有祖先，他创造了自己和其他所有最初的生命和事物。在数不尽的时光中，造物神孑然一身，包裹在卵状的外壳里漂浮在空间和黑暗中。造物神最终厌倦了孤独，闯出了他的壳……在那以后，他才在他的工匠神图（Tu）的帮助下创造了人。

——来自塔希提群岛的部分创世赞歌，传教士记录于 1822 年

16 世纪以后，欧洲国家把目光投向外部一个完全不同的世界。大发现时代的旅行者、传教士和殖民者带回的关于全球的知识，为新的冒险和科学探索开辟了无限可能，还有那留传了数世纪的关于天堂与高贵野蛮人的传说中的灿烂未来。世界由一个巨大的悖论构成：一边是现实、时事政治和军事行为的世界；另一边是一个传说的世界，某种无处不在却并非普遍的、对天堂确实存在于人间并且野蛮人本质良善的感觉。到 1600 年，有了大量关于非洲和美洲的土地与人群的描述。这包括对原始的科伊科伊人的形象描绘，科尔特斯对阿兹特克人的描写，彼得·马特（Peter Martyr）对美洲印第安人的细致评论，一份关于阿兹特克及墨西

哥和秘鲁的印加文明倾覆之后、印第安人口剧烈减少的丰富统计资料。尽管存在这些现实情况，印第安人在欧洲人的想象中仍被赋予了独特的、天堂般的特征。

彼得·马特是其中一个吹捧新大陆天堂般特质的人。他鼓吹印第安人有近乎神圣的虔敬、兄弟般的友爱和完美的特质，还把印第安世界描述得如同黄金时代的最后残迹。很多人认为印第安人过着朴素、简单的生活。他们拥有伟大的形体美，一种似乎完善了他们高贵特质的美。伊丽莎白一世时代的船长阿瑟·巴洛（Arthur Barlow）在弗吉尼亚登陆并发现他自己"被全部的爱和善意，以及同样多的慷慨招待，按照他们的风俗，倾其全力地给予。我们发现人们非常温和、可爱和忠实，没有任何欺骗和不忠，如同黄金时代作风的延续"（Morison 1971, 210）（图23）。这毫无疑问是用来吸引移民的宣传，但对很多哲学家而言，在非西方人群中，高贵似乎是与生俱来的，表现为一种孩童般的天真。

尽管一些人认可塞普尔韦达的观点并主张印第安人是残忍、原始的人群，大部分16世纪和17世纪的评论者还是欣赏、尊敬印第安人的。哲学家们将目光从非洲转向西边。他们在那里发现了他们的乌托邦和理想国家的样本。他们借鉴了有关秘鲁印加人和其他印第安社会的赞颂记述，赞同巴尔托洛梅·德·拉斯·卡萨斯，认为印第安人是自然的、最善良优秀的人。印第安人只需要改信基督教以成为众灵魂中最受天佑者。很多欧洲思想家认为，印第安社会中的社会和物质信条以及道德结构远比他们自己的文明更优越。早期评论家们本以为有可能在人间的某个地方找到一个真实的天堂。16世纪和17世纪则从另一视角见证了这个梦想。人间天堂不再是朦胧的梦想，而是高度具体的对理想社会

图 23　一对弗吉尼亚印第安人夫妇进餐（约翰·怀特［John White］绘）

资料来源: courtesy of the Trustees of the British Museum.

注: 伊丽莎白一世时期的艺术家约翰·怀特绘于 16 世纪晚期: "他们在饮食和饮酒时非常清醒，从而很长寿，因为他们不压抑天性……我祈愿我们能因循他们的例子。"

的想象。现在，人们寻找的不是天堂，而是生活在能与天堂发生关联的令人满足的国度的人，在遥远的海外栖居在天堂般国度的自然之子。

　　乌托邦，即理想之国，是 16 世纪和 17 世纪评论家所坚持的一个概念。大多数理想中的国度位于远海之西，如埃尔多拉多（El Dorado）之土，即黄金之国。许多流行的作品，包括托马斯·莫尔爵士的《乌托邦》（1516年）和弗朗西斯·培根爵士的《新大西岛》（*New Atlantis*, 1627），描述了这样的乌托邦，它们曾先后被认为位于加勒比、美洲和南太平洋。乌托邦的想象鼓励着旅行者们去期待人间确有一个能属于他们的理想社会，一个能够重新获得在西方文明的严酷现实里不再可能得到的幸福的社会。西方生活方式的缺陷塑造了对乌托邦的展望，奇异地混合起对再也无法重获的朴素生活方式的怀恋和一种人只需践行朴素的生活就能实现理想之国的希望。或许法国哲学家米歇尔·德·蒙田（Michel de Montaigne, 1533—1592）在他的《论食人族》（*Of the Cannibals*）中所言极是，他在文中描述了巴西的族群。他写的"食人族"掌握"真正并且有益的美德，即我们已丧失的那些，使他们得到我们已堕落丢失的乐趣……自然法则也作用于其身"，他写道。之后，在一个令人难忘的段落中，他总结了他的感受："在我看来，我们在这些国度里实际看到的，不仅胜过放纵的诗篇（Poesie）用以骄傲地修饰黄金时代的所有图景，以及她所有为人营造幸福环境的精巧虚构，还有哲学所有的观念和渴望……柏拉图无法想象一个如此纯粹质朴的本真人群……或相信我们的社会可能被如此少的艺术和人道的结合所维持。"*（Montaigne 1948, 155）

125

126

---

* ［法］米歇尔·德·蒙田著，马振骋译《蒙田随笔全集 第一卷》译文："真正的、有益的、天然的美德与特性更加强烈活跃；在后面所说的那些人身上，这些美德与特性都被磨灭了，而去迎合恶俗的情趣，追求欢乐……指导他们的还是自然法则"（上海：上海书店出版社，2017年，第218—219页）；"因为我觉得我们在这些民族中实际看到的东西，不但胜过用诗意描述的黄金时代的种种图像，用想象虚构的幸福人生的一派胡言，还超越哲学的构思与期望。他们想象不出我们在实际上见到的那么纯洁质朴的真性情，也不相信我们的社会只要依靠一些认为的智巧与协调就可以维持"（第219页）。

蒙田等欧洲哲学家或许美化了那时所谓的"原始人"(primitives)，但是他们的赞美和尊敬被包裹在高度专有的名词中。生活在自然状态中的野蛮人被认为过着一种田园诗般的生活，只能理解为一群十岁的孩子有可能在他们当中建立一个单纯而幸福的社会。他们天然的智慧和人性当然会导向一个有益且有效的社会组织，但它仍会是十岁儿童的那种。因此文明人(civilized people)或许以喜爱和某种怀旧情绪来看待原始人的风俗和社会，然而他们永远不会选择过那样的生活。野蛮人或许代表一种无邪而平静的平稳阶段，但是它有极大的代价：他们缺少文明所拥有的所有伟大裨益和美德，无论是经济的、哲学的还是科技上的。这使西班牙传教士有理由辩护，例如为他们迫使异教徒转变信仰的残酷手段辩护：他们毕竟在应对名副其实的孩童。

更多蒙田阵营中怀旧且幻想破灭的哲学家们感到，文明的修饰，甚至学习本身，都是无用的。记述美洲印第安人时，蒙田评论道："距离他尚不懂得任何文字，或重量、度量、服装、作物、葡萄时还不足 50 年。但是一切都在自然的怀抱中舒展而纯粹……我因我们的蔓延而畏惧，我们应已直接推进了他的衰落，并且加速了他的毁灭。"*(153)关于野蛮人是依靠常青木掉落的成熟果实为生的美丽、朴素的人的概念，对厌倦了欧洲文明日常压力的哲学家们非常有吸引力。

非西方生活的朴素对欧洲人的吸引尤为强烈。这种朴素显露在人们直率、温和的举止和他们天然的友好与道德的纯洁性上。

---

*〔法〕米歇尔·德·蒙田著，马振骋译《蒙田随笔全集 第一卷》译文："……我们用自己的想象胡乱添加在美丽丰富的自然创造物上，已把他们闷得窒息。"（第218页）作者引用的英文版与中译本所据英文版本存在一定差异，此外，作者为表达观点，引用都较为碎片化。

在他们生活的社会里，平等和一种强烈的群体观念是至高无上的。从经济上讲，这些人生活在一个完美的国度，在那里所有东西都是共同财产，都自然而然地来到手中，就像是魔法提供的一样。理想的社会是公共的社会，没有因财富分配和个人财产而引发社会失序。同样地，贫穷不为人知。当然，有很多非西方社会处于纷争冲突之中，"邪恶的"野蛮人的生活悲惨地和那些"好"人的生活形成对照。18世纪，一个"自然"的国家的概念，一个朴素的理想国，牢固地确立在人们的脑海中。有关人类自堕落以来就已衰败的想法不再支配哲学思想。一种新的和谐来自对异域风情的积极崇拜，它强调我们在文明堕落中失去的所有事物都将成功地再次取得，这使我们获得对人性更好的洞察并准备好攀向幸福的更高阶段。理性的、思维清晰的非西方人掌握着人类幸福的答案。很快，好的野蛮人成为最终的标准，一个用以效仿的完美范例。（注意关于"原始共产主义"的概念将会在19世纪和20世纪的马克思主义思想中显著地起到作用。）

18世纪全面兴盛的异域风情，是对一种崭新的自我批评和自我剖析观念的表达，这种观念导致了对文明诸多方面的拒斥，许多人认为这种文明正走上一条错误的道路。对野蛮人的赞颂深深影响了欧洲人在16世纪和17世纪的向西扩张，但是它并未阻止对新发现的社会的大规模屠杀和剥削。充斥着政治与经济企图的现实世界，和个人可尽情表达怀旧与渴望、欲求不满与理想主义的世界的二元对立，一如既往地存在。后一种世界并没有被严酷的现实所限，而是无限变化的并且可解释的，可以用任何一种哲学方式操纵。

在18世纪，有许多文学作品是谈论全球异域族群以及野蛮本身性质的游记与回忆录。西方社会和非西方族群间的比较是这一时代的常规，尤其是对乔纳森·斯威夫特等愤世嫉俗的作家们来说。在《格列佛游记》（1726年）中，他建立了一个理想王国，一个人们"不了解关于书籍和文学最基本的知识"*的乌托邦。慧骃们（Houyhnhnms）的词汇中没有词语"表达说谎和假话"。**它们相信"自然教会他们去爱整个种族"。***格列佛很难解释他在穿衣上的古怪习惯，因为慧骃"不理解为什么自然教我们隐藏它给予的东西"。****慧骃国之行是对人类种族的精彩讽刺。斯威夫特的老慧骃困惑地听格列佛讲述文明的生活；他无法理解为什么人如此滥用自然。

丹尼尔·笛福的《鲁滨孙漂流记》（1719年）是一部极好地探索了异域风情和欧洲文明与非西方社会间差异的杰作。笛福把克鲁索作为在技艺上别出心裁的大师来纪念，而他的"星期五"是一个单纯、理性的野蛮人，与想杀他的邪恶武士迥然相异。虽然"星期五"是次等人类并且嗜好人肉（一种在克鲁索的敦促下抛弃的恶习），但他对笛福而言是活生生的例子，他证明了如果回归自己的内在而不是外部世界，所有人都能够友善地生存。高贵的野蛮人被坚定地认为是温和而理智的人，能看穿文明的繁文缛节。即便野蛮人穿上了现实世界的装束，也依然如此。

---

*［英］斯威夫特著，张健译《格列佛游记》译文："不知道书籍或者文字是怎么一回事。"（北京：人民文学出版社，1962年，第210页。）

**［英］斯威夫特著，张健译《格列佛游记》译文："谈到'说谎'或者'说瞎话'。"（第215页）

***［英］斯威夫特著，张健译《格列佛游记》译文："它们遵从大自然的教导热爱自己的同类。"（第243页）

****［英］斯威夫特著，张健译《格列佛游记》译文："不明白，既然大自然把这些东西赐给了我们，为什么又教导我把它们藏起来。"（第212页）

让-雅克·卢梭和自然人性论

"有一本书，就我的品味而言，提供了有关自然教育的最令人愉快的论述。这本了不起的书是什么？是亚里士多德的作品？是普林尼的，还是布丰的？不——它是笛福的《鲁滨孙漂流记》"，著名的法国哲学家让-雅克·卢梭（1712—1778）在1762年写道。如果哪位哲学家能说得上是与浪漫主义色彩的野蛮人有关联，那就是卢梭。他是位强大且不凡的人物，其雄辩、文采和对田园隐居生活的爱即便在他的时代也是非凡的。他对上流社会和文明的蔑视是传奇式的，并且对18世纪欧洲浪漫主义艺术家有极强的吸引力。或许他对野蛮人高贵品性的热情被夸大了。事实上他对美洲印第安人的观点是枯燥、有些讽刺，并且时常是冷酷的。他真正全神贯注的事物是自然状态下的人性。

1754年，卢梭出版了不朽的《论人类不平等的起源》。他描绘出一幅原始人在动物中"被安置于最不利位置"的图景。勇敢强壮的原始人很少使用工具，只有在寻找食物的时候才会用到，其他时候都无所事事或打瞌睡。在这样的自然状态里，人们不太会因受到激励而去改变他们的现状，并且在没有文明束缚的情况下也能活得相当幸福。只要给予他们足够的食物，野蛮人就能与世界和平相处。这并不是说他们善良或邪恶，单纯因为他们受到"情感温和与无视恶习"[*]的性情支配。最重要的是，他们不需要爱，那是冲突和苦难的危险前兆。野蛮人可以为了生殖目的与任何女性享受肉体的爱：爱的感觉是文明的一种创造。不受约束的

---

[*]［法］卢梭著，李平沤译《论人与人之间不平等的起因和基础》译文："欲念的平静和对恶事的无知。"（北京：商务印书馆，2015年，第75页。）

爱支配着野蛮的生活。

对卢梭而言，自然人性（natural humanity）最令人赞赏的特征是它免于烦恼和苦难，即一种野蛮人是"与道德无关但性情和善的野兽"的观点。但是人性并不长久地保持在完全自然的状态中。"人类心灵的最初扩展是新处境的结果，它把丈夫与妻子、父亲与孩子，团结在同一屋檐下。共同生活的习惯很快使为人熟知的人性、婚姻之爱和父爱这些最美好的情感产生。"（Fairchild 1928, 125—126）卢梭准备好柔化他对人性的想象以展望一个"人类的才能扩展的时期，在原始状态的懒散和我们自己的利己主义任性行为之间保持一种恰当的均衡，［它］必须成为各时代中最幸福且永久的"。（Fairchild 1928, 126）然而腐化很快到来。情绪感受的开端带来冲突、嫉妒和随之而来的一系列恶习。这个好斗的状态恰恰被"大多数我们所知的野蛮人国家"达到。卢梭专注于他的"幸福而持久的时代"。正如卢梭写到的，"这个状态是起码的变革动机，并且总之是最好的人能够享受……野蛮人的例子……似乎证明了人注定应留在其中，它是世界真正的青春，随后的所有进步显然是无数朝向个体完善的脚步，但实际上却向着该物种的衰老"（Fairchild 1928, 126）。

让-雅克·卢梭是对人性没有不切实际想法的人，不论是对欧洲的还是非西方的。在他生命的尽头，他创造出了一个自然人的形象，他不像高贵的野蛮人一样愚蠢无知，而是一个拥有野蛮人善良品质的人，已然利用艺术、科学与哲学的天赋，达到意志坚强与智慧的新境界。当然，这样的人从未存在，但是卢梭通过使野蛮人变高贵来实现乌托邦的想象获得了支持。他自己对此并不特别狂热，但他的追随者却如此。他对非西方人的情感、性欲和自然性的伤怀被英格兰浪漫主义运动中的作家贪婪地拾起。

在 1730 年至 1790 年之间，热切的浪漫主义的征兆出现在英国和法国文学里。它们表现在有关革命、艺术堕落和自由的事实及观念上，还有对完整天性的兴趣中。作家们反抗欧洲社会的堕落和不公正，急切地抓住关于高贵的野蛮人的观念。它是一幅引人入胜的图景：

> 最初的人们是幸福的，在未受限
>
> 在乌烟瘴气的城市以前；在掩蔽的林荫，
>
> 温暖的洞穴，和深深下陷的山谷中的人生存并被关爱
>
> 于完好看护之下；阳光和雨水，
>
> 还有亲切的未开垦的土地，能够有所出产，
>
> 他们感激地采撷……

这是约瑟夫·沃顿（Joseph Warton）《热忱的人》（"The Enthusiast"）中的一段，是那个时期的典型感情流露（Fairchild 1928, 60）。浪漫主义运动的文学充满"质朴的印第安情郎"（simple Indian swains），"深皮肤的少女"（dusky maidens）和"森林王国纯粹的喜悦"（the pure pleasures of the sylvan reign）。对卢梭作品不加批判的阅读只是巩固了浪漫主义的错觉。所有能做的就是找到真实的高贵的野蛮人。

探索太平洋：新塞西拉

1513 年，西班牙探险家瓦斯科·努涅斯·德·巴尔博厄（Vasco Nuñez de Balboa）"在达连湾（Darien）山顶，安静地"站

着并注视着太平洋广阔的海域。一片新的大洋进入西方世界的视野。半个世纪后，至少全球实际面貌的显著特征已被绘入地图。但也有缺漏，尤其是被巴尔博厄看到的大洋。费尔迪南·麦哲伦在 1521 年成功横穿太平洋的宽广海域，穿过以他的名字命名的海峡到达菲律宾。没有人曾探索过它的内部流域或它南部的尽头。当时的科学观点赞成存在一片巨大的南方大陆，一片"未知的南方大陆"（*Terra Australis Incognita*），以与北半球大陆板块起平衡作用。两个半世纪的努力航行终于证明了那样的大陆并不存在。

对太平洋的探索是一项航海活动，其成功依赖于有关陌生潮汐、洋流及风型的知识，以及严谨的航海技术。找到一处远方的热带陆地是一回事，确定其准确位置并且在未来返航就是另一回事了。最重要的是，成功探索太平洋需依靠航海技术、领导能力和专业知识的结合。西班牙人握着他们对黄金的热忱和神圣的使命，荷兰人则带着一种更为乏味的对贸易的兴趣，二者都创造了值得铭记的地理发现。但是对太平洋的科学探索肇始于 18 世纪科学航海和地理学的出现。这个重要的世纪见证了西方的社会和政治生活以及科学知识、经济扩张和欧洲人对非西方社会的认知中的革命性变化。科学正在取代哲学思索，成为解释世界的方式。18 世纪的天文学家和科学家解决了开放水域上的经度计算问题并发明了航海经线仪。这些来之不易的发现确保了开启对南太平洋的系统探索。

在 1766 年两个探险队——一个是英国的，另一个是法国的——离开欧洲去往南太平洋时，他们的期望很高。法国人长期以来就推测太平洋有高贵的野蛮人和人类之国。法国的知识分子把对未知南方大陆的探索看作"有益于人类，令学者好奇"的事情之一。南太平洋对贸易是重要的。此外，传说太平洋群岛是有尾巴且毛发丰富的人的家园，他们令哲学家深感兴趣。作家们一个接一个地发出爱国的呐喊：法国作为一个国家应该承担探索太平洋的历史角色。1766 年 11 月，一位优雅多才的爱国军人舍瓦利耶·路易·安托万·德·布干维尔（Chevalier Louis Antoine de Bougainville）驶向南太平洋。他的目标是找到巨大的南方大陆并在那里殖民。他的船，"赌气者号"（*Boudeuse*），载有 11 名军官、两位科学家和另外 200 名随员。

　　三个月之前，皇家海军的"海豚号"（*Dolphin*）在塞缪尔·沃利斯船长（Captain Samuel Wallis）的指挥下从英格兰普利茅斯出航。他的命令是像布干维尔一样找到同样的大陆。1766 年 ﹡6 月 18 日，在一段痛苦的麦哲伦海峡的航程后，"海豚号"在波利尼西亚（Polynesia）的核心地带发现了塔希提岛。在浓密的晨雾散去后，沃利斯震惊地发现自己被数百只独木舟包围。独木舟上的塔希提人与欧洲人同样震惊。沃利斯花了一些时间使岛民们相信他及其随员的到来是友好的。然而，在这个信号般的有关文化冲突的时刻，混杂着滑稽戏。当第一个塔希提人爬上甲板时，船上的一只羊突然出现，从背后撞了他。"这只动物的样子，与他曾见到的是那样不同，恐惧冲击着他，他立即跳向船外；其他所有人，在看到发生的事情后，带着极度的慌张做出与他同样的反应。"（Baeglehole 1966, 202）塔希提人很快返回，并且通过手势语表示他们至少熟悉鸡和狗。

﹡ 此处疑有误，应为 1767 年。参见［英］詹姆斯·库克著，［新西兰］比格尔霍尔编，刘秉仁译《库克船长日记："努力"号于 1768—1771 年的航行》（北京：商务印书馆，2013 年）第 77 页译注，"海豚号"第二次航行在 1766 年 12 月 17 日进入海峡，于 1767 年 1 月 15 日至 4 月 11 日穿越海峡；美国时代生活编辑部著《全球通史 8》（吉林：吉林文史出版社，2010 年）第 271 页，沃利斯船长于 1767 年 6 月 18 日发现塔希提。

最终，沃利斯设法让他的船在该岛东端[*]有遮蔽的马塔韦湾（Matavi Bay）[**]下锚。一些友好的初始接触消失在塔希提人误以为英格兰人正攻击岛屿，遂乘独木舟浩浩而来，并用石头砸"海豚号"的时候。沃利斯用他的枪驱散示威者，毁坏了50艘独木舟。武士们试图通过在海滩上展示漂亮姑娘引诱水手上岸，她们被鼓励"施展大量的滑稽……诡计"。一旦塔希提人意识到来访者们只对贸易感兴趣，友好的关系便迅速建立起来。这场访问接下来确实过得很愉快。鸡、水果和猪很快得到补给。塔希提人收到铁钉以作交换。当海员们发现那里的女人会乐意出卖美色以获取同等通货时，一项兴隆的生意开始了。沃利斯不得不把他的海员限制在船上，因为他们对"海豚号"硬件的袭击有把船拆开之虞。

沃利斯和他的军官们拜访了一位名叫"欧波莉"（Oborea）的伟大女王，她在巨大的客房里招待他们。年轻女孩给他们按摩，在医生摘掉他的假发时，她们惊讶得几乎要昏迷。两支登陆队探索了这座岛屿。不论他们去到哪里，都会被好客的当地人招待，后者给他们提供食物，还会因收到纽扣和钉子等礼物而激动不已。欧洲人为丰饶的岛屿和那里活泼友好的居民而兴高采烈。那里气候绝佳，不存在蛇鼠，人们非常健康。沃利斯把他整月的停留当作是对天堂的造访。当有关这座新发现热带岛屿的事在1768年5月传到伦敦，塔希提成为人间天堂的代名词。

两年后的1768年4月4号，舍瓦利耶·德·布干维尔在一趟费力却未成功的寻找遥不可及的南方大陆的航行后停泊在塔希提。"赌气者号"被献出水果的独木舟包围，但是塔希提人拒绝登船。

---

[*] 根据后文第173页图26，此处并不在岛东端，而位于岛西北。

[**] 原文有误，应为 Matavai Bay。

独木舟纷沓而至，这使布干维尔在调转船头进入安全下锚地时遇到些困难。不论船长去向岛上何处，一个庞大、好奇并且友善的人群都跟随着他。贸易再次起了作用，法国人也因此能够使他们疲惫的船只靠岸。"赌气者号"的海员像此前的英格兰水手一样，发现几个钉子就能买到他们想要的一切性体验。或许塔希提人稍有些不适应，因为"赌气者号"的钉子都原封未动。然而不幸的是，法国人在他们走后留下了性病。

布干维尔在他停留的 18 天里时刻能对塔希提感到惊讶。他漫步在遮蔽成荫的棕榈树林中，被热情友好的家庭款待，因丰饶的植物和色彩鲜亮的鸟类而惊叹。他浪漫的灵魂万分激动，还把塔希提人与希腊诸神联系起来。"我从未见过被塑造得更好、四肢更匀称的人：为了描绘赫拉克勒斯和玛尔斯，没办法在其他地方找到如此美的模特。"他热烈地谈道（图 24）。"我想我被送到了伊甸园；我们穿过草地，它覆盖着茂盛的果树，小河交错分割，这使空气中保持着令人愉快的凉爽，没有任何潮湿环境下的不便……我们发现男女同伴们坐在他们的果树树荫下……我们在所有地方都感受到好客、轻松、单纯的愉快和在他们之中显露出的幸福快乐。"（Bougainville 1772, 225）布干维尔把他的天堂命名为"新塞西拉"（Nuovelle Cythére，即 New Cythera，以同名的希腊岛屿命名）。他把这当作有古典色彩的阿卡狄（Arcady）人来描绘，即似神一般的生命在田园般的场景中嬉闹。

塔希提人似乎正是亚当和夏娃的孩子。"我们在一位岛民身旁停下，他体格健美，躺在树下，邀请我们在他身旁的草地坐下。我们接受了他的提议：他向我们倾过来，在温柔的风中唱起歌，无疑是阿那克里翁（Anacreontic）式的，和着一位印第安人吹奏的笛音……这是一幅迷人的景象……"（Bougainville 1772, 225）

图 24　一幅浪漫主义风格的塔希提美人画像

资料来源: courtesy of the Trustees of the National Maritime Museum, Greenwich, England.

通过一幅幅画面，布干维尔开启了一处壮美的、高贵的野蛮人生活的世外桃源，恰贴近想象出来的自然状态。1769 年 3 月，他在一位将会养成巴黎歌剧品位的塔希提原住民阿于吕蒂吕（Ahuruturu）的陪伴下返回法国时，高贵的野蛮人开始在欧洲社会风行一时。

库克船长和塔希提人

在舍瓦利耶·德·布干维尔返回巴黎的时候，英国海军部另一项太平洋考察计划正顺利推进。新冒险的目标有地理和科学双重意义。探险者们将要观测 1769 年 6 月 3 日的金星凌日。塔希提被认为是一处非常适于目击该现象的地点。他们还要寻找南方大陆，并去考察很久以前，阿贝尔·塔斯曼（Abel Tasman）在 1642 年见到的新西兰海岸。海军部就探险领导者做出了一个灵感性的选择：一位默默无闻的军官，詹姆斯·库克中尉。

库克是一个约克郡工人的儿子。他早年生活在北海煤炭贸易的残酷世界（图 25）。1755 年，他志愿加入皇家海军成为一名能干的海员。他成为船长后在加拿大沿岸服役并且展示出作为航海者和未知海岸勘测员的出色才能。库克对纽芬兰海岸的勘测成果在超过两世纪后仍然适用。这些工作使低调谦逊的库克被管理海军部的实干型航海者们注意到。他们给他的待遇超出数十名更高级军官的半薪，派他指挥"奋进号"（*Endeavour*）。他们从未因自己受争议的决定而后悔。库克在 1768 年至 1779 年被夏威夷人杀死之前，三次向太平洋远航。欧洲人有关太平洋和塔希提人的知识，是库克的探险带来的成果。

134

135

海军部给予库克有关塔希提人的详尽指导。他将"尽力用所有适当的方法与土著人培养友谊，给他们展示可能会被其接受的小物件，和他们交换以换取补给……这种被指导去提供的商品，

图 25　詹姆斯·库克船长（纳撒尼尔·丹斯［Nathaniel Dance］绘，1776 年）

资料来源: courtesy of the Trustees of the National Maritime Museum, Greenwich, England.

考虑到他们可能会重视，并且要向他们展示出所有的礼貌和尊重"。他被警告要小心变节。"你需要小心别让自己被他们奇袭"（Beaglehole 1974, 148），海军部嘱咐道。他的船载着含85人的全组船员和一群平民，包括一位天文学家和一位爱好科学的年轻绅士约瑟夫·班克斯，后者是一位业余植物学家和极度浪漫之人。作为出身高贵之人，班克斯带了7名随从，包括2位艺术家、1位秘书、4名侍者和2条狗。

"奋进号"在1768年8月离开普利茅斯，在8个月异常平静的几乎见不到陆地的航行后，于1769年4月13日到达塔希提的马塔韦湾（图26）。岛上的高山引起了船上的一阵兴奋。"起伏不平的陆地看上去像一张折皱的纸"，探险队中的艺术家悉尼·帕金

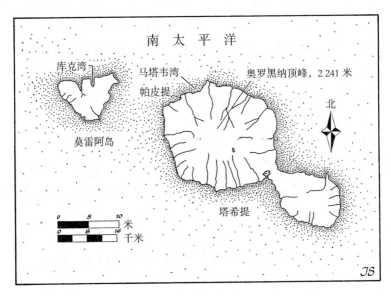

图 26　塔希提地图

资料来源：杰克·斯科特绘制。

森（Sydney Parkinson）恰如其分地描述道。库克掌舵进入马塔韦湾，即 1766 年 * 沃利斯下锚的地方。"奋进号"停泊在掩蔽的下锚地，周围是黑色的沙滩和茂密的棕榈树林。树后升起陡峭的山脊、山顶和奥罗黑纳山（Orofena）** 顶峰。一些人带着水果靠近船只。库克谨慎地登陆并很快了解到大多数人已经迁移到岛屿西端。全体船员建造了一个小型堡垒作为天文实验基地。同时，塔希提人成群地来与船员进行贸易和交际。考虑到伦敦的指南，库克颁布了一套"规则"（Rules），为了"更好与居民们进行常规、统一的贸易"。每个人将要"和土著人建立友谊并且尽可能人道地对待他们"。全部交易都将通过其中一名船员管理。遗失工具或武器将会遭受严重的罚款。最后，"任何铁、铁制品、衣物及其他实用或非实用物品都不能用来换取除必需品外的任何东西"（Beaglehole 1974, 177）。库克设定出这些冷静而明智的规则来规范交易、避免冲突，并且为船只有限的交易商品库存保持稳定价格。他清醒地认识到沃利斯在铁钉上的问题，并且谨慎地控制他性饥渴的船员和当地人之间的接触。随船医生为每位船员检查性病的迹象。或许是想到了沃利斯，塔希提人用最友好的方式欢迎这艘船。唯一的问题是他们想窃取可触及范围内的所有东西。"他们在这方面是一把好手"，库克写道。库克谨慎仔细地对待一切，因此比他的前辈们更近距离地观察到塔希提社会。他在岛上也度过了更长的时间。

　　欧洲人和塔希提人有充足的机会近距离观察对方。起初，这种关系是双方不知者无畏的好奇，库克明白这种关系会结束于错

大发现四百年

误举动导致的流血冲突。在"奋进号"停留的第三天，塔希提人震惊于班克斯用步枪发出的一阵气流射中三只鸭子。"他们中的大部分人就像自己被射中了一样倒下来"，库克在他的日志中写道。几分钟后更多枪打了出来，这一次是在接近堡垒的地方。一个大胆的岛民夺取了一个水兵的步枪。这名涉事见习军官命令他的同伴开火，他们的行动"带着能想象到的最大限度的欢欣，好像他们正向野鸭射击一样"。他们杀死了小偷还打伤了其他一些人。塔希提人立刻逃走。过了一段时间，整支探险队被抛入险境。库克和班克斯用尽他们全部的说服力，成功地平息了塔希提人的恐惧，和平才得以维持。

库克仍旧小心行事。他制定的规则现在得到了回报。绅士们掌控着贸易并且很快了解到关于波利尼西亚人的些许知识。每个人都有一位特定的塔希提朋友，在令人尴尬的时候这种个别接触尤为宝贵。"这或许有助于引起更多好的影响，"领航员罗伯特·莫利纽克斯（Robert Molyneux）写道，"但是女人们开始分享我们的友谊，这绝不可能是精神上的。"四个月里，在成功观测金星凌日很久以后，"奋进号"仍然留在马塔韦湾的下锚地，而库克、班克斯和其他绅士已了解到他们所能知道的关于这座岛及其居民的全部。我们的很多有关塔希提社会的知识都来自他们的观察。

塔希提人

"奋进号"的探险是不寻常的，因为库克去塔希提不是随意的访问，而是为了特别的科学目的（图27）。尽管他急于修整他的船并获得新鲜的补给，但这并非原住民和欧洲人好奇地相互观察

图 27　库克船长的船队在莫雷阿（库克第三次远征中的艺术家约翰·克莱弗
利［John Cleveley］绘）

资料来源: courtesy of the National Maritime Museum, Greenwich, England.

却重返各自孤立生活的短暂造访。科学家们已经来探索、发问和
记录。他们取得了巨大的成功。库克冷静严谨地编纂了有关独木
舟、武器、房屋和日常生活的记录。对他而言塔希提人就像其他
人一样——有好有坏。他不关心高贵性和塔希提人与自然之间的
亲密关系。相反地，约瑟夫·班克斯，一位风度极佳的年轻男子，
变得与岛民更为亲近。他非常欣赏他们不拘礼节的生活。有一次，
他参加了一场全部着塔希提盛装的葬礼仪式。他天生有无尽的好
奇心和与男男女女交往的可贵能力，尤其是后者。那时班克斯发
现自己坐在一位"眼中充满激情的美丽女孩"身旁，他被塔希提
人迷住了，他们也被他吸引了。他的观察是精确的、有洞察力的，
并且出色地摆脱了幻想。考察队的领导者们紧密地工作并自由交

换笔记。由于未受过田野工作技术的训练，对波利尼西亚也完全陌生，他们只是提出问题。这些问题成为后来所有关于塔希提人的研究的基础。他们隐约感到自己正面对一个高度复杂的社会，与欧洲文化相似的价值观极为有限。

他们很快得知这座岛被称为"奥塔希提"（Otaheite），即"它是塔希提"。从那时起它成为塔希提。大约有 35 000 人居住在岛上，分散在近海平坦地带周围的不同小群落中。"男人们通常比较高，四肢强壮身材健美，我们见到的最高的人有六尺三英寸半（约 2 米）高，体格较好的女人们的体型在各种尺度上都和欧洲人一样。"库克写道，"他们的头发几乎普遍是黑色、浓密而强韧……他们拥有非常洁白的牙齿且大部分拥有扁平的鼻子和厚嘴唇，他们的容貌和蔼可亲并且嘴型优美"（Beaglehole 1955, 123—124）。

大多数人被塔希提人美好的外貌所震撼。"当地人的自然肤色是橄榄色，偏向铜的颜色，"一位早期传教士写道，"他们的眼睛黝黑明亮；他们的牙齿比白色更白；他们的皮肤柔软精致。"（Oliver 1974, 40—41）然而使早期到访者们心醉神迷的是女人们。约瑟夫·班克斯上升到近乎狂想曲的高度："在奥塔希提这个把爱作为最主要事务的岛屿，受喜爱的，而且，作为居民们唯一的奢侈，是女人们的身体和灵魂都被塑造至最大限度的完美。"（Beaglehole 1962, 2: 330）后来的观察者们不同意这些；他们抱怨扁平的鼻子和突出的眼睛，还有肥胖的趋势。"生育前的年轻人的胸部非常圆润美丽，但是年老的人的那些则下垂到她们的肚脐"，库克的其中一位同行者在他的第二次航行中写道。他还补充道："她们的美被夸大了。"（Foster 1777, 137）

大多数观察者描述了塔希提表面上田园诗般的朴素生活。这些人穿着最朴素的衣服。他们用腰布或衬裙，和一段树皮布或者编织起来的树叶缠绕腰部，称作"长方花布"（*pareu*）。每个人都使用树皮纤维编织的鞋来保护他们的脚抵御尖锐的珊瑚。最重要的人物穿着更多的树皮衣而且他们精致的头饰上饰有羽毛。大多数人戴着简单的头巾、帽子或花冠。

每一个早期到访者都描述了文身习俗，即用一片锋利的骨头或贝壳，把灯黑和桐油的混合物刺到皮肤下面的痛苦过程。约瑟夫·班克斯指出："每个人在不同的身体部位有标记……有些是没设计好的男人、鸟类或狗的形象，但是他们更常使用'Z'这个图形……我看见过的所有岛民……都在他们的臀部盖上一层深黑色，在此之上大多数有和他们的短肋骨高度一致的交叉弓形，通常有四分之一英尺（7.6 厘米）宽并且整齐地做出它们带凹痕的边缘，等等。"（Beaglehole 1962, 1: 335）

塔希提人的住房和他们的衣着一样简单。岛民们住在筑有轻薄或开放式墙壁和踏平的土台阶的茅草居所。地面铺满了草，它"如果不经常清除，就会产生出大量跳蚤"。大多数人坐或睡在垫子上。宅地被矮篱围绕；一些用于厨炊的房子在近旁。炊事和饮食用具包括木质盘子、杵和研钵，用来捣碎面包果、车前草和芋头。人们使用椰子做的杯子和壶。酋长们享有某种更精良的居所并且建造更大的建筑物，大约 200 尺（61 米）长，来容纳大量人口和大型战船。大多数塔希提居所的位置都靠近新鲜水源，它们主人的花园与海洋之间的距离在步行范围内。"这些人的房屋或说居所出色地考虑到持续温暖的气候，"库克写道，"他们没有将其修筑在城镇或村庄里，而是把它们一个个分开，而且还总是在森林里……每座房子外没有清除干净多余的空地，只恰好足以阻止掉落的树枝腐坏茅草顶……你能直接在树荫下走出房子而且那是最美的！能想象得到。"（Beaglehole 1974, 1: 128）所有事物都展露出一种朴素的、田园诗般的存在。

塔希提人似乎从不缺乏食物。主要食物是面包果（*Artocarpus incisa*），从海岸低地茂盛同时提供足够阴凉的多产果树上收获而来。"这些快乐的人几乎可以说是从我们祖先的诅咒中被豁免了；很难说他们用自己辛勤的劳动挣得食物，因为获取他们主要的食物面包果，除了需要爬上树然后把它摘下来以外并没有其他麻烦事。"（Beagluhole 1962, 1: 341）塔希提人知道至少 40 种面包果，一年里多次当季。面包果是非常可靠的食物，它确保了人们能在丰收间隙安排社会和宗教活动。

椰子给塔希提人提供食物和饮料，还有杯子、存贮瓶、建材，甚至油脂。人们在灌溉良好的土壤里种植芋头（*Colocasia antiquorum*），也食用多种野生蔬菜。他们尽情享受当地猪肉的美味，还培育并食用狗和鸡。塔希提人很少依靠狩猎，但是每个欧洲到访者都提到了他们的渔猎技术。海洋生物的丰富种类非同寻常，从可食用的龟类、淡水虾和龙虾、牡蛎和其他软体动物，到各种大小的鱼，从鲨鱼到小型暗礁生物。人们还享用搁浅的鲸。他们在夜里用围网和矛捕捉潟湖里的鱼，在深水里垂钓。带着木质、骨质或贝壳鱼钩和剑状叶草做的绳子，乘航海独木舟离岸寻找追随着成群青花鱼或海豚的鸟类。

作为适于在海上渡过生命中大量时间的人，塔希提人是熟练的造船者。最大型的木舟有挖空的原木制成的龙骨，和用一些硬木板做的干舷部，它们被编绳紧紧捆牢，缝隙里填着树胶和椰子纤维（图 28）。库克说它们是"我曾见过的为在海浪中登陆而设计的最佳舰船，它们又高又圆的船尾如此承受了海浪的冲力而不会有水灌入船体"（Beaglehole 1968, 130）。更多的塔希提航海专家没有想过在开放水域中进行远达 200 英里（322 千米）的常规航

图 28　阅兵中的塔希提舰队（W. 伍利特［W. Woollett］据威廉·霍奇斯［William Hodges］作品雕刻）

行。库克对他们的航海技术印象深刻，他和班克斯带着领航员图帕亚（Tupaia）一起去新西兰，目的是把他带回英格兰。不幸的是，他因发烧死在东南亚。传统的波利尼西亚航海技术几乎消失了，直到 20 世纪 60 年代西方小船上的海员与仍旧应用其技能的岛上领航员发生接触。

塔希提人以一种朴素、"自然"的方式生活，但是他们的社会等级和关系使库克和班克斯困惑。"贵族"（*ari'i*）是岛民中的特权阶级，通过特殊的婚姻规则与其他人区别开。"贵族"一词既是对酋长的一种称呼，也是识别社会中高等级者的一种方式。剩余人口被分为"地主"（*ra'atira*）和"平民"（*manabune*），即小地主和看起来是拥有少量财产并经常为"贵族"工作的人。社会阶级的差别以财产、婚姻、出生、职业及很多其他因素为基础。

塔希提社会有赖于它在社会关系上的凝聚力——性、相对年龄、亲属关系和社会阶层。欧洲到访者因岛上社会组织的很多微妙差别而困惑。由于塔希提人对性关系态度随意而对于拥有孩子却非如此，他们的社会显示出非同寻常的微妙和灵活性。每个人都和特定个体、家系及血脉联系起来，这给予他们同遍及岛上的其他人之间的关系。那里有部落的"集会地"（marae），在某位部
落酋长统治下，生活在某片特定区域的群体。酋长是至关重要的媒介，介于活着的人和同"集会地"相关联的神明之间。这样的领导者们同时肩负世俗的和仪式的责任。就像科伊科伊人的"族"（nations），塔希提"部落"（tribes）或"区"（districts）持续不断地融合又分裂。很多部落由基于亲属关系、婚姻和时刻变换的军事同盟的更小组群，以及"集会地"构成。亲属关系纽带和对宗教的忠诚不足以凝聚部落实体，因此战争是塑造塔希提社会的主要力量。这一点连同人祭，是西方人眼中塔希提生活的黑暗面，是被那些羡慕塔希提人在远方热带岛屿上过着田园般生活的人微妙地无视的、令人不快的事实。

　　酋长会在同亲属及其他部落领导的商议中做出发动战争的决定。"他们的战争是最残忍且毁灭性的，"传教士威廉·埃利斯（William Ellis）在 1829 年写道，"对其敌人的彻底消灭，伴随一个国家的荒废，通常是公然宣称的目标。"（Ellis 1829, 2: 486）胜利者屠杀所有人，伐倒面包树和棕榈树并且毁坏土地。大多数战争在持久的辩论、复杂的仪式和冗长的准备之后开始。当事者装备起棍棒、长矛、锉刀和石头，准备参与在陆地或海上的可怕战斗。任何一方都没有营房。巨大的独木战船，有时长达 50 至 100 英尺（15 至 30 米）的具有上翘船尾和升起船首舱的双体船，载着塔希提人进行他们的海战。库克目击了一场阅舰式，包括一支由 160 艘独木战船组成的舰队，每一艘上大概有 40 人，还有 170 艘较小

141

142

的承载补给的船只，每船由 8 人船组操控。大多数海战发生在珊瑚礁里。敌对的舰队在长队里一起摆动他们的独木舟，之后从中划出去以对付另一艘，他们的武士们聚集在靠前部的平台上。一开始他们扔石头，随后是长矛，然后是非常凶猛地近身搏斗。

塔希提人的宗教信仰渗透他们生活的各个方面。他们的很多神明都与特定的部落群体相关，但是祭仪或特定神明，尤其是奥罗（'Oro），被整个群岛信奉。"大海翻腾，潮水在黑夜接连涌动。这是神与生俱来的权力，这是造物神前夜（Mua Ta'aroa，首先侍奉的）；奥罗-塔纳（战争武士）是在那夜诞生的神；奥罗（武士），空气和大地之神；奥罗，杀戮者；奥罗，喜剧之神……"（Oliver 1974, 2: 890）奥罗诞生的故事在群岛中是常识。他是一位男性神，年轻、英俊、性活跃，并且适度多育。奥罗有对战争的热情并且渴望人类生命力。所有塔希提人信仰也惧怕奥罗。他是一位猜疑的神，需要人去安抚他，他很难说得上是与自然亲近生活的简单朴素的人群所信奉的神。

奥罗和其他塔希提神明被供奉在神庙（也称为"集会地"），即神和人通常通过担当媒介的祭司（arioi）进行交往的神圣场所。对塔希提本身而言，大型"集会地"在一处有十个台阶的方形石平台上，它大约有 33 英尺（10 米）高。库克就是在那样的地方看到新近被杀死的献给神明的尸体（图 29）。这并没能阻止他的同伴描绘南太平洋的天堂。在欧洲人接触的早年间，强大的酋长用人祭作为安抚奥罗的方式，也作为他们加强自己政治权力的方法。

停留并居住下来的、第一次见到塔希提人的欧洲人不仅因其田园般的环境和朴素的生活而惊讶，也因他们无忧无虑的自我愉悦方式而震惊。"我已将这些岛民描绘成极为健谈的人，活泼，有

图 29　塔希提集会地的人祭

注: 库克船长在右侧。

生气且喜欢交际。他们为狂欢搜寻用来消遣的事物和时机，甚至是在最辛苦的工作中。因此几乎可以说，在通常情况下，他们的［日常］生活不外是假日"（Moerenhout 1837, 1: 125），雅克-安托万·莫伦豪特（Jacques-Antoine Moerenhout）在1837年写道。他们大量的闲暇时光充满吸引欧洲人感官的简单乐趣。塔希提人享受拳击、摔跤、斗鸡和射箭比赛。他们会冲浪游泳数小时。岛民们嗜好漫谈和正式演讲。"看起来雄辩的口才对酋长们而言是非常必要的，缺少它就是缺少统治的能力。"一位观察者在1837年写道（125），"如果说口才是受尊敬的……那么还得加上诗歌是他们的挚爱。"（125）他们的赞歌和歌词讲述了神明、英雄和酋长们的功绩。他们有关于打鱼、造船和建房的歌曲。鼓、螺号、拨浪鼓

143

和用鼻吹奏的长笛为塔希提人提供音乐伴奏。

塔希提舞蹈最使欧洲人着迷。塔希提人在快乐或愤怒、战争期间、婚礼和葬礼、宗教庆典、竞赛和宴客时都跳舞。他们不仅调动他们的手脚来跳舞，还有身体的所有其他部位，在绝佳的鼓声中震动臀部。一些到访者被"挑逗的"塔希提舞蹈震撼，其中很多都显然与性有关。"年轻的姑娘们……跳着她们称为'提莫罗蒂'（Timorodee）的非常不雅的舞蹈，唱着最不雅的歌曲并配上最不雅的动作，实践着从她们最初的童年时期就被培养的东西。"（Beaglehole 1955, 127）关于纵欲的与性有关的舞蹈的流言使18世纪的伦敦和巴黎兴奋。但是像很多观察者一样，因表演纵欲的舞蹈而指责塔希提人，是对他们极大的不公。舞蹈，正如伴随它的戏剧化表演，在一种高度重视社会性角色扮演的文化里，是可接受行为的一个必要部分。

塔希提人把性视为人生命中最大的乐趣之一，就像吃饭睡觉一样是幸福必不可少的东西。他们对性交的开放态度甚至让相对开放的18世纪英格兰绅士都深表震惊。"大量充足的优质而有营养的食物，与良好的气候，那里女性的美貌和毫无保留的举止，强烈地邀请他们参与到爱的享乐与欢愉之中。他们非常早就开始放任自己陷入最放荡的情境"，格奥尔格·福斯特（Georg Foster）写道（1778, 231）。一个世代后，朴素律己的传教士们当然惊骇于此。他们认为塔希提是"南太平洋污秽的所多玛"，并且抱怨当地居民整天除了"两性间污秽的性交"外不谈别的。

与传教士不同，欧洲航海者因塔希提女人而感到快乐。他们发现底层的女孩们会乐意为铁钉和其他商品交换她们的亲密接触；而且塔希提人关于隐私的标准与欧洲人非常不同。塔希提人会在欲望自己到来的任何时候发生性行为，不论是在他们的房子里还是当众。"我们的人日常不携带武器在岛上散步，孑然一身，或有几个同伴。他们被邀请进到房子里，那里的人们给他们东西吃；房东的殷勤不会只停留在献上少量茶点，房东们给他们提供年轻女孩……"（Bougainville 1772, 230）然后性饥渴的欧洲人接受了他们的提议。有大量证据表明约瑟夫·班克斯和其他绅士屈服在塔希提女孩们的魅力之下。似乎只有库克避免了这一点。关于田园般林间空地中的自由性爱的记忆只会加强对热带天堂的浪漫想象。有关残忍战争和人祭的黑暗故事被随意搁置就不足为奇了。

高贵的野蛮人？

"奋进号"对塔希提的愉快访问在 1769 年 7 月 13 日结束，船自马塔韦湾起航，那里围绕着载满悲伤的塔希提人的独木舟。班克斯爬上桅杆顶挥手道别，直到望不见独木舟。他带走了他自己的塔希提人，叫作"图帕亚"的领航员。班克斯的目的是把他作为一个珍品，"我的一些邻居在狮子老虎上付出的巨大花费可能比他将使我付出的多"（Beaglehole 1962, 2: 312—313）。探险者们在两年后回到英格兰。他们带回了数千种植物样本、500 条异域的鱼和超过 500 只鸟，还有昆虫以及大量关于那片崭新的天堂般土地的地理信息。他们的塔希提故事引起了轰动。库克的传记作者，新西兰历史学家 J. C. 比格尔霍尔（J. C. Beaglehole）说得很好："高贵的野蛮人赤裸裸地进入欧洲的书房和画室，动摇着关于道德和政治的先入之见。"（Beaglehole 1974, 290）库克发现他自己成为大众关注的焦点。年轻、英俊、富有的班克斯是当时时髦的英雄。他带着关于自由性爱和塔希提拥有天生丽质的优雅女人的故事回到伦敦。"我们看到的场景是一处阿卡狄亚（Arcadia）的最真实的画面，在那里我们将会成为梦想中的国王"（Beaglehole 1962, 1: 252），他写道。他把塔希提人描绘成具有优雅举止和朴素、高雅生活方式的人。在18世纪的伦敦，关注这个热带天堂是一种对日常生活压力和挫折的完美逃离。

当班克斯成为伦敦社会的名流时，库克迅速地准备着去往太平洋的第二次航行。同时，他把第一次航行的日志交给当时著名的文学界人士约翰·霍克斯沃斯（John Hawkesworth）出版。技巧娴熟的库克似乎不会对这场航行的伟大主题做出评判。霍克斯沃斯是一位拥有显而易见的浪漫主义信仰的作家，他对高贵的野蛮人毫无质疑。他的书给塔希提人投射上一束高贵的、回归自然的光晕。他表示塔希提人在他们的生命中从不工作，因而比欧洲人幸福得多。最重要的是，他们的道德十分"自然"。霍克斯沃斯充分发挥他的浪漫想象并狡猾地无视塔希提社会中不吸引人的方面。如果说库克已经尽可能记录下了未经修饰的事实，而班克斯的记录激发了对塔希提人并非感情用事的兴趣，那么霍克斯沃斯则赋予他们导致了商业性区别的、流行的对浪漫的歪曲，一种被他们迷人的放荡性交嗜好所强化的差异特征。库克被霍克斯沃斯的过分行为激怒，但这无济于事。高贵的野蛮人被容许在欧洲人的想象中毫无阻碍地穿梭。

那个时代的浪漫情怀渗透到艺术家对南太平洋的描述里。霍克斯沃斯的描写配上带有强烈古典风情的景观插画，其中有在田园情景里摆着造型的、具有浪漫色彩的塔希提人。当托马斯·弗诺船长（Captain Thomas Furneaux）在1774年把一个名叫"奥迈"（Omai）的塔希提人带回伦敦时，对于高贵野蛮人的幻想完整了。这位年轻的塔希提人迷惑了上流社会，但是在他回家后很快沉寂。

奥迈被授予荣誉，被介绍给伦敦社会的最上层阶级，还受到国王接见。他为绘制肖像而坐好，被描绘为赤脚、穿长袍的贵族绅士，在异域风情的景观背景前摆出造型（图 30）。高贵的野蛮人是存在的！或许塔希提是已经长久萦绕在欧洲人意识中的乌托邦之国。处于自己天真朴素中的塔希提人似乎已在这个逃离欧洲文明数世纪的世界里获得了幸福。很多人倾向于相信对人间天堂的寻找已经结束；确实，关于天堂般南太平洋的传说延续至今。

图 30　古典造型的奥迈肖像（乔舒亚·雷诺兹 [Joshua Reynolds] 绘）

资料来源：courtesy of Mr. Charles Howard.

第八章　范迪门人

> 同一家庭里不同成员的亲密结合，某种我们已经作为旁观者的家长制生活，强烈地触动了我们。我带着难以言表的愉悦见证自然国度之幸福和淳朴的实现，我已经多次在阅读中感受到它诱人的魅力。
>
> ——弗朗索瓦·佩龙对塔斯马尼亚人的评论（1811 年）

有关高贵的野蛮人的传说，以光辉面目于霍克斯沃斯的《航行》（*Voyages*）中露面后，在欧洲人的脑海中兴盛、徘徊了数个世代。在奥迈返回家乡很久之后，塔希提人仍被那神话般的光芒包裹着，同时与欧洲人的接触所带来的残酷现实正用酒精、暴力和不明疾病残害着岛民。高贵的野蛮人对欧洲 18 世纪晚期极为流行的狂热自省还起到了有效催化作用。这个传说围绕着对更美好世界的梦想展开，那里的社会平等繁荣，也有建立在劳动分工和私有财产分配基础上的经济自由。这种设想反映出人道对自然的亲近；这个撩人的想象起初被认为存在于欧洲遥远的过去，之后转向印第安人和塔希提人等非西方族群，他们都没有堕落并且仍旧生活在一个多少像天堂一般的国度。最终，这个传说成为关于人类存在之本质的普遍想象，某种形式的历史哲学，它包含使人类对自身文明感到绝望的深刻教训。

　　欧洲人对于非西方世界的看法在几个世纪间变来变去，并且很快彻底地与大发现时代早期的那些区别开来。库克船长眼中的塔希提人被认为是孩童般的、贵族的、高尚的，被高度尊重。而在其他时候，非西方人则被认为是粗野暴力的。但正如欧洲人对其他社会的观念改变了，他们对自己文明的看法也不同了。18世纪的浪漫主义者认为文明显然高于野蛮，但是他们自己的社会有严重弊端。确实，一些欧洲人生活得舒适甚至奢侈，但是很多人承受着令人难以忍受的贫困，战争在局部地区盛行，贵族享有过分的特权。相反地，野蛮人是高贵而有德行的，不受这些烦恼困扰。任凭文明有怎样的好处，享受着它的人已经丧失了一定的天真，正如一个成熟的成年人丧失欲望——或者能力——回归童年单纯、无忧无虑的时光。文明的图景是晦暗的，野蛮的形象则改善了，随着欧洲人对他们自己的看法有所改变，他们对野蛮的观点也发生变化。观点的变化并不一定同时发生，事实上，它们只是模糊地联系在一起，但是西方的自我肖像是影响其对待其他社会的态度的重要因素之一。

　　随着欧洲探险者深入太平洋最遥远的角落，去到澳大利亚、塔斯马尼亚和热带非洲的内陆深处，有关高贵的野蛮人、有关天堂般族群与自然和谐相处的文学虚构越来越难以维持。一个接一个的探险队，都带回了这些偏远族群太过原始以至于似乎应是人类退化典型的故事。如果这些人不是高贵之人，那么如何去解释他们的文化和身体面貌上的不同？最重要的是，如何把这些族群或国家与他们的欧洲兄弟相提并论？这种半是科学上的、半是人文主义的理想主义观点，是构成世界上最早的人类学学会，即人类观察员学会（Societé des Observateurs de l'Homme）基石的灵感之一。学会成员的塔斯马尼亚研究是关于高贵之虚构的最后回声。

拿破仑皇帝拥有对科学和探险的热情。他把科学研究作为一种培养民族主义的方式而鼓励着它。观察员学会成立于1799年的晚些时候，是法兰西共和国早年间成立的诸多科学组织之一。它致力于自我认识和人类自身的完善与幸福。其成员包括对人类有最广泛兴趣的探险家和科学家。1800年初，尼古拉·博丹船长（Captain Nicholas Baudin, 1754—1803）带着一个关于科学和地理发现的宏大探险提议来到法国国家科学研究院（the Institute National），这个提议最终变成一个规模有限的、前往西南澳大利亚的航行。研究院就澳大利亚人"身体上、智力上和道德"诸方面的研究向学会寻求帮助。学会通过两个备忘录来回应，它们是当时对其他社会的态度的迷人映象。

约瑟夫·马里耶·德·热朗多（Joseph Marie de Gerando，即公民德热朗多［Citizen Degerando］，1772—1842），作为哲学家、博爱主义者和法学家，为观察野蛮人贡献了一套指导说明。这份引人入胜的文件是18世纪人道主义的缩影。通过观察最原始的社会，他觉察到"洞察自然并弄清其基本法则"应是可能的。但其关键是观察，用"普通表"（regular tables）克服众多探险者带回故乡的关于野蛮人的短时记录的不足。他抨击那些奇异的、评判性的描述都太过经常地建立在对当地语言的彻底忽视上。他恳求道，学习一门野蛮人的语言意味着变得"在交谈方面像是他们中的一分子"，一个"同胞"。从符号语言开始，之后是关于行为的简单陈述，终于抽象思想，即便是"野蛮人都不能被彻底剥夺"。学习这些语言时，能观察到自然环境和典型个体的外貌特征，以及"社会中的野蛮人"。后者包括家庭生活、"女性的状态"、质朴、爱和婚姻。观察者也将会研究政治、市民、经济和宗教生活。

德·热朗多抛出一个又一个问题：那些人好战吗？他们经商吗？他们是否有金属？他们的祭司发挥着一种积极作用，或他们维持其国家"处在愚昧和野蛮中"？到访者将要研究口述传统，它"给这些国家神秘的历史投射上一束宝贵的光"。还有，为了结束这项工作，观察者应当尽所有努力带一个野蛮人家庭回欧洲，以便"我们之后能掌握他们被带离的那个社会的一个缩影"（Stocking 1968, 26）。

这份野心勃勃的文件旨在构建"对不同程度文明的一种精确尺度并向描绘其特征的每种属性"提供材料（Stocking 1968, 26）。德·热朗多相信博丹的探险将会旅行至地球上最遥远的地方，在某种意义上回到过去，进入一种能够观察到运转状态下史前历史的环境。其中不仅有科学的目的，也有慈善意义上的：与野蛮人的初次接触会建立新的、将会引领他们最终走向文明的"需求"和"欲望"。"也许他们将会因感激或兴趣依附我们……他们将呼唤我们加入他们，向他们展示引领他们走向我们的国度的道路。何等快乐！何等胜利！"（27）这份乐观的文件不是种族主义的宣言。在拿破仑本人的命令下，博丹探险队的船只装载着"最有用处的动物种属……最适合于他们的气候温度的谷物，对人类最必要的工具；所有类型的衣物和饰品"（28）。欧洲人将会作为资助者和朋友出现。

杰出的古生物学家乔治斯·居维叶（Georges Cuvier, 1769—1832）为第二个备忘录作出了贡献。其解剖学研究正遭受因缺少来自其他社会的骨骼比较材料而造成的重要缺陷。他抱怨道，其至没有任何关于黑人和白人之间骨骼差异的研究。因此他的报告强调了收集颅骨的重要性。如果探险队目击了一场战斗，队员们必须造访"死者被安置的地方"。最重要的是，他们将会以"任何方式"收集人体，在"苏打或苛性钾溶液"中煮制人骨数小时以使其脱肉。居维叶对"种族和生物学的不同"有强烈兴趣，他认为这些决定了文化特质。他的目标是科学，而不是慈善，以及他收集野蛮人资料的方法；但是他唯一的宗旨是知识的进步。

博丹、佩龙和塔斯马尼亚人

博丹在 1800 年 10 月向澳大利亚出发。一大队科学家在他的两艘船上随行。探险队在抵达印度洋后很快遇到麻烦。败血症和痢疾盛行，科学家同船组争吵，食物和水短缺。但是探险队及其在塔斯马尼亚人中不寻常的浪漫逗留创造了人类学的历史，它见证了 18 世纪对待野蛮人态度的最后阵痛。

居维叶和德·热朗多的备忘录被交到一位名叫"弗朗索瓦·佩龙"（1775—1810）的年轻医学生手上，他以在学动物学家的身份说服了探险队雇员。佩龙曾阅读过卢梭的作品，并且像他的很多同时代人一样，想当然地认为野蛮人更健康、强壮，在体质上优于欧洲人。为了平衡这些方面，他们在体质和道德上就迟钝些，能够禁得住难以忍受的疼痛，并且同类相食。佩龙在探险中的实验和观察改变了他的想法。他从未跟随居维叶和德·热朗多的具体指导，而是使用了一个测力计来测量塔斯马尼亚人、澳大利亚人及其他人种身体上的强健程度。他总结道，对各组样本进行科学测量而得知的力量水平，直接随其在文明阶梯上的位置成比例变化。处于底部的是塔斯马尼亚人和澳大利亚人，体格无力并且只有间歇性的性活跃。欧洲人所生活的佳境是"最灵敏、最微妙也最可爱的情绪的丰饶来源"（Peron 1816, 304）。如果"被剥夺继承权的自然之子放弃他们凶残而漂泊的风俗"定居在村庄，他们的社会状态将会提升，还将享有更健康的秉性。佩龙遭遇了人类多样性的现实。他的苛评将在之后的几十年里被反复重申。他用两种角度思考塔斯马尼亚人，一种把他们当作简单的卢梭式的野蛮人，另一种把他们作为未充分利用其土地潜力的、更脆弱种族的成员。

当博丹的船抵达塔斯马尼亚（图 31）——那时被认为是范迪门之地（Van Diemen's Land）——原住民们已经遇见过来自九支主要科学探险队的成员和五艘商船。到访者包括著名的詹姆斯·库克船长，他发现在他所谓的"一个无知劣等的人类种族"中吸引人的东西极少。1791 年，以博物学家雅克·德·拉比亚迪埃（Jacques de Labillardière）为首的 12 名法国科学家在岛上度过了几个星期。卢梭的思想滋养着他。他被只用袋鼠皮斗篷蔽体的原住民深深吸引。他看到女人们为寻找软体水产和牡蛎跳入寒冷的水中，显然不在乎冰冷、鲨鱼和缠绕着的海藻。他对塔斯马尼亚人的记录带着浪漫的气息，读起来像是超现实主义小说。探险者到来，在友好的野蛮人面前鞠躬，在与东道主们交换少许小玩意儿时使用不受拘束的符号语言。当地女人受到赞赏，白皙的胸膛被轻抚，神秘的滴答响的手表在原住民耳边响动。拉比亚迪埃用一条颜色鲜亮的裤子向一个年轻姑娘换取她的袋鼠皮。她在拉比亚迪埃穿戴展示这件衣服后勉强同意了。这个法国人殷勤地帮助她套上这条奇怪的裤子。整个场景令人想起田园牧歌般的朴素和不真实。

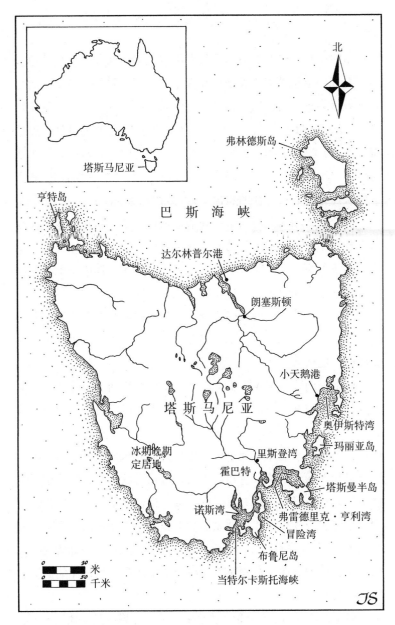

图 31　塔斯马尼亚地图

资料来源：杰克·斯科特绘制。

注：展示了文中提到的地点。

弗朗索瓦·佩龙比他的先行者拥有更多时间探索乡村。他很高兴看到两名土著居民在他的船登陆时走近。最终，较年轻的男人被说服靠近。"他的外貌没有任何凶猛或严肃的样子，"佩龙报道，"他的眼睛生动而有表现力，他的举止立刻展现出愉快和惊奇。"这位原住民面不改色地接受佩龙的拥抱，但是小心翼翼地打量了这艘船和海员们的夹克与白皮肤。他"用大声的惊叹和脚下的快速移动表达了他的震惊"（Peron 1816, 304）。

稍后佩龙和同伴访问了一处塔斯马尼亚木质营地，他们在那里发现一个家庭正在粗陋的灌木庇护所中食用贝类。原住民给他们提供了牡蛎，两名年轻的法国人为此处的主人演唱了歌曲。那一定是一幕奇怪且不协调的景象。佩龙的同伴被一个年轻的塔斯马尼亚女孩迷住了，她全然不因自己的赤裸而羞耻。法国人划船离开，给友好的原住民留下许多礼物，给那个女孩留下一根让人骄傲的红色羽毛。

科学家们有空闲收集手工制品并至少在表面上学习塔斯马尼亚人的生活方式。他们点评塔斯马尼亚人平静的特质和健康的外表（图32）。他们的眼神总是焦躁不安。他们给身体文上凸起的图案。原住民用灌木筑成小屋，用大海藻叶做成饮用容器。他们只有最简单的工具，长矛和造不成什么伤害的棍棒，还乘桉树皮制成的脆弱筏子穿行在有遮蔽的海湾。他们对陌生人友好，乐于用红色赭土或碳粉抹在科学家们脸上作彩绘。他们还养成了一种令人不安的"新爱好"，即绑架探险队成员，然后从头到脚地剥去探险队员们的衣服。在快速审视后者陌生的身体后，让他们安然无恙地离开。

佩龙在塔斯马尼亚停留了大约六个月。可惜的是，他从未出版他的科学发现。他的《探索南方土地之旅》（*Voyages de Decouvertes*

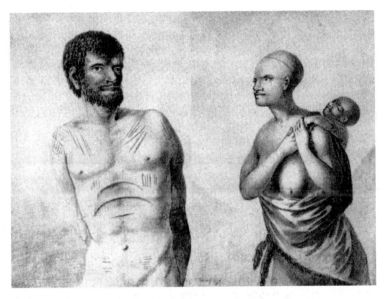

图 32　带孩子的塔斯马尼亚男人和女人

资料来源: courtesy of the Tasmanian Museum and Art Gallery.

aux Terres Australes,[*] 1807—1816）迎合了一位十分不寻常的读者。他过多地引用了卢梭对塔斯马尼亚人的夸大言辞。就好像我们又看到一处在铺满玫瑰的树荫下的田园场景。这出戏剧的参与者以最大限度的雅致和礼节立身。有礼貌的当地人被当作是高雅沙龙里的人一样对待。绅士们殷勤地与适婚的年轻女子调笑。这出戏随意外到访者的含泪离去而结束。着迷的读者被留下思忖位于远方塔斯马尼亚的天堂。"我给出的所有描述，是最缜密精确的。"佩龙坚持道，"我们之中的这些人的温和自信，这些他们从未停止向我们表明的充满深情善意的证据，他们展现出的诚挚，其举止

154

---

[*] 原文有误，该书名为 *Voyages de Découvertes aux Terres Australes*，亦可见索引。

的直率，其爱抚的动人精致，所有这些都与我们最温柔旨趣中的情感相符。"（Peron 1816, 305）高贵的野蛮人，带着其所有的"自然状态的幸福和简朴"，充满生机地存在于 18 世纪最后的人类学远行中。

弗朗索瓦·佩龙可能把塔斯马尼亚人当作"最优秀的自然的孩童"来赞赏而且创造出他的那一段神话，但是他毫不怀疑他们代表着文明中的最低水平，甚至低于其澳大利亚近缘族群。然而就像德·热朗多一样，他在有关提升塔斯马尼亚人境况的机会方面是乐观主义者。他或许相信他们属于一种十分不同的种族，因为他们和西方人或其他人类的共同点极少。他们用于狩猎和打鱼的工具比任何人曾见过的都更简陋。尼古拉·博丹船长在评论时可能极为恰当地表达了时下最流行的态度，他评论道，虽然塔斯马尼亚人不是高贵的野蛮人，他们并不比布列塔尼人或苏格兰人更可憎。至少他们无一是食人族。

这一回，佩龙的观察前功尽弃，他返回时发现观察员学会正在走下坡路。学会在 1804 年离散。佩龙那些有价值的藏品在 1814 年被部分毁坏又在 1829 年最终流散。四分之三个世纪后才有科学家尝试写作一部更完整的关于传统塔斯马尼亚社会的记录，那时，早期到访者曾有一瞥的社会已经消逝。

塔斯马尼亚人

甚至是佩龙及其同时代人都意识到塔斯马尼亚人是地球上最质朴的人之一。他们很快成为文明世界最外部边缘的一件不可思议的奇事。

在迪弗伦的时代，估计有 3 000—5 000 名原住民曾居住在范迪门之地。至少在 32 000 年前，他们的祖先占领了这座岛屿，之后是澳大利亚部分大陆。这些人分成大约 80 个不同的 30—50 人的营居群，每个营居群包含少数几个家庭。每个部落占据一块 200—300 平方英里（518—777 平方千米）的领地，通常包括 15—20 英里（24—32 千米）的海岸。塔斯马尼亚人还分成九个较大的、能被称为部落的社会单元。每个部落拥有同一种文化和独特的语言，占据 1 000—3 300 平方英里（2 590—8 547 平方千米）的地区。

除了在最寒冷的季节穿着袋鼠皮斗篷，塔斯马尼亚人通常赤裸着四处走动。同样的衣物被女人们用来背负婴幼儿、贝类水产或蔬菜食物。男人有时用红色赭土、袋鼠牙和羽毛装饰头发。男人、女人和孩子们也在头上戴花。赤身裸体对原住民们而言太过自然，他们坚决抵抗任何给他们穿上欧洲衣物的尝试。移除这种外国衣物只是他们最微小的挑衅，对刻板狭隘的传教士来说则已是很大程度的激怒。

原住民以一种复杂的季节性迁移模式在其领地中移动，以便获得应季贝类和蔬菜食物。海岸的营居群在他们喜欢的地方累积了巨大的空贝丘，他们年复一年回来食用贻贝、牡蛎和其他物种。早期旅行者经常碰到向内陆迁徙的家庭，他们携带大量火烤后堆在草篮中的螃蟹、小龙虾和软体动物。推想他们不吃贝类以外的东西是错误的，不过这些是贫瘠月份中重要的资源和一年里大部分时候的可靠食物补给。塔斯马尼亚人不食用鱼类，这看起来有些不可思议。他们会帮助法国人把鱼类捕满网，但总是带着蔑视拒绝捕获物。

内陆营居群很大程度上依靠袋鼠、负鼠和袋熊等猎物，通常依靠这些主要的猎物喂饱自己。"他们狼吞虎咽地吃，在食物选择上与牲畜相去不远，内脏等也同样是最精华的部分"（Davies 1973, 252），一位被震惊的观察者写道。原住民会潜近落单的动物或带着火奔向动物群。女人们利用有切口的树干，爬到高处拽住负鼠的尾巴将其拉出巢穴来捕获它们，有时仅仅通过摇晃使它们掉入等在下方的猎人手中。

塔斯马尼亚人诱捕鸟类，消耗小型啮齿类动物及毛虫，但也依赖水果、草场和块茎的时令去安排他们的生活。他们最喜欢的植物类食物是塔拉蕨（Tara fern, *Pteris esculenta*）的茂盛根茎，他们用炉子来烤。就像众多狩猎-采集者，即便他们知道其他很多能在贫瘠的月份中食用的植物，他们关注的植物种类似乎相对较少。他们的饮食基于季节性采集和一种在不同土生与水产食物间的精妙平衡。他们从不过度消耗一种食物资源而排除另一种。尽管塔斯马尼亚人的信仰鲜为人知，我们能确定他们的传统传说像他们的澳大利亚亲缘族群一样，稳固地同人类与土地间长期平衡的概念密切结合。

原住民设法用不超过两打的手工制品，在数千年中舒适地生活。"他们的小屋是能想象出的最糟糕的东西。一截弯曲的木头是全部框架，用一些他们从树上取下的桉树皮板覆盖。"（Davies 1973, 116）每个家庭拥有自己的炉子，用从一个个营地转运来的隐燃柴火保持燃烧。男人们用长长的、柔韧的、尖部用火烧硬的木矛和鞭子似的在飞行中自旋的"尾巴"（tails）狩猎。一位技巧娴熟的猎人能驱策他的长矛准确地飞行超过百尺。马里恩·迪弗伦的队员们为此付出代价，原住民们能以令人不安的准确性扔出石头，甚至打昏飞行中的鸟儿。他们还带着"棍棒"（waddlies）[*]，

---

[*] 可能为"waddy"之误，未见表达此种武器的"waddly"一词。

一种用力高速投出的组合木棒投掷器，快速移动至击晕它的目标，且猎人能在目标醒来前捕获它。

　　女人们用简单的木刮刀把贝类从岩石上撬下来，用树皮条带
和芦苇做成的包和篮装运食物。粗糙的挖掘棒、负鼠皮袋和鲍鱼壳饮水皿也被使用（图 33）。塔斯马尼亚人的技术太过简单，他们从未开发出大陆上的飞去来器，或曾给他们的矛装上石尖头。他们使用粗糙的铜器、最基本的刀具和各种各样的石刮刀，去切

157

图 33　塔斯马尼亚篮子

资料来源: courtesy of Jane Williams.

第八章　范迪门人

201

割木头或剥皮。尽管塔斯马尼亚人的手工制品比较简单，但是它们确实有效且很好地适用于当地需求。原住民不需要更多精细的技术——他们高度适应其岛屿环境，而且从冰期晚期开始就已经是这样。但是所有这些将会在几代人之间就被毁灭。

第九章 "高贵的野蛮人是条狗！"

真正的野蛮人不自由亦不高贵；他是他自己的欲望，他自己的激情的奴隶……对农业一无所知，在追逐中生存，又接连挥霍，饥饿总凝视着他，并且时常逼迫他面对同类相食或死亡的抉择。

——约翰·卢伯克爵士（Sir John Lubbock），《史前时代》（*Prehistoric Times*, 1865）

在未来的某个时候，并非长到要以数百年来度量，文明化的人类种族几乎确定地将会毁灭、取代世界上野蛮的种族。[*]

——查尔斯·达尔文，《人类的由来》（*The Descent of Man*, 1871）

"野蛮人是一条狗！"传说 1801 年拿破仑皇帝自他在埃及损失惨重的战役归来后这样说道。欧洲深陷革命的痛苦挣扎。评论家可能会渲染民主政治革命性变化的可怕后果，然而新的政治气

---

[*]［英］查尔斯·达尔文著，吴德新、吴疆编译《人类的由来》译文："不久的将来，也许不到几百年，各个文明的种类肯定将会取代全世界野蛮人的种类。"（北京：人民日报出版社，2007 年，第 103 页。）

候对人们关于非西方社会的想法产生了深刻影响。欧洲文明意象脱离了对天堂的设想，以及后者必然滑向的对文明远景的蓬勃乐观主义。西方人对其自身文明的概念开始进步；他们的自尊达到新的高度。同时，野蛮人在大众文化中的地位衰退了。不同于卢梭、拉比亚迪埃和佩龙描述出的高贵存在，他们被认为是愚昧、肮脏、智力有限的。欧洲人的新口号是"自由""进步"和"民族优越感"，即源于革命和深刻社会变迁的部分语汇。现在，欧洲霸权，而非田园牧歌，成为历史思考中被迫切接纳之物，它鼓励了人类境况的进化发展。塔斯马尼亚人陷入了这些变化态度的迷雾。

在 19 世纪中后期，考古学家和人类学家正在描绘人类已经向着西方文明最终的顶点，即荣耀的工业顶峰不屈不挠地跋涉了数千年的图景。每个非西方社会，无论原始或复杂，都在这个秩序井然的图式中有一席之地。在西方人将会继续前进并且文明教化是秩序和进步的唯一逻辑法则的世界里，站在最高点统治着的是西方——可谓君主。这个关于顽强前行和西方霸权的神话将会证明它如人间天堂的传说一样遍布各地。异域风情萦绕在詹姆斯·费尼莫尔·库珀（James Fenimore Cooper）对美洲印第安人的抒情重现、约瑟夫·康拉德（Joseph Conrad）的小说，和其他关于南太平洋甚至鲁德亚德·吉卜林（Rudyard Kipling）的一些作品中。然而，异域风情从未直接指向一群特定的人。

存在之链

高贵的野蛮人的终结是不可避免的。在有关遥远的土地和居住在那里的人类社会雪崩般的信息暴露下，对有骑士风度的印第安人和彬彬有礼、皮肤黝黑的民族的浪漫主义观念逐渐破灭。面对有关其他社会的更多经验数据资料，19 世纪晚期的知识分子仔细斟酌着"这些民族的神秘历史"。为什么一些人比另一些人的文明程度更高？享受文明的果实不是所有人类的命运吗？直到法国大革命时，越来越多学者认为文明只是少数"种族"的成就。他们开始沉思欧洲人在万物格局中的位置，尝试在上帝的作品中把人类安置于恰当的处所。最重要的是，他们着迷于人类内部的体质差异，并且开始把动物和人类安置进基于一种广泛、多样标准的秩序性层级里。

在所有生物等级中，"存在之链"被最广泛地使用，它将所有创造物，甚至造物者本身都系统化了（图 34）。存在之链的基础根植于传统信仰。它把没有生命的事物安置在长"链"末端，然后通过较低等级的生命和更高级的动物向上行进，直至人类。人类本身平衡在链条中间，悬浮在野兽和构成链条最高等级的天堂的生物之间。链条是没有缺口的连续接合，因此存在之链各层级间的渐变仅仅是微妙的变化——层级总是被作为整体去考量。"人半是畜生，半是天使，"科学家爱德华·泰森（Edward Tyson）在 1701 年写道，"是那个创造物中的链接，使其二者结合在一起。"

存在之链生动地表现出基督教视人类为有神圣灵魂的生物，并且迎合了 18 世纪要组织外部世界的热情。但是林奈（Linnaeus）和生理学家约翰·弗里德里克·布鲁门巴赫（Johann Friedrick Blumenbach, 1752—1840）都拒绝分层的观念。布鲁门巴赫坚持所有人类都属于同样的物种，并且以发色和肤色等特征在他们之中划分不同类别。其他科学家质疑为何人类不应以他们的活力、天赋和能力为基础，在该链条上被评定等级。这个问题

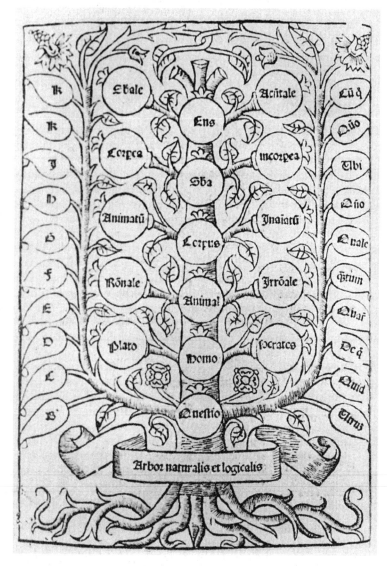

图 34　存在之链的树状图

资料来源: Raymond Lull's *De Nova Logica* (1512).

的困难之处在于没人知道应该评定个人还是群体。不可避免地，一些科学家转而以外貌作为给人类分级的方法。早在17世纪中期，英国科学家威廉·佩蒂爵士（Sir William Petty）就强调了人类在体质上的差异。"有一些更需要考虑的，那就是，在几内亚黑人和中欧人之间；以及黑人中在几内亚的那些和大概生活在好望角［科伊科伊人］的那些，后者是我们的旅行者们非常了解的在所有人类灵魂中最像野兽的"（Lansdowne 1927, 2: 31），他在1677年写道。

到了18世纪晚期，相貌和解剖学特征被认为是唯一合逻辑的决定存在之链上的位置的方法。18世纪70年代荷兰解剖学家彼得·坎珀（Peter Camper）开辟了"面角"的概念，即一种对凸颌的测量，这使他能以一定的刻度标准排列其颅骨藏品，猩猩和黑人在一端，欧洲人在另一端。看起来像一种有趣的消遣，然而实际上远非可笑的实验。很快科伊科伊人和非洲黑人处在了链条上人类部分的基础层，只以一步之遥高过野蛮的猩猩，很多人认为它们相像。在人们的观念中，黑人与后者被很紧密地联系起来，因为可悲的历史巧合使这两者几乎同时在非洲被发现。

存在之链的修辞很快被应用于社会关系，尤其是对于黑人所处的位置而言，他们经常作为服务于白人的奴隶而存在。著名古生物学者乔治斯·居维叶甚至把人类安置在动物王国的顶端，但是提出即便是在最好的条件下，还是有一些固有原因阻碍了某些种族的发展。他陈述道黑人从未进步以摆脱无可救药的野蛮。居维叶的论证只是反映出时人普遍持有的观点。关于种族和种族优越感的流行之见即将于19世纪和20世纪早期在欧洲占主导地位，这很大程度上是对深肤色，尤其是与黑皮肤族群有了更多接触和经验的结果。

163

种族：人类同源论者和人种多元发生论者

美洲印第安人和塔希提人已在1500—1700年间涌入欧洲人的意识，那时新大陆和太平洋还是远在欧洲视线之外的神秘领域。当时，"文明"（civilization）被认为是所有人类"自然"拥有的能力的一部分，是摆脱了所有迷信、教条和四周环境压抑的事物。而一些社会的落后被解释为"神秘的历史"（mysterious history）。出于同种原因，任何社会，无论是不是原始的，都具备通往文明状态的能力。

到了18世纪90年代，不再可能掩盖欧洲人和其他社会之间在生物和文化上的隔阂。值得欣慰的是革命人士们声明所有人具备同等潜能，但一些突出的社会哲学家，如孔德·德·圣西门（Comte de Saint-Simon）依据心理学和生理学论证，黑人因其身体结构，即便给予他们同等的教育也不可能达到欧洲人的智识水平。换句话说，人类可能在伊甸园里有一位共同的祖先，但文明是为白人保留的。

种族优越感的新观念源于很多复杂且仍旧难以厘清的原因。许多迄今未为人所知的人类社会在18世纪晚期浮现。更多人拥有了与非西方人交往的实际经验。之后有了奴隶贸易，它在18世纪晚期的欧洲是一项主要产业。那些人口贩卖及随之而来的殖民主义的既得利益者们利用了欧洲人和非欧洲人之间的明显差别，尤其是生理和肤色差别。显然，没有人会剥削或奴役一个高贵的野蛮人，因此有关高贵性的想法在经济私利的扩张中被抑制了。

"种族"本身是一个必须解释的新概念。基督教的信条对欧洲思想仍然有强大的掌控力。尽管神学者已准备好去接受"种族"

作为世界历史中的一个较小因素，一种历史和环境演变的产物，但是他们坚持所有人类种族都源自亚当和夏娃。这些人类同源论者（monogenists）支持人类的统一性。其中的很多人是人道主义者和博爱主义者，信仰以人道主义对待其他族群。人类同源论者被多元发生论者（polygenists）挑战，后者陈述说不同人类社会间的体质和文化差别太过巨大，上帝一定在亚当之外创造了其他人类种属。多元发生论者总体上选择了对待非西方人时人道主义相对薄弱的一边。他们认为人类分为多种起源下的一系列不变的种族，他们的特征能通过精确的颅骨测量加以确定。这些头盖骨的大小可以与头脑能力和种族成就的不同相联系。

164

人类同源论者和多元发生论者的辩论大约在 1859 年查尔斯·达尔文的《物种起源》面世时很快平息。但是贯穿 19 世纪，新的种族主义思想对那些仔细思考着人类多样性的人产生了深刻影响。在 19 世纪最后 30 年欧洲对外扩张达到高峰的时候，大多数社会科学家被说服接受了野蛮人的抽象思维能力远弱于浅肤色人种的观点。他们是更低等的、智力水平更弱的种族的成员，但是只要被给予机会，还拥有进步的潜力。著名考古学家约翰·卢伯克爵士在写下"真正的野蛮人不自由亦不高贵；他是他自己的欲望，他自己的激情的奴隶……对农业一无所知，在追逐中生存，又接连挥霍，饥饿总凝视着他，并且时常逼迫他面对同类相食或死亡的抉择"时代表了很多学者（1865, 87）。卢伯克推想很多不适应文明化世界的非西方社会将从地球上消逝。

塔斯马尼亚人是处在石器时代社会的一个显著例子。他们的手工制品成为早期考古学家尝试理解近期在欧洲河滩上发现的粗糙石斧的参照物。"范迪门人和南美洲人［火地岛印第安人］对于古物研究者就好像负鼠和树懒之于动物学家"（1865, 120），卢伯

第九章　"高贵的野蛮人是条狗！"　　　209

克写道。塔斯马尼亚人提供了一个异国社会缺乏脑力和顺应力以适应欧洲文明的案例。

种族灭绝和殖民

　　1802 年博丹探险队到达位于悉尼的罪犯流放地，这标志着对塔斯马尼亚人的致命打击。新南威尔士州的地方长官欢迎这些法国人，因为他们有作为科学团体的国际性的、安全的组织领导。但他立刻采取了措施来守卫范迪门之地，以免此处被拿破仑攫取。最早的永久移民在 1803 年到达，有 21 名罪犯，3 个女人和 9 名士兵（图 35）。少数几个原住民看着他们登陆，之后便无影无踪了。负责此处的军官乐于看到他们消失，因为他已有足够多的、需要

图 35　沙利文湾（Sullivan's Cove, 1804 年）

资料来源: courtesy of the Mitchell Library, Sydney, NSW.
注: 最初的英国定居者在此登陆，在今为霍巴特（Hobart）的地方。

他一直忙碌处理的罪犯问题。

直到此时，欧洲船只的短暂到访对塔斯马尼亚人的影响还极为有限。但新来者是永久定居者，他们在德文特河（River Derwent）的河岸开垦农田和宅地。1804 年 5 月的一天，大批原住民出现在东岸比里斯登湾（Risdon Cove）一处新定居地更高的地方。他们排成一条直队从森林里出来，驱赶着其前方的大型袋鼠群。塔斯马尼亚人被陌生的房子吓了一跳，挥舞着他们的武器并且持续驱赶其猎物到村庄的中心地带。欧洲人恐慌了。士兵们用两台装载了霰弹的加农炮开火。当冲突结束时，有超过 20 名原住民死亡。塔斯马尼亚人再没公开接近白人。里斯登湾定居地正位于数百年，甚至千年来举办年度游猎活动的通路上。原住民从未想到新来者会意识不到这一点。

在范迪门之地的殖民地被夺取后，原住民和移民之间的摩擦变得愈加频繁（图 36）。塔斯马尼亚人栖身在遥远的疆域，偶尔通过在草丛中纵火和像驱赶袋鼠一样驱赶移民并离开掩体来伏击落单的移民。逐渐地，白人定居者的触角深入内陆，进入原住民部落领地的中心，这扰乱了他们对环境的良好适应。当殖民地缺乏肉类资源时，数百名凶悍的定居者没入灌木丛中猎取袋鼠。这些灌木中的突击队员射击猎物，之后变成盗贼和拦路强盗，同样掠夺移民和塔斯马尼亚人。一名曾经的突击队员夸口说，相比抽烟，他更喜欢去杀原住民来消遣。与此同时，海豹猎人正在岩石海岸大肆捕杀海洋哺乳动物。海豹猎人需要奴隶和女人，还屠杀了大部分他们遇见的男性原住民。范迪门之地公司（Van Diemen's Land Company）为经营绵羊牧场而收购大量土地，最终收购了超过 50 万英亩（约 2 023 平方千米）的原住民的领地。塔斯马尼亚人被排挤到峭壁地区、荒凉地带和远方海滨。而他们在那也不安全，因为公司已经企图加大对海岸和矿产权的控制。

166

图 36 地方长官乔治·阿瑟（George Arthur）对原住民的公告（1830 年）

资料来源: courtesy of the Tasmanian Museum and Art Gallery.

注: 这份奇异的、使原住民相信白人将会因伤害他们而被处罚的文件，被挂在内
陆的树上。它当然是无用的。

原住民只能还击殖民者。他们抢劫牛羊，杀死落单的农民复仇。因此殖民者们要求政府根除这些捣乱者。传教士先生们主张道，为自我防卫而对原住民举起武器是完全正当的，因为他们已经受到上帝震怒所带来的糟糕后果。有一句轻便的说辞为很多暴力行径做了掩盖，即"据推测被黑人杀死"。周末狩猎聚会以追逐塔斯马尼亚人为娱乐。这些事件在 1828 年到了紧要关头，地方长官宣告了戒严令。声名狼藉的黑色战争（Black War）在意图把幸存原住民圈进离岸岛屿和远方飞地的大规模军事行动中到达高潮。三个团和超过 2 000 平民为搜寻被人们所认为的嗜血野蛮人，扫荡了 120 英里（193 千米）地形条件恶劣的地区。结果是两名原住民死去和俘虏两名，其中一人逃跑。士兵们的猎物在绷紧的警戒中只能悄悄溜走。

大约 250 名被打上凶手和凶狠野兽烙印的幸存塔斯马尼亚人隐入了灌木丛并且躲藏着生活。只有极少数殖民者在乎原住民的灭绝危机。为了回应他们的怨言，政府把幸存者安置在王室的保护下，但问题是如何通知受惊吓的原住民。地方长官有了一个好主意，即在树上挂绘有图片信息的板子。图画描绘了种族和谐以及一名白人男性因谋杀塔斯马尼亚人而被处绞刑的场景。这简直荒谬可笑，因为没有移民曾因杀死塔斯马尼亚人而被处死。

唯一一个有所作为的人是有传教目标的古怪砖匠，名叫"乔治·奥古斯塔斯·鲁滨孙"（George Augustus Robinson）。鲁滨孙被指派为一座被俘原住民的岛屿营地的监管人，成为他们事业坚定的支持者。他从被送往他定居点的 25 名原住民那里学习了原住民方言的基础内容，之后耗费数月在灌木丛中跋涉，寻找幸存的群落（图 37）。起初他没有成功，但之后就在原住民族群中生活数周，与他们共享游牧的生活和他们的食物。移民们认为他疯了，

168

图 37　奥古斯塔斯·鲁滨孙和一群塔斯马尼亚人及他们的狗

资料来源: courtesy of the Tasmanian Museum and Art Gallery.

但是鲁滨孙发现原住民是"理性且负责任的",而且同当地报纸描述的血腥野蛮人是截然不同的存在。鲁滨孙的日志是关于塔斯马尼亚人生活信息的珍贵资料。

1832 年至 1842 年间,鲁滨孙带来了幸存的原住民,他们全部被带到距离塔斯马尼亚东北角 40 英里(64 千米)的弗林德斯岛(Flinders Island)。他们在那里过着被严密控制的生活,忍耐为使他们"变文明"(civilize)而设计的说教。由于被圈在拥挤的营地,无法采集自己的食物,还被困在距离其古老领地甚远的岛屿,原住民变得全然麻木,也失去了为自己谋生的意志。权力当局坚称无论季节如何,他们都穿着欧洲人的衣物。塔斯马尼亚人穿着潮湿、不常见的衣物坐在四周,许多人死于肺炎。到了 1838 年,只有 82 名原住民还活着。四年后,所有女性都超过育龄。弗林德斯岛在 1849 年关闭，留下的塔斯马尼亚人转移到霍巴特南部的污秽营地，他们在那里因酗酒、流感或纯粹的疏忽而死。最后的纯血统塔斯马尼亚人，一位曾与鲁滨孙一起工作的名叫"特鲁加妮妮"（Truganini）的女性在 1876 年 5 月 8 日逝世，距离欧洲人在塔斯马尼亚的最初殖民不到 73 年，距离沿海岛屿上最后的原住民的消亡还有 12 年。 ¹⁶⁹

塔斯马尼亚人即便已经死亡仍被剥削滥用。19 世纪 70 年代的原住民是古怪奇异的事物（图 38）。当地科学家急于解剖尸体， ¹⁷⁰

图 38　一名塔斯马尼亚人（佚名）

为他们的解剖学收藏取得骨骼。一具尸体会在夜里从墓穴中被偷走，颅骨不翼而飞。政府秘密地埋葬特鲁加妮妮的尸体，但是数年后屈服于科学的压力并允许再次挖掘其尸体。她的骨骼在霍巴特博物馆（Hobart Museum）展出，直到1953年被移出展览。公众意见坚持她应在逝世百周年时被给予国葬。

"没有证据表明现已灭绝的塔斯马尼亚人有能力再次崛起"，美国社会学家富兰克林·吉丁斯（Franklin Giddings）在1896年写道。维多利亚时代的人很容易能就种族优越感进行说教，并且把数百个人类社会的消亡当作是不可避免的而不予理会。现在，种族主义在理智上是不可接受的，而在19世纪却不是这样。在19世纪早期，鉴于西方文明与塔斯马尼亚人等族群间巨大的文化鸿沟，很多欧洲人，无论有多么聪慧且公正无私，都趋向认为非西方人是挡在文明进程中的劣等、可牺牲的存在，这毫不令人惊讶。只有少数激昂者全然诚挚地相信他们神圣的使命是保护非西方社会，使其文明化，并且最重要的是把他们带到上帝面前。

早在远居欧洲的强大福音派教会和人道主义之声能保护他们以前，塔斯马尼亚人就处在不可阻挡的文化压力之下。然而甚至那些都徒劳无功。政府政策可能已经试图保护原住民或攫取他们的土地，鼓励传教活动或殖民，但是在很多方面，这些可能性都互无干系。仅仅是欧洲殖民者和农民在塔斯马尼亚的出现，他们对由来已久的狩猎领地的侵占和对古老生态适应的打扰，已彻底使原住民社会被危及至超出其长期缓解能力的程度。塔斯马尼亚人延续了足够悠久的时间直至成为石器时代遗民的象征，某种在维多利亚时代的思想中悲剧地被误解的典型，即原始野蛮人的一切都会是可怕的。

第十章　上帝的话语

> 在你中间行杀戮，受伤之人唉哼的时候，因你倾倒的响声，海岛岂不都震动吗？
>
> ——《圣经·以西结书》26：15

对高贵的野蛮人的评价总是褒贬不一，因为有很多人猜想那些对塔希提棕榈树下浪漫和自由性爱的迷人想象完全荒谬不羁。欧洲人或许对人间天堂念念不忘，但即便是约瑟夫·班克斯或约翰·霍克斯沃斯的赞颂也不能掩饰这一事实，即塔希提社会远非单纯无邪和善良德行的天堂。放荡的舞蹈、参与卖淫和杀婴的祭司、人祭和残忍部落战争的不争事实——这些和其他显而易见的异教习俗使英国社会感到震惊。除了对高贵的理想，一些人还担心岛屿上那些文明的影响。

库克对这些情况感到担忧。他在之后对岛屿的造访中反思了欧洲人与之接触的后果。他的海员们从早先已被法国人传染的岛民们身上感染了性病。他关切到访船只造成的岛屿生活瓦解的情况，并且揣测南太平洋若未被欧洲人探索是否会更好。法国知识分子德尼·狄德罗（Denis Diderot）与他观点一致。狄德罗是卢梭的一位友人，对高贵的野蛮人有强烈的哲学认同。在他流传甚广的《布干维尔游记补遗》（*Supplément au Voyage de Bougainville*, 1796）中，他提出欧洲文明"一手握着十字架一手持着匕首"，将会把塔希提人变得像欧洲人一样不幸。

随着熟悉取代初印象，对高贵的野蛮人生活在单纯无邪中的想象很快褪去，尤其是在曾旅行至南太平洋的人们之中。对幻灭的最初回应就是将其描绘成古典主义的悲剧。自然主义艺术家约翰·佐法尼（Johann Zoffany）把库克面对一群夏威夷武士走向死亡的高贵形象描绘为一幕华丽悲剧（图 39）。传说当卢梭被告知毛利人食人时大为惊讶。"自然的好孩子真有可能如此邪恶吗？"

醒悟缓缓而至的一个原因是，直到拿破仑战争之后，欧洲人和非西方人之间的文化交互影响都是缓慢且相对肤浅的。各方都在通过贸易和船只整修时漫长的访问了解了对方的一些东西。在这一点上，欧洲人抑或他们的东道主都没有试图预测或掌控对方的行为。一些最持久的、关于非西方人的刻板印象就是在这个接触的初期阶段被植入欧洲人的观念，包括懒惰、食人和原始性，还有头等大罪——缺乏宗教。这也是种族主义思想在欧洲播种的时期，它们在 19 世纪中晚期达到全盛，恰逢传教士的努力也到达其高峰。面对塔希提"高贵的野蛮人"的质朴基督徒，已全然准备好承认岛上曾一度有黄金时代。但是他们声称这座岛屿正从极乐时代向更黑暗纪元过渡，塔希提人正为了罪恶而糟践他们的社会。因此只有一种解决办法，就是使岛民转变信仰。1797 年登陆塔希提的福音派教会传教士相信，宗教之光将引领塔希提人摆脱他们放荡的生活方式。

认为异教社会没有信仰的想法当然是大错特错。阿兹特克人遵循着一种比随后强加于其身的天主教教义更为复杂的宇宙观和

图 39　库克之死（约翰·佐法尼绘，1789—1797 年）

资料来源: courtesy of the Trustees of the National Maritime Museum, Greenwich.
注: 两位高贵的人物，库克，另一位是岛民，在一个悲剧性的英雄场景中遭遇。
　　这幅画结合了新古典主义和自然主义。

宗教信条。同阿兹特克人一样，塔希提人用非物质存在和精神力量所施的行为来解释其熟悉的世界。就像其他社会面临欧洲人驻扎定居下来的现实一样，岛民们改造自己的文化以适应新环境。他们会采用铁斧等有价值的新发明或新作物，但是他们的信仰仍保持完好，直到他们开始相信欧洲人的专门知识根植在某些超出单纯的军事或技术力量的事物里。有时，一次军事挫败将会引发他们像阿兹特克人一样去挑战自己神明的无上地位。在一种敏感、不安的气氛下，他们会受到传教士的影响，后者催促他们改变其文化并且利用强大的精神和实际诱因使其就范。塔希提人将会在欧洲人接触的一个世代以后就感受到福音派热情的强大力量。19世纪出现的大多数洪水般的文化冲突发生在宗教领域，并且被很多狂热的传教士认为是一场为失落的灵魂而进行的战斗。

福音派

自 16 世纪晚期的教皇诏书起，西班牙和葡萄牙教士就擎着传教活动的旗帜。多明我会士和方济各会士已经紧随征服者举起了十字架，鞭打、引诱成千上万的玛雅和阿兹特克印第安人进入基督教的包围。探索世界不仅被"航海者"亨利亲王及其西班牙邻居认为是一项商贸事业，也是一个为上帝荣光实践伟大事业的机会。关于使美洲印第安人转变信仰的道德性的辩论既漫长又痛苦。这使很多传教士与实用主义，通常是新大陆征服者和殖民者的开发野心产生冲突。很多早期的修道士，例如声名狼藉的尤卡坦迭戈·德·兰达主教（Bishop Diego de Landa），就是受驱使的狂热分子，不论多严酷的手段都会被他们利用，来转换异教徒的信仰。如在圣劳伦斯谷的耶稣会士所为，过度的传教活动难以在海外新教国家提升天主教活动的声誉。在天主教传教士去往的所有地方，基督教的普遍信条成为对通常更随意、灵活的非基督教社会的信仰的挑战。传教活动在 17 世纪和 18 世纪并不新鲜，不过海外基督教活动的大爆发基本同英国崛起成为海上强国及其国内的福音派虔敬浪潮发生在一个时期。

"高贵的野蛮人"在福音派于英国中产阶级内部复兴时抵达伦敦上流社会的会客室。18 世纪是属于约翰·韦斯利（John Wesley）、乔治·怀特菲尔德（George Whitefield）和亨利·维恩

（Henry Venn）等对道德和罪行进行布道的、被激励传教士的，是属于仁慈宽恕和人道主义价值观的世纪。他们影响深远，促使了大众教育和刑罚体系的建立乃至废弃奴隶贸易的改革。他们相信上帝在历史中是能动的，相信神的旨意不仅影响着文明的兴起和衰落，也深入日常生活的琐碎细节。他们热诚地相信对主的祈祷和个人代祷的力量。这种祈祷的结果不是必然直接的，甚至也非有益的，因为所有事物都依照上帝自己的喜好来运行。是主创造了万物并使其沿着可预见的路线行进。

福音派相信上帝创造自然是为了让人类去控制和支配，因此他们在地球上获得了统治权。他们宣扬上帝作用于历史。《圣经》揭示了关于其事迹的伟大故事，从创世到基督到来，再到基督教的胜利和传播。最后，这将通向基督再临。早期福音派教徒认为人类对上帝的责任在于其高于一切的忠诚，它胜过对任何文化、社会或部落的一切承诺。所有这些对他们试图将其带入基督教包围的社会来说都是不相容的。传教士们破坏了与过去的紧密纽带并且尝试把他们正试图影响的社会推入新的、不可想象的世界。在做这些事的过程中，他们在整个世界释放了新的、强大的力量。他们消除了人与环境及控制它的力量之间的紧张的个人与象征的关系。相反，他们提供了一种更简单的、全球化的人类友爱的想象，并开启了一种对无止境的完善的展望，某种人们一起自由地工作以实现主的神圣意志的世界。科学和革命性的变化取代了延续数世纪之久的自然和历史先例的力量。

冷静的、纠缠于罪行的韦斯利的追随者及其他人不仅关注他们自己社会的罪孽，也更多地开始参与拯救异教徒。一名传教士哭喊，这些不幸的灵魂应得到"从束缚他们的黑暗锁链中解放和进入神之儿女的荣耀自由的允准"（Stock 1898, 14）。这并不是说外国传教使命的拥护者就轻松了。一位名叫"威廉·凯里"（William Carey）的谦逊工匠出现在 1785 年的浸礼会教友会，主张对异教者的布道。"坐下，年轻人，"会长道，"当上帝乐意使异教徒转换信仰时，他将会在没有你的或我的帮助下这样做。"（Stock 1898, 28）凯里仍坚持着。六年后他出版了他著名的《基督徒使异教徒皈依之责任的探究》（*Enquiry into the Obligations of Christians to Use Means for the Conversion of the Heathen*,[*] 1792），并且在诺丁汉，他的同僚牧师们面前进行了令人印象深刻的、引起轰动的布道。他引用《以赛亚书》第 54 章第 2 节 "要扩张你帐幕之地"。他论及征服不应只期望于主的伟大事业，而应 "为上帝尝试做伟大的事业"。凯里辛苦工作的硕果是形成了浸礼传教会，此外三年后的 1795 年，一个无宗派组织伦敦传道会将会在即将来临的下个世纪里对全球非西方社会的命运产生深刻影响。它吸纳了一些杰出人物，如在毛利人中进行其工作的塞缪尔·马斯登（Samuel Marsden）和不朽的、穿越了非洲的戴维·利文斯顿（David Livingstone）。在 19 世纪早期，他们使得加勒比、南非和太平洋诸岛成为世界上传教最为集中的地方。

基督教知识普及协会（the Society for Promoting Christian Knowledge）和国外福音传播学会（the Society for the Propagation of the Gospel in Foreign Parts）这两个传教士组织自 18 世纪早期就活跃着。但两者都遗憾地趋于衰落。他们小规模的努力几乎无法满足新一代传教士崇高的目标。他们与周围世界的罪孽和不道德相纠缠，把视线转向一座所有人都在谈论的岛屿——塔希提。他们决心将塔希

---

[*] 该书原名应为 *An Enquiry into the Obligations of Christians to Use Means for the Conversion of the Heathens*。

提人从更严重的放荡和错误中解救出来。"在这些迷人的场景之中，野蛮的本质仍旧尽情享用着其囚徒的肉体，通过人祭来满足它的神明。"1795年，伦敦传道会的创始人之一托马斯·霍克斯（Thomas Hawkes），在一场令人印象深刻的布道中大声呐喊："男人和女人构成的全部社会都在杂乱地生活，并且谋杀了每一个出生于其中的婴儿。"（Stock 1898, 18）为什么奥迈在没有任何宗教指导的情况下被允许返回塔希提？他问道。这些布道训诫产生了效果，并且筹集到4 000英镑用以准备对波利尼西亚进行传教。在1796年8月10日，一大群虔诚信徒聚集起来向开往远方塔希提的"达芙号"（*Duff*）上的30名传教士告别。"耶稣，在他们的盼咐下我们行入深处"，离开的牧师们唱道。他们向一处全然未知的世界起航，他们的信息来源只有霍克斯沃斯及其他少数几位作家的浪漫主义作品。

此时，库克的担忧成真了。主要的暗礁通道至少已被绘出个大概，一系列塔希提和附近莫雷阿岛的下锚地在1788年至1808 年间被超过20艘船使用。一些参与了探险，另一些是商船。其中有六艘是捕鲸船，他们是在19世纪20年代到访塔希提，利用热带水果和廉价买淫休整船组的先行者。贸易增长得很慢，但是在1801年至1826年间，塔希提人是向新南威尔士州"犯罪分子"定居地提供猪肉的主要来源。作为回报，这些岛民收到金属制品、工具、衣物、武器和弹药。马塔韦海湾的到访者并非因其观念而存在价值，而是凭借他们带来的商品——钉子和火器——能被当地文化接受。在短短几年中欧洲衣衫的流行短暂地席卷了塔希提。随后人们又转回他们自己凉爽实用的衣服。在仍存在于技术层面的石器时代的文化中，依旧得不到满足的只有对金属制品的需求。尽管有曾远行至欧洲、南极洲和秘鲁后返回的岛民带来的见闻，塔希提人对其岛屿外部的世界相对不那么好奇。人们带着惊异和怀疑之情接收大多数关于外国风土的描述。有时，返乡的旅行者和到访船只带回的是野蛮摧残岛民们的外国疾病。1769年至1800年间，塔希提和莫雷阿的人口数从大约35 000下降至8 000左右。性病在最受欢迎的下锚地盛行。这时很多岛民沉迷酗酒了。随和的波利尼西亚人在西方恶习面前不堪一击。

当波马雷（Pomare）家族在马塔韦海湾掌控着政权时，传教士们抵达了。欧洲人最初接触后的那几十年已见证了不同世袭首领间的宗教和政治战争。波马雷家族通过索要贡品、有关人祭的恐吓、适时的惩罚性袭击和小心看顾对战神奥罗的祭祀来保持其联盟的凝聚。传教士发现波马雷一世（Pomare Ⅰ）牢牢掌控着马塔韦海湾，然后在1797年3月12日向他宣扬福音。之后他们为一处传教站而开启磋商（图40）。协会的管理者就传教士的行动给予了严格指导。他们会在当地人给予的土地上建立传教社区，即"模范的文明社会"。先行者们将会获得任务地区的所有权，还有受到保护的保证和不受打扰的实践其信仰的权利。"这片土地不应经购买而应凭要求取得，作为我们留下同他们在一起的条件"，管理者吩咐。"在与首领们谈判时，你要向他们解释我们留在他们中间会给他们带来的好处。"（Typett 1971, 10）管理者认为他们帮了塔希提人一个大忙。

从"达芙号"登陆的牧师和工匠完全是实干家，他们痛恨异教徒和任何即便只是含糊地散发出放纵或不道德气息的事物。他们大体是来自欧洲底层社会的手艺人和技术工人，通常被其同时代人亲切地称为"虔敬的技工"（godly mechanics）。其中大多数人几乎未受过正规教育，却是受彻底的亲身实践的观念驱使的、勤奋好学的人。尽管其中一些人是强大的思考者，但大多数人都循

178

图 40 "因你倾倒的响声，海岛岂不都震动吗？"

资料来源: William Wyatt's *Life in the Southern Isles* (London: Religious Tract Society, 1877).

注: 维多利亚时代传教士对太平洋岛屿在信仰基督教前后的生活的想象。

规蹈矩。他们是努力的劳动者，有主见，没有太多想象力和灵活性。最重要的是，他们相信在英国城市里的有益美德将会在遥远的土地上帮助他们。严格的传教徒是英格兰清教主义或加尔文主义的继承者，他们相信《圣经》是唯一的权威。人类已从恩典中堕落，只能通过信仰之恩典、实践铁一般的自律和大多数苦行的宗教仪规才能获得拯救。尽管他们的精神遗产主要是清教主义的，但是他们认为自己是福音派，相信高度情感化的、个人化的信仰转换是通向恩典的正途。他们不等人们来到教堂。相反，他们在田间和村庄游说，把施加情感体验而非教义知识作为导向教会和主的途径。福音派相信每个人，无论是白人或黑人、欧洲人、非洲人或塔希提人，必须被引领向主。福音派牧师要求人们在家与在外都进行思想和行为上的重新定位，这无异于革命。在家的卫理公会教徒简直是试图在英格兰"从制造业地区连根拔起前工业化的传统"（Thompson 1966, 408）。他们在波利尼西亚也采取同样的信条。

"达芙号"的传教士带着给塔希提社会彻底改变方向的目标抵达。传教士期望塔希提人抛弃对他们传统神明的信仰，放弃他们大部分的宇宙观，并且在脱离有关死亡、婚姻制度及其他曾使其社群紧密相连的多种仪式的情况下生存。他们还想让这些人种植欧洲的作物，成为工匠和商人，利用欧洲的药品和治疗手段。亲属纽带不再重要。每个人都被期望对教会绝对忠诚。艺术、音乐、着装、建筑、村庄布局，甚至食物、衣物和饮料都将被"拯救"和改变以符合确立的基督教准则。

从一开始，传教士认为通过纯粹的坚持不懈和道德权威能够使塔希提人转变其"奸诈且堕落"的生活方式。他们相信，达成它的方法是使这些人被文明化，之后改换其信仰。既然不得不种植自己的食物并学习当地语言，这似乎是一种合逻辑的方法。达成传教工作需要一个和平的环境，这是波马雷政权不太能提供的。传教士通过教波马雷一世及其子波马雷二世（Pomare Ⅱ）读写，以及到访的英国舰船紧密合作来维持其权威。但是塔希提人拒绝聆听他们的布道。1808 年至 1809 年，波马雷二世的领地被其竞争者侵扰（图 41）。传教士们被迫离开前往遥远的澳大利亚新南威尔士州，未达成任何一例改换信仰就放弃了他们的工作。他们出发离开，并告诉波马雷"如果塔希提服从真正上帝的话语，塔希提就不会叛乱，它就不会做有害于你这位国王的事"（Newberry

图 41　马塔韦的休止（罗伯特・斯默克［Robert Smirke］绘）

资料来源: courtesy of the Council for World Mission, London.

注: 1799 年由伦敦传道会委托绘制。塔希提人被描绘成等待主赐福的温顺孩子。斯默克尽力绘制准确。例如，波马雷及其妻子被呈现为坐在他们侍从的背上。只要他们的双脚踏上了这片土地，他们就立刻拥有它。

1980, 35）。

不能确定这些非难是否对波马雷产生任何影响，但即便如此他可能也意识到与传教士合作的政治益处，一种在塔希提的政治流沙中明显稳定的因素。在1811年至1813年间，大约8个传教家庭返回，这一回是在附近的莫雷阿岛。到1815年，15名传教士在那里生活，这一人均牧师分布密度令人震惊，远高过伦敦一些贫乏的地区。他们发现自己教导的人越来越多，其中很多人在岛上举足轻重。尽管波马雷和其他人开始要求传教士接受他们进入教会，但是那里没有洗礼。会友现在处于一个更有力的位置。最初他们不得不依赖波马雷的勉强保护。但是波马雷开始意识到传教士们或许是一份有价值的资源，即潜在的火器、新技术和医疗提供者。波马雷正在处理统治一个厌倦战争的等级化社会所带来的棘手问题，地位竞争和对部落及劳动力的控制是那里持续不断的麻烦。欧洲疾病的灾祸已削减了人口，他们徒劳地转而求助奥罗和其他塔希提神明。由于崇拜者们抛弃了传统礼仪和庆典，很多集会地正陷入损坏失修的状态。对奥罗的怀疑很快在群岛里流传开来。可想而知，对于波马雷，新的神明或许代表了一种应对其灾难的可行的政治性解决方案，传教士们是拥有优先接近上天权力的特权之人。事态在1815年11月达到高潮，为斡旋一系列有关土地的争执，波马雷已从他在莫雷阿的流放地返回马塔韦。他带了一些传教士同行。当国王的敌人发动袭击时，国王和他的武士们正在参加周日晨间礼拜。他们抓起武器击溃了进攻者。波马雷重获了对他曾经领地的控制，命令消灭奥罗及其伙伴，并且接纳基督教作为新的宗教秩序。无可争辩地，这在一定程度上是一个实用的政治决策。

传教士因这些突然的转机欢欣鼓舞，并且声明波马雷的复辟开创了"基督纪元"（Christian Era）。事实上，这一纪元已在数年前开始于莫雷阿，就在那些认识到"不列颠的上帝"（God of Britain）在变化的政治秩序里提供着长远实践优势的人中。波马雷的复辟可能是政治妥协的结果。其领地内的旅行者们发现这位统治者曾经的暴虐权力大大缩减。他不再能分送土地或理所当然地要求进贡。政治权力的席位，尤其是对土地的控制，已经转移到当地首领手中。波马雷的改换信仰填补了塔希提社会内部对新的领导力来源，以及对欧洲人和塔希提人之间政治及宗教中间人的需求。波马雷本人在 1816 年受洗并且建造了一座礼拜堂来庆祝，它是群岛内体量最大的建筑，我们得知它在不足三周内建成。每名劳动力都带来一根柱子、椽杆、橼子或者一把茅草料。教堂建在流经会众的山间溪流上。祭典期间，三场互相独立的布道同时在三个不同的讲道坛进行。波马雷（图 42）带着热忱信奉新的宗教，落后分子被树棍驱赶着到教堂。

波马雷治下的过去六年见证了传教士在一个独特的位置上，出其所望地改变了塔希提社会的面貌。他们暂时成了正确行为的仲裁者，同时作为精神领袖和商品、服务的提供者，在当地社会等级很高。他们控制着唯一的印刷机并且设计了规则，通过测验新成员来决定教堂会众的构成。当波马雷于 1819 年决定在其领地强制实行一部新法典时，传教士们起草了一份包含 19 个章节的规定了所有事务的文件，从"捣乱行为"到通奸和盗窃，规定了刑罚，建立了一个司法系统。法典大部分由协会在伦敦的支持者制定，因为他们宣称它使塔希提归向主。传教士确实与首领们关系紧密并且深深涉入贸易和经济生活。表面上，岛上的生活正剧烈地发生变化。很多当地人穿着欧洲人的衣服，也不再跳传统舞蹈。一些女人甚至剪掉她们的长发，还在安息日停止一切工作。"没

图 42　波马雷二世（Tu-Nui-e-A'a-I-Te-Atua, Pomare Ⅱ）（威廉·埃利斯绘，1819 年）

有火焰被点燃，没有肉类或水果被烘焙，甚至没有树被攀爬……宗教——只有宗教——是这些淳朴的人们在安息日所在意的事"（Stock 1898, 144），两位协会密使高兴地汇报。

　　事实上，传教士对塔希提的控制是脆弱的，这主要是由于传教士们忽视了训导当地人以务神职。教友坚定地认为塔希提人必须在被接受进入教会前就被"文明化"。通常，他们让人以为他们最优先考虑的事是农耕、建立市场和使岛屿开化。他们认为由清教法典和完美主义标准加固的、一个努力工作以营利的个体榜样，将会把人们引领向基督。在实践中，他们成了当地社会的牧师，但他们是有局限性的牧师，以致把很多本土祭司晾在一旁，缺少一种在新秩序中担当沟通角色的基督徒。被忽视的塔希提祭司不可避免地制造出了麻烦。传教士们被不断的故态复萌和当地的预言运动烦扰，它们通过把基督教仪式与"危险"和"不切实际的异端"混为一谈来反抗清教的守法主义。

最初传教士的努力至多是表面上的。在四分之一世纪的传教活动后，塔希提岛上常去教堂的 15 000 人中只有约 2 100 人是真正的教友。传教士们用太多的测试和考察期阻碍了通向圣坛的道路，使转变信仰变得很难。传教站保持着与塔希提主流生活的分离，它们是可以学习读写的场所，亦是清教主义和在悠闲世界中苦行的壁垒。留在教团里的人通常是在塔希提社会没有安全地位的人，被传统生活的解体所释放出来的人。传教士为这些人提供土地和新的社会秩序。就好像他们是当地酋长，他们的受洗是其在陌生世界里社会地位的标志。在晚些时候的几代人中，本地讲道者将会是最有能力解释新的信息，即"逃向耶稣"（fleeing to Jesus）的概念的人，当塔希提人在新秩序里沉向社会底部之时，这些讲道者选定耶稣作为塔希提人的守护神。

传教士的困难由于他们控制之外的发展加剧了。他们会更倾向于保持岛屿与所有到访者的隔绝，但却无法阻止商船，尤其是捕鲸船在此下锚。在 19 世纪 30 年代，每年有多达 150 名捕鲸者在这些岛屿休整。塔希提不再是与世隔绝的地方，并且现在，传教士们不再是塔希提岛上仅有的欧洲居民。逃犯、拾荒者和被社会遗弃的人构成的流动人口徘徊在主要村庄。一些人成为三流小商人，但是大多数人依赖塔希提人生活，直到他们有限的存款被消耗光。有些流犯把自己当作雇佣兵雇给当地首领。他们的回报是食物和女人。十年后，马塔韦海湾西侧9英里（14千米）的帕皮提（Papeete）港有了美国、英国和法国领事馆。1842年，赫尔曼·梅尔维尔（Herman Melville）写道："酋长们和外国居民有品位的大宅位于半圆形的海湾，流露出一种热带的高雅气息，被背景中四处摇曳的棕榈树和深绿的面包果树林渲染。看不到普通人肮脏的小屋，也没有什么有碍于景色的东西。"*（1847, 101）新鲜水果十分充足，离开了乌烟瘴气的水滨的生活足够平静地延续。但存在着一股暴力和酗酒的暗流，以及源自停靠港口的船只的无价值废料的持续易手。性病"太过普遍以至于不被认为是肮脏的"。到了19世纪40年代，传教士对塔希提的控制是脆弱的，不只受到海外商人，还有强权下殖民目标的威胁。最终，法国人以一些天主教传教士受到侮辱为借口，在1843年把塔希提收入他们的管辖之下。

被传教士、商人、捕鲸者以及这时的法国人拖向不同方向后，塔希提人沉入被驯服的冷漠之中。赫尔曼·梅尔维尔愤恨地批评欧洲人的行为，这也并不令人震惊，因为他在一场船上辩论后在帕皮提的监狱里度过了一段时间。他发现当地居民堕入精神萎靡的境地；甚至自我娱乐也成了一种负担。麻烦的是传教士造成了一种文化真空。没有事情能填补塔希提人大量的空闲时间；他们被禁止舞蹈和唱传统歌曲。结果是数百年来的传统工艺，包括建

---

* ［美］赫尔曼·麦尔维尔（又译"梅尔维尔"）著，艾黎译《奥穆》译文："村子呈半圆形围着海湾，酋长们雅致的宅院和外国人透着热带优雅格调的住宅，四处摇曳的棕榈树以及屋子后面深绿色的面包树果林更为之增色。这里看不见平民肮脏的小屋，也没有什么挡住风景。"（北京：文化艺术出版社，2006年，第104页。）

造大型独木舟的技艺被遗忘。肺结核、天花、痢疾和性病造成的人口衰减使塔希提社会迅速瓦解，人们处在强烈的压力下。当天花来袭时，塔希提人谴责传教士向他们许诺却未实现的拯救。塔希提人唯一想要的拯救就是宁静的生活。

尽管传教士们一直在布道，但是旧习俗未被遗忘。梅尔维尔花了一些时间待在偏远的莫雷阿村庄，他在那里发现一位首领愿意表演詹姆斯·库克在四分之三世纪前描述过的某些"嬉戏的"舞蹈。年轻姑娘们由两人带领着围成圈跳舞。"不久，唱起一种陌生的赞歌，她们轻柔地摇摆自己，渐渐地加速移动，直到最后，几个热烈的动作随着震动的前胸和热情洋溢的脸庞，她们将自己的全部精神释放进舞蹈，明显抛开了所有周围的事物。但是很快地平息进此前倦怠的步调，眼神迷离，他们进入一段粗犷的合唱，并且陷入彼此的臂膀"（1847, 241—242），梅尔维尔在《奥穆》（*Omoo*）中狂喜地写道。*

另一幅关于19世纪塔希提人的片段来自法国艺术家保罗·高更（Paul Gauguin）的日志。他沉迷于一个关于热带天堂的梦想，比梅尔维尔晚半个世纪到达塔希提，急切地浸入当地生活。现在，法国人已经征服了这座岛屿并且在这里殖民。高更大吃一惊："当地人，没有事情，任何事情可做，只想着一件事，饮酒……很多奇特而生动的事物一度存在，现在却了无踪迹；一切都销声匿迹了。"（Moorehead 1966, 95）他的绘画把塔希提人描绘为呆滞、无

---

* ［美］赫尔曼·麦尔维尔著，艾黎译《奥穆》译文："不一会儿她们唱起了奇怪的歌声，轻柔地摇摆着身体，渐渐加快了节奏，直到最后短暂的激情高涨时刻，她们酥胸起伏，双颊容光焕发，忘情舞蹈，身边的一切都显然不再存在。但是，不久，她们又放慢速度，恢复到原来舒缓的节奏，停了下来。接着，她们前后左右摇摆着，眼睛打着转，齐声狂歌，搂在了一起。"（第255页）

第十章　上帝的话语　　　　　　　　　　　　　　　　　　　　　233

趣而倦怠的人。高更对岛民之国的深切感受能够从他最为著名的
塔希提画作中体现出来。一位美丽的年轻女孩赤裸地躺在"塔希
提提亚蕾"（*tiare tahiti*）花瓣围绕的床上。她倦怠地凝视着虚空。高
更在画布上留下一个英文单词："永不复还"（"Nevermore"，图 43）。

1881 年，法国政府正式吞并了塔希提及群岛作为法国的一部
分。那时的国王每年被给予 6 万法郎的养老金。他向法国割让塔
希提及其他领地作为交换，条件是他保有对司法的"所有小事"
和"所有与土地相关之事宜"的权力。这些条件没有出现在法国
议会通过的协议中。在用白人官员和警察逐渐取代旧贵族的同化
和土地登记试验中，塔希提和莫雷阿首当其冲。结果就是一场吞
没了当地法庭的诉讼洪流，其中大多数都关于地权。只有很少一
部分旧贵族家庭使得法律和法庭为其服务，因此只有相对少量的
土地在殖民时期开始的几十年里疏离掌控。对塔希提人而言，在
两千多名欧洲移民中进行社会流动的关键是使用英语或法语进行

图 43　永不复还（保罗·高更绘）

资料来源: courtesy of the Courtauld Art Institute, London.

　　　　　　　　　　　　　　大发现四百年

的贸易、职业或教育。极少有塔希提人参与殖民管理，并且全部都反抗被欧洲文化彻底同化。大多数人接受了基督教信仰，但这通常只覆盖在古老信仰和迷信的表面。

　　一些相对知性的塔希提人唠叨着消逝的过去，将其作为逃避不确定现实的方式。他们面对着当地官员和传教士的淡漠，收集口述传统和宗谱；今天，这些传统对早期塔希提社会是无价的宝库。大多数欧洲人身处在塔希提是法国岛屿，并且在稳定地同化入西方世界的错觉中。但是很小部分敏锐的到访者意识到法国文化和政府的印记只是表面和名义上的。其中一些人为寻找原始事物而造访了波利尼西亚，另一些人恋旧地寻找着早期探险者传说中的南太平洋伊甸园，但是他们失望了。正如高更写的："永不复还。"

"持续的消逝"

　　一个世纪的殖民治理对塔希提社会造成了深远影响。对很多人而言，塔希提成为逃避欧洲文明的压力的象征。这座岛屿成为富于想象的小说家和游记作者的作品背景。政府对接临时到来的移民越来越严格。海滩流浪者的时代结束了。替代地，欧洲和亚洲移民很快扎根于群岛内的经济系统，这也使群岛越来越多地依赖外国市场。移民与塔希提人通婚，持续了一种可追溯到西方人早期接触的异血缘交配的传统。同时，本土的塔希提人口在经历了1918年世界范围内流行性感冒的灾难性暴发后稳定下来，并开始急剧增长。零星的基础教育的影响、增长的岛内土地压力和现金经济缓慢但影响深远地改变着塔希提社会。

一位在 1926 年周游塔希提乡村地区的传教士发现塔希提人，曾经的土地拥有者们，慢慢地让自己归入岛屿社会里一种屈从的地位，沦为纯粹的雇佣劳动力。他指责与欧洲异血缘生育的世代和近来的中国移民。有一半塔希提血统的人保留了他们对土地的权利，但是与掌握着经济强权的白人密切合作。通过数年对土地买卖的熟练操纵，他们获得了可观的财富。塔希提原住民趋向于留在社会底层。

在 1961 年至 1964 年间，心理学家罗伯特·利维（Robert Levy）花费数月时间生活在两个塔希提社群里，一个是乡下村庄，另一处是帕皮提的城市飞地。他发现，在乡村群落年长成员的一生中，曾有一个更新替代的进程，本地产品被购买于帕皮提当地中国商店的、大量生产的进口商品替代。利维记录下年长群体如何回忆在当地材料制成的房子中的生活，以及坐在地上，用树叶做的盘子吃饭，从椰子壳中喝汁。有些人甚至记得如何用老旧的太平犁和燧石生火。

利维观察到基督教在村落生活中有中心地位。新教教会是大量社群生活的焦点，因为去教堂和与之相关的活动构成了村民的大量休闲时光。教会事务的重要性仅次于谋生。牧师在社群中是有影响力的人物，深深地参与进当地政治决策的制定和家庭道德的仲裁。他以讲道抨击醉酒、通奸、赌博和任何形式的反家庭行为。表面上，早期传教士严苛的清教伦理，及其包含地狱之火的含蓄威胁和对罪人的诅咒，已经深刻地影响了乡村生活。这种伦理从一开始就猛烈地发起冲击。早至 19 世纪 20 年代，传教士威廉·埃利斯汇报这些人放弃了他们喜爱的娱乐如"战争、异教崇拜和无聊消遣"。在 19 世纪 90 年代，另一名到访者写到环境被染上忧郁的色彩。塔希提人被禁止跳舞，看起来无聊且又倦怠。他们不再快乐且无忧无虑。就好像生活对他们不再有意义。

　　岛民们的信仰转变导致了意义和目标的普遍崩塌，直至堕落。随着时间流逝，有意义的、新的生活方式发展为对新宗教的适应和可接受的行为模式。但是清教主义的阴影在20世纪60年代依旧笼罩着利维的社群；除了去教堂，偶尔观影和饮酒，成人只有很少的娱乐活动。这些与惯常的流言和村落圈子一起，为安静乏味的日常生活提供消遣。大多数成年人似乎已接受传教士的教条，即娱乐、游戏和消遣是属于儿童而非社群的成熟成员的。

　　利维在1970年回到这个社群，发现了更多深刻的改变。最后几处塔希提房屋变成了混凝土和铁屋顶筑成的寓所；村庄里有卡车和发电机。社群中很多没有土地或特殊地位的人投身城市的繁荣经济谋生，这是由核试验项目和乘喷气客机到来的游客带来的繁荣。村庄里满是孩童，但很多讲法语而非塔希提语。他们通常笑话旧习俗。他们似乎也等待着离开，去获得衣服、金钱和摩托车。甚至是他们的教育都与塔希提观念大大相异。利维引用了一对城市化的、讲法语的伴侣的话："孩子总能从他们的朋友身上学会塔希提语。"事实上，他们的朋友也讲法语。对西方技术和现金经济的崇拜最终损害了一个半世纪以来清教徒布道未成功做到的事情——这个社会的基础价值观，以及在当中兴旺的关系紧密的村落家庭。

187

第十一章　火地岛人

看着这些人，很难相信他们和自己是同类，是同一世界的居民。天赋不足的动物能享受怎样的生活乐趣，是个常被猜测的主题：带着尊重向这些野蛮人问同样的问题，似乎更加合理。[*]

——查尔斯·达尔文，《贝格尔舰环球航行记》（ *The Voyage of the Beagle*, 1839 ）

塔希提传教团向南太平洋进发时，正值强大的、新的政治和社会力量开始在西方生活中发挥作用。这些将会对欧洲人看待非西方世界的态度和观念产生重要影响。

1776 年的美国《独立宣言》使欧洲人的注意力集中在有关自由和社会权利的基本问题上。"不言而喻"的真理，即所有人都生

---

[*]《贝格尔舰环球航行记》的其他中译本可参考 ［英］查尔斯·达尔文著，李绍明译《不可抹灭的印记之贝格尔号航海志》译文："看着这些人，你不敢相信他们和我们自己乃是同类，生活在同一个世界上。人常会猜测，某些低等动物，有何生趣可言：现在，把这个问题，转到这些野人身上，岂不更其恰当！"（长沙：湖南科学技术出版社，2014 年，第 225 页。）

而平等并且享有"不可剥夺的权利",尤其是"生命、自由和追求幸福",凸显了奴隶贸易在一个致力于自由之理想的社会中日益繁荣的可怕悖论。有关政治和社会权利的辩论席卷了13个殖民地和欧洲。奴隶制度及对它的反抗在民主革命的几十年中是非常重要的部分,将会把西方世界的政治形态改变得面目全非。欧洲与非西方世界之间持续变化的关系及其对后者的看法无法回避地被束缚在对奴隶贸易的持久辩论和争议中。

早在16世纪,英国冒险家就曾在非洲进行奴隶贸易,把奴隶转运至加勒比海的西班牙定居地,之后去往他们自己国家在北美的殖民地以及位于西印度群岛的新糖料种植园。在17世纪和18世纪,英国把奴隶贸易和奴隶制的经济与社会地位提高到新的水平。加勒比奴隶种植园为欧洲市场生产主要的热带产品,并且被美化为农村环境中的前工业化组织。它们消耗廉价而易于雇佣的劳动力,这种方式在19世纪的欧洲和北美变得司空见惯。在18世纪80年代晚期,欧洲国家每年从西非出口至少75 000名奴隶。利润以数百万美元计。直到18世纪,奴隶制被接受为一种社会性的生活方式,几乎没有人挑战这个制度。

1776年,整个奴隶制问题越来越多地处在公众审视之下,部分是因为在英国和北美的废奴主义者日益施压,某种程度上源于为人熟知的贵格会对黑奴制度的厌恶。废奴协会创立于1778年,迅速成为国际上抵抗奴隶制和奴隶贸易的先锋。废奴主义者决心使奴隶制度成为一项主要的政治议题。他们中的很多人是福音派信徒和不信英国国教的新教徒,他们坚信人类尊严的原则和上帝的话语。18世纪晚期新的、激进的意识形态与美国和法国大革命中的激烈事件助推了反奴隶制情绪。美国激进分子托马斯·潘恩是崭新政治意识形态的提倡者,这种思想要求所有人享有同样的权利，无论肤色或地位。英国漫长的议会和公众斗争在 1807 年奴隶制废除和 1833 年到 1838 年间的奴隶解放中走向高潮。这些发展来自国会的立法举动，但同时是复杂的社会和政治进程所造成的。反奴隶制宣传使公众更大程度地认识到非西方世界，并且鼓舞了最初的、在世界的远方角落改善原住民社会困境的人道主义尝试。

对 13 个美洲殖民地的损失和围绕奴隶制度辩论的高涨，伴随着英国人口激增，恰逢在欧洲开始的第一次工业增长的爆发。海外扩张活动的时机已然成熟。美洲殖民地的脱离标志着贸易和扩张时代的末期。英国机遇的衰落只是暂时的，随之而来的是迅速的恢复、政治改良，以及重新恢复的、对收回其在世界其他地区损失的决心。历届英国政府开始在别处寻找殖民地。这反驳了一种早期的理论，即帝国把握住自有一套经过平衡的财产这一可取方式，因此奴隶、供应品和海运能以一种综合商业系统的形式运作使祖国获益。一旦拿破仑战争给予皇家海军对海洋的控制，继续探险的动力和殖民定居就加速了。

191

"沃土荒芜"

相比库克船长时代，1815 年的世界已是一个更为人熟悉的地方。空谈旅行家和政府官僚能够利用大量的旅行者故事来了解远方的人群和地域。托马斯·阿斯特利（Thomas Astley）的《新航海与旅行总集》（*New General Collection of Voyages and Travels*）在 1745—1747 年间面世，四大卷仔细编辑的源自探险者报道的摘录是其中的基础内容。庞大的 65 卷本《通史》（*Universal History*）在 1736—

1746 年出版，有近乎三分之一的篇幅讲述了非西方世界的历史。对西非等地当地居民的描述包括了其行为和风俗，并且通常不准确，经常显露出带有种族优越感的评判。但这些和其他同类概略是理解其他种族的严肃而有抱负的尝试，而在 19 世纪早期，伴随着这类尝试的宽容心态和兴趣渐渐地被消解。

这些综合性著作通常根据自母国向住在西非等地的人发放的调查表加以详述。西班牙印度群岛议会早在 1517 年为新殖民地制定对印第安人的政策时就采用了这种方式。调查表只是故事的一部分。官员、好奇的旅行者和学者似连续不断的潮流般带着新的田野信息返回欧洲。受因塔希提而著名的约瑟夫·班克斯等渊博杰出人士的影响，科学探险在 18 世纪晚期流行开来。班克斯、分类学家卡尔·林奈及其他科学家鼓励年轻的博物学者去热带非洲、澳大利亚和其他遥远的地方旅行。他们的研究远远超出动物和植物。其中一些人研究"人类的自然史"，或思虑再三的"更简单状态中的人类本质"。班克斯及其同代人比仅仅鼓励人们进行海外研究做得更多。他们在一些组织中活跃着，如成立于 1788 年的促进非洲内陆考察协会（the Association for Promoting the Discovery of the Interior Parts of Africa）和非洲协会（the African Institution）。后者是一个福音派人道主义协会，是在 19 世纪早期的几十年中形成的压力集团之一，关注奴隶制和愈演愈烈的原住民社会的待遇。

来自欧洲旅行者和科学家的有关非西方世界的报告质量不均。旅行书总是很畅销，因为作者的写作既为传递信息也为愉悦。壮观的节日、人牲献祭、异域婚俗、战争和"猪似的"饮食习惯都是作者的素材。报告常常强调非西方社会生活中最令欧洲人反感的部分，并且趋于鼓励种族隔离的概念。朦胧的放荡总是被热切地接受，非西方宗教通常被作为救赎之外的盲目崇拜和异教被摒

192

弃。其中一些记述一般被用于为奴隶贸易提供辩护，把人描述为野蛮人或几乎等同于动物。

除了与美洲印第安人和印度不同族群往来了几个世纪，欧洲人总体上还是非常忽视非西方社会的，因为很多与他们的接触发生在已知世界的边缘。直到1783年英国失去美洲殖民地以后，本着总体改良和提升人道主义关怀的态度，历届英国政府发现自己不得不去考虑他们与非西方社会的关系问题，把它作为当务之急。

这种关切首先聚焦于西非人，因为人道主义者不得不努力处理种族问题以改良政府的政策。无数科学和伪科学的文献被用来仔细分析非洲人。在学术高墙的一边是医生爱德华·兰（Edward Lang）等作者，他在1774年把非洲人描述为一种"粗野、愚昧、懒惰、狡猾、阴险……并且迷信的族群"。他们在"思想能力"方面是低劣的，还有一种"野兽般恶臭的气味"。他声明他们是与欧洲人不同的物种，分别是上帝创造的两种人。他把黑人和动物联系起来，直至依照比例为不同的非洲部落划分等级，把科伊科伊人放置在底层，而西非人和埃塞俄比亚人接近阶梯的顶层。兰非说不可的许多言辞是典型的种植园主-殖民者（planter-settler）的修辞，直至20世纪都在殖民领域里司空见惯。但是兰被视为一名科学家，因此他的种族主义观点广泛流行着。他和其他多元发生论者的作品，很好地符合了在欧洲人中间新兴的种族和文化自豪感。在外盛行的关于黑人性能力的谬见对此推波助澜，黑人被宣称有无法满足的性嗜好和过分大的阴茎。只有极少数科学家提出非洲黑人是单一、一体的人类的其中一部分。

非洲人或许在生物学家手中遭遇凄惨，毕竟后者正沉没在科学上的无知里，然而他们在通俗文学中的境况要好得多。18世纪60年代，高贵的野蛮人在英格兰是非常流行的文学题材，塔希提人和美洲印第安人在文学中被赋予尊贵的地位。非洲人几乎被默认具备高贵品质，被认为是贴近大自然而生的质朴、田园式的人。由于反奴隶制运动获得了同情和文学界名人的支持，非洲人变得更加高贵了。当然，没有思想认为非洲人与欧洲人平等。毕竟基督教徒无法像对待自己一样平等地描画对上帝话语无知的异教徒。非洲人的高贵是一种文学上的诡计，被设计来强调和他们相比，欧洲文明的不自然。反奴隶制运动用这种策略宣扬"好的非洲人"的观念。

使用高贵的野蛮人这一惯例的人道主义者并不像关心驱逐世上邪恶这个崇高目标一样关心非洲人本身。19世纪晚期英国的福音派教徒和卫理公会教徒不仅认为个人背负罪恶，也相信全体基督教徒有责任奉献其天赋，去解脱他们人类同伴遭受的痛苦。他们应正确地运用自己的天赋以对上帝负责。《教会传教士地图集》（*Church Missionary Atlas*）开启了多年对非洲的描画，把这片大陆描绘为"一个整体上荒芜、悲惨并且充斥犯罪的肮脏之所"。

非洲奴隶贸易自17世纪以来就吸引了人道主义者的注意。他们和废奴主义者认为缺乏"商业"拖住了非洲的脚步。它的人民已经走入农业阶段。现在，他们需要正当贸易来帮助他们前进得更远。欧洲商人可以带着他们的产品来到非洲，出口那里丰富大量的原材料。这种贸易不仅能减少悲惨境遇，还能使所有相关者获益，最重要的是，通过贸易增长的成功，证明加尔文主义者和福音派的信条，即美德将会在现世与来世获得回报。

少数新贸易的倡导者比只希望简单替换商业形式的人更进一步。重商主义者马拉奇·波斯尔思韦特（Malachy Postethwayt）在1757年提出，欧洲人应当搬迁并开垦土地。"沃土荒芜，一个极为广大的国家，令人愉悦的河谷，江河沿岸，广阔的平原，能够通过耕作获得难以形容的利益，仍存在广阔的可能性，尚未被关注和开垦：为什么欧洲人不圈起这些土地用以耕种，既然它们的属性和情况适于可享利益的生产？"（Curtin 1964, 70）他的文字预兆了欧洲人向远方土地的广泛扩张，以及始于工业革命激昂开端且延续至今的移民。

火地岛的雅甘印第安人

拿破仑战争的结束，见证了英国作为广泛贸易网络的中心连接起欧洲与全球各个角落，在世界范围内对海洋形成控制。这是一个新的、工业化的世界，即将被科学、技术和欧洲知识及其对人类多样性的体察等惊人进步所改变。崭新的和平时期的责任使皇家海军的舰船去往最遥远的多岛海区和群岛，开展耗时数年的详细调查探险。很多20世纪晚期的航海图记载着默默无闻的海军中尉和测量员的名字，他们在小船中勇敢地应对各种天气条件，为跟随他们脚步而来的商船准备海图。测量船长掌握有关他们将要遭遇的人群的概要信息，是实用主义培养出来的——严厉、实际的海员，也稍有浪漫情怀，但是常常有强烈的、引导他们做出非凡行动的宗教信念。其中之一是皇家海军"贝格尔号"的罗伯特·菲茨罗伊船长（Captain Robert FitzRoy），他将使福音派信徒和人道主义者面临一场复杂的精神和智力的两难处境：应该试图使显然"原始的"、没有比动物好过多少的族群文明化并令其皈依么？

罗伯特·菲茨罗伊在被指派指挥"贝格尔号"时只有23岁，受命测量南美洲南端的麦哲伦海峡。不过他已经是一名经验丰富的海员了，因其做事全神贯注而名声在外，也拥有科学勘察的天赋。他还是一名热忱的基督教徒和热切的基要主义者（Fundamentalist），他相信《圣经》中绝对的历史事实。

菲茨罗伊在 1829 年 4 月抵达麦哲伦海峡（图 44）。他立即开始了一系列漫长的乘船旅程，探索通往大西洋和太平洋之间这条世人所知甚少的危险水道的海峡谜团。他很快就接触到看上去过着最原始、悲惨生活的印第安部落。这些是"我最早遇到的野蛮人"，他写道。菲茨罗伊并未对其留下深刻印象，并且把他们同他曾见过的因纽特人的图片进行对比。"他们相貌不佳，但是

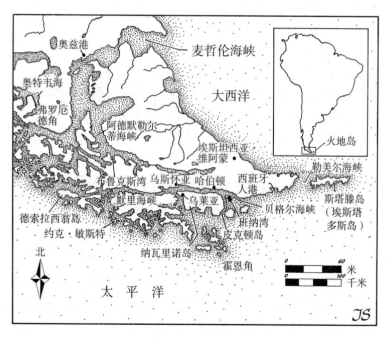

图 44　火地岛地图

资料来源：杰克·斯科特绘制。

第十一章　火地岛人　　　　　　　　　　　245

独特，如果相面术可信的话，它预示了狡猾、懒惰、极度消极、智力缺乏和对能量的渴望"（FitzRoy 1839, 23—24），他评论道。他还评价了印第安人较小的头。"那里有，"他观察到，"对于颅骨学学者而言非常少见的隆起。"很快地，"贝格尔号"受命测量火地岛上的太平洋港口，这是一个把菲茨罗伊带去与雅甘（雅马纳 [Yamana]）印第安人接触的任务，那些人生活在现在以他的船为名的巨大海峡的海岸地带。

在菲茨罗伊到访的时候，雅甘人可能有大约8 000人。他们是矮胖敦实的族群，有纤细的双腿和平均五英尺（1.5 米）的身高。他们属于最矮小的美洲印第安人，躯干在身高上的占比高于腿部，这无疑是对其依赖独木舟而生的生活方式相适应的结果。他们深色的脸和粗糙的头发令早期探险者陷入疯狂的战栗。菲茨罗伊自己提及了他们"最糟糕描述中的恶毒措辞"。

考虑到他们生活环境的气候，雅甘人穿的衣服可能比世界上任何人的都要少。男人（图 45）和女人都时常赤裸着，女人们有时穿戴一条小的阴部遮挡物。他们经常使用海豹皮和海獭皮披风，延伸至腰部。坚硬、不易变形的皮料用皮带系在他们的胸上，在寒冷的天气里穿在身体的迎风面。海豹皮便鞋用草填充来保暖。印第安人用羊驼皮做的手镯和脚镯，还有贝壳或鸟骨做的项链来装饰自己。他们用带有象征意义的点线标记装饰自己的面部。

雅甘人生活在最简易的、把柔韧的树苗弯曲成圆锥体而建成的棚屋里（图 46）。夏季，它的框架会被草、灌木或其他适用的材料覆盖。在寒冷的季节，他们用缝纫过的海豹皮覆盖上厚厚一层。这种覆盖物太过厚重，通常分为数片，用独木舟转运而来。两个及以上关系紧密的家庭会生活在同一座冬季棚屋里。为了保持他们房屋的温暖，雅甘人会在地面上挖一个空洞，做一个大约

图 45　特基尼卡（Tekeenica）部落的一个火地岛人（"贝格尔号"探险中的艺术家康拉德·马腾斯［Conrad Martens］绘）

资料来源: Robert FitzRoy's *Narrative of the Voyage of the Beagle*, vol.2, Frontispiece.

图 46　雅甘印第安人在他们的屋旁（法国科学考察队［French Scientific Expedition］摄，1884 年）

两三英尺（60—90 厘米）深的坑。坑内可以生火，因此热气向矮屋顶升腾。居住者睡在更高的水平面上，贴在地面上蜷缩起来保持温暖，抵御冬天的狂风。菲茨罗伊还描述了印第安人因棚屋中渗入的烟而红肿的眼睛。

　　雅甘人非常依赖他们的独木舟谋生，它们制作精良且适于航海，很大的优点是能用最简单的工具进行制作。他们要在这些独木舟上度过大量时间，所以要在环绕船只的黏土台上持续生火。菲茨罗伊一行到访者与坐在前面火塘和长矛之间的男人们一起抵达，这些长矛躺倒在弓里，准备用于对付海豹。女人们会坐在火后面用桨划船，而孩子们和狗一起挤在船尾。每条独木舟载着两个或更多船桨、长矛、渔线和网，也有篮子和最有用的装备——

197

一个树皮水斗。大多数村庄位于优质沙滩的最前端，这样独木舟能方便地在沙滩登陆，或进入掩蔽的、海藻成片的海湾，那里填满巨大海藻的简易航道被用于放置易损的树皮船。

雅甘人的生计非常依赖海洋哺乳动物、捕鱼和贝类。他们的环境足具多样性，这使他们能及时获得充足的食物来"缓冲"短缺。但是食物供给的季节性和不同分布使他得在领地里保持不断地移动，然后又年复一年地回到同样的地区。他们徒手从掩蔽的小凹谷里的礁石上撬下贝类，时而使用骨制和木制的刮刀或凿状长矛。大型贝丘集聚在地理位置优越的地方。女人们会潜水寻找水下贝类，这是一种同样见于塔斯马尼亚人的劳动分工。

像其他大多数狩猎-采集者一样，雅甘人的工具箱既简单又很轻便。他们的狩猎和捕鱼技术在很大程度上依赖于带倒钩的长矛、投石器和棍棒，还有弓和箭（图47）。技巧娴熟的人能够用一块石头就打昏飞行中的鸟。他们是使用陷阱、网和鱼竿鱼线，以及用沉重棍棒打昏沉睡中的海豹的专家。最重要的人工制品是火。每个群落会携带至少一块阴燃的木头。女人们用当地的草编成篮子，用于盛放浆果、储存食物。在夏季，他们会采集可食用的浆果和菌类。后者被放在枝条上晾干并储存以供冬季使用。树皮器皿用作简易的水桶和水斗，而大海贝用作长柄勺和饮用器皿。

雅甘人被组织进仅囊括几个家庭的营居群。由于沉重的房屋覆料需要至少两艘独木舟进行搬运，两个或更多家庭趋向于一起移动。尽管有少数几个祭司-萨满（priest-shamans）在群落生活中担任重要角色，没有任何一个人比其他人有更大权威。存在着扩展至单一群落有限范围之外的亲缘纽带，它们导致了一些婚俗上的限制条件。雅甘人有时从其他营居群中俘获女人并且趋向于相当频繁地更换妻子，这种行为被一位人类学家称为"渐进式多偶

198

图 47　雅甘印第安人捆扎矛头（法国科学考察队摄，1884 年）

制"（progressive polygamy）。雅甘人是一个好争论的族群，长年为女人、猜想中的侮辱或某位亲属的死亡争吵不休。有时，这些口角会激发个人或群落间使用长矛、投石器或棍棒的战斗。

就像科伊科伊人和塔斯马尼亚人一样，雅甘人被欧洲人认为没有宗教，事实上他们拥有一套内容丰富的精神信仰。很多雅甘宗教和礼仪生活遗失了，但是他们的环境被无数神灵占据，大多数是恶意的。雅甘人的世界由一位名叫"瓦塔乌因内瓦"

（Watauinewa）的至高存在所统治，他掌控食物供给，也是生与死的代理人。萨满则作为人世和灵界的中间人而活动。雅甘人拥有神话和传说故事的丰富源泉，这给他们的自然环境提供了一个解释性的背景。他们的入会仪式在开放式的大穹顶屋进行，屋内有彩绘装饰。年轻入会者被迫禁食、不能睡觉，还被指导采集食物和狩猎。很多这样的谢奥（*shiehaus*）仪式包含唱歌跳舞，间或有持续数日的伦理和宗教指导。有些人的一生中会多次经历这种仪式。男人常参与另一个仪式，他们在其中被教授部落知识，还经受严酷考验以测试其面对痛苦时的适应力。早期到访者评论过，雅甘人的一个突出特点是他们对欧洲船只及其技术奇观表现出明显的淡漠。这或许是因为他们被教育过要对食物、水源短缺以及不安表现出隐忍。可以想象，雅甘人对欧洲人显见的淡漠只是因为长期规训而表现出沉默寡言的结果。

雅甘人可能已形成一种令人钦佩的、对严酷环境的适应性，它在数千年里切实可行，但是菲茨罗伊及其军官被其显然是痛苦的、异教的生存方式所震惊。查尔斯·达尔文在"贝格尔号"返回印度群岛的 1833 年随船到了火地岛。"四五个男人突然出现在靠近我们的悬崖上；他们全身赤裸，还有长而飘逸的头发。他们从陆地上涌现，手在头附近挥舞着，发出可怕的大叫。他们的外貌太过奇怪以至于几乎不像是地球居民。"（Keynes 1979, 104）他发现印第安人是时而令人烦恼的、几乎无可救药地带着毁灭性武器的人。达尔文表达出很多曾见过他们的人的感受，他评论道："在对待野蛮人时，欧洲人苦于自己处于极为不利的位置，直到致命的火器带来残酷的教训。"（Keynes 1979, 105）即便对传教士中最虔诚的福音派教徒和人道主义者，火地岛人都无疑构成了一种难以企及、不可能为之的挑战，而菲茨罗伊却跃跃欲试。

菲茨罗伊和火地岛人

随着"贝格尔号"在 1829 年向南行进，菲茨罗伊遇到一些印第安人的小群落，他们远没那么亲切友好，并寻求刀具等使用工具而不是无用的小玩意。他们偷偷摸摸的，在一天夜里偷走一艘测量船。菲茨罗伊以抓捕犯人和毁坏他能找到的所有独木舟作为反击。他的大多数俘虏都跑了，除了三个孩子，他设法把其中两个安置到更友好的营居群里。第三个是一名大约八岁的女孩，她在船上特别开心以至于他把她作为丢失船只的抵押，还下决心教她英语。菲茨罗伊曾有时间仔细考虑掌控火地岛人的最好办法。他觉得语言是与他们交往的关键。直到找到能与火地岛人进行日常沟通的方法以前，不存在"任何微小的在我们的评价体系中提升他们低微位置的机会"（FitzRoy 1839, 26）。因此他决定捕获更多的印第安人，训练他们成为翻译。

几天后，一小群印第安人乘他们的独木舟造访了舰船。菲茨罗伊把他们驱离"贝格尔号"，因为有理由害怕他们会尝试偷窃所有他们看到的东西。随后他跟在一条独木舟的一侧，并且命令独木舟中的一名男子登上他的船。这名印第安人毫无畏惧地坐了下来。他的同伴表情淡漠地划走了。菲茨罗伊有些惊讶于这一俘虏过程的轻松，他用保护了下锚地的海角的名字"约克·敏斯特"（York Minster）来命名他的人质。这名年轻男子一开始有些不高兴，但很快就因吃得饱和能在甲板自由活动而开心起来。他和小女孩处得很不错，后者迅速成为船组的宠儿。他们根据一条奇形怪状的篮子似的船给她取名为"弗埃吉阿·巴斯克特"（Fuegia Basket），被偷走的捕鲸艇船组曾临时利用那条船回到"贝格尔号"。第三名人质很快被加入进来，是一个马上被命名为"博特·梅默里"（Boat Memory）的年轻男子。

一开始菲茨罗伊计划让他的俘虏在相邻的地域登陆，但他很快发现这些俘虏很惧怕他们的邻居。弗埃吉阿·巴斯克特在他们的独木舟来到附近时发出尖叫并把自己藏起来。因此虔诚又畏惧上帝的菲茨罗伊决定，最好的解决办法就是把这些火地岛人一起带回英国。他们会受到基督教的教育，被指导过文明的生活，然后回到他们的家乡使其印第安同伴改变信仰。这是一个了不起的计划，源自最崇高的动机，却也将会产生可怕的后果。为了把他的潜在皈依者群体打造得更完美，菲茨罗伊用一枚硕大的珍珠母纽扣买了一个14岁的男孩。为了纪念他的售价，他被命名为"杰米·巴顿"（Jemmy Button）。²⁰¹

在回英格兰的路上，菲茨罗伊有足够的机会研究受他照料的人。他因他们的智力和潜能受冲击。男人们给他留下深刻印象，但是他谈到弗埃吉阿·巴斯克特是"一个令人讨厌的未开化人类天性的标本"。人们会好奇火地岛人第一次看到英格兰时想的是什么。我们得知，当法尔茅斯港（Falmouth Harbor）的蒸汽船喷出蒸汽声，搅动着经过"贝格尔号"时，他们被眼前的景象惊呆了。

菲茨罗伊采取了特殊的预防措施来确保他照看的人得到悉心照料，保护他们远离感染疾病的危险。他让他们在夜里登陆，为他们安排接种天花疫苗，把他们的膳宿安排在远处乡村的农舍，他们在那里能享受更多的自由。同时，他收到了海军部的保证，火地岛人将会在适当的时候被送回故乡。尽管有各种预防措施，博特·梅默里感染了天花，死于普利茅斯的海军医院。菲茨罗伊非常烦闷，但继续推进着教育其余火地岛人的计划。在冗长的通信后，他为了他们在伦敦城郊沃尔瑟姆斯托（Walthamstow）教区的住所与教会传教士协会（Church Missionary Society）达成一致。

他们住在当地校长的房子里，后者负责教火地岛人英语和"更简单朴素的基督教真理"。他们学习"使用普通工具"，基本的农耕、畜牧和基础木工。他们的教师收集有关火地岛风俗的词汇和信息，以便日后在火地岛的传教工作。

从 1830 年 12 月到 1831 年 10 月，这些火地岛人安静地在沃尔瑟姆斯托生活并继续他们的教育。他们去拜访威廉四世国王并受到召见。国王和王后被弗埃吉阿·巴斯克特"俘虏"了。阿德莱德王后（Queen Adelaide）给了一顶软帽、一枚戒指并给了一些钱让其返乡购买衣物。火地岛人对这次会见的反应未被记录。直到 1831 年他们都留在英格兰，菲茨罗伊在那年再次被派随"贝格尔号"出发，这次著名的世界航行是为了重新恢复对南美洲勘察，并将永远改变生物学研究面貌。

当"贝格尔号"在 1831 年 12 月离开普利茅斯时，它载着火地岛人和一名年轻的传教士理查德·马修斯（Richard Matthews）。

教会传教士协会意图展开在火地岛人家乡地域的传教。马修斯带着一大批陶器和家用品乘"贝格尔号"抵达。显然，他或他的赞助者都对他们即将面对的局面一无所知。菲茨罗伊自己可能明白，但他的宗教激情使他毫无耐性，丝毫不理会任何可设想到的困难。

"贝格尔号"在 1832 年 12 月中旬到达火地岛。菲茨罗伊主要的目标是把他的印第安人送回家乡。当他们接近家园的时候，约克·敏斯特宣布了他要和弗埃吉阿·巴斯克特结婚的想法。杰米·巴顿已经成为十足的伦敦公子哥，总是漂亮地穿着时髦的衣服。火地岛人决定他们会一起在杰米的故乡生活。菲茨罗伊欣然同意，理由是这简化了他的行动。

在数周的暴风雨天气后，菲茨罗伊和达尔文乘小船出发，前往位于贝格尔海峡外默里海峡（Murray Narrows）附近的杰米·巴

254　　　　　　　　　　　　　　　　　　　　　　大发现四百年

顿的村子（图 48）。由四艘小船组成的航队载着传教士和所有建立定居点的必要供给。返乡的火地岛人嘲弄了一些他们遇到的当地人，叫他们"大猴子"。他们的思想在这离开的三年里所改变的程度令人惊诧。在这群人行过海峡的时候，火焰在各处被点亮，火地岛人的营居群对着船队叫嚷、打手势。当菲茨罗伊建立起良好关系并展开贸易时，印第安人变得纠缠不休，指着所有东西，无论大小，重复着单调的歌"给我吧，给我吧"（"Yammerschooner, yammerschooner"），这是他们遭遇到访船只时通常使用的冗长絮语。

图 48　皇家海军"贝格尔号"在默里海峡，火地岛（康拉德·马腾斯绘）

杰米·巴顿引导小船们进入一个优美的叫作"乌莱亚"（Wulana）*的小海湾，他的族群常到访那里。"贝格尔号"的人们被载满了叫喊着的火地岛人的独木舟簇拥着。菲茨罗伊把马修斯

---

* 根据后文内容，此处原文有误，应为 Wulaia。

带到海湾登陆，花了五天为随行人员建立棚屋并卸载物资。他在小定居点周围做了界标，为蔬菜挖了菜圃。好奇的火地岛人没有做任何事阻碍这项工作，但是试图盗窃一切他们能偷的东西。菲茨罗伊安排了一场壮观的步枪火力展示来震慑这些观察者。"日落时他们如常离开，看起来非常严肃并认真交谈着"，他汇报道。

杰米到达一天后，他的家人出现了。长久期待的会面是不顺利的。他母亲勉强地瞥了他一眼。他的姐妹跑开了，而兄弟们四处走动，一言不发地盯着他看。杰米非常失落，更多的是因为他忘记了自己的语言，只能用支离破碎的英语同他的兄弟们交谈。但是女人们非常关注弗埃吉阿·巴斯克特。大约120名火地岛人观望着营地的准备工作。第五天，他们突然消失了。一些海员担心一场突袭即将来临，因此菲茨罗伊留马修斯和火地岛人自己在营地，他在一处邻近的海湾下锚。在他第二天返回时一切都很安静，因此他在确认马修斯已经在他的棚屋底下埋藏了他最有价值的物品后，开始了一场前往贝格尔海峡西侧地带的测量旅行。他在九天后返回，被一些当地人穿着欧洲人衣服的景象所警示。他发现营地变为废墟。马修斯活着而且没有受伤，但是菜圃遭到了蹂躏，聚满了披着英国人衣服碎片的火地岛人。船离开三天后，火地岛人就来了，在抢夺马修斯财物的时候非常粗暴。只有埋在棚屋底下的贵重物品完好无损。杰米失去了他的大部分财产，但是弗埃吉阿和约克·敏斯特没受到打扰。或许他们和抢劫者是同盟。

很显然，如果马修斯被留在陆地上就会死亡，因此菲茨罗伊不情愿地带他回到"贝格尔号"。他把火地岛人留在定居地。当他11天后返回时，一切无恙。火地岛人仍旧穿着他们的欧洲衣服，正在制造独木舟。菲茨罗伊稍稍放心地动身前往巴塔哥尼亚

（Patagonian）海岸和福克兰群岛（马尔维纳斯群岛）进行了长达13个月的艰巨调查工作。

"贝格尔号"在1834年3月4日返回乌莱亚。定居地已经荒芜，也没有生命的迹象。随后很快地，三条独木舟接近了这条船。其中一条载着杰米·巴顿，他瘦弱且几乎赤裸，腰间围着一条遮挡物。但是他依旧很开心并且带了一位年轻妻子。他被邀请在船上用晚餐，还为他的朋友们带了水獭皮做的礼物和箭头。显然，约克·敏斯特和弗埃吉阿·巴斯克特已经决定回归自己的族群，也已说服杰米及其家庭同他们一起。一旦他们与朋友们会合，就抛弃了杰米，还偷了他所有的财物。杰米回到乌莱亚，却发现海员们建起的大棚屋四处通风，无法舒适地居住。他似乎非常满意自己的生活方式，没有表现出返回英格兰文明舒适的生活的愿望。

第二天，菲茨罗伊让杰米·巴顿带着礼物回到陆地，深情地与他告别。他令人尊敬的尝试已经失败了，但正如查尔斯·达尔文指出的，也存在某天杰米及其同伴会好好对待遇难海员的渺茫可能性。就像其他很多博爱的探险者将会发现的，他们关注的对象总是偏好过像以前一样的生活。

第十二章　大地尽头的传教士

他们已经被教会跟着你复述那些表达他们通往信仰基督的特定词语，那就足够了。

——帕克·斯诺（Parker Snow），《两年巡游火地岛》（*A Two Year's Cruise off Tierra del Fuego*,* 1857）

罗伯特·菲茨罗伊与火地岛人的冒险伴随着福音派及贵格会博爱主义者对非洲奴隶贸易的长期改革运动的高潮。在1833年奴隶制被废止后，由出身于贵格会的福音派教徒托马斯·福韦尔·巴克斯顿（Thomas Fowell Buxton）领导的同一批改革者把他们的注意力集中在大英帝国弱势群体的待遇上。他们从好望角地区开始，那里的科伊科伊人和黑人的待遇是19世纪20年代和30年代受人道主义者关切的问题。1834年，巴克斯顿成功地游说议会原住民特别委员会（Parliamentary Select Committee on Aborigines）开展调查，其中包括"应带有尊重地采取什么措施

---

* 该书原名应为 *A Two Years' Cruise Off Tierra del Fuego, the Falkland Islands, Patagonia, and in the River Plate: A Narrative of Life in the Southern Seas*，即《两年巡游火地岛、福克兰群岛、巴塔哥尼亚和普拉特河：南部海域生活札记》。

应对位于英国殖民地的该国本地居民，还有邻近部落，以确保其应得的司法公正和对其权利的保护；以提升文明在他们中间的传播，并带领他们走向基督教和平、自发的接纳"（Stocking 1971, 369）。

1837 年，特别委员会已经从南非、加拿大、澳大利亚和新西兰听取证词。巴克斯顿把这些长篇累牍的证言描述为"令人绝望的普遍恶行，它致使开化的基督教人群与野蛮人之间的交往几乎无异于一种制度式的残忍、掠夺和谋杀系统"（Select Committee 1836—1837, 6）。特别委员会提醒政府，它对自己国民所接触的社会担有责任。"我们倾向于把他们归为笼统的野蛮人范畴，而且或许能通过这样做，来认为我们自己可免除因与他们是同胞而具有的义务。然而，这种设想并没改变我们的责任。"（7）委员会指出不存在阻止本地人出卖劳动力的法律，也没有对向他们出售"烈酒"的限制。成员们对土地转让和非法殖民措辞强烈，并要求在对待"他们被教导视作值得称赞的而我们认为应受死刑惩罚的行为"（6）时给人民合法的宽惠。

一位贵格会信徒，名叫"托马斯·霍奇金"（Thomas Hodgkin, 1798—1866）的医生现在拿起了人道主义的武器。霍奇金是著名的病理学家，他把一生的大量精力投入了后来以他名字命名的疾病的诊断和治疗。此外他也是一名有影响力的人道主义者和组织能手。他把特别委员会的支持者组织成一个更固定的团体，即 1838 年成立的原住民保护协会（Aborigines Protection Society，简称 APS）。它可能是首个致力于保护非西方族群的非教会人道主义组织。它无疑帮助减缓了一些最糟糕的过度殖民活动，这些工作持续至今，并入了反奴隶制度协会（Anti-Slavery Society）。

原住民保护协会拥有高尚的目标："保护弱势群体，促进未开化部落的进步。"其成员无疑认为福音派教义的海外传播是使原住民文明化的唯一有效途径，但是他们真正的目标是母国的公众舆论。大多数人完全忽视其他社会，对远方发生的虐待也一无所知。因此，协会决心搜集"有关未开化部落的特点、习惯和需求的真实信息"。这些将用于海内外政府和公众的信息在很大程度上改变了欧洲海外殖民的特点。

协会也许已经开始了它作为人道主义组织的生涯，但它的很多早期活动无愧于在今日被称为人类学活动。一位名叫"詹姆斯·考尔斯·普里查德"（James Cowles Pritchard, 1786—1848）的知名内科医生在 1808 年已经出版了题为《人类身体史研究》（*Researches into the Physical History of Man*）的医学论文，他在之后的 40 年里陆续修订和扩充了这部作品。这是对非西方社会最早的系统性论述。普里查德本人是最早提出"最为重要的是……去获取比我们已有的更广泛的，有关他们生理和精神特质的信息"（Stocking 1971, 371）的人之一。协会的委员会准备了一份民族志调查表，与协会声称的人道主义旨趣关联甚少。

207   在这时，协会成员由福音派教徒和人道主义者，以及对其他的社会有更多科学上兴趣的人共同组成。协会对在愿意同原住民进行接触的水手中组织辅助性社团这件事上确有一些成功之处。它还准备了一个模型式的"法律体系"，一个或许可被称为"通过说服而非强制的"直接文化改变计划，但是没有证据表明它曾被付诸实践。然而，有种感觉是协会已经在其原本的目标上失败了，而且派自特别委员会报告的最初动力也在走向衰竭。问题之一是大多数公众看起来乐见在国外土地殖民。因此，协会感到有责任强调它并非反对殖民，也不愿维持非欧洲社会"种族绝对的纯粹……作为人类自然史中的新奇对象"。到 1834 年，福音派教徒和民族学者之间的紧张关系可能到达了高峰，因为一些成员建立了另一个组织——伦敦民族学学会（the Ethnological Society of London）。

民族学学会被建立"以探究生活或曾经生活在地球上的人类多族群有差异的生理和精神特征，并确定造成这些特征的原因"（Stocking 1971, 372）。其成员肯定全体人类"血脉相连"，并且民族学的宗旨是把全体人类联结在同一个谱系。实现这一目标的基本手段是语言比较分析，利用语言建立起有体质区别的族群的连接。即便这些成员有任何在非西方社会的直接经验，也是很少量的。他们花费几个冬日的夜晚亲自检查偶然遇到的非洲人、因纽特人和波利尼西亚人，他们中的大多数来自伦敦港区的帆船。毫无疑问地，民族学学会基本的哲学支撑仍旧是宗教和人道主义的，是一种所有人类归属于同一整体，并且其他种族的人也有能力接收基督教教义和文明之益处的信条。民族学学会在19世纪50年代走向严重衰退，这或许是克里米亚战争的结果。一名成员认为对其关注的缺乏是因为宗教影响力减弱。

英国福音派教徒和人道主义者的推进力度非常强大，必定会影响到数千英里外的社会。在整个19世纪，针对传教工作道德和策略的辩论非常激烈，不仅发生在殖民者和教会人士之间，也在传教士之间。这些辩论里最重要的就是"教化"（civilizing）非西方族群的问题。他们应在信仰转换前被教授文明的艺术还是在那之后？新西兰传教士塞缪尔·马斯登毫不怀疑"任何时候脱离艺术的帮助去宣扬真理都不会在异教徒中成功"。其他的人，其中很多是不可思议地着迷于罪与基督教教义的人，都激烈反对。雅甘人就将感受到这样一名奇怪、悲惨还高度反常的传教士艾伦·加德纳（Allen Gardiner）的影响。

208

"他们思考的方式或许不同"

"贝格尔号"上的火地岛人对英格兰的访问引起了公众很大的兴趣，尤其是在那些忙于向全球传递上帝箴言的热心福音派基督徒中间。各行各业的人都被这种传教追求的狂热裹挟，其中很多人丧失了全部判断能力。其中一名这样的狂热信徒是艾伦·弗朗西斯·加德纳，一名退役的海军军官，也是有着无限热忱的业余传教士。菲茨罗伊只是一名基督教的狂热信徒，加德纳则虔诚到心智失常的地步。

艾伦·加德纳1794年出生，在南美洲和太平洋为皇家海军服役，表现出色。他在南太平洋服役期间遇到了传教士，并且产生了对原住民族群的浓厚兴趣。他开始愈发着迷于基督教。1822年，他在日志中写道他已经"越来越快地大步走向永恒毁灭的边缘……我的内心已遭受巨大的改变，并且我现在能够在聆听和阅读上帝之道中获得快乐与满足"（Marsh and Stirling 1887, 12）。在1826年从海军退役后，他余生便致力于在世界偏远地区开展传教事业。他在南非纳塔尔建立了传教团，并且尝试在新几内亚进行工作。但他的事业主要是针对巴塔哥尼亚印第安人的。天主教会的影响太过强大，以致他所有使他们转而信奉自己福音派信仰的尝试都失败了。

加德纳绝望地转向火地岛，一个自从他听说"贝格尔号"的火地岛人后就令他着迷的地方。1841年，他向福克兰群岛（马尔维纳斯群岛）航行，并且租下一艘帆船航行至列岛。他的计划是说服一些火地岛人陪他一起回福克兰，他们可以在那里教他印第安语言。他在麦哲伦海峡北部海岸的奥兹港（Oazy Harbor）度过几周后返回英格兰，确信他已经为即将设立的传教团做了有效的联系工作。在疲倦且扩张过度的教会传教士协会拒绝了他的计划后，加德纳成立了巴塔哥尼亚传教协会（Patagonian Mission Society），试图自己筹集资金。四年后他才带着一位名叫"罗伯特·亨特"（Robert Hunt）的传教士和足够消耗数月的供给品返回。但几周之内，加德纳就因无法忍受的环境撤离了。

加德纳远远未被这次失败阻止，带着重燃的热情恢复了传教工作。在另一次对玻利维亚的访问流产后，加德纳在 1848 年 1 月再一次向火地岛起航，这一次随行的有一名船工木匠詹姆斯·欧文（James Erwin）和四名水手。他们带着三条小艇、两个预先做好的小屋和六个月的补给。这一次加德纳在列岛南端登陆，并且决定在皮克顿岛（Picton Island）北岸的班纳湾（Banner Cove）建立传教团。这处小湾有所遮蔽，还有大量的野禽。唯一的问题就是火地岛人，他们怀有敌意和侵略性。加德纳很快意识到他的任务注定失败，因为他没有足够的随员来保护财物。火地岛人一定会在载着传教士的船离开后立刻偷走小艇。加德纳意识到唯一的希望是"传教船停泊在小河中"，那里不会受贪婪的火地岛人打扰，故而明智地撤回。

在 1850 年 12 月，加德纳回到班纳湾，这次一行共有六个人：一名外科医生，一名崇拜加德纳的传教信徒詹姆斯·欧文和三名虔诚的康沃尔（Cornish）渔夫。加德纳带了两艘大捕鲸船和一些帐篷，而不是基地船，他决心在曾失败的地方重获成功。在这个节骨眼，一个疯狂的因素混入了艾伦·加德纳的悲剧故事。他的新船不比从前带来的那些更好。他半数的同行者不是海员，而火地岛人仍旧与之敌对。班纳湾还是难以维持，因此加德纳决定向西航行，溯流而上至贝格尔海峡，到乌莱亚寻找杰米·巴顿。这个尝试因恶劣的天气而失败。

在五个月里，加德纳和他的随员们徘徊在即将饿死的边缘。

他们受印第安人困扰，不得不从一个小海湾迁移到另一个海湾以逃离印第安人。其中一艘捕鲸船失事了，因此他们把它变为粗糙的寓所。所有火药和子弹都被留在了带他们来到这里的船上。传教士们竭力维持着生活，漫无目的地扎营，似乎处在一种对其命运的入迷的顺从中。加德纳的日志充满着虔诚的、享受被主考验的表达："为我享有的诸多仁慈宽恕而称颂我的天父。"他在濒临死亡时写道。整个团队死于败血症和缓慢的饥饿。他们似乎是在等待死亡来临，而非尝试沿岸向北航行以到达巴塔哥尼亚的安全地带。加德纳在 1851 年 9 月 6 日最后一个死去。"还有一点时间，在恩典中我们或许可以加入被赐福的人群，歌颂基督的赞美诗直到永远"（Marsh and Stirling 1887, 67），他日记的最后一条写道。人们对他的印象确定无疑，即他选择殉难而非另一次作为牧师的失败（图 49）。

图 49　艾伦·加德纳船长的殉难（基督教艺术家为同时期传教手册绘）

　　　　　　　　　　　　　　　　　大发现四百年

这群人的遗体在同年 10 月被发现。讲述这一悲剧的新闻在 1852 年传到英格兰。很多人感到探险是一种荒唐的行为，更进一步的传教尝试应当被立刻取消。甚至是公众舆论的权威，伦敦《泰晤士报》也要求巴塔哥尼亚传教协会停止其行动。但是加德纳之死在虔诚的教徒中触发了兴趣和忧虑的浪潮，他们给一艘 88 吨的帆船赞助了装备，将其作为传教船。它被命名为"艾伦·加德纳号"，由一位精力充沛的、虔诚的探险家帕克·斯诺指挥。他是一名 37 岁的海员，拥有在北极和世界其他遥远地区探险的丰富经验。

斯诺的指令是继续向福克兰群岛（马尔维纳斯群岛）前进，在那里建立传教团，之后去乌莱亚说服杰米·巴顿回到福克兰接受作为一名翻译的训练。他的问题从船组开始，因为传教协会坚持让他只雇佣虔诚的基督教徒。他被传教同事们狭隘傲慢的态度和不切实际的计划激怒了。即便有紧急情况，船组会在礼拜时间拒绝工作。

斯诺在 1855 年到达福克兰。他花了十个月帮助无能的传教士们建立他们的驻地。直到 1855 年 10 月的第三周，他才行至西班牙人港（Spaniard Harbor），即加德纳死去的地方。在 11 月 2 日，"艾伦·加德纳号"正穿越默里海峡时，一些雅甘独木舟接近了它（图 50）。斯诺一时冲动地举起了英国国旗。两条独木舟向帆船加速驶来。斯诺向领头者高呼："杰米·巴顿，杰米·巴顿？"令他震惊的是，独木舟上的其中一人回答"是的，是的，杰-米·巴顿，杰-米·巴顿"，他指向紧跟船尾的第二条独木舟。一个结实、赤裸的男人稍后便靠了过来。"我是杰-米·巴顿，梯子在哪儿"，他喊道。

杰米·巴顿仍旧能根据菲茨罗伊书中的肖像被认出来。他变

图 50　一条独木舟上的火地岛人（康拉德·马腾斯绘）

胖了，但是还记得一些英语；确实，他把它教给了他的家人。他最初的举动是要求衣服，斯诺记录到它们使他看起来像"为盛会打扮起来的大狒狒"。之后他和船长一起喝茶。斯诺询问他关于其他到访者的事情，并且了解到自己是自"贝格尔号"后第一个经过这条航路的。随后他让杰米陪他一起去福克兰群岛（马尔维纳斯群岛）。巴顿立刻拒绝了。尽管他对文明有些恋旧的回忆，却没有想要重复这种经历的愿望。他表示，他的家庭也不想。传教士们已经准备好利用一些诡计去得到几名火地岛人，但是斯诺断然拒绝采取这样的欺骗手法。"野蛮人或许是低贱的、卑鄙的、不幸的存在！但是他们和我们一样有心；并且他们对问题的思考方式可能与我们并不相同"（Snow 1857, 62），他写道。因为认识到火地岛人对其恶劣环境的熟练适应和将其带离其家园的危险，他高明地站在时代前列。第二天，"艾伦·加德纳号"在向杰米·巴顿及其友人分送礼物后就启程了。当印第安人想要更多东西，并试图剥去斯诺的夹克时，发生了窘迫的场面。但是船已经准备上路了，印第安人在它加速的时候逃向了他们的独木舟。传教士们撤退回福克兰去计划他们的下一步行动。

在 1856 年 8 月，巴塔哥尼亚传教协会的秘书，贝肯汉·德斯帕德牧师（Reverend Packenham Despard）抵达福克兰负责传教工作。德斯帕德是一个拥有巨大决心和精力的人，他相信上帝趋向帮助那些会自我帮助的人。斯诺视德斯帕德为一个无能者，应为他的很多麻烦负责。这两个男人争执不休，斯诺未拿到报酬就被解雇了。他在福克兰岛民的帮助下回到英格兰，还发表了对传教士们的猛烈抨击。他嘲讽地把传教士的工作描述为"一种虔诚和反宗教的奇怪混合物，远非它应成为的样子"（Snow 1857, 77）。福音派教徒无视了他那些很快就被遗忘的苛评。

德斯帕德在返回火地岛前用了两年时间巩固福克兰的传教工作。他设法说服杰米·巴顿，连同他妻子和三个孩子同他一起返回六个月。传教士们感到高兴，把这次心意的改变归功于神的旨意。杰米·巴顿和他的家庭被证明是愉快且自愿的学生，以至于能用帆船把他们带回乌莱亚，并设法带另外九名印第安人回去训练，包括杰米的一个兄弟。这些学生表现得稍逊一筹，因为德斯帕德命令在离开时和在 1859 年到达乌莱亚时给他们搜身，以防他们带着偷盗的财物逃跑。火地岛人对这些搜查十分愤恨。在激烈的愤慨下，他们扯掉了自己的衣服，跳入等待着的独木舟。然而，他们确实在这一过程里留下了一些所偷的东西。

德斯帕德在他早先的到访中，在乌莱亚为传教团建了一座小房子。此时陪伴着九名火地岛人的传教士加兰·菲利普斯（Garland Phillips）为接触更多印第安人而开设了一个小屋。像往常一样，数十人向着帆船聚集，其中包括杰米·巴顿，他愤怒地发现没有给他带来礼物。印第安人纠缠不休，不断地乞求而且无休止地索要礼物。

在 1859 年 11 月 6 日，一个星期日，除厨师艾伯特·科尔（Albert Cole）外的全部帆船船组上岸到小屋里做礼拜。没人怀疑会有危险。所有人都没有武装。当最后一名水手随队进入小屋时，科尔惊恐地发现数十名火地岛人包围了屋子，而另一些人从船上拿走了桨。不一会儿，欧洲人就在惊慌地从屋里出来时被棍棒和石头砸死。一名水手设法到达了海岸，但当他试图游向帆船时被杀。科尔在印第安人拿走船上一切可移动的东西时游上岸。他躲到杰米·巴顿的一些亲戚那儿避难。

三个月后，这场屠杀被派去弄清"艾伦·加德纳号"下落的另一艘帆船发现。科尔的描述几乎语无伦次，杰米·巴顿坚决地否认对任何杀死传教士的图谋知情。令营救团队震惊的是，他同意陪他们回到福克兰。群岛的地方长官坚持开展官方调查，德斯帕德拒绝对此提供证据。杰米·巴顿的证言对此事没有任何帮助。但他指出没有火地岛人自愿来到福克兰。在这场调查后，巴顿被送回乌莱亚。这是最后一次劝说他改变生活方式的尝试。地方长官向伦敦汇报，审判结果是传教士们因其自己对印第安人的高压和麻木对待而招致了悲剧，并以此结束了事件。

据说这应是对雅甘人进行传教尝试的结束。德斯帕德自己被屠杀事件烦扰，并且被要求解除他的职位，建议放弃继续转换火地岛人信仰的尝试。要不是德斯帕德收养的继子托马斯·布里奇（Thomas Bridges）充满了年轻人的热情，德斯帕德的继任者，W. H. 斯特林（W. H. Stirling）原本可能十分高兴于把自己的工作限制在福克兰。年轻的布里奇在 1856 年来到传教所，并且和转移来的雅甘人一度过了大量时间。他很有语言天赋，很快就担任起印第安人的翻译。1859 年加兰·菲利普斯拒绝带他去乌莱亚，这可能是个错误，因为布里奇有可能拯救传教士们的生命。尽管他有强烈的宗教信仰，布里奇的驱动力却是对印第安人的强烈喜爱和尊重，以及一种探索火地岛的热切愿望。他为了一个到南方工作的机会而纠缠斯特林，同时在仍旧生活于传教所的唯一的印第安家庭的帮助下提高他的雅甘语能力。四年后，传教团的帆船才再次靠近乌莱亚，这一次布里奇也在船上。雅甘人小心谨慎地挤近。他们等待着报复。当布里奇用他们自己的语言向接近过来的独木舟问候时，雅甘人感到高兴。布里奇在协调交往关系上的努力非常成功，以至于他在接下来的五年里返回数次，从容地寻找传教驻地。

布里奇最终在贝格尔海峡北岸选择了一处名叫"乌斯怀亚"（Ushaia*，雅甘语"西面的内部海港"）的海湾。在这个远方海湾建立驻地耗费了四年时间。在 1868—1871 年间，布里奇建立了传教团的住所，建起了羊群，并返回英格兰成为牧师。他在那里进行了大量巡回演讲，娶了他在其中一次演讲时遇到的一位名叫"玛丽·瓦尔德尔"（Mary Varder）的年轻女子。她此前从未出国旅行，而后愿同意陪伴她的丈夫前往世界最遥远的角落之一。

1871 年 10 月 1 日，布里奇夫妇终于在乌斯怀亚定居。他们仅有的白人同行者是木匠约翰·刘易斯（John Lewis）和他的妻子。两对夫妇生活在部分地用波状铁板和木板筑成的房子里。他们孤零零的房子被一些雅甘棚屋围绕。托马斯·布里奇对维持乌斯怀亚定居地的艰难不抱幻想。尽管他凭借自己的语言能力已达成重大进展，他仍非常清楚印第安人有不可预测的行为、突然的争吵

214

---

* 原文可能有误，应为 Ushuaia。

及其明显无甚意义的缘由。他花了大量时间解决争端，并常在恶劣的天气里乘雅甘独木舟在他们的领地内四处巡游。他小心地不去引起争端或使用暴力威胁。

在短短几年内，托马斯·布里奇就已与印第安人建立起彼此的信任，使得乌斯怀亚传教团的处境格外安全。他意识到，秘诀是生活在印第安人身边，同时把对其传统生活方式的打扰降到最低。布里奇与他在南太平洋和新西兰的狂热同胞不同，他乐于观察和理解，耐心地在他的邻居中生活，相信上帝的话语会及时来到他们身边。他缓慢行动的策略使他很难受到福克兰和故国的上级们的欢迎，他们全神贯注地为主进行人口调查和灵魂救赎。

1884年，乌斯怀亚已是固定下来的传教站，这个小村庄拥有四个固定的英国家庭，和偶然的、由印第安人送来的、出于科学目的的到访者及落难水手构成的波动人口。超过100名印第安人抛弃了他们游牧的生活方式，永久定居在乌斯怀亚，受传教团雇佣或从事某种形式的贸易活动。周边数英里之外的印第安人访问乌斯怀亚，其中有对传教士们感到好奇的弗埃吉阿·巴斯克特。她已经忘记了几乎所有英语，而且显然在她的家乡过得十分愉快。布里奇担心乌斯怀亚不断增长的定居人口，因为他害怕欧洲人的汇集可能会把酒精和新的疾病带入雅甘人的生活。他记得1864年的麻疹流行病，它在短短几个月就消灭了三分之一的雅甘人。乌斯怀亚传教士提议为当地印第安人提供特别保护区，由传教团管理。但他们在伦敦的思想狭隘的上级拒绝了这个提议，坚持传教团应把它的工作限制在宗教事务上。

布里奇最糟糕的担忧太过迅速地成真了。1884年9月，四艘阿根廷海军舰船意外抵达乌斯怀亚，去往那里建立政府的前哨。随船人员遍布乌斯怀亚，还自由地与印第安人混在一起。三周内，乌斯怀亚地区的雅甘人和相邻岛屿就被麻疹流行病摧毁了。很快，印第安人过于迅速地死去以至有大量墓穴等待挖掘。当地雅甘人口的半数以上死于传染病。超过半数的幸存者在两年内死于麻疹后遗症。到了19世纪90年代，原本有3 000人口的印第安人，只剩大约300个纯血统的雅甘人还活着。30年后，人类学家塞缪尔·洛思罗普（Samuel Lothrop）被告知贝格尔海峡北岸有50名雅甘人。在1996年，群岛上未再发现有纯血统的雅甘人生活。

预料中的灾难使托马斯·布里奇对传教团的未来感到幻灭，且厌恶他的上级以致辞职。尽管传教协会大声宣布"魔鬼"（the Evil One）已腐蚀了他，布里奇获得了位于乌斯怀亚东40英里（64千米）处哈伯顿（Harberton）的75平方英里（194平方千米）土地。这个大农场兴旺着，并且直到今天也属于布里奇家族。但即使布里奇顽固的上级接受了保护区的计划，雅甘人也无法从其灾难性的结局中被拯救出来。他们传统的生活方式与羊群牧场主新的土地需求完全矛盾，后者在19世纪末期已开始定居在火地岛。

考古学已经显示雅甘人对火地岛环境的文化适应在千年中切实可行，这是一种远比可能除了托马斯·布里奇以外的任何早期到访者所意识到的都更为复杂的适应。雅甘人生活方式瓦解的唯一原因就是不乏好意的欧洲人，他们给当地自然环境引入了新的和不利于适应的因素，例如农业、外来疾病、永久定居和羊群畜牧。就像科伊科伊人、塔希提人和很多其他非西方社会一样，一代人看上去微不足道的行动在以后的数年间造成了可怕的结果。

———————— 第三部分 ————————

互联性

作为一个下等种族……我们相信……[印第安人]必须腾出空间，给更进步的、在天性和习性上更适于完成使荒地化为丰产田野和快乐家园之任务的种族……

——佚名英国殖民者，引自罗宾·费希尔，《接触与冲突》(*Contact and Conflict*, 1977)

第十三章　皮草与火器：加拿大东部的休伦人

> 加拿大……是主要由北方森林构成的地区，过于寒冷以致无法吸引大量欧洲移民，但是富于毛皮动物并且有湖泊与河流围绕，使得皮草从内地向海岸市场的运输相对容易。对白人而言，从老到的印第安猎者手上购买这些皮草远比他们自己去狩猎要容易得多；因此，只要皮草保持丰产并且在欧洲市场可售得高价，一种共生关系就把印第安捕猎者和欧洲商人联系起来。
>
> ——布鲁斯·特里杰（Bruce Trigger），《阿塔恩特西克之子》（*The Children of Aataentsic,*[*] 1976）

17 世纪末，欧洲探险者、商人、传教士和殖民者已经抵达世界的大多数角落。西欧的海洋国家已尽可能利用他们优越的技术和军事力量去支配全球范围内的广大地区。新大陆的很多地区已被探险和殖民。非洲海岸线也已经被描绘出来。常规的贸易线路连接起欧洲和中国、印度及远东。只有太平洋和极北、极南纬度

---

* Aataentsic 为休伦创世神话中的人类之母。

地带在地图上有大部分的空白。库克和他的同时代人在接下来的数世纪里探索了太平洋广大的荒芜之地，描绘了塔希提和波利尼西亚，还近距离探测了北极圈和南极圈。他们没有发现巨大南方大陆的踪迹，这片富饶、神秘的大陆是英国人和法国人对太平洋产生兴趣的主要动力。

220　　在北美洲，18 世纪晚期见证了英国的殖民地脱离母国，以及帝国以一种缓慢的增速扩张，后者的规模自 15 世纪和 16 世纪的征服者时代后再未重视。然而，美国和法国的革命传播了对殖民帝国价值观、道德和永久性的怀疑，至少不时发生的关于非西方族群的辩论即将在整个 19 世纪延续，乃至我们今天的时代。

这场扩张的根本动力更多是商业上的而非精神上的。不仅是个体，公司甚至整个国家都决心通过海外贸易和在远方陆地建立殖民地来充实它们自身。西欧以自给自足为主的农业经济被更为复杂的经济结构取代，它不仅满足当地需求，还出口欧洲制造品以从遥远的海外换取原材料、热带产品、香料、纺织品和其他商品。个体和国家之间不可避免地存在竞争和强烈对抗，因为海外贸易有巨大的潜在利益。

18 世纪晚期至 19 世纪早期，欧洲的显著特征之一是国际局势紧张的领域有所扩展，包括了殖民领地和外国贸易。传教热忱、智力活动和逃离迫害都对欧洲人探索远方土地起到了促进作用。但是没有哪种力量比对利益和更高生活水准的期望更为普遍。而且没有其他因素对非西方社会有更强烈的影响，后者之家园是金银、皮草和其他欧洲商人大量寻找的商品的丰富来源。欧洲贸易的长远触角将在白人定居非西方社会前的数十年间影响那里的内在动力，有时候甚至在侵蚀和毁灭其文化前充实了它们。没有谁比今属加拿大安大略省的休伦印第安人受到的影响更多。

休伦人

在 16 世纪早期，休伦印第安人在说易洛魁语的族群中位于最北部；他们是占据安大略湖和休伦湖之间地带的农民和商人（图 51）。他们的生活将会被新来者的活动彻底改变，后者在不久前抵达了北美洲沿岸。

在 1506 年，葡萄牙人对进口的纽芬兰鳕鱼发起首次征税。直

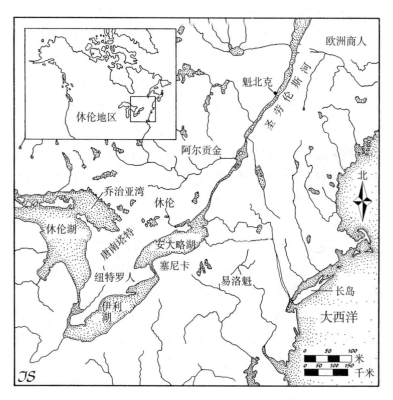

图 51　休伦尼亚（Huronia）和圣劳伦斯谷地图

资料来源：杰克·斯科特绘制。

到这时，欧洲渔民在今加拿大圣劳伦斯湾的活动至少已延续一个世代之久。在 1634 年，法国船长雅克·卡蒂埃（Jacques Cartier）与圣劳伦斯的易洛魁印第安人发生接触。七年后，他带着首批殖民者登陆魁北克。法国国王不仅对探险也对矿物和皮草感兴趣。无论如何，是皮草提供了财富，数百英里外的内陆印第安社会亦通过它被改变。

休伦之名源自法语单词"于勒"（inure）*，意思是一个野猪的头，同时也是"乡巴佬"（rustic）的俚语。休伦人实际上称他们自己为"温达特"（Wendat），即"岛民"或"半岛上的居住者"。他们是强健、身材高大的族群，在听觉和视力上天赋非凡。在炎热的夏季，男人和女人们除了腰布都没多穿多少，女人们也穿短裙。鹿皮或海狸皮的绑腿和套袖，还有皮斗篷，在冬天保护他们的身体。他们用彩绘和多种装饰品装饰他们的衣服。羽毛、骨珠和珠带装饰着他们的身体，而油和动物脂肪保护他们免于炎热和寒冷的侵袭。休伦人为他们的发型自豪。男人们有各种各样的发型，女人们则留着一缕垂至她们后背的长发。

休伦人从出生起就被训练忍受艰难险阻。法国人认为他们是聪明、知足的族群，即便有些沉默寡言。他们觉得休伦人藐视唠叨又情绪化的法国人，戏谑地把法国人描述成女人。这些受到制约同时又兴旺着的印第安人生活在乔治亚湾（Georgian Bay）西南角如今以他们的族名命名的湖上。法国人在魁北克初次定居时，那里约有 20 处休伦人定居地。较大的、筑有防御工事的村庄被建在高地上，围着有尖头、枝杈和树皮的木质栅栏。休伦长屋大致

---

* 原文可能有误，特里杰原书中是"hure"，词义与斩下的动物头有关，参阅 Bruce Trigger, *The Children of Aataentsic: A History of the Huron People to 1660* (Montreal and London : Mcgill-Queen's University Press, 1976, p. 27)。

有100英尺长（30米），超过20英尺（6米）宽，可容纳数个家庭，每个家庭有自己的隔间，每两家共有一个灶。法国人强烈抱怨休伦人吵闹、呛人又拥挤的房屋。印第安人对虱子和污垢不以为意，在进食时自由打嗝，在路过的狗身上或他们自己的头发上把手抹净。

像他们南方的易洛魁邻居一样，休伦人是种植玉米、豆类和南瓜的农人（图52）。女人们是农业方面的行家。她们也采集野生植物，而男人们捕获大量的白鲑鱼、鳟鱼和其他湖鱼，还狩猎鹿。休伦人生活在接近玉米栽培北界的地方，但是能够种植充足而有

图52　休伦印第安人耕种其田地（约瑟夫-弗朗索瓦·拉菲托［Joseph-François Lafitau］绘，1724年）

资料来源：《美洲野蛮人的习俗》（"Moeurs des Sauvages Amériquains"）；一幅非常不准确的描绘图，复制自泰奥多尔·德·布里（Theodore de Bry）关于佛罗里达印第安人的著名画作，1564—1565年。

盈余的粮食去和北面的狩猎-采集者群体为鱼和皮革而进行玉米以及奢侈贸易。这在地区经济中给予他们一种特殊地位，因为他们为生活在数英里外的人提供必不可少的商品，同时增长着自己的经济。控制贸易路线是个体获取财富并在其部落中赢得地位的一种重要手段。休伦人视贸易为一种互惠行为，深深地嵌入他们复杂的社会关系网络中。因此他们和友好的邻居们培养良好的关系，构成一个保护自身贸易免受外人侵害的联盟。他们作为商人的成功依赖于其与贸易伙伴交往的能力，尤其是对那些他们的经济有所补充的人，例如北方狩猎者。他们相当注意消除贸易对手的竞争。因此，当法国人到达时，休伦人只是把他们当作新的贸易伙伴，尽管他们很强大。休伦人认为，与新来者建立此前同邻居一起共享了数世纪的那种贸易联盟是非常合理的。这种政策确保了法国人和休伦人在一段时间里成功地与对方进行贸易，没有对当地社会造成任何伤害。

休伦人在他们的交易中友善而克制，但在对待敌对的邻居和战争囚犯时展现出他们的不甘和憎恨。战争是印第安人生活中无法摆脱的一部分。出于报血仇的需要、农业、社会和政治组织以及宗教信仰导致的积怨深刻影响着社会，以至战争会被描述为一种地方性状况。只有像贸易这样强有力的理由能导向长久的和平。休伦人说易洛魁语的邻居们被组织进一系列部落，其中最著名的是五族同盟，由塞尼卡（Seneca）、卡尤加（Cayuga）、奥农达加（Onondaga）、奥奈达（Oneida）和莫霍克（Mohawk）组成。这五族把他们的领土比作一个巨大的、跨越其乡土的长屋。塞尼卡与他们的休伦邻居间有长久的族仇，在那里，为个体杀戮而复仇的持续状态导致经常在夏季爆发战争。

有时，一群武士会包围一个敌人的村庄，抓捕囚犯并纠缠至援军到达。也有个人的袭击，正如阿兹特克人一样，战争中的英勇是获得地位和威望的一种途径。其最终的成就是在战斗中捕获一个敌方的武士，一个被带回家收养，或者更通常被折磨致死的俘虏。他的尸体会在仪式性食人行为中被肢解吃光。所有虐待行为都是一种深刻的宗教行为，人们在其中发泄对牺牲者的憎恨，而且这名犯人有了最后一个证明其勇气的机会。

这便是生活在魁北克新法国殖民地内陆的族群，他们与友邻的关系建立在互惠贸易的基础上。这种贸易扩张了所有人的经济，所以无法避免的是，休伦人作为这场数百年来努力实践中的领导者，应当成为法国人在下游的紧密贸易伙伴。很多美洲印第安群体因与欧洲人进行贸易而使自己的生活方式被完全瓦解。但休伦人的遭遇却与此不同。数世纪来，他们与邻居交易农业产品。现在他们得到了新的、强大的贸易伙伴，他们平等地对待这些人。

皮草贸易

直到 17 世纪早期，休伦人与法国人都没有直接的接触。但是他们了解到他们东边的邻居和法国皮草商人之间的交往，这只是因为他们在内陆的一片广大地区中是进行皮草收集和贸易的中转地。多伦多国际机场的德雷珀（Draper）遗址记录下休伦人的生活所受到的一些影响。德雷珀村庄建立于 15 世纪，在欧洲人向圣劳伦斯地区渗透之前。在接下来的 35 年到 50 年里，这处定居地从一个大概有 550 人的小村庄扩张成一个相当大的城镇，有超过 2 000 名居民。为期十个月的发掘揭露了这处用栅栏维护的定居地的五次扩张。随着相邻村庄放弃旧地并加入扩张中的城镇，德雷珀人增添了新的长屋。伴随定居地的扩张，战争似乎也在增多，因为发掘中出现了数百件被焚烧并且打碎的人类骨骼。几乎确定的是，德雷珀定居地的这些根本性变化和它与下游易洛魁邻居的持续战争有关。

为什么数个分散的休伦村庄明显聚集起来成为单一定居地？毫无疑问，这与互相保护有关。战争对休伦人来说总是很重要的，然而现在，随着欧洲人的到来，对贸易和皮草的控制成了最重要的事项。通过聚合成大定居地，休伦酋长们不仅能更有效地保护他们的利益，还能在短时间内召集更多数量的武士。

技术上的变化对休伦社会的影响可能是极小的。休伦定居点已经分布在广阔的地域上。现在印第安人迁往更大的城镇，其中的大多数为皮草贸易有策略地选择地点。随着 16 世纪成为过去，休伦联盟变得愈发庞大，同其在南方和东方的易洛魁族对手发生越来越多的冲突。与此同时，法国皮草商人开始为他们的贸易伙伴提供刀具、短柄小斧和其他武器。他们完全出于实用的理由提供武器，一定程度上是为了延缓南边有报复心和妒忌心的易洛魁人的威胁，也是为了巩固互惠的贸易关系。皮草商人还试图与休伦人及其他内陆族群直接对话。一些休伦主战派大约在 1609 年造访了魁北克。七年后与法国人达成了一个正式联盟。

在 1609 年至 1615 年间，休伦联盟与法国人发展起紧密的贸易关系，这使得对贸易的控制被掌握在传统首领们的手中，但也给予了联盟中每个部落与外国人进行交易的权利。尚普兰（Champlain）亲自访问了休伦湖区并缔结盟约。印第安人们对协议感到满意，因为它看上去给了他们自由而安全地与法国人进行贸易的许可，贸易量高达每年一万张海狸皮。法国人承诺会在战时帮助休伦人，他们觉得这将有助于稳定内陆的政治形势。实际

225

上，这种帮助不过是数个武装的欧洲人经授权后同休伦人一起过冬。带着火器的法国旅行者们也在他们向下游行进时保护印第安商人，所以法国人与休伦人的直接接触对当地战事有相当程度的稳定作用。

欧洲人对皮草的增长的需求意味着越来越多休伦男人会从事贸易。可能每年有 200 到 500 人运输皮草至圣劳伦斯，而多达 300 至 400 人为部族间的贸易工作。休伦人有能力轻松地扩展其史前式的贸易网络，但他们似乎是利用既有农业产品并凭借加强自己的采集活动，而非通过欧洲商品做到的。他们从未变得像下游的一些族群那样彻底依赖欧洲人工制品，因为他们仍在制作陶器、石斧和桦树皮独木舟。但其中的商人们渴望铁质工具，用于刺穿当地条板盔甲的箭头和金属罐。休伦人从未能得到足够的欧洲商品；确实，他们会尽可能地偷取。只有极少数传教士和商人生活在印第安人之中，没有印第安人具备政治的或令人信服的力量去挑战已建立起来的秩序，即便他想这样做。休伦人的主要问题不是调整适应欧洲人，而是适应他们的贸易商品——在缺乏禁运的火器的情况下。

亡灵节

与欧洲人的非直接接触造成的变化就是这样，故而休伦文化没有受到太多破坏，而是被给予了实现更充分的潜力的机会。越来越多的休伦定居地迁移到湖岸地带，可能是为了回应对皮草贸易的需求。他们还增加自己的农业生产，因为北方的非农劳动力可能会用皮草交易粮食。不过最突出的变化在于社会本身。皮草 226

贸易加强了首领们的权利和威望，他们通过控制贸易网络获益。他们通过在社会整体中对剩余进口商品的再分配来履行社会义务。随着贸易的加强，休伦社会领导者与联盟群体中其他人之间的社会和经济差别也强化了。到了 17 世纪 30 年代，耶稣会传教士谈起休伦村庄中贵族和平民的事情。但是那里的社会没有严重分裂，因为变富有的那些人正是已经在休伦政治结构内通过其传统定位而拥有社会威望的人。这不是说休伦社会不存在张力。那里毫无疑问地存在着张力，但还不足以引起传统结构或价值观的崩塌。

皮草贸易还丰富了休伦人的文化生活。休伦人更多地使用金属，不仅用于小型手工制品，也用以制造可穿戴或缝在衣服上的饰板和雕像饰品。他们的工匠制出精致的梳子等质量上乘的骨饰，也用石头和陶土雕刻人或动物样的肖像管饰。但是源于皮草贸易的财富的主要影响体现在仪式生活上，尤其是在亡灵节（the Feast of the Dead）等节日上。这个典礼每 10 年或 12 年举行一次，可能是在大型村落迁移时。亡灵节最初是一种社群的仪式，但是在 17 世纪早期，作为一种在联盟的不同部族间增强团结的象征性手段而意义重大。

亡灵节大约持续十天。前八天用来从当地墓地中收集遗骸以重新安葬（图 53）。所有遗体，除了最近死亡的那些，都被剥去皮肉和他们下葬时穿的长袍，这些都会被烧掉。清洗擦干的骨殖用新的海狸皮包裹起来，被安置在装饰过的包裹中。之后，家人们为死者祭祀和庆祝。在约定好的一天，送葬队伍运送死者去往举行典礼的村子。在沿途的每处定居地会交换礼物并确立友谊。

在主办的村庄，飨宴和舞蹈持续着，而一个约有 10 英尺（3米）深 15 英尺（4.5米）宽的坑在附近被挖开，周围立着脚手架。

图 53 亡灵节

资料来源: 拉菲托《美洲野蛮人的习俗》(1724 年)。
注: 它在很大程度上是一位 18 世纪艺术家对尸体和骨架的可怕想象, 但绘画可能
　是基于一个世纪前耶稣会的描述。

同时, 骨殖包裹被再次打开并做最后一次致哀, 随后就被带往空藏骨堂所静待的田野。每个村庄和宗族都有其特定的场所, 在杆子上展示他们的礼物。礼物会展出两小时, 这是每个宗族和村庄

展示它的虔敬以及财富的机会。信号在此刻传出。每个村庄随之在脚手架十字杆上的指定位置悬挂骨殖包裹。首领们高高站立在平台上，宣布这些礼物以死者的名义被献出。通过这种方式，这些礼物在村庄中被再分配，而每个家庭履行了其在社会中的义务。

227 当薄暮降临，坑周围排列着从礼物中取出来的 55 件海狸皮长袍。之后刚刚逝去的仍然完整的遗体被包裹更多长袍埋葬。一些破碎的罐子和其他手工制品被排在坑底供亡灵使用。人们整夜围在这个坑周围。骨殖包裹和随葬品在日出时都被放进藏骨堂，而

228 送葬者们开始大声恸哭。少数几个男人站在坑里把这些遗骸和杆子混在一起，因此这场葬礼是真正的公共活动，不只是数十个个体的集合。大坑在之后被掩埋，沙子和木杆被置于顶部，一个祠堂立于其上。节日随着对礼物的重新分配和狂欢而结束，友谊已被重新巩固，社会联结被加强，并且死者得到了一个适宜的、尊贵可敬的葬礼。

不能过高评价这个典礼对休伦社会的重要性。它提供了一种在休伦联盟内部及与其北方贸易对象阿尔贡金（Algonquian）人之间增进团结的重要方式。其中对财富的展示令人印象深刻。1534 年之后在休伦人中间工作的耶稣会传教士计算过，在 1636年的一次节日里，超过 1 200 件礼物被再分配或与死者一同埋葬。这些礼物中的很多来自同盟部族。欧洲商品作为有声誉的物品，最终构成了其中的很大一部分，数量过于可观以至于相当一部分都随死者埋葬或退出流通，尽管通常是损坏或用旧的东西。结果是加剧了对拥有高价值且易损耗的稀缺物品的竞争和需求。皮草贸易甚至被进一步强化以满足印第安人对欧洲进口商品的渴望。

耶稣会士与流行病

在17世纪20年代晚期，休伦人享受着相当程度的繁荣。他们的社会和政治机构在良好的贸易环境中蓬勃发展。他们认为自己是法国人的贸易伙伴。印第安人在未经历欧洲接触带来的消极影响的情况下已经生活了一个多世纪。他们没有理由相信情况会发生改变。

圣劳伦斯地区的政治平衡被1629年英国人占据魁北克所扰乱。休伦人仍旧把皮草带往魁北克，但是贸易很快衰落了。印第安人不信任英格兰人，后者拒绝维持河流治安以对抗四处劫掠的易洛魁人。大多数曾与法国人结盟的部族很快开始讨厌英格兰人，他们视其为懦夫。一旦魁北克在1632年重归法国管辖，情况立刻就改善了，但这时休伦人第一次迫不得已受到了传教团的审视。

1634年前，极少有法国人和休伦人生活在一起。只有少数传教士和商人来到休伦尼亚，而且他们无法改变任何事。这种情况持续至耶稣会在对休伦人的传教活动中取得垄断地位。耶稣会士对远至中国、日本和南美的人群中的牧师活动有大量经验。他们在法国经历重大社会变革、宗教复兴、热切关心使下层阶级再基督化的时代到来。在祖国拥护宗教复兴的狂热信徒不仅想重组家乡社会，也想重整异国他乡。耶稣会士们正是在这些尝试达到高峰时来到休伦人中间的。

第一批来到休伦人身边的传教士对他们的工作有一种非常乌托邦式的观点。他们猜想印第安人会准备好接受福音并且欢迎文明的制度。因此，休伦人将被转换信仰，同时接受法国文明。耶稣会士的思想久经世故，很快就理解了至少休伦文化的部分复杂

229

性。他们很快意识到转换其信仰是一回事，"教化"印第安人实在又是另一回事。尽管早期传教士已经计划在休伦人中安置一大批法国家庭，耶稣会士倾向于把印第安人从欧洲生活的有害影响中隔离出去。替代性地，他们鼓励一条有关沿圣劳伦斯河地带的法国天主教定居点的政策，而且随着信仰转换的进行，休伦基督徒皮草商人成了休伦联盟和下游市场之间的中介。耶稣会士密切关注皮草贸易，因为其利润提供了他们工作的一部分资金，从下游世俗当局和公众捐款中补充了年度津贴。他们还利用用于贸易的独木舟进行上下游之间沿路的运输、保障和防卫。

看起来耶稣会士已经视印第安文化为下等文化，尽管他们似乎表现得与之相矛盾。新的传教士们被提醒他们正陷入"很少关心你们的哲学或者你们的技术的野蛮人手中……耶稣基督是我们真正的伟人；在追逐这些人的过程中只有他和他的十字架应被追寻"（Jaenen 1977, 11）。换句话说，传教士们将会把印第安人带向基督，并使自己适应休伦文化的现实。使休伦人皈依并融入迁移来的法国社群的尝试已经失败，所以耶稣会士计划让单个村庄改换信仰，之后按例照搬。他们用开头的几年学习当地语言并试图理解当地社会。他们小心地随身携带着放大的磁石等异国物件，这些东西强化了他们作为超自然力量拥有者的名望。（这当然对他们也有反作用，休伦人认为耶稣会士使用这些力量不仅是出于好意，也会将其用于邪恶的目的。）传教士们在极力主张其优势的过程中学会了坚决果断，无论这种优势有多微不足道。当干旱在弥撒后缓解，或有人在传教士探访期间被治愈，他们都宣称这是上帝的成就，而不属于部落萨满。正如在新西班牙，天主教对礼拜仪式、圣事和斑斓典礼的强调，使得基督教中有关典礼的部分对印第安人也具有吸引力。耶稣会士有着无限的耐心，正如一位传教士在 1642 年所谈论的："使一名野蛮人转变为基督徒并非一日的工作……当一个人学会理解他必须去打交道的人；洞察他们的思想，使自己适应其语言、风俗及其生活方式，并且在必要时，和他们一样成为野蛮人，以争取他们跟随耶稣基督，才是进了一大步。"（Jaenen 1977, 11）

北美洲东部沿海地带的欧洲定居地在 17 世纪 30 年代迅速增加，带来了一个致命的后遗症——流行病。在 1634 年，正当耶稣会士回到休伦湖区的时候，一场流感或麻疹在圣劳伦斯谷暴发并像野火一样铺展开来。这只影响到相对少的休伦人，但是毁灭了生活在下游更远处的部族。很少有法国殖民者患病，所以印第安人怀疑欧洲人是否在用巫术毁灭他们。更多的严重流行病在 1636 年和 1637 年发起攻势，即便不到上千也有数百的休伦人因此死亡。耶稣会士力图通过为临终的人施洗礼来利用这个情势。印第安人转而求助他们的萨满和救助会。当印第安人死亡而传教士总是从同样的疾病中康复时，耶稣会士宣称拥有超自然的力量。当他们坚持转换信仰是控制疾病的一种手段时，休伦人绝望地抓住了基督教或许也是一种救助会，可以在保有他们以前精神纽带的同时加入其中的想法。他们惊讶于耶稣会士不能容忍其他的信仰，因为他们自己的宗教对其他的信仰是乐于接纳的。不可避免地，印第安人认为传教士们在实施巫术。对耶稣会士的敌意增加了，传教士们处在生命危险中。是皮草贸易拯救了他们。休伦人太过依赖欧洲商品，以至于因杀死魁北克政府的官方代表而导致任何的贸易中断都是不可想象的。他们没有意识到这真的不会影响到贸易，因为皮草贸易对法国人也同样重要。在此情况下，耶稣会士可以被牺牲，但皮草不行。

起初，欧洲贸易商品对休伦人是名声在外的新鲜事物，但随着时间流逝，它们已远远成了休伦人经济中必不可少的心理上的需求，以至无法像早年间那样，在任何需要的时候暂缓与魁北克的贸易。因此，他们无法再平等地与法国人交往，因为他们的军事和贸易联盟已经成为一种机制，迫使他们接受介于其间的行为古怪的传教士。由于只能同法国人进行贸易，休伦人陷入了一种进退两难的境地。他们的易洛魁敌人位于南方的哈得孙河谷，介于他们和荷兰人之间。1639年，天花在圣劳伦斯谷中传播，杀死了数千名印第安人。耶稣会士在那段时期有相当大的发展，但是新的流行病唤起了过去对耶稣会士的敌意，而传统的印第安救助会则又流行开来。

到1640年，休伦人因欧洲疾病丧失了超过一半人口。由于对欧洲贸易商品的过度依赖，他们已经失去行动自由。新的疾病大多攻击老人和儿童，所以休伦人发现能被训练成武士去保卫他们村庄的年轻人更少了。很多老道的工匠、萨满、顾问和村里的老人也在流行病中逝去。失去这些人是一种更为严重的打击，因为他们是主持主要仪式和典礼的人，并且拥有最多的与耶稣会士交往的经验。这些长者中的很多人在能够把传统知识传给下一代之前就死去了，而这些知识是部落生活中非常重要的部分。最终的结果是对法国人更大的依赖和更低的抵抗耶稣会士损害的意愿。对于后者，他们相信流行病的背后是上帝的神圣之手，这些疾病在不到十年间就使圣劳伦斯谷的印第安人口减少了一半。

人口骤降对休伦人的贸易活动产生了严重影响。如果皮草贸易还要保持其既有水平，那么必须有更高比例的劳动力参与到皮毛买卖和运输中，而且需要农业生产为此支付。休伦人因生活在上游而处在不利地位。不像易洛魁人和其他的敌对邻居，他们必须在敌人的领土上经过漫长的旅行才能售卖他们的皮草。因此，他们被迫大批人一起行进，并为了军事防卫而越来越多地依靠法国人。所以政治力量的天平向有利于易洛魁人的方向倾斜了，因为休伦人为了自身安全依赖于法国人的友好。这时，易洛魁人对欧洲商品的需求恰逢他们正在自己领地之外寻找新的海狸皮来源。与同十余个相邻族群进行贸易的专家休伦人不同，易洛魁人是普通的商人。然而，他们是纯熟的武士和外交家，他们扩展贸易的策略就是纯靠武力。易洛魁人在 17 世纪 40 年代中期对休伦人的袭击规模不断增加，因此没有一方在一年中的任何季节是安全的。武士们袭击聚集更大量皮草的大型村庄，而非进行小规模伏击。战争不再归于世仇和不重要的争执；它成为大规模抢劫的正当理由。随着休伦人的劳动力分散到广泛的贸易线路中，他们在抵御袭击时装备不良，这些外部袭击配备了通过与荷兰人进行贸易而得来的火器。这是经济战，是伴随休伦社会内部激烈变革发生的间歇洗劫。

休伦人的消散

"耶稣会士或许已经知道，在这样的情况下，不可能同时做一个好的基督徒和一个好的休伦人。尽管如此，依照他们自己的价值观，他们把灵魂救赎排在阻止休伦社会的分裂之前。"（Trigger 1972, 2: 724）随着 1640 年传教殖民地在圣玛丽（Sainte-Marie）建立，传教士们对休伦尼亚的控制被大大加强（图 54）。最初，耶稣会士曾希望他们能鼓励休伦家庭在接近传教团的地方定居，开始了一个"再安置"的过程，即某种已在墨西哥非常成功（同时令印第安人十分痛苦的）的重新安置，后来在加利福尼亚也是这

图 54　圣玛丽耶稣会殖民地的现代复原建筑

资料来源: courtesy of the Ministry of Tourism and Recreation, Sainte-Marie among the Huron, Midland, Ontario, Canada.

样。但是休伦人过于全身心投入在他们自己的村庄，以至只能转而在主要的殖民地建立小型耶稣会住所。

这时，传教士对休伦语言和印第安信仰了如指掌。他们凭自己的知识利用印第安人的恐惧，生动描绘了地狱和诅咒的图景。传教士慷慨给予皈依者礼物，在饥荒时给他们提供食物，甚至卖给他们步枪。之后，他们通过给临终武士施洗来控制其亲属对因死亡而与亲属分离的恐惧。通常的结果是整个家庭都会改换信仰。所有这些策略都达到了预期的效果，尤其是其中一些产生了实际性的效益，例如贸易特权。耶稣会士利用同样的物质劝诱去鼓励印第安人接受长期指导，把以洗礼为目标的精神上的要求提升到新的水平。

所有这些给传统社会造成了严重的紧张。一些皈依者感到他们的新宗教把他们从建立已久的礼物馈赠等物质责任中解脱出来。结果，他们发现自己陷入了严重的麻烦。大多数转化完全是为了自身利益；极少源于真正的智识上的好奇。此外仅有少数人理解新宗教背后的原理。"最后的审判"和"耶稣复活"的概念对于休伦文化而言完全是格格不入的。很多印第安人在试图区分耶稣眼中的对与错时无望地困惑着。传教士们认为休伦社会在良好地运转，但它在神学上是原始的。他们意识到基督教是一种国家宗教，远不适用于一个部落社会。所以他们试图改变休伦社会的政治组成。

皈依者对耶稣会士而言是宝贵的，因此他们怂恿基督徒家庭避免与异教徒接触。圣玛丽是基督教社会活动的中心，基督徒们在那里互相鼓励和支持。新的基督徒身份的意义在各个层面影响着休伦社会。一些基督徒拒绝被葬在村庄的墓地，这是一个冲击休伦信仰核心——表达社群团结的决定。严格的基督徒不再参与传统典礼。甚至信仰者和异教徒之间的友谊也毫无可能。皈依者在社会中越杰出，对当地社会的影响就越严重。成为基督徒的村落首领不得不放弃他们的传统职责，它们被狂热的基督教徒描述为"服从魔鬼，主持来自地狱的典礼，还劝年轻人去跳舞、庆祝和做出最声名狼藉的下流行径"（Trigger 1976, 2: 713）。

在 1645 年，休伦基督徒成了一个分裂的集团。传统主义者的反应是以巫术理由谴责他们，尤其是当他们拒绝参与治愈仪式和通灵典礼的时候。他们用恐吓、允诺和贿赂去说服皈依者宣布放弃他们的新信仰。有时他们是成功的，例如在萨满们指出基督教正对休伦人的生活做出何种伤害的时候。但是很多基督教徒与他们的社会之间太过疏离，以至于他们对这些论调不为所动。有些抵抗采取了特殊形式，一名本土主义者信徒宣称一名休伦女性基督徒已经死而复生，来提醒人们法国人在死者抵达天堂时折磨他们。这个故事暗示出非基督徒可能会在死后享有无忧无虑的生活。基督徒和非基督徒之间逐渐增加的不信任使得政治决定愈加复杂，还妨碍了联盟的军事效力。耶稣会士把转变异教徒的信仰排在所有其他事务前列，他们的这种热情为休伦人的最终毁灭播下了另一颗种子。

　　与休伦人不同，易洛魁人仍旧践行着他们的传统宗教，受基督教侵袭的影响也还很少。在 1646 年，塞尼卡有意地做出了一个对他们的休伦邻居宣告战争的决定，带有不抢劫而是驱散他们的特殊目的。塞尼卡做此决定的动机并不清楚，但这个策略的目的可能是为在休伦湖区得到一片能供其自由狩猎的北方腹地。易洛魁人大幅度增加向休伦人施加的压力，加剧了基督徒和激进传统主义者的冲突。后者这时想宣布放弃与法国人结盟，驱逐耶稣会士并与易洛魁人联合，从而保全他们自己的政治影响力。

　　对抗成为作用于基督徒和非基督徒之间的力量。不幸的是对于激进分子，即大多数的休伦人而言，无论他们的信仰为何，都更惧怕易洛魁人而非法国人，所以耶稣会士被允许留下。耶稣会士庆幸自己的胜利，因为大多数人指望他们在不确定的未来发挥领导力。在任何事件中，他们非宗教的指导都是软弱而优柔寡断的。更为保守的传统主义者们感到愈发冷漠和顺从。很多人与易洛魁人做出个人妥协。虽然耶稣会士胜利了，但是愿意或确实有能力领导他们自己的社会或承担责任的休伦人却不多了。易洛魁人在 1647 年、1648 年和 1649 年发动了武力袭击。联盟在混乱中分崩离析。两名耶稣会士在 1649 年被捕并在武士们的折磨下死去，其中一部分无疑是与敌人结盟的休伦人。传教士们放弃了圣玛丽并烧毁了它，撤回到岛上的安全地带。1649 年的冬天给幸存的休伦人带来了可怕的磨难。耶稣会士用进口粮食尽可能进行救济，以至于他们现在被称为"休伦人之父"。尽管如此，很多印第安人还是死于饥荒和营养失调。另一些人太过衰弱以至于无法埋葬死者。

在 1651 年夏天，一度兴旺的休伦家园荒无人烟，大面积的杳无踪迹。只有达霍塔恩拉特（Tahontaenrat）这一个休伦部落逃脱了彻底毁灭的命运。个人和家庭散落到各个地方。其中一些向五大湖西部散去。其他很多人作为五族同盟的成员拥有了新的身份，并且成为易洛魁人。

约有 300 人的一个群体在耶稣会的帮助下抵达魁北克，他们在靠近城镇的地方安定下来。即便在那里，休伦人也因易洛魁人而受到煎熬，因为法国人几乎没怎么保护他们。很多印第安人开始怨恨法国人。其他人仍怀有他们将能回到故土的希望。但是在 1667 年，法国人同易洛魁人讲和。活着的休伦人在圣劳伦斯河北岸的一些村庄定居，他们在那里生活至今。在 18 世纪，这些休伦基督徒采用了欧洲农业。他们强烈地认同自己的新家园，以致他们会向 19 世纪晚期的到访者展示他们的祖先"从土地中出现"的地方。休伦语言和他们的宗族及部落组织都在一个多世纪前就不复存在。

休伦人的消散是一段至少影响了他们两个世纪的文化变迁的最终章。因此，欧洲人的接触不过是一个已经进行了数世纪的变化过程的新动力。一开始，休伦人通过把变化了的条件整合入他们自己的制度来调整适应它们。与通常以抢劫获得欧洲商品的易洛魁人不同，休伦人利用皮草贸易去发展一个历史悠久的贸易联盟。结果是他们的传统文化和仪式生活的内容得到丰富，部分是由于在欧洲人接触前处于政治和宗教权威中的那些人，就是从新的贸易中获益最多的人。直到1634年以后，在耶稣会士介入休伦人的生活并且欧洲疾病已经严重削弱了印第安人时，传统文化崩溃瓦解了。通过排除他们自己及雇员以外的所有欧洲人，耶稣会士能够用他们希望的方式指导休伦社会。他们认为每个休伦皈依者都是从永恒诅咒中被拯救出来的灵魂。任何能达成信仰转变的手段都是可以接受的——包括操纵皮草贸易和从法国的目标出发来管理它的官员。

不幸的是，耶稣会士没有意识到休伦人的宗教信仰渗入了印第安人生活的各个方面。休伦人的信仰规范着并确认了日常活动的每个部分，无论有多琐碎。印第安人非常宽容其他的信仰和仪式，以至于他们困惑于一个不容忍对立意见的偏狭宗教。他们无法集结起对新信仰的有效抵抗，因为他们并不理解这些信条对他们做出的要求。耶稣会士意识到他们只能通过在休伦传统文化中做出激烈改变来使其皈依，但又认为这些改变在与他们的终极目标——拯救灵魂相比时重要性极低。为了这个目标，他们甚至会危及自己的生命。耶稣会士不怎么在意因很多印第安人转换信仰而引起的休伦派系斗争和社会紧张，这证明了其对印第安人口的摧残如可怕的流行病和战争一样。在易洛魁人准备他们最后的袭击时，休伦人太过脆弱以致无法组织起对抗入侵者的认真防卫。皮草和基督教已证明了它们对一个从几乎任何方面看，在今天都不再作为一种文化认同的族群的毁灭性。

第十四章　西北海岸的印第安人

> 看来当地人是非常聪明的交易者，如果你在进行交易时有丝毫慷慨或疏忽的话，他们会过分抬高皮草的价格，不仅耗尽你的现有资本，还会损害，哪怕不毁掉，任何进一步的冒险活动……
>
> ——约翰·米尔斯（John Meares），1797 年的皮草商人，引自罗宾·费希尔，《接触与冲突》（1977 年）

直到休伦社会坍塌 125 年以后，皮草贸易才把欧洲人带往北美洲的西北海岸。最初的接触始自太平洋，因为皮草商人过了很久以后才穿过加拿大落基山脉。无处不至的詹姆斯·库克在 1777 年 3 月 9 日见到了俄勒冈那树木茂盛的海岸，但是直到 3 月 29 日他才能够接近温哥华岛西岸并在努特卡湾（Nootka Sound）靠近一个印第安人夏季村庄的地方下锚（图 55）。他将会停留一个月，整修他的桅杆和补充淡水。在满载印第安人的独木舟被拖进海峡时，舟上的印第安人向库克船队打招呼（图 56）。那时有了关于贸易的交谈和提议。当地人嗅出了鱼、油和木柴的烟的味道。他们的腿因经常坐在独木舟中而弯曲。"他们脸上涂满了红色黑色的彩绘和

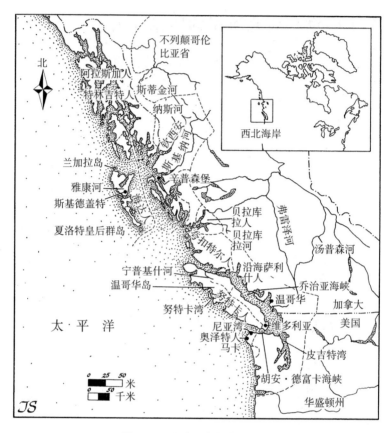

图 55　西北海岸与部落分布图

资料来源：杰克·斯科特绘制。

油脂，没有规律性，只是跟随其想象力的引导；他们的头发上凝
结着污垢，而且不论是为了使他们自己看起来好看或可怕，很多
人都戴着小鸟的羽毛或者用海草或染红的细薄树皮编辫子；有些
238 人的衣服是一片随意绕在肩上的动物皮，它看起来没有要去遮挡
他们的隐私部位，很多地方都暴露着。"（Beaglehole 1969, 302）形

图 56　努特卡印第安人向库克打招呼

资料来源: courtesy of the Trustees of the British Museum.

似倒转花盆的编织篮筐帽为印第安人的脸挡去连续不断的雨水。

　　库克的船队并不是最早造访临太平洋西北岸的。弗朗西斯·德雷克爵士可能之前已经冒险去了这个更北部的地方，此外两艘西班牙舰船曾在两年前同夏洛特皇后群岛（Queen Charlotte Island）附近的兰加拉岛（Langara Island）和努特卡湾的离岸独木舟交易皮草和雕刻木盒。但是这些都是短暂的接触。库克船队的到来使印第安人大吃一惊，口述传统告诉我们，他们认为那些船是巨大的鱼，"像人一样活起来"。一旦他们意识到它们由人类掌控，就辩论起应如何对待他们的到访者们。努特卡人（Nootka）称他们为"玛玛西尼"（*mamathini*，意为"他们的房子在水上移动"）。他们还注意到其中没有女性，这是把他们区别于其他已知印第安社会的线索。在这个事件中，努特卡人把库克及其随员当成了一个远方部落，一群潜在的敌人，可以从中合理地窃取任何东西并杀死对方。但他们首先关心的是贸易。

　　努特卡人很快就全神贯注在贸易上。男人们一打打地出售皮

239

草、武器和装满海豹油脂的囊袋——甚至有一些人类头骨和晒干的手。后面这些"看起来是近来刚割下的，肉还没变成角质而处在生肉的状态"（Beaglehole 1969, 303）。印第安人对珠子等小玩意儿置之不理。他们想要的只有金属物件。欧洲人的铁刀相较印第安人拥有的少量金属工具而言具有极大的优越性。在船队离开的时候，他们毫不夸张地剥去每片黄铜，数百枚钉子、凿子，甚至锡盘。库克被迫设置一名常备警卫，因为印第安人会偷窃任何他们视线里有价值的东西。甚至连他的金表都在警卫们的眼皮底下不翼而飞了。幸运的是它完好无损地被重新找到了。海员们得到了一大堆熊皮和海獭皮作为全部这些金属的交换物。它们将证明自己是船组的绝佳投资。

　　库克用了数小时来观察正在进行的贸易。他注意到当地人对船队有古怪的占有欲（图57）。他们挑衅任何从其他地方来进行贸易的新来者，迫使新来者通过他们的首领们进行交易。所有这些贸易活动都伴有长篇大论的演说，悦耳的演唱和由戴面具的人指挥的复杂舞蹈。尽管库克看起来和努特卡人相处得不错，他评

图57　库克的船队在努特卡湾（约翰·韦伯［John Webber］绘）

资料来源: courtesy of the Trustees of the British Museum.

论到他从未"遇到过这样的印第安人，他们坚持认为产自其国土的所有东西都是他们独有的财产；他们一开始想让我们为带上船的所有木头和水进行支付"（Beaglehole 1969, 303）。他的很多后继者将会发现印第安人是能干而精明的交易者，拥有同样强烈、进步的，关于财产和为已交付的服务给付报酬的概念。

1778年4月26日，船队起锚，周围环绕着在独木舟中唱歌跳舞的努特卡人。印第安人"强烈要求我们再回到他们这里"，并且准备了一大批作为临别礼物的皮草。海员们把它们放进船舱，在超过一年的时间里都忘记了这些皮货，直到库克死于夏威夷后他们踏上漫长的回家路，最终到达西伯利亚堪察加半岛的时候才记起它们。当地商人们听说船队载有皮草时蜂拥到码头。库克的队员们因他们的皮草而收到的报价令人震惊。而在中国，这些天价回报又被超越，海员们在那里只是单条水獭皮就得到高达120美元的回报。对皮草的需求是无止境的。

库克第三次航行的官方记录于1784年出版，证实了关于西北海岸充裕的皮草市场的传言。带着对传说中每件皮货120美元的期望，皮草商人很快就进入临太平洋西北部的海峡和河口探查。最早到米的船只发现能很容易就积累可盈利的货物。一开始，印第安人被远远大过其独木舟的舰船的景象所震惊。但一旦他们的好奇心被满足后，便争先恐后地同陌生人进行交易。当乔治·狄克逊船长（Captain George Dixon）在1787年7月抵达克罗克湾（Cloak Bay）时，他发现自己被皮草淹没了。印第安人太过渴望交易，以至于实际上在没有任何预备的情况下就把斗篷和皮草扔上他的船。在短短的半个钟头里，狄克逊就得到了超过300件毛皮。在夏洛特皇后群岛停留一个月后，他带着船上超过1 800件的毛皮起航。即便没有超过这个程度，其他船长也得到了许多皮草。

美国"哥伦比亚号"（*Columbia*）的主人约翰·肯德里克（John Kendrick）在 1789 年用凿子交易皮草，交易了 200 件皮草——整个交易过程就用了几分钟。这些开拓者们在中国获得的利润是巨大的。1785 年，一位船长通过 560 件海獭皮赚取了 20 000 美元，而狄克逊在 2 500 件皮货上赚得超过 54 500 美元。纳撒尼尔·波特洛克（Nathaniel Portlock），狄克逊的合伙人写道："这或许是商人参与的受益最大、最有利可图的贸易活动。"（Fisher 1977, 4）

早期运皮草的船长很快在吃过一番苦头后发现，印第安人是聪明而务实的交易者。他们不像其他人一样那么满足于得到小玩意儿。无例外地作为木匠的印第安人利用迅速发展起来的贸易获取铁质工具，尤其是凿子、刀子以及斧子和木工制品，这些比他们在欧洲人接触之前使用的石头和骨质工具更实用。印第安人的讨价还价漫长而艰巨，皮草价格不可避免地迅速上涨。早期航海中的巨大利润不再重现。到了 1795 年，上涨的价格相比三年前高出了百分之百。但是那时火器正广泛使用，而且欧洲贸易商品存在一定程度的供过于求。

印第安人对大船上白皮肤的陌生人的本性困惑了短短一阵。他们很快接受欧洲人作为那种或许有些奇怪的风俗，但就和他们自己一样对贸易感兴趣的人类同伴。从一开始他们就只把这些陌生人作为双向贸易中的平等合作者来对待。他们用皮草满足自己生活中的基本需求，尤其是用铁质工具替代他们自己不够结实的人工制品。一旦这种需求已多少被满足，印第安人就开始为织物和毯子进行交易，作为他们现在一有机会就出口的皮草的替代品。铁质工具、布匹和毯子——都具有作为商品的易于清点和展示的优势。因此它们不仅在本地文化中填补了缺口，还在印第安人复杂的、展示和交换财富的典礼仪式中充当重要角色。当然，贸易的流行改变了，尤其是在晚些时候，人们需要火器或酒，但是海上皮草贸易可能在丰富当地的本土文化方面扮演了一个重要角色。在这一点上，相比同太平洋其他地方的族群进行接触的经历，欧洲人在临太平洋西北部海岸与当地人的初始接触，很可能是独一无二的。

早期船长们的日志对印第安人驱动的艰难的讨价还价充斥着抱怨。印第安人会小心仔细地检查每个物件，果断拒绝有瑕疵的商品。他们对奉承无动于衷，清楚地知道自己想要什么，并且毫不犹豫地挑拨船只彼此竞争。独木舟可能会在同一处下锚地从一艘船移向另一艘船，在船上比较价格并且拒绝随便为了什么交出皮草，除非是为他们确实想要的东西。当季最先到达的船只通常能在其竞争者把价格提得更高之前加紧支付现行价格。

"印第安人足够狡猾地从竞争中尽可能取得优势，而且会从一 242艘船去到另一艘，再带着声称收到的报价返回，其实没有真实依据，还把自己表现得像最厉害的内行一样很精通交易伎俩的样子"（Fisher 1977, 8），一名船长写道。这条评论来自一位有经验的美国商贸船长，并不是种恭维。一开始，印第安人一方占有全部优势。他们掌控着皮草资源，无须到访者的贸易商品就能活得很舒服，还有充裕的时间去讨价还价。皮草商人被迫在同一处海湾的下锚地停留数月，这在很大程度上是由于对当地首领无能为力。相对很少的个体或村庄引导了大多数的交易。他们有耐心——和时间——等待数日以获得他们要求的价格。他们会坐在船只的甲板上，对是否卖出他们的皮草表现得漠不关心。印第安人的优势不会持续太久，一旦欧洲和美国的政治与殖民利益伸至海岸地区，它就很快消失殆尽了。

那些足够幸运的首领们所行使的控制皮草贸易销路的权力是

巨大的。到访的船长们不得不尊敬顺从他们，慷慨好客地纵容他们。深切理解印第安风俗和个人仪式性的责任对在皮草贸易中生存是必不可少的。尤其重要的是互惠礼物，它们为确保贸易达成而被交换，或被作为伴随重要贸易活动的歌唱舞蹈仪式的一部分。"人应天生具有一份非凡的耐心来和这些族群中的任何人进行交易"（Fisher 1977, 9），约瑟夫·英格拉哈姆（Joseph Ingraham）船长在1791年访问海岸地带时写道。

随着皮草贸易变得更加激烈，掌控销路的首领们开始和内陆更远处的族群交换皮货。他们内部已经进行了数世纪的贸易，是其可作为如此熟练的交易者的原因之一。复杂的长距离贸易线路把生活在西北海岸地带和更远处内陆的人们联系起来。海贝、装饰品和基础性商品在累加起来的遥远旅途上从一个社群传向另一个。这些物物交换的来往是一种极有价值的从内陆部落获取皮草的方式。首领们用欧洲商品同他们不够幸运的邻居们交换皮草。一如既往地，他们极力讨价还价，用低于在海岸地区价值的百分之二百的价格购买皮草。因此，海上皮草贸易的影响遍及整个西北海岸地带，甚至是远在主要贸易销路之外的群落。其影响是当地奢侈商品得到相当大的充实，包括铁质工具和衣物。

1800年后，由于海岸地区的高成本和在中国价格下降的双重影响，利润迅速地缩减。牟利的唯一办法就是在几年中一次次回到同一区域，真诚地和当地首领进行交易。在海岸进行工作的300艘甚至更多艘船中，有很大比例的船只为第二或第三次航行返回，其中大多数只与极少数印第安首领进行贸易。

我们很难把海上皮草贸易导致的西北海岸文化内容的丰富记录下来，因为到访的交易者们倾向于同相对少的个体进行交易，例如努特卡的马奎那（Maquinnas）酋长等首领。可能在欧洲人接触

243

的最初，第一任马奎那酋长就已夺取了努特卡湾周边地区的酋长地位。他被相继到来的到访者们招待和奉承，在当地夭折的西班牙殖民地中是一个关键角色。在 1803 年，马奎那家族非常富有。那一年，他们被报道举行过一次夸富宴（potlatch，仪式性的展示），他们在那儿赠送出 200 支步枪、200 码（约 183 米）布匹、100 件衬衫，同样数量的镜子和不少于 7 桶的火药。

马奎那家族并不特殊。他们及其在海岸沿线的贸易同行们生活在充斥着堆满欧洲商品木箱的房子里。这些贵重资产确保他们能雇佣交易者和猎人去获取皮货。他们的妻子和奴隶准备好皮货以供出售，这些经济活动被认为影响了印第安社会高等阶层中一夫多妻的发生率。拥有皮货的群体在社会和经济方面变得显要突出——甚至是那些在欧洲人接触前不享有丝毫社会地位的家庭。海上皮草贸易对印第安社会的长期作用是微妙而深远的。

至于这些作用具体为何，观点并不一致。很多历史学家提出，海上贸易对沿岸部落有消极影响，沿岸部落对皮草的强烈渴望严重摧残了海岸地区的经济和社会组织。他们从理论上说明流感和性病等欧洲疾病从船上登岸，削减了当地人口。该理论继续道，火器的引入对强人的酋长们与其邻居间的关系有巨大且毁灭性的影响。结果就是印第安社会几近消亡。

很多人类学家持有一种全然不同的观点。他们认为海上皮草贸易对当地文化有一种刺激作用。他们指出欧洲船只给很多酋长和交易者带来的财富，还有皮草贸易给予当地贸易活动的激励。这种财富的汇集充实了当地文化传统，尤其是木雕，它在宗教和仪式生活中担任了重要角色。印第安人在他们得到的一部分欧洲文化中是有选择的，正如他们寻求的用来交换皮草的商品所证明的那样。既然欧洲人和印第安人并没有为同一片土地或矿产而竞争，白人也没有试图在西北地区定居，皮草贸易对印第安人生活的影响大多是相对有益的。

确实不能说 18 世纪末不存在对印第安社会的消极作用。毫无疑问的是欧洲水手确实给这一地区带来了天花和性病，酋长们也在用火器抵御近邻。一名传教士在 1829 年汇报说夏洛特皇后群岛海达印第安人（Haida Indians）的数量被欧洲疾病所削减，但是很难精确地统计数据。尽管早期欧洲到访者确实报道看到了被抛弃的村庄，我们也不能确定这些是疾病，还是从一个定居地转向另一定居地的常规季节性迁移的结果。正如人口学家诺尔玛·麦克阿瑟（Norma McArthur）用太平洋海岛人口指出的那样，如果某种流行病在人口的生育阶段发起猛烈攻击，它将产生最大程度的冲击。如果生育期女性没有受太过严重的影响，西北海岸的人口将会很快从暂时性人口流失中恢复过来。因此欧洲疾病对西北印第安人及其文化的确切作用仍未被证实。

"有特权的人"

在欧洲人接触时期，超过 25 万印第安人（图 58）在哥伦比亚河与阿拉斯加之间的西北海岸地带生活。他们为生计而严重依赖海洋和沿岸河流。内陆巨大山脉的斜坡覆盖着大量云杉、雪松和北美黄杉，它们大量分布在整个海岸地带。印第安人正是从这些森林中获得木材来制作独木舟和木屋，也用获得的优质木料来雕刻图腾杆、盒子和小件人工制品。大多数人类定居地都集中在河岸或岛屿和海岸地带，那里的大量鱼类和海洋哺乳动物支撑着地球上最丰富多彩的狩猎-采集文化之一。

图 58　努特卡男人（约翰·韦伯绘）

资料来源: courtesy of the British Columbia Provincial Museum, Victoria, BC.

　　太平洋及汇入其中的河流提供了鲸鱼、鼠海豚、海豹、海狮和数十种鱼类。其中有大比目鱼，有些能重达 250 公斤。鲱鱼、胡瓜鱼和太平洋细齿鲑（蜡烛鱼）云集在海岸水域。每年有不少于五种的鲑鱼出现在近海水域。很多群落调整他们的生活方式以最大限度地增加鲑鱼的季节性洄游——一年多达七次，洄游性鱼群阻塞了河流，涌进上游产卵。一个杜撰的移民故事声称，在鲑鱼洄游时，人可以踩在鱼背上过河，甚至都不会沾湿脚。贝类、水禽、一些野味和蔬菜也是印第安食谱中的重要部分。丰富多样的沿岸地带环境独自提供了超过 300 种重要的可食用动物，所以除了在富足的时期熏制并储存数千片鱼干提供补充，人们拥有可以依赖的、有所缓冲的丰富自然资源。

　　有如此多样的食物供给，即便存在偶尔的匮乏时期，印第安人发展出一个精细复杂的社会也毫不令人惊讶。他们建造大型、耐用的房屋，它们被簇拥在相当大的定居地。他们的独木舟可以承载多达 60 人。他们基于木雕、篮筐编织和其他技术的丰富的手工传统已经闻名于世。中部和北方的西北海岸社会被组织进社会阶层中，享受着一种丰富的仪式生活。只要人类需求和可用资源之间保持着生态平衡，西北海岸社会就能利用最简单的技术无限期地生存。

　　西北海岸潮湿的海洋性环境给印第安人提供了充裕的自然资源，使之仅用最简单的工具就创造出复杂精巧的物质文化。海岸地带密集的森林富有红杉、黄杉、冷杉和云杉等易于分割的、直纹、疏松的木材。西北海岸的木匠们有种类丰富的工具去砍伐、分割、加工雪松和其他软木。他们没有斧或锯，而是用锛和凿完成大部分工作。其切刃是用坚硬的、磨光的岩石、海贝以及骨角制成。远在库克船长之前的时代，印第安木匠们就在使用铁质刀刃——很可能是他们通过与北极地区族群之间的长距离贸易获得的铁。他们对这种贵重金属的了解可以解释其不知足的、对来自欧洲舰船的铁的需求。雪松木可以很容易地被分割成板材，因此印第安人在冬季村庄和更重要的地点建造大量板制房屋是合逻辑的举措（图 59）。他们长方形的木板住宅有固定的框架，而墙

图 59　18 世纪的努特卡房屋内

资料来源: courtesy of the Trustees of the British Museum.

壁和屋顶板可以搬离用于他处。很多家庭在数个地点保留房屋框架，而用大型独木舟把墙壁和屋顶板从一个地方运载到下一处。房子的每一部分都被指定给不同阶层的家庭，空间通常用一堆木箱、篮子和其他物件来划分。部分杰出的木制工艺体现在独木舟的建造上，这种船不仅必须要适于航海，还需作为强有力的运载工具，运输小屋板材、捕获的大鲑鱼或者整个家庭及其财产。独木舟建造者是受尊敬的专家，他们能用专门砍伐的树干造出任何东西，从轻量独木舟到大型战舰，随后细心雕刻打磨。西北海岸的木匠们利用他们的蒸烘和雕刻技术制成一大批华丽的木质手工制品，从大型独木舟、水槽到碗、木板盒和数十种小物件。他们不满足于只做出多功能箱或简单地建造粗糙的顶梁。无论是大是小，西北海岸的木匠们煞费苦心地做出匀称的边角并精心完成所有制品。

西北海岸人民制作的许多物件上都有丰富的装饰，这种纹章艺术风格是所有美洲印第安艺术形式中最著名的风格之一。西北海岸木雕所强调的主题描绘了家族历史、宗谱和事件——兼具真实和虚构——此举引导强化了祖先观念。有声望的祖先以及神话中的动物和人物出现在很多木盒和小物件上。或许最著名的艺术品就是巨大的图腾柱，即一度竖立在村子前面的纪念物，还有纪念性的标杆和房屋前的柱竿（图60）。大量这种艺术以及在西北地区面具上的那些，被定型——作为家族宗谱的重述。但是这些艺术家完全有能力雕刻华丽、自然主义的形象，并通常会通过修改碗等实用物的形状来达到这个目的。

生活在当地族群中的人的内部和外部关系由血缘纽带决定，从而有规律地使社会地位从一代传向下一代。当地血缘群体一起生活和工作，认为他们自己是土地和渔场，还有物质财产以及从

248

图60　夏洛特皇后群岛斯基德盖特（Skidegate）的海达人村庄（R. 梅纳德［R. Maynard］摄，1884年）

资料来源: courtesy of the British Columbia Provincial Museum, Victoria, BC.

个人名字到冠饰、从舞蹈仪式到歌曲的多种特权的专属所有者。每个自治的当地群体有自己的首领，并关照其对审判、和平和战争的需求。

当地族群自身分为"有特权的人"和普通人。还有很多奴隶，他们不过是一种动产。一个人生来就是贵族或平民，但是在这两个广泛的阶层中有精确的等级划分。每个人都清楚地知道他或她个人相对于其他人的等级。等级的微妙之处能在仪式场合被容易地识别出来，最尊贵的人穿戴着最精致的衣物和首饰。传统上，高等级的人们在房子里占据特殊位置，通常是靠后墙的区域。就是他们指挥着群体活动。

由贵族和平民等级导致的社会差异被紧密的血缘纽带所改善，共同纽带把社会最高和最低层级的成员联系在一起。就这样，贵族不是一个分离出来的、可以随意对待平民的群体。伴随着大量的血缘纽带，每个人都与作为整体的血缘群体的财富和特权息息相关。世袭等级是重要的，但是它通过某种方式被改良，即最富有、尊贵的人必须把他们的财富分享给他人。

财富和社会威望紧密相关。确实，印第安人花了大量时间对二者进行积累，就像我们社会当中的人一样。但是相似之处在这里就结束了，因为西北海岸社会把全部财富视为当地血缘群体这一整体的财产，而不属于个人。个人可以得到数十件皮货或独木舟，但是归根结底所有这些财物，以及更重要的房屋、土地和贵重物品，都是群体性的财产，即便首领声称它们属于他或她自己。对这些财富的展示和夸耀挥霍是西北海岸生活的一个主要目标，一种增强族群在周边邻居中威望的手段。这些对财富的展示一般被称为"夸富宴"，在一个为自己获取财富的诱惑无处不在的社会环境中，它为血缘同胞提供了强大的凝聚力，因此在印第安人的生活里承担着至关重要的角色。

　　夸富宴可能是整个西北海岸地带最著名的习俗之一。甚至这个词语本身就与对食物和财产的挥霍同义。在它原本的形式中，夸富宴是由一位酋长及其血缘亲族向其他酋长及其部落发起的庄重典礼。"夸富宴"一词是一个切努克语（Chinook）俚语，意思是"给予"。然而，不可能所有夸富宴都包含飨宴或分放食物的内容。它们总是标志着一个重要事件，例如一位重要人物的婚姻、一位贵族继承人的诞生，或是取得对某一头衔或冠饰的权利。

　　在18世纪晚期和19世纪的大部分时间，夸富宴是被精心安排和举行的事务，涉及正式邀请相邻族群。某种严谨的礼仪围绕着宾客们抵达夸富宴房屋以及入座事宜展开，其复杂程度完全可以同华盛顿举行的盛大外事活动相提并论。重要嘉宾按等级就座。欢迎致辞会被吟诵，冠饰也会展示出来。歌曲和舞蹈为即将经认证而神圣合法的特权和地位庆祝。一些重要的夸富宴向过世酋长进贡，贡品由燃烧的食物和其他物件制成。随着新的头衔持有者受到介绍，礼物会被分发给宾客。整个流程将以感谢致辞结束，随后，头衔持有者被认为是正式现任酋长或其他考虑中的职务。如此一来，夸富宴远不止一场聚会；它是一场正式典礼，大量仪式和礼节围绕它进行。其出席者被期望在未来给予回报。而且在他们这样做的时候，会给早先夸富宴上已被认证的阶位带来荣誉。重要的夸富宴可能是不常有的典礼，部分原因是缺乏能被作为礼物的财产。晚些时候，当欧洲贸易商品汇入引起印第安社会内部财富再分配时，这一模式将会改变。西北海岸地带很多丰富的仪式生活涉及对神话传说的重现和对等级与头衔的不断强调，这是一个涉及社会整体财富再分配的过程。

　　最早一批欧洲人引入西北海岸社会的一种新元素是财富。但

是欧洲贸易商品本身不足以削弱印第安人的生活。直到外国人开始在沿岸地带定居，印第安社会的结构才开始瓦解。

欧洲殖民

到 19 世纪 30 年代，海上皮草贸易停止了。海獭在西北沿岸地带几乎灭绝。贸易重心向岸上移动，海狸皮取代海獭皮成为主要商品。哈得孙湾公司的要塞网络位于战略要地，他们能在那些地方与已建立的印第安贸易网络和通信系统建立联系。印第安人250会获取皮货，公司职员试图以尽可能最低的市场价格购买它们。当地人容忍要塞的存在，因为公司会为此支付他们报酬，并且无论怎样，他们已然一直在这些地方进行贸易了。在这些情况下，陆地皮草贸易对传统文化的负面作用很小。

尽管如此，在当地持久存续的公司总会对印第安社会产生一些长期影响。欧洲贸易商品的持续泛滥成为西北海岸文化中不可缺少的一部分。获得巨大财富的个体通常是早期社会地位相对低的人。他们新得的财富给予了他们令其他社会成员怨恨的权力，尤其是对那些较少能接近贸易商品的人而言。上述社会变迁仍对印第安社会造成压力，即便很多强大的酋长仍是主要交易者，他们都从早些时候就已经与重要的贸易关系联系在一起，这些关系在此时通常被增强。

一些族群，尤其是夏洛特皇后群岛的海达人，在海獭变稀有后开始遭受苦难。所以他们转而依赖其他收入来源，种植土豆以向内陆印第安人和欧洲商栈售卖。早在 1825 年，海达人就从事古董和艺术品买卖，沿着海岸地带出售优质雕刻品和独木舟模型。

这些"珍玩"在东部城市销路很好，并且使海达人能够重获一些他们失去的财富和地位。由于海达人的邻居们的财富日益增长，海达人还可以通过他们的木工技术牟利。印第安的仪式生活有了一种新的复杂性，而非在受忽视中日渐衰弱，木雕在其中承担了一个重要角色。伴随隆重仪式竖起的巨大图腾柱是用新获得的金属工具雕刻出来的。

在很大程度上，公司商人和印第安人的长期接触是相互有益的。西北海岸地带文化的内容大大丰富了，公司也获利丰厚。当地人兴旺起来，尽管有时不时暴发的天花、性病和麻疹的报道，它们增加了印第安人的死亡率。西北海岸社会正经历着社会变革，但它并不是威胁传统渔场或印第安社会基础结构的变化。在1846年《华盛顿条约》（*Treaty of Washington*）界定了美国和加拿大的边界后，上述这些情况随着欧洲移民流涌入西北地区而迅速改变了。

在1849年，英国政府把温哥华岛授予了哈得孙湾公司，条件是为来定居的移民把它发展成殖民地。在1851年，詹姆斯·道格拉斯（James Douglas），该公司在维多利亚堡（Fort Victoria）小型殖民地的代理人，勉强担任了新殖民地的管理者。他在边界南部地区种族关系严重恶化的时候走马上任。数百名移民持续涌入华盛顿州，看到印第安人就杀。从事皮草贸易多年的道格拉斯对美国人深切忧虑。他说他"更怀疑他们的意图，而非森林中野蛮的当地人"。在很多年里，他尝试阻止在殖民地发生同样的种族仇视，且意识到移民们对印第安风俗感到陌生是引发严重问题的潜在原因。

对温哥华岛的殖民直到1858年都进展缓慢。那年的早些时候，维多利亚是一个居民不到300人的冷清小村庄。当年夏末，其定居者中的常住人口数超过 3 000，有时有高达 6 000 人在城镇周围扎营。理由很简单：在汤普森河和弗雷泽河（Thompson and Fraser River）的汇流处发现了金子。淘金者的洪流涌入了公司的领地。道格拉斯长官尽全力阻止印第安人和矿工之间的流血冲突，但是在对金子的疯狂欲望前几乎无力阻止暴力。

道格拉斯很清楚地认识到采取严厉措施是必要的，既要阻止与印第安人有关的麻烦，也要阻止美国人吞并公司领地。温哥华岛的缓慢殖民已经给与印第安人相处造成了困难。印第安人和道格拉斯的行政机构都意识到他们之间正锻造一种新的关系。印第安人开始感受到英格兰法律的力量，它不仅裁决对社群造成的犯罪，也裁决内部纷争。印第安人感觉到他们现在开始处于更严密的社会控制之下。移民开始和他们竞争原本属于他们数世纪的土地。道格拉斯和印第安人协商了 11 条协定，在此之下印第安人放弃了一些土地，交换到几条毯子。他们被允许在未被占用的土地上狩猎，但只能保有他们的村庄和房屋所建之处的土地。这些协定把温哥华岛南部的大部分领地永久地给予了移民。

或许新局面中的最大变化是移民对印第安人的态度，这种态度由无知以及美国人认为印第安人敌对且奸诈的刻板印象助长而来。种族优越感在英国和其他地方比数十年前更为强烈。进化论的信条在空气中弥漫，很多科学家认为非西方社会只不过是没有进化到维多利亚时代文明顶峰的文化。结果是，很多移民认为印第安人注定要灭亡。一名到西北海岸地区的到访者提出一种"种族的演替，就像农作物的循环，可能是必要的，以推动地球转入其最好的境况"（Fisher 1977, 88）的观点。移民对印第安人的观点几乎无一例外是轻蔑的。他们很容易就使自己相信，维护印第安人的生活方式并没什么意义。

252

只需阅读一篇同时代有关印第安生活的记录就能找到关键。印第安人享受"令人反感的典礼",是迷信的、不诚实的,也没有能力胜任辛苦整日的工作。移民对印第安人的态度不仅是忽视,也表现为恐惧和不安全感。殖民者害怕他们脆弱的社会将坍塌,他们会回到印第安人的水平。对很多移民来说,"入乡随俗"（Going native）是比死亡还可怕的命运,他们会不惜任何代价地阻止。开拓者们觉得自己在人数上被超越而且易受攻击伤害。其中的很多人正在一个陌生的、疏离于他们自己社会背景的环境中调整以适应全新的生活。他们无法容忍他人,还倾向于认为他们自己的文明相比周围的"野蛮人"是极为优越的。尽管皮草商人已经宽容地在和当地人共事,移民们却厌恶印第安人并同他们竞争。印第安人是毫无疑问的失败者。

印第安人和移民的根本冲突在于土地。殖民者到处占领土地。这是他们得到财富,即在新国度的资本的手段。印第安人对其领土有着全然不同的态度。他们传统的猎场和渔场对其文化的延续是必不可少的。每处海角和地标都有一个名字,这对其印第安拥有者具有某种特殊意义。拿走印第安人的土地就等于剥夺他们的身份认同。但印第安人是无法获胜的。一些族群从狩猎采集转而从事农业,和欧洲农民竞争。他们无法在已被清理的空地上打猎。商业渔场和罐头制造业务很快深入他们的渔场。愚昧和误解的鸿沟分隔了大部分的印第安人和移民。多数移民对接管印第安人的土地感到完全合乎情理,他们认为这些土地将因未经耕种而被浪费。这些争论继续道,印第安人所做的全部就是狩猎打鱼,与在土地中奋力谋生这种严肃的经济活动相比只能算是运动。当然,事实上印第安人非常适应他们富足充裕的自然环境。

1860年至1880年之间的时期见证了西北海岸地带印第安社

会跌入社会和经济的失序状态。获取财富是印第安生活中的一个基本信条。他们的社会被经济成功所衍生的社会责任驱使和巩固。当皮草贸易衰落，侵损了定居者的财富来源，印第安人发现没有办法确立社会地位。他们千年来的生活方式的根基被迅速侵蚀。传统社会走向衰落。很多人迁移至欧洲殖民地附近，他们在那里靠当雇佣劳动力竭力维持生计——如果移民雇佣他们。殖民者假装博爱地关切廉价酒精对其新的城市邻居的影响，试图把他们全体迁走。很多印第安人挤在临时棚屋里，感染了性病。在1862年流行的一场天花使维多利亚的居民警醒，权力当局驱逐了印第安人还烧毁了他们的棚屋。结果，天花在海岸地带传播，并且在印第安人回到他们村庄时进入内陆。印第安人被迫立刻调整适应巨大的、灾难性的破坏，但是他们完全无力适应。

印第安人对一切无能为力。少数族群和个人试图抵御白人。强力的反抗被镇压，头目被严厉惩罚。很多人远远地退至他们家乡的领地，尽可能让自己远离麻烦。吉尔伯特·马尔科姆·斯普罗特（Gilbert Malcolm Sproat）曾一度担任印第安人保护区专员（Indian Reserve Commissioner），他在1867年向伦敦民族学学会汇报道，很多印第安人"无精打采地生活在他们的村子里，看上去像是在沉思"（Fisher 1977, 117）。斯普罗特带有几分人类学家意味地抱怨道，印第安人不情愿向他提供关于他们风俗的确切信息。他从理论上说明印第安人已经对他们的旧传统产生怀疑，并且因西方文明入侵的速度而震惊和困惑。一些族群，例如北方温哥华岛的夸扣特尔（Kwakiutl）人，就处在这样的压力下，以致他们开始进行疯狂的夸富宴。富人会在挥霍中疯狂地彼此竞争。食物会随着格外慷慨的赠予被分配；蜡烛鱼的油被挥霍浪费地抛入火中；毯子和珍贵的铜在火光中被消耗掉。一些最引人注目的赠予来自地位低下的、从与欧洲人的接触中获得了财富的人。其中一些夸富宴看起来无疑是传统印第安社会所受压力的结果。

随着不列颠哥伦比亚省的移民人口增长，印第安人开始感受到来自伦敦的英国殖民政策的影响。道格拉斯相对开明自由的政策被晾到一边。远方殖民地在政府关注的次序上排位靠后，所以移民们多少能按他们想要的数量接管印第安人的土地。在 1871 年不列颠哥伦比亚省成为加拿大的一部分后，官方承受了更多压力。十年后，政府指定了印第安事务代理人，由他负责省内管理印第安事务的部门。他们本应该指导印第安人，但却被用来摧毁印第安人的习俗。他们的特定目标是夸富宴，这长期以来就是传教士反对的目标，它被认为是印第安人西方化的一个主要障碍。1884年，联邦政府通过了一部法律宣布夸富宴不合法，并将娱乐定为一种会施与监禁处罚的轻刑罪。印第安人怒不可遏，处处抵抗法律。他们向自己少数朋友指出，他们的首领们放弃夸富宴将是灾难性的。他们不仅将失去特权，无法履行社会责任，也会有很多人因此挨饿。它是在社会中分配共有财富的其中一种途径。他们的整个社会组织依赖于夸富宴。很多印第安人静悄悄地进行夸富宴，并且延续了很多年。

在皮草商人和他们进行交易的情况下，印第安人对待宗教就如对待西方文化中的任何其他部分一样。他们按自己的意愿采纳或拒绝不同方面。传教士早在 1829 年就在沿海地带活动，但是严肃的牧师的工作开始于 19 世纪 50 年代，在新教福音派突然到访印第安人的时候。他们要求其抛弃全部的传统信仰。最成功的是威廉·邓肯（William Duncan），一个太过沉迷于罪孽的宗教狂热分子，他被组成印第安人礼仪生活的"可怕的谎言制造"迷住了。1862 年，他把他的教会学校从辛普森堡（Fort Simpson）欧洲殖民地迁走，建立了一个名叫"梅特拉特拉卡"（Metlatlaka）的模范社区，他可以在那里把他的教徒从受玷污的影响中隔离开。邓肯的目标不亚于建立一个像维多利亚一样的城镇。

　　每个人都生活在沿着精心布局的街道建造的小村舍中。邓肯建起一座巨大的雪松木教堂，具有英格兰建筑所特有的精致的建筑特征（图61）。他允许一家以上的人住在一所房子里，给他们提供不同的房间。多配偶是被禁止的，家族和血缘纽带也不被认可，夸富宴和冬季典礼亦被禁止。也有一个对印第安生活方式的让步：在春天的捕鱼季期间，关闭学校。穿着完整服装的梅特拉特拉卡印第安人被描述为"有正常思维，坐在耶稣脚下"的人（Fisher

图61　梅特拉特拉卡教堂台阶上的印第安儿童（1881年）

资料来源: courtesy of the American Museum of Natural History, negative no. 42304.

1977, 134）。

由于邓肯建造了房屋和一座大型仪式建筑，创立了象征性的标志并指导仪式，他可能成了印第安人的首领，对传统生活严重受损的人们来说是宗教和世俗的领袖。梅特拉特拉卡的试验被其他传教士和教派小规模地模仿，但是成功程度不一。传教士们成功地在印第安社会当中引起了更严重的分裂。当一个宗派开始与另一个宗派竞争，印第安人就更加困惑。他们甚至发起了他们自己的神秘宗派，它们是某种对基督教的抵抗，一些基督教的信条在其中与传统礼节融合在一起。邓肯的后继者们同仍旧把印第安社会的线索聚拢在一起的夸富宴及其他制度作战。

一个世纪后，库克在努特卡湾下锚，西北海岸的印第安文化弱化为它曾经面貌的一个象征。很多当地人在城市棚户区竭力维生，勉强糊口，这些棚户区只能被大概描述为乡下贫民区。由于土地流失和夸富宴的不合法，传统生活的两个基础——丰饶的本土环境和财富的获得——被移除。印第安人口急剧衰减，且持续下降直至 20 世纪 30 年代。一个世纪前还得意的部落再好也已经弱化为不列颠哥伦比亚社会的一个边缘角色。早在 19 世纪 80 年代，著名的人类学家弗朗兹·博厄斯（Franz Boas）就造访过西北地区。他因自己见到的事物而失望，写道："我几乎没听说什么旧时的事情。"

第十五章　毛利人

> ……并且向我们展示他们已经吃掉他们咬下的生肉，啃咬骨头，再把它从嘴里拿出来，这种简单直接的行为显示出生肉于他们而言是可口的食物。
>
> ——詹姆斯·库克船长，1770 年

> 我猜他们完全依赖鱼、狗和敌人而生……
>
> ——约瑟夫·班克斯，1770 年

　　大发现时代的前三个世纪只有少数欧洲人离开家乡，到远方陌生土地定居。欧洲国家满足于揩油，通过交换或武力获取奢侈品和贵重金属，同时阻止他们的对手分享财富。下一个阶段就是建立商栈和要塞，之后吞并这个国家并利用强制征收的劳动力或进口奴隶采矿，开辟种植园和田地。当英国人在 1833 年废除了奴隶制，他们简单地转而用契约劳工作为替代。受契约束缚的种植园劳工不是来自非洲，而是来自中国南部、爪哇和印度，一些靠近东南亚和太平洋地区新种植园的地方；还有另一些国家，那里成千上万未受教育、没有土地的工人会被引诱到其他地方寻求成功。这种合同制存在很多虐待，但是它在 19 世纪推动了很多热带地区的种植园农业。契约移民的人数难以估量。估计至少有 1 680 万名印度人离开印度到种植园工作，其中至少有 440 万人永久地留在那里。

　　直到 19 世纪早期，欧洲人也不情愿离开自己的家园，定居到像澳大利亚或北美这样的温带地区。欧洲人口正缓慢地增长。有一小部分人太过贫穷或受到迫害，他们愿意彻底离开家乡，去一个新的、陌生的地方，在极为艰苦的环境里工作。这样的地方被认为适于冒险家、罪犯、无业游民和士兵，但不适合普通百姓。三个世纪里，只有一小部分欧洲人冒险到了这些地方。一旦到达，其中的大部分人就紧紧依附海港和海岸地带，在那里至少能维持些许与家乡的联系。到了 1800 年，在第一个永久殖民地，即弗吉尼亚州的詹姆斯敦（Jamestown）建立了近两百年后，只有 430 万白人生活在美国。直至 1840 年，在澳大利亚首个流放地出现的 52 年后，整片大陆上只生活着 19 万欧洲人。同年，新西兰的白人定居者不到 2 000 人。随着工业革命，欧洲移民才猛增起来——以一个惊人的速率。

　　工业革命给家乡带来令人眼花缭乱的变化。死亡率开始下降；人口迅速增长。在拿破仑战败滑铁卢时，英格兰还是一个以农村为主、有 1 300 万人口的国家。到 19 世纪中期，人口已达 2 400 万，几乎翻倍，其中一半是城市居民。维多利亚时代的英国是一个转型后的，由城市和工厂、新兴城镇职业和糟糕的贫困组成的国家。始于农业生活的转变似乎在一夜之间完成。不可避免的是，原有的社会秩序被动摇，很多人失意且为贫穷所困，准备赴海外寻求获得新生活的机会。由于先行者们的努力，做出离开的决定更容易了。澳大利亚和新西兰之类的国家看起来不再像是充斥着野兽的险地。有时，它们被描绘成前景光明，一家人能重新开始，努力工作并谋得好生活的地方。蒸汽船的发明使跨洋旅行更安全而且更可预见，因此能以适度的成本，相对舒适地航行至澳大利亚和折返，几乎不会感到什么不便。毫不奇怪的是，欧洲人为移民以谋求新生活而狂热激动。

在 1840 年至 1930 年之间，至少有 5 200 万欧洲人移民至北美洲、澳大利亚、南美洲和非洲。移民的洪流会自我补充发展，不仅因为家人会鼓励他们的亲戚朋友一起加入，还因为新的土地被迅速开发和几乎同时发生的工业化所改变。像新西兰这样的国家几乎在一夜之间就从石器时代的经济转向现代技术。对很多政治经济学家和政客而言，到远方的土地上殖民成为一种炽热的新信仰，因为母国只会从这样的政策中受益。"野蛮部落的迁徙使整个地球都住满了人；通过一些旨趣高雅的国家所聚居的天才人物，它的文明……被影响"，政治经济学家赫尔曼·梅里韦尔（Herman Merivale）在牛津大学进行的一场讲座中声明（1862, 138）。占据着新西兰等陆地的非西方社会所受到的影响几乎总是灾难性的。

新西兰

1642 年，荷兰东印度公司冷静精明的董事们启动了一项针对巨大的南方大陆（Great Southern Continent）的调查，要寻找"在宜人的气候和有利的环境下人口稠密的地区"。他们派遣阿贝尔·塔斯曼从巴达维亚向东南航行，寻找新的贸易机遇。塔斯曼在以他的名字命名的岛屿短暂登陆，随后起航东行直至他看到

"一片巨大的大陆，高高升起"。他将其命名为"新西兰"（Nieuw Zeeland）（图62），沿着未知的海岸航行，和在独木舟中用"粗糙的、响亮的声音"大声叫唤着的人发生接触。很快，他的海员就击退了杀死他们四名队员的一支小突击队。在新西兰外徘徊了23天后，塔斯曼未及登陆就起航离开了。

没有人费尽心思去更彻底地探索这片朦胧的陆地。它在欧洲地图上一直是一条只在部分程度上被探索的曲折海岸线，18世纪晚期，詹姆斯·库克船长在1769—1770年环航了这片远方的陆地，还绘出了非常精确的海图，直到今天还在使用。他还有充裕的时间去观察在那里生活的人，凶猛而老练的毛利人。他写到，新西兰富有优质木材和极为适于制绳索的草类。"简单来说，"他有预见性地补充，"如果这片国土被一个勤劳的民族定居，他们不仅很快就会有生活必需品，还会有很多奢侈品的供给。"（Beaglehole 1968, 276）

毛利人和友好的塔希提人截然不同。库克的登陆经常被恐吓，甚至被暴力反对。大批独木舟载着的毛利人会划出去查看舰船并进行交易。这些人时常是野蛮好斗的，带着激烈的愤怒投出石头，发出威胁。欧洲人注意到不计其数的、筑有防御工事的营地，即"毛利堡垒"（pa），修建在有战略意义的海角和岩礁上。他们的壕沟、栅栏和搏斗台令其到访者们确信毛利人是好战的民族。"奋进号"上的人看到有几处堡垒近来刚被破坏烧毁。这些地点都是被精心选择的，是"非常牢固并且精心选择的据点，在那里，或许只需少数果敢的男人就可以保卫自己，在很长时间里抵御强大的、和他们自己一样武装起来的兵力"（Beaglehole 1968, 197）。（图63）毛利矛是种令人生畏的武器，只有欧洲步枪可以抵御它们。

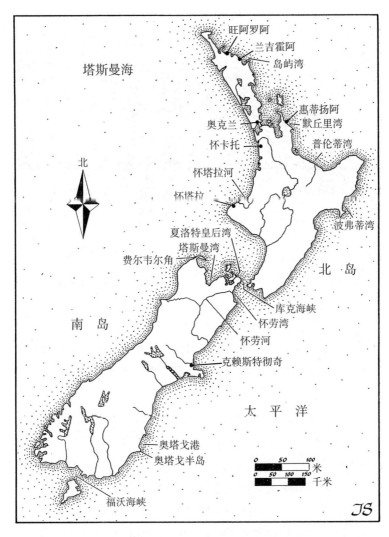

图 62 新西兰地图

资料来源：杰克·斯科特绘制。

图 63　默丘里湾（Mercury Bay）的毛利堡垒（悉尼·帕金森绘）

资料来源: courtesy of the Trustees of the British Museum.

260
261
　　库克确信毛利人是食人族。当他初次听说有关食用人肉的故事时，他保持着一种开放的心态。少数登上舰船的毛利人中，有一些惧怕欧洲人会吃了他们。之后，1770 年 1 月，库克在夏洛特皇后湾（Queen Charlotte Sound）遇到了一群毛利人，就是从今天的惠灵顿穿过库克海峡（Cook Strait）的那边，他们正在撒满刚肢解的人骨的炉子上烹饪狗的尸体（图 64）。第二天早晨，毛利人带着一块人骨到船上。"并且向我们展示他们已经吃掉他们咬下的生肉，啃咬骨头，再把它从嘴里拿出来，这种简单直接的行为显示出生肉于他们而言是可口的食物。"（Beaglehole 1968, 236）约瑟夫·班克斯带来了一颗经处理保藏的最近被吃过的毛利人的头。"我猜他们完全依赖鱼、狗和敌人而生"，他记录道（Beaglehole 1955—1967, 1: 443）。从那天起，毛利人就有了一个让人生畏的嗜

图 64　夏洛特皇后湾（约翰·韦伯绘）

资料来源: courtesy of the Alexander Turnbull Library, Wellington, New Zealand.

食同类的名声。

　　毛利人同样对拥有如此高级武器的陌生到访者感到好奇，但也因库克不情愿利用他强大的武器而困惑。1852 年，一名欧洲官员记录下酋长霍列塔水神（Chief Te Horata te Taniwha）*目击库克在北岛（North Island）东岸的惠蒂扬阿（Whitianga）登陆后的描述。那时他只是个小男孩，但是记得老人们是如何称呼船为"小

---

*　原文可能有误，该酋长名为"Te Horetā"，又名"Te Taniwha"，是 Ngāti Whanaunga 部落一名重要的酋长。参见 https://teara.govt.nz/en/artwork/751/te-horeta。而毛利人文化中的"水神"，或称"海怪"，在毛利岩画中十分常见，象征着水中生物。（参见［英］克莱尔·吉普森:《如何读懂符号:思索触类旁通的标志意义》，张文硕译，沈阳:辽宁科学技术出版社，2018 年，第 244—245 页。）

妖精"（*tupua*）的。桨手们像小妖精般划向岸边，仿佛后脑勺上长了眼睛。他们如何看到他们在往哪儿走？人们注视着白皮肤的陌生人，轻抚他们的衣服，称羡他们的蓝眼睛。一些毛利人登上到访者的船，霍列塔水神就在其中。他们品尝了欧洲食物，见到了库克。他开了口但所言甚少："他所做的全部就是摆弄我们的垫子……还有摸我们的头发。"他的语言像是某种莫名其妙的嘶嘶声。库克给了这个年轻男孩一枚铁钉，他珍藏了它数年。

这段记忆和在其他非西方土地上发生的、与欧洲人初次接触的那些时刻有很强的共同点。奇怪的生物来到庞大的、漂浮着的村庄。他们拥有白色的皮肤和一位魅力超凡的领导者。"这些人是神"，祭司和长者们这样说，并为解释这些令人惊讶的到访者而寻找部落传说中的先例。这些陌生人是神还是人？他们是朋友还是潜在的敌人？如阿兹特克人和塔斯马尼亚人一样，毛利人对欧洲人的白皮肤、奇装异服和不寻常的武器感到惊奇。他们恰如欧洲人自己一样谨慎，但是以一种有侵略性的方式对待陌生人，就像对待他们自己的邻居和潜在敌人一样。双方能做的唯一一件事就是观望，在他们自己文化价值观念的约束内行动，然后看形势如何发展。

詹姆斯·库克将在以后的时光里四次访问新西兰，但是对他在第一次探险中收集的大量信息只做出了相对较少的补充。在他遭遇的所有非西方族群中，毛利人似乎是他最为尊重并且最小心地对待的。他感到自己仿佛在刀锋上行走。他的队员和毛利人之间互不理解的鸿沟太过巨大，以致暴力冲突可能在任何时候爆发。当地人的高度不可预测性很快使他们在欧洲有了耸人听闻的名声。库克第二次航行的同行者在伦敦的咖啡屋里给这些令人惊恐的故事添油加醋。托拜厄斯·弗诺（Tobias Furneaux）在"冒险号"（*Adventure*）上独立于其指挥官，单独行动。1773 年 12 月，他派了一艘小艇在帕利瑟湾（Palliser Bay）上岸收割野生蔬菜。小船没能在黄昏返回。第二天早上，一支搜救队发现了用篮子盛着的人肉，散落的鞋子，一个黑人仆人的头颅和一些被割断的手。没有小船的任何踪迹。一大群毛利人被步枪的火力驱散。

在弗诺的船组陷入麻烦的一年前，法国人有段更令人惊骇恐惧的经历。我们已经知道马里恩·迪弗伦出现在塔斯马尼亚水域（参阅第一、七章），他在 1772 年 3 月 25 日登陆北岛。在经历了一场暴风雨后，他的两艘船在岛屿湾（Bay of Islands）下锚，船组把病人送上岸，并砍下邻近海岸的参天大树作为新的桅杆。当地人偷偷摸摸的，但是足够友善。他们的全部关注都在迪弗伦身上，以至于他都觉得自己被赋予了王室的荣耀。当其他军官提醒他要当心时，他只是嘲笑他们。"你怎么能指望我对一个向我表现出如此多友善的民族持有不好的印象呢？"他大声说。他的自信被证明是致命的。1772 年 6 月 13 日，迪弗伦、两名军官和 13 名没有武装的水手在欧劳卡瓦湾（Oraukawa Bay）会见一个当地酋长时被冷血地残杀。就在第二天，毛利人又杀了 12 个被派上岸伐木的海员。幸存者们在迪克莱斯默和克罗泽中尉（Lieutenants du Clesmeur and Crozet）的带领下设法击退他们营地遭受的攻击。他们烧毁毛利堡垒来复仇，他们的同伴就是在那里被杀死的，还摧毁了另外两个村子。大约有 300 名毛利人在报复性突袭中死去。被屠杀的欧洲受害者只剩下了一些衣服碎片和骨头。这次悲剧性事件源于双方的猜疑、法国人的傲慢自大，和宗教禁忌不知不觉但骇人的爆发。毛利人向这些侵犯和法国人的粗心大意索取了一个可怕的代价。

在库克短短几年的伟大环球航行中，新西兰的海岸已经被法国和英国航海家充分探知了。这些到访者包括一大批著名探险家，其中有乔治·温哥华（George Vancouver）、舍瓦利耶·德昂特勒卡斯托（Chevalier D'Entrecasteaux）和德才兼备的朱尔·塞巴斯蒂安·塞萨尔·迪蒙·德于维尔（Jules Sebastien Cesar Dumont d'Urville）。他们修正、详述了库克的勘测，并为西方对毛利人的认知增添了很多细节。所有人都很快认同了新西兰不是巨大的南方大陆的一部分。但是它广达 10 万平方英里（26 万平方千米）的群岛覆盖着密集的绿色植被——对欧洲人来说几乎陌生的植物群。那里陆地动物很少，但是树木茂盛的乡下充满"各种各样美丽的鸟儿歌唱着，使树林里回荡着它们不同的音符，无比和谐"（Wright 1959, 4）。庞大的海洋动物群在新西兰的海域繁衍兴旺。几乎所有欧洲到访者都同意，这片可爱迷人的土地会成为农业天堂。

18 世纪晚期，欧洲人和毛利人之间的接触相对较少。1788 年，成群结伙的海豹猎捕者已经在南岛（South Island）附近海域作业，但是很少有毛利人在南部生活。这少部分人开始怨恨海豹猎人，到了 1820 年，后者几乎彻底地削减了当地海洋哺乳动物的数量。一些捕鲸者和海豹猎手或许在北岛停留过，但是那里对他们没什么吸引力。库克引进的猪或土豆都没达到充足的供应以和毛利人进行交易。在世纪之交，每年都有少量舰船可能停靠在岛屿湾，但是没有留下有关其访问的确切记录。

一些毛利人到捕鲸船上作为船员出海。新西兰人和捕鲸者之间的接触或许并不尽如人意而且可能是暴力的，因为澳大利亚的传教士们从悉尼的毛利海员处听说了暴力和酒后滋事的事件。事态在 1809 年到了紧要关头，岛屿湾的毛利人杀害了一艘叫作"博伊德号"（*Boyd*）船上的全体船员，他们当时正停留在旺阿罗阿（Whangaroa）砍伐新桅杆。在数年里远洋船长几乎无一例外地避免去那个地区。

尽管毛利人有可怕的名声，欧洲人还是不可避免地会在新西兰殖民（图 65）。这里并不是黄金或白银之地，也不是热带天堂。如果它的气候比西欧湿润些就更怡人了。但在这片边远地区，或许能合理地预期欧洲农民和艺术家会过上相当好的生活。法国人迪蒙·德于维尔，一位毫无疑问有着浪漫情怀和言辞的探险家，最充分地表达了这种情绪。他预言会有毛利人、法国人和英国人共同生活在和谐的文明里的一天。"之后这些海岸、沙漠，或在分

图 65　毛利哈卡（haka），战舞（J. J. 梅里特［J. J. Merritt］绘）

资料来源: courtesy of the Rex Nan Kivell Collection, National Library of Australia.
注："当他们踩脚，土地为之颤动。"一位早期移民写道。

隔的毛利堡垒中的族群，将会展现出兴旺的城市；这些寂静的海湾，现在偶尔穿梭着脆弱的独木舟，将会因各种型号的舰船皱起波澜"（d'Urville, 1834—1835, 2: 111），他预言道。就像他的很多同时代人一样，德于维尔热切地相信着全体人类都有接纳西方文明显而易见的益处的愿望。就毛利人的例子而言，如很多其他社会一样，即便是欧洲文明的微小要素都被证明是毁灭性的。

265 "一个强壮、瘦削的民族"

相对而言，毛利人自己也是新西兰的新来者。考古学家认为最初到达这片岛屿的人类居民在约 1 000 年前自波利尼西亚而来——精确的年表尚未确定。最初定居在这片南方陆地的波利尼西亚人发现他们自己面临着一种陌生的气候，香蕉、面包果或椰子等主要食物都无法在那里生长。只有安第斯甘薯，库马拉（*kumara*），在北岛和南岛最北端能够生长。猪和鸡都没能从始于波利尼西亚的独木舟长途旅行中幸存。最早的移民靠打猎、捕鱼、采集和在任何可能的地方种植甘薯为生。他们幸运地生活在草木丛生的环境中，那里有丰富的鸟类，尤其是被称为"恐鸟"266（*moa*）的一种不能飞的物种。毛利人在 17 世纪猎捕恐鸟直至其灭绝，部分是因为过度捕猎，还由于为甘薯园砍伐森林。早在 1830年，遗弃在毛利贝丘中的恐鸟骨头就被发现，还在悉尼古董市场中赢得高价。1859 年，一颗与一具人骨一起被发现的恐鸟蛋被以120 英镑的极高价格在英格兰卖出。

在欧洲人接触前，毛利人认为他们的群岛是整个宇宙的中心，除了在大洋另一边、人们已印象模糊的名叫"哈瓦基"（*Hawaiki*）

的家乡。他们的祭司家族保留了传统历史，述及令人怀念的数百年前乘巨大独木舟到达北岛的祖先（图66）。库克船长评论了毛利与波利尼西亚文化之间的相似之处，同时新西兰和波利尼西亚的考古研究揭露出这两个地区有千年历史的石斧、鱼钩和其他此类手工制品之间的巨大相似性。现在大多数权威人士认为毛利人至少在1 000年前从波利尼西亚中心地带的某个地方来到此处。我们不太可能拥有一个更加精确的年表，这单纯因为有关最初期极少人口的考古记录太过稀少。

在公元1300年至公元1500年之间，传统的毛利文化发展起来，并在整个北岛以及南岛有可能种植甘薯的地区传播。传统毛利文化的出现与更密集的甘薯种植和毛利堡垒的建设有关，这些

图66　毛利战船（斯波林［Sporling］绘）

资料来源: courtesy of the Trustees of the British Museum. Addl. MS 23920, folio 48. 1307.
注: 毛利战船和"向船舶公司公开反抗的船组"。双体独木舟正在航行，而船上的人在表演一支战舞。一位酋长站在船尾。

堡垒即库克及其他人在整个北岛观察到的筑有防御工事的村庄。随着争夺基础农业用地而出现的竞争，传统毛利文化可能是通过刺激了部落迁移和征服战争的人口增长来传播的。这个丰富、灿烂又好战的文化在 1769 年被库克注意到。

按库克的说法，毛利人是"一个强壮、瘦削、优美、有活力的民族，高于普通体格，尤其是男人们；他们有深棕色的皮肤、黑头发、又细又黑的胡须和洁白的牙齿，还有并未减损他们容貌及其他特点的文身，总体上拥有极佳的容貌特征"（Beaglehole 1968, 809）。很多早期观察者评论了男性的强壮与活力，他们拥有健康的牙齿和纤细的腿，据说源自"他们持续性的蹲坐"。克罗泽中尉注意到"两个女人在近距离检视时并不太好看；她们大体上身材不佳，矮，腰非常细，有着宽大的乳房、粗糙的腿，还有极多情的脾性，而相反地男人们在这方面非常不同"（Wright 1959, 5）。

一些男人的脸上文满了蓝色和黑色的螺旋纹样，有时从臀部到膝盖上也有。他们把黑色的头发收入一个发髻（图 67）。女人们的文身在嘴唇和面颊上。文身是一个长时间的、痛苦的过程，用一个小骨凿和一把木槌准确地把图案雕进皮肤里。

男人和女人们都穿着简单的短裙或围裙，用皮带系紧，从腰部垂到膝盖。它们随着穿着者的移动发出嗖嗖咯咯的拍打声。毛利人还穿着用亚麻纤维编织的、系在肩部的斗篷。最上等的斗篷需要耗费数月制作，用贝壳拆解亚麻纤维，之后再用合适间距排开以容纳完整长袍的交叉条棍上编织。最珍贵的斗篷用红黑线缝的纹饰镶边，并用羽毛簇或狗毛装饰。最好的羽毛斗篷复刻出鲜艳亮丽的红色、白色、蓝色、绿色和黑色的鸟的前胸。酋长们和其他重要人物在头发上戴着羽毛，有时也有鲸鱼骨或木梳子。绿玉耳

图 67　毛利男人的肖像（悉尼·帕金森绘）

资料来源: courtesy of the Trustees of the British Museum. Addl. MS 23920, folio 54a and 55b.

注: 左图，男人的头发扎在顶髻里，戴有三根白色羽毛和一柄装饰性的梳子；右图，另一个男人穿着带有一枚骨拴扣的编织亚麻斗篷。他的头发也在发髻中。

饰价值不菲，同样的还有鲨鱼牙齿做的耳环。一种被称为"悬挂的人像"（*hei tiki*）*的护身符被挂在脖子上，它被雕刻成一个双腿折叠的人像。悬挂的人像是珍贵的传家之宝，从一代传给下一代。

　　毛利人如此有攻击性的原因之一是用来种植甘薯的优质农业土地存在短缺。库马拉每年从含有碎石的火山土壤中收获一次，土地通过火烧和使用木质挖掘棒的勤劳的手工劳动进行清理。甘薯农业的重要性似乎在 14 世纪以后有所增长，这可能是在毛利人 268

---

* 又名"玉人颈饰"。"hei"意为"悬挂"；"ti-ki"意为人，毛利人的祖先。（参见上海博物馆编：《毛利人 A—Z》，南京：译林出版社，2011 年，第 26 页。）毛利人认为绿玉是威力强大的珍贵宝石。它通常被雕刻成吊坠或项链，对佩戴者有着特殊意义。（参见 https://www.newzealand.com/cn/feature/new-zealand-greenstone/ ）

通过创造更有效的方法储存有价值的块茎，以对愈加凉爽的气候做出反应之后。他们挖掘大储藏窖，用火熏烤它们来防止真菌造成腐烂。后来一大团黏土替代了炉床。除了最大可至33平方英尺（10平方米）的大型长方形窖穴，毛利人也使用小的、钟状的窖穴。大窖穴茅草屋檐的边缘靠在窖穴周围的地面上。屋顶上的厚泥土层给窖藏食物提供隔绝的环境和恒温。甘薯种植对北岛毛利人而言太过重要，以致所有的战争活动都在其生长期停止。

另一种重要的主食是蕨类的地下根茎，或者蕨菜（*Pteris aquiline var. esculenia*）。毛利人称之为"永远不会短缺的主食"（*Te tutanga te unuhia*）。除了极度密集的森林，蕨根出现在其他所有地方，而且可以在全年任何时候采集。用挖掘棒挖出根茎，用硬木拍打器击打以去掉硬皮。人们还依赖应季采集的丰富的次要植物性食物和浆果。毛利人食用他们的狗，还诱捕一种随着最初定居者偷偷乘船而来的波利尼西亚鼠类。鸟类是毛利人饮食中的一个主要部分，即便是在恐鸟和其他大型物种灭绝以后。他们用陷阱捕捉鸽子和鹦鹉，带着狗猎捕无翼的鹬鸵，甚至在鸟类吃野生浆果的时候用矛刺它们。一些设圈套的方法非常有效，甚至有在一天里捕获几百只鸽子的记录。这些鸟被烹饪，放在它们自己的脂肪中，之后被储存在葫芦里。它们构成了家庭财产的一个重要部分。

捕鱼对毛利人的幸福生活至关重要（图68）。掩蔽的岛屿湾周围的稠密定居点证明了能够从太平洋获取的丰富食物供应。他们在独木舟中用网、鱼钩和鱼线捕鱼，还在浅滩叉鱼。

很多观察者汇报道毛利人有时会转而食用人肉，在人有可能以囚犯或奴隶为来源被俘获的时候。据毛利作家彼得·巴克爵士（Sir Peter Buck，即特·兰吉·希罗阿［*Te Rangi Hiroa*］）所说，奴隶和其他人会在婚礼或丧礼等特别场合被杀和食用。虽然食人

269

图 68　毛利人捕鱼（悉尼·帕金森绘）

资料来源: courtesy of the Trustees of the British Museum.

可能始于对消耗更多肉类的需要，它最终在毛利人的生活里具备了一定作用。它通常更多地因仪式性意义被实施，而非饮食上。毛利武士们会吃掉在战斗中杀死的第一个敌人的心脏和眼睛。吃掉敌人身体的一部分是对他最大的侮辱。

　　毛利人物质文化的基础是可便利获取的自然资源。大多数毛利房屋有 18—20 英尺（5.5—6 米）长，约 10 英尺（3 米）宽，带有一个约 6 英尺（1.8 米）高的屋顶。细长的枝条构成房子的框架。墙和屋顶覆盖着浓密的干草层，在寒冷中保护居民。一家人睡在房子里的垫子上，屋里还有一个位于中央的火塘。雕刻的大房子（*whare whakairo*）或称"雕刻会堂"，是毛利村庄中最大、最壮观的建筑物。这些有雕饰的房子长 60 英尺（18 米）或更多，几乎 33 英尺（10 米）宽，并有 24 英尺（7.3 米）高。建造大房子

270

（whare）从竖立那些雕花屋脊柱开始。它们被规划在屋前以遮蔽廊道。粗壁柱被塑造成雕刻着祖先人物形象的厚板的样子。经过装饰和彩绘的木椽承载着倾斜的、用数层芦苇和叶子捆扎的茅草屋顶。墙壁上衬有芦苇，之后用装饰性的、缝合材料制成的彩绘嵌板装饰。大房子前面的门是一块约有 4 英尺（1.2 米）高的雕刻板。建造者们把大量精致的螺旋纹雕刻在覆盖住屋顶前部边缘的屋脊板上。一个木雕头像或完整的祖先形象立在前山墙顶端。大房子里没有家具，这个地方不仅被作为正式集会场所，还是举行演讲、歌唱和舞蹈的地方。一座会堂前部的区域通常会形成一个集会地，即欢迎宾客或做生意的开放场地。

毛利木雕家们幸运地拥有充裕的、可以获取的罗汉松（totara）资源，那是一种直纹理、易处理的耐用木材，便于雕刻出在手工艺品、房屋和独木舟上出现的典型的螺旋和花边状图案。当地绿玉为毛利雕刻师提供了木工所需的刃部锋利的 acres* 和斧。从它最雅致的方面说，毛利艺术在其精致优美上有一种几乎媲美金银掐丝工艺的质量，它装饰了巨大独木舟的船首和船尾部件，武器的手柄，宝盒（waka hula）**，即珍藏传家宝的椭圆形小盒。毛利人还是绘画、编织篮筐和织垫子的专家。甚至文身都被视为一种木雕和编织的艺术延伸。

毛利艺术家和农夫用最简单的工具进行工作，例如翻耕土壤的木质挖掘棒和棍棒。毛利人把巨大的心血花费在准备鱼钩上，包括带有一个木柄和一块镶嵌贝壳的那种拖钓。但是他们最伟大的杰作是他们的航海独木舟。建造者们不使用舷外浮木，可能是

---

* 此处之 acres 意为英亩，疑原文有误。推测或为 adzes，即毛利人的一种日常工具，有时也用作武器。

** 原文有误，应为 waka huia。

因为有大量的宽大贝壳杉（*kauri*）可作为船体。航海独木舟长达46英尺（14米），用绑在船体上的厚板铺的舷缘给它们增加了干舷。毛利战船有70英尺（21.3米）或更长，是用榫卯结合船首、船尾和中间船体的复合船。船体向上部分的整个边缘是为速度和优雅的线条而做。船首和船尾板、船尾柱，有时还有舷缘和横坐板，都雕刻了错综复杂的图案。所有尺寸的独木舟在欧洲人接触前都对毛利人至关重要，它们是在狭窄、危险的岛屿小径之外的唯一交通手段，并且它们在战时是非常必要的。

毛利人从早期欧洲到访者那里得到了一个凶残的名声。但是他们的战争正如阿兹特克人、科伊科伊人或塔希提人等其他非西方社会的战争，与欧洲军事行动的概念完全不同。战争和从战斗中得到的威望的价值，渗透了毛利人生活的方方面面。大多数战斗在种植和丰收季之间的夏月进行，持续时间并不长（图69）。记忆中时间最长的毛利战役之一发生在1815年，两群人在一片沙滩上战斗，持续了两次涨潮的时间——12至18小时。大多数战斗包含突袭，在狭窄的森林小径里打埋伏，还有用锋利棍棒或投掷棒进行的数分钟残忍的白刃战。间或有两名非凡的武士进行一对一决斗。毛利人的战争像毛利人生活的所有其他方面一样，和获得威望复杂地联系在一起，而且主要不是为了获取土地，而是为洗雪耻辱、增加威望，并且可能通过食用人肉获取动物蛋白质。

注重突然攻击和意外突袭的毛利人，生活在对战争的持续性恐惧中。出席仪式宴会的宾客有充分理由全副武装，因为此类场合中的意外杀戮对他们而言并不陌生。北岛上的人居住在用带平台的土方保护起来的加筑防御工事的村庄里。这些毛利堡垒紧靠在难以接近的海角和悬崖绝壁处，在突然袭击的风险能被降到最低限度的战略安全地带。库克注意到很多这样的定居地，例如在

图 69 "一位穿着他特有服饰并按其风俗全副武装的毛利武士"（悉尼·帕金森绘，1773 年）

资料来源: courtesy of the Alexander Turnbull Library, Wellington, New Zealand.

默丘里湾的一处："这个村子建在一处高高的海角——村子的一部分建在人们实在难以接近的地方，村子的另一部分建在非常险峻之处，除了其所在山丘上那条狭窄小径对面的一侧。在这里它被

　　　　　　　　　　　　　　　　大发现四百年

双重沟渠、一片浅滩和两排尖木桩防卫着；但是并非离顶点更近，而是有合适的空间让男人们走动，并在尖木桩和内渠之间使用他们的武器……紧靠内侧尖木桩的地方用牢固的桩子竖起一个 30 英尺（9 米）高、40 英尺（12 米）长和 6 英尺（1.8 米）宽的平台。这个平台是用来站在上面向攻击者投掷飞镖的，许多飞镖因这个用途而被放在上面。"（Beaglehole 1968, 198—199）居住者们为围攻准备得很充分，正如库克看到了大量储备的蕨根和鱼干。

　　所有毛利典礼中最精细复杂的部分在战斗前后举行，因为神明在解释任何击败敌手而得的胜利时扮演主要角色。胜利者会食用在战斗中杀死的第一个敌人的心脏和眼睛。有时，当仅仅吃掉一个敌人的肉无法满足复仇的要求时，骨头会被留下用于侮辱性的、有辱人格的目的。它们会被做成饰品或鱼钩，甚至是套环以拴住驯养的鹦鹉的腿。18 世纪的艺术家悉尼·帕金森曾见到一块人头骨被用作在独木舟上舀水的水斗。有时这些骨头被打碎并在火里烧毁，以防止被杀死的敌人的亲属把它们收集起来埋在圣地。被憎恶的敌人的头有时被保留并作为战利品带回家，通常钉在手杖或防御栅栏上。胜利者们会去掉眼睛、脑子，通过基部的枕骨大孔去除舌头。他们会把颈部皮肤缝合成环，在一个陶土炉子里熏制头颅。这样的头颅在早期移民中成为被珍藏的古董。当毛利人发现可以用它们交易到火器及其他欧洲商品时，猎头形成了一种副产业。一些酋长杀死他们的奴隶们以满足针对保存下来的头颅的旺盛的市场需求。

　　大多数毛利人住在北岛，被组织成至少 20 个部落（imi），它们继而被分为声称承自共同祖先的小部落（hapu）。最小的社会单元是家庭（whanau）。土地所有权被授予小部落和家庭，其范围同时包括农业用地和渔场。个人可能会声称拥有一大片土地，实际上它是被授予他或她所属的同族群体的共用地，这是某种欧洲移民难以理解的事物。

毛利部落的领导者们是阿里基（*ariki*），他们可以直接宣称其血统源于早期传说中的独木舟。一名毛利阿里基比塔希提祭司拥有多得多的权势，并且归属于更专属的社会秩序。他拥有双重品质，分别是马纳（*mana*），即因其自身成就而来的个人魅力和权势；还有塔普（*tapu*），即某种继承自其家族祖先的个人神圣性。他的子民总是怀着尊敬和敬畏对待他，就像彼得·巴克爵士记录的一位酋长的致意所揭示的："欢迎来到权力，欢迎来到神圣，欢迎来到恐惧。"（"Haeri mai te mane, haere mai te tapu, haere mai te wthi", Buck 1949, 347）一名阿里基的塔普通常集中在他的头上，以至于他剪下来的头发都被小心地处理，使它们不会对他人造成伤害。阿里基在很多方面都被视为陶马努（*taumanu*），即神明们的安息地。

毛利社会的自由人是朗加蒂拉（*rangatira*），基本是世袭贵族。朗加蒂拉有权在部落集会上表达他们的观点。普通人即图图阿（*tutua*）常常认为他们自己是朗加蒂拉。这两个等级之间的分别有时模糊不清。毛利社会最低等的阶级是奴隶，主要是战争囚徒。无论因犯在被捕前的等级有多高，他在被捕的时候就失去了他全部的马纳，并且完全受制于其捕获者的所有念头。一些毛利人也是托本加（*tobunga*），即在建造独木舟、木雕或文身方面有专门知识技能的技术人才。其中很多都是祭司。托本加·阿布雷瓦（*tobunga aburewa*）是祭司中的最高等级：学者、哲学家和部落宗谱的保护人，还有神学家。他们在特殊的用于教导的房子里接受训练，并且通常被认为拥有超越打雷和闪电等自然现象的力量。较次等的托本加等级负责当地神明的安康和有关出生、死亡、婚姻及战争的仪式。毛利人还有部落系谱学家和故事讲述者，他们是传统历史和当地故事的知识库。他们的赞美歌曾经并且现在仍旧是毛利人生活中被珍视的一部分，每个人自其生命之初的数年开始都会接触到它。

除了少数的、地方性的变化，全体毛利人共享同样的宗教信仰。他们的主神们，被称为"阿图阿"（*atua*），是由抽象思想的力量创造的无形神灵，如造物神（Tane），即鸟类、树木之父，人类始祖，也是独木舟建造者的保护神。复杂的仪式围绕着战神图（Tu）和农业保护神朗戈（Rongo）展开。朗戈监管食物的种植、丰收和储藏，因为这项活动比毛利人生活的其他任何方面都需要神明的更多帮助。唐加罗阿（Tangaroa）负责海洋和在其中游弋的鱼。例如鲸鱼就被称为"唐加罗阿的巨大的喷水鱼"（*te ika pipiha nui a Tangaroa*）。毛利人还把注意力集中在阿图阿·卡布（*atua kabu*）上，家庭神和精灵，其中很多守护着圣地。

毛利生活的每个方面都可通过某个或其他一些神明来解释，但是每个毛利人的个人行为都经由"塔普"指导，它是某种形式的禁律。塔普规范了个体之间的交往、对食物的消耗和对圣地的保护。它从根本上影响着毛利人对待他人和更广阔的世界，甚至是对待欧洲人的行为方式。酋长们对每个人而言都是塔普。例如，没有人能在一位酋长废弃的火上炊煮食物。违背塔普的后果是灾祸不幸，甚至死亡。

毛利人生活在一个哲学的、精神的世界，除非在其中出生，没有人能完全理解它。他们的岛屿环境与外部世界完全隔绝。激励他们的挑战和机会异乎寻常地受限，某种程度上类似塔斯马尼亚人的情况，后者经历了甚至更长时间的隔绝。他们的很多思想和经验都深度牵涉几乎可以被描述为梦中世界的事物，即一种产生出日常存在之基本原理的潜意识环境。这个梦中世界给每个毛利人的活动都造成了严苛的约束。每种社会关系、每项事务的进程都被灌输了许多宗教暗示，以至于毛利人生活的几乎各个方面都存在某些神圣的东西。

甚至一段对毛利口述传统和价值观的粗略检视都显示出他们为何因欧洲到访者而如此困惑，以及为何早期移民无法完全理解他们的行为动机和社会。毛利传统全神贯注于解释人们生活于其中的隔绝世界。它是一片拥有大海和蓝天、沙滩和森林的土地，一个未听说过有邻居的地方，一片为未来的世代而托管的土地。但是托本加会吟诵一段预言，它讲述了陌生人继承他们土地的一天：

在这张刺了文身的面容之后，　*Kei tua i te awe mapara, he*
站着一个陌生人。　　　　　　*tangata ke.*
他会继承这个世界——　　　　*Mana e neho to ao nei — he ma.*
他是白皮肤的人。

第十六章　新西兰的殖民

　　我想这是……毫无疑问的，我们必须把我们与当地人之间的和平更多地归功于良好的判断力，更强调他们而非欧洲人的审慎和克制。

——《新西兰政府报告》（1842 年）

　　毛利人在 19 世纪声名狼藉，导致很多船只航行经过新西兰却不停留。只有最大胆的捕鲸船船长敢于面对这片遥远陆地上的好战居民。他们经常从东道主那里招募毛利海员。住在靠近悉尼囚犯流放地帕拉马塔（Parramatta），有时会有多达 30 人的毛利人。他们在那里遇到了一位名叫"塞缪尔·马斯登"的传教士，他是一个朴素、缺少幽默感的、有大胆无畏风度的男人，他已经为被释放的囚犯建立起一个模范式的农业定居地。他成了他们权利的强有力的支持者，携带优质的澳大利亚羊毛样品回到英格兰，开始与母国发展起繁荣的羊毛贸易。他的毛利访客中有一位名叫"鲁阿塔拉"（Ruatara）的酋长，他对马斯登的农场经营和宗教信仰印象深刻。他是催促牧师带传教团到岛屿湾（Bay of Islands），抵制到访新西兰的捕鲸船的邪恶行径的人之一。毛利人用从到访商人那里得来的火器从事劫掠的故事使马斯登本人震惊。尽管马斯登缺乏教育，却充满了传播福音的热情。他相信毛利人不仅应接收到上帝的话语，也应采取欧洲的经济方式。

　　怀着一心一意的热情，马斯登带着他的羊毛和传教热忱到了英格兰。他在 1810 年带着两名没有经验的传教士回到悉尼。但是一年前"博伊德号"屠杀引起的恐惧，意味着没有船长会渡传教士们到其行动计划中的目的地。马斯登等待了三年多。"没有船主敢冒险，他害怕船和船组成为当地人的牺牲品"，他在绝望中写道。最终，他不得不买一艘自己的船，"活跃号"（Active），然后在地方长官允许他建立自己的传教站之前，乘着它踏上前往岛屿湾的尝试性访问之旅。

"瞧，我给你带来天大的好消息"

　　1814 年的圣诞节，塞缪尔·马斯登在岛屿湾的奥伊希（Oihi）登陆，据说随行的还有"马匹、绵羊、牛、家禽和福音"。他的同行者包括一名教师和两名将会教授毛利人木工、鞋履和绳索制作的工匠。他带着一种见机行事的敏感直觉，第一次把福音从文本中宣讲给好奇的毛利人，"瞧，我给你带来天大的好消息"。马斯登自己只停留了两个月，在身后留下一支由 21 名各式各样的欧洲人组成的队伍，他们全都以各种形式与教会传教士协会有关联。1819 年，传教团人数上升至 45 人。

　　定居的传教士们面对着非同一般的困难。他们在非常原始的条件下工作，只能听凭当地首领摆布，不会讲毛利语，还生活在对自身安全的持续性忧惧中。商船太过罕见，在 1816 年至 1819

年间仅有 14 艘船到访过岛屿湾。传教士们拒绝从船长们那里接纳有罪的偷渡者，没有和船长们建立起友谊。他们的主要关切点，是通过他们自己和平的示范引领毛利人归信基督教并踏上新的经济道路。传教士们绝不会鼓励难以管教、缺乏纪律的移民涌入，破坏他们的努力。

首个传教站建在岛屿湾西北面的兰吉霍阿（Rangihoua）（图70）。如果不是包括鲁阿塔拉在内的几名毛利酋长对他们的保护，传教士们不可能幸存下来。他们最强大的同盟之一是一位名叫"洪吉·希卡"（Hongi Hika）的北方酋长，他是一位嗜血的武士，曾随其中一名传教士到访英格兰，这是为向毛利人传播福音而做出的努力之一。洪吉被引荐给乔治三世，被赠予了贵重的礼物，

图 70　岛屿湾的传教站

资料来源：Captain L. I. Dupenney's *Voyage Autour du Monde* (Paris: Payot, 1826).

包括一套他在悉尼为换火药和步枪而交易出去的盔甲。这些枪给予了他的子民很大的军事优势，他们能够在可怕的屠杀情境下征服很多部落。传教士们不情愿地成了数百名毛利人被奴役和屠杀的目击者。他们几乎无能为力。马斯登已经规定了他们应遵循的政策。他们首先教化毛利人，教他们技术技能和刻苦工作的美德。直到那时他们才能学习福音。不出所料，长达20年的不懈努力收效甚微。

这些好心又虔诚的男人们付出的努力在很长时间里都没有回报。传教士们出身于一种人道主义背景，其基础是相信英格兰的生活方式和举止是基督教徒作风的唯一形式。毛利人自然不愿在一夜之间变成欧洲人，或接纳某种他们不理解的宗教。毛利领导者们也并不完全赞同福音书关于和平的理念。"战斗是他们交际的首要话题"，传教士托马斯·肯德尔（Thomas Kendall）在1814年汇报道。库克自己就曾被轮番请求协助对抗敌对邻居。毛利人不理解他和传教士们的拒绝。

马斯登传教的时间基本与因引入火器而造成毛利社会灾难性改变的发端相重合。大量人口死于欧洲疾病。长期战争和流行病在1800年至1840年间使毛利人口减少了大约50%。酋长们焦虑地想得到铁质工具，尤其是步枪。无所顾忌的捕鲸船长和到访船只偶尔会把枪支让与他们，这成为最被看重的权势和力量的象征。火器的供应稳步上升，在洪吉到访英格兰后急速上涨。洪吉·希卡利用他珍藏的步枪从邻居们手中夺取广阔的土地。战争不是毛利人生活中一种频繁但被良好控制的部分，而是成为一种终结手段，一种压倒性的当务之急，它对任何人无益并毁灭了毛利社会的根本结构。战争作为一种生活方式，渗透了毫无同情怜悯之心的毛利首领们。他们折磨人或杀人不会带一丁点内疚。最终，接连不断、持续升级的流血杀戮动摇了许多不太有侵略性的酋长对毛利人生活方式的信念。他们开始打算听从新的老师，后者宣扬通过农业来获得和平与繁荣，而非战争。

直到 1832 年，传教士们都处于严峻的防御状态。英格兰的传教士领导者们已经在 1822 年改变了其有关尝试教化毛利人的政策，他们在那时任命亨利·威廉斯（Henry Williams）作为一名巡回的福音传道者。"这项传教伟大且最重要的目标，是把新西兰人高贵但愚昧的种族带往福音那光明自由的乐境。为了这个宏大目标，协会所有的措施都是次要的……向前进……眼中不要看世俗事务"（Stock 1890, 213），他写道。换言之，灵魂比农业更重要。

亨利·威廉斯的努力很快取得了有限的成功。怀唐伊酋长（Chief Waitangi）在 1824 年皈依并受洗礼。到 1831 年，威廉斯已在他的海岸定居地使 20 名成人和 10 名儿童改换信仰（图 71）。七年前，一个名叫"戴维斯"（Davis）的德文郡（Devonshire）农夫已经在怀马蒂（Waimate）建立起一座范例式的农场，它成为后来整个新西兰农业发展尝试的原型。这项成功的实验使传教士们的食物供应更有保障。戴维斯的模范农场还给当地人留下了深刻的印象，他们亲身目睹了欧洲农业的益处。它是打开传教事业最终成功之门的钥匙之一。1832 年，《新约》的很多内容已经被译成毛利语。十年后，传教士们声称他们已经翻印了超过 2 000 本祈祷书和 5 000 份《新约》。《圣经》的复制本将会散布在整个北岛的村庄中。首领们的儿女们被带往传教团，不仅学习福音书，还有一切新观念、农业方法和更多先进技术。

然而进展是缓慢的。起初，首领们把传教士们限制在海岸地区。之后，内陆在 19 世纪 30 年代开放。越来越多的毛利人至少在名义上接受了新信仰。传教士们在 1839 年登录了 8 760 名

图 71　传教士（佚名）

资料来源: courtesy of the Alexander Turnbell Museum, Wellington, New Zealand.
注: 传教士，像他们自诩的一样，与毛利人斡旋。

惯常做礼拜的信徒，其中 233 人是定期领受圣餐的人。部落战争在 1838 年几近停止。1840 年在第一批大规模船载移民到达时，传教士们对毛利人的影响非比寻常。G. A. 塞尔温主教（Bishop G. A. Selwyn），新西兰首位任此职的神职人员，感动地看到"在他们全部道德习惯中的一种本质变化"正发生在他眼前。在马斯登初次访问的 40 年后，教会传教士协会以作为在四个地区拥有 21 处传教站、服务超过 2 500 人的教会组织而自豪。

　　基督教在毛利人当中的传播似乎在朗加蒂拉和奴隶中间进行得最迅速。酋长们，其中很多亦是托本加，深深埋首于对主神"Io"的崇拜，即一种局限在最高等级内部的祭仪。这个至高无上的存在被认为与基督教的上帝有密切关联。传教士们在很大程度上利用祭司们对这些相似性的求知欲，使毛利领导者们经常会在与近邻的接触，而非欧洲人传教的基础上，接纳基督教。改换信仰造成的最初后果之一是酋长们会释放他们的奴隶，允许他们返回自己的村庄。被释放的奴隶们带着上帝的话语，激发出在远离传教站的地区传播基督教的浓厚兴趣。传教士们到达新的地区后经常会发现，基督教已经在新近到来的奴隶们的倡导下生根发芽。基督教从很多层次接近毛利人：通过酋长、直接的传教活动和社会最低等的阶级，还通过自身带来很多具有经济价值的革新。在这段时间，《圣经》就像曾经的步枪那样被急切地寻求。

土地与主权

1830 年以后，基督教在新西兰最大的敌人不是毛利人，而是与传教士们分享土地的少量移民。1819 年，这个国家只有 7 名欧洲人不是传教士。1820 年后，到访船只数量上升。捕鲸者频繁在科罗拉勒卡（Kororareka）的毛利人定居地登陆，那里成为船组的一个交易库。到 1830 年，有 10 至 20 名欧洲人在这个村庄生活，还有偶尔涌入的捕鲸船组。传教士们极不喜欢这个定居地，称它为一个"污染的瘟疫区"。1834 年，一个名叫"爱德华·马卡姆"（Edward Markham）的英格兰人在岛屿湾周围待了一阵，嘲讽地写到毛利女人会涌向到访船只，在三个月中得到的毯子比传教士们一年里所给予的更多。"我相信水手们在教化当地人这点做得与传教士们一样多，或者更多，不过是从更世俗的观点看来"（Simpson 1979, 24），他轻蔑地补充。科罗拉勒卡在 19 世纪 30 年代的捕鲸季里极为兴旺，那时世界捕鲸贸易大规模扩张，回应了对便宜油脂、女士束身衣的鲸鱼骨框架以及雨伞和钓竿等多种不同产品的需求。"有很多烈酒商店，"查尔斯·达尔文写道，他在1835年随"贝格尔号"访问了这处定居地，"整个人群都沉迷于酗酒和形形色色的恶习。"传教士们与科罗拉勒卡之间保持着严格距离："醉酒、通奸、谋杀，等等，都在这里犯下……撒旦不受干扰地在此维持着统治。"（Wright 1959, 31）

传教士们反对大规模的欧洲殖民，因为这将毁掉福音派传教士在毛利人中付出过的努力。他们向科罗拉勒卡发出警告。1833年，在伦敦的传教团体已经说服英国政府派出詹姆斯·巴斯比（James Busby）作为英国公使控制捕鲸者在岛屿湾地区过分荒淫的行为。他的影响力非常有限，事态持续恶化。英格兰的福音派和人道主义势力并未使殖民部忘记，越来越多维多利亚女王的臣民前往新西兰定居，其中很多人正对当地群体造成伤害。政府勉强决定兼并新西兰作为直辖殖民地。1840 年 1 月，皇家海军的威廉·霍布森船长（Captain William Hobson）被派去与毛利人签署兼并条约。一名官员被指派保护全部新西兰人口的利益，无论是欧洲人或是毛利人。其结果就是《怀唐伊条约》（Treaty of Waitangi）的签订。

《怀唐伊条约》并非一个真正意义上的条约。它其实是一份不具备国际法基础的兼有双方善意的声明。毛利人将承认英国女王为其统治者，并且被允许保有他们的土地。然而，土地出售时所有权只能让渡给王室。所有英国国民的权利和保障都会扩展至毛利人。

毛利人无法理解条约上的全部专业术语。无论如何，他们把土地看作从祖先那里继承的遗产，不是像蔬菜一样会被买卖的商品。很多酋长拒绝签署协议。反对大规模殖民却急于保护其教徒的传教士们，在其皈依者中为条约进行长时间艰难的游说。霍布森适时地委任自己为奥克兰的地方长官并认为他的工作是保护移民和毛利人的利益。不幸的是，他的努力被伦敦强大的殖民兴趣所削弱。

第一次在新西兰大规模的殖民尝试发生于 1826 年，那时新西兰公司（New Zealand Company）漂流至北岛开拓殖民地。当毛利人拒绝保护移民时，这场冒险失败了。当十年后新西兰协会（New Zealand Association）为同样的目的成立时，殖民部和传教士利益都与其章程相佐，同时提出大规模殖民地将会破坏毛利人的生活。传教士们当然急于保护他们自己的利益。然而协会的组织者是固执的。他们成立了新西兰殖民公司（New Zealand Colonization Company）取代前身，并且在 1839 年未经过殖民部就将第一船移民送到北岛。欧洲移民的洪流很快就不断涌入毛利人的国家。1843 年，有 11 489 名欧洲人生活在新西兰，近乎全部都在北岛。

一开始，移民和毛利人之间的关系非常好。毛利人证明了他们是乐于工作的人，砍伐树木且通常把自己附庸于移民家庭。1848 年，毛利人正为新城镇种植大量农产品，甚至采购纵帆船，控制北岛的海岸贸易（图 72）。毛利人的农业发展卓越非凡，尤其是在北部。他们的首领们很清楚柴火、猪肉、面粉和他们提供给移民的其他商品的价格波动。然而，随着时间流逝和更多移民的到来，毛利人发现自己在为已经拥有了数代的土地与有侵略性的新来者们竞争。

来到南岛的英格兰和苏格兰移民发现一片树木稀少的土地，远处有高大的山脉，大部分是无人定居的理想的牧羊地。到 1861 年，奥塔戈（Otago）地区的丘陵承载了 60 万头羊，坎特伯雷地

图72　19世纪中期的奥克兰市场

资料来源: courtesy of the Hocken Library, New Zealand.

区的则更多。北岛的情况不同。森林高度覆盖的土地得花大功夫清理，很多最好的农业用地被好战的酋长们掌握。移民们发现自己与《怀唐伊条约》的规定有直接冲突，条约表面上是为保护毛利人的利益而设。条约承认毛利人对新西兰的"土地与主权"有不容置疑的权利。英国政府介入新西兰并磋商条约的首要理由是保护本土族群的利益。殖民部提出，移民购买土地的唯一方法是不危及毛利人的"舒适、安全和生存"。其中官员还觉得，除了嗜食同类以外，本地人的风俗必须被尊重。为了他们的"宗教、智力和社会进步"，应采取所有可能的援助。当霍布森船长承担了总督职位时，他脑中想的就是这些人道的目标。不幸的是，他在能够实施连贯性政策前就去世了。很快，形势就发展到无法阻止毛利人失去他们土地的地步了。

毁灭在新西兰殖民公司行动之前就已经开始了。当有关迫在眉睫的大规模殖民的流言开始在悉尼流传时，土地投机商涌入新西兰，以微不足道的代价尽可能地购买土地。公司背后的主要煽动者爱德华·韦克菲尔德（Edward Wakefield），在1839年获取了库克海峡两岸的数十万公顷土地。由于迫切地想得到土地，他会召集一场部落会议，展示他打算为换取土地提供的商品。在聆听了漫长、有说服力的演讲后，人们会屈服于诱人陈列的贸易商品，为衣物、随身小折叠刀、雨伞、剃刀、窥镜和红睡帽等多种多样的货物出卖他们的土地。总之，韦克菲尔德的土地交易只不过花了他9万英镑。数千名新移民抵达，为急速增加的毛利土地奔忙着。

起初，除了在少数个例里，首领们并未质疑土地售卖的有效性。毛利人努力地工作，聚集到学校，以前所未有的规模接受基督教，大概是因为全部三个行为过程都对他们有意义。但随着对迫使他们进入内陆、砍伐树木、亵渎塔普并在部落土地上放牛的欧洲人愈发熟悉，他们很快开始醒悟。当毛利人开始在细微处进行反击时，他们发现自己没有被惩处。他们以为这是一种软弱的标志。毛利人很快在交易往来时更加无畏而专断。

毛利人对基督教的态度也改变了。原本很多毛利人已经接纳了新的宗教，相信它会拯救他们，教导他们欧洲人的生活方式。但是基督教失败于此。当毛利人看到移民像对待其他人一样对待传教士时，传教士在毛利人眼中失去了很多强大的马纳。不同宗教教派之间的持续争吵使他们困惑。热切的皈依者们很快因他们面对的一长串被禁止的行为——对一夫多妻、婚前性行为和裸体的约束而灰心丧气。毛利人设想基督教将像他们自己的神明和与之相伴的马纳一样，给他们一种新的世界秩序和物质回报，因此接纳了它，基督教也确实已经从部落战争、奴役和食人中给予了毛利人相当的自由。一旦他们意识到基督教不是应对他们新问题的灵丹妙药，他们陆续放弃了基督教信仰。他们"打破了安息日，重新跳舞，还发动战争"。当期望之事未实现，毛利人直接回归熟悉的价值观和习俗，它们的必要有效性已在数世纪的经验中被一次次证明。毛利人对欧洲人的期望太高，白人对当地人亦是如此。

1841年后，当殖民总督约翰·罗素勋爵指派威廉·斯佩恩（Willian Spain）作为女王特使裁定新西兰所有的土地权利要求时，土地问题达到矛盾高峰。斯佩恩极度同情毛利人。他的职责是为修正过去的不公正执行法律。唯一能使这项政策行之有效的方法就是立即执行。但是斯佩恩选择对毛利人的土地占有制度进行一个详细调查。他格外关注毛利人的证据，以至于数百名新的索赔人现身，质疑每一笔未完成的土地交易。数十桩土地纠纷在拖延。几乎所有事都比拖延和洪水般的权利主张淹没斯佩恩的办公室要好。毛利人再一次把政府的举动理解为一种软弱的标志。在当局流露出他们不太能保护占有争议土地的移民们时，毛利人开始破坏非法殖民地。在一队武装的移民试图夺取毛利土地时，毛利人在怀劳（Wairau）击溃了他们。事件中的伤亡者引起了一股骚动和官方调查。英国政府的事后调查公正地把责任归咎于移民，指出毛利人的行为是在自卫。

毛利人受这次著名的迅速处置和政府方面的不作为鼓舞，变得更加大胆。他们威胁初到的移民，直到乔治·格雷总督（Governor George Grey）恢复了王室对购买毛利土地的垄断权。因为意识到土地供应必须略微超过即将占据它的移民数量，他买下了数千英亩土地。但是这些人口与毛利人相冲突。到1850年，有25 000名移民生活在新西兰，它正迅速成为一个欧洲国家。一部 1852 年的新宪法赋予了欧洲产权人公民权，但未赋予毛利人。格雷总督试图通过克制移民对毛利人的权威来使新法律的影响降到最低，这只有在他担任总督期间行之有效。悲剧的是毛利人正在证明自己是新殖民地的进步公民。1856 年，新西兰毛利人受教育的比例比白人更高。不幸的是，这时，处于扩张中的欧洲社会对土地的渴望正愈发尖锐，尤其是在北岛，毛利部落生活的组织结构正处在被永久摧毁的持续威胁下。

尽管毛利人有明显的进步，混乱仍在盛行。他们的社会正在瓦解，酋长和平民进入同样的学校。关于土地所有制和法律的新颖的欧洲观念加重了其困惑。毛利领导者们变得更加关心他们的财富经由土地买卖和与欧洲人的接触而减少。1856 年，一个毛利酋长们的会议约束他们自己不再卖出土地，即便是对政府也不行。移民们和毛利人之间的紧张于 1860 年在怀塔拉（Waitara）达到高峰。塔拉纳基（Taranaki）移民的视线指向大片富饶的、靠近怀塔拉河的毛利土地。当地酋长威勒缪·金吉（威廉·金）（Wiremu Kingi［William King］）迫切地想保住土地，把它作为维系部落的唯一办法。他拒绝把土地卖给白人。当一名次级酋长试图处理他在河谷中的土地时，威勒缪·金吉愤怒地否决了他的计划。在对格雷政策的突然违背之下，政府迅速宣布它会从任何能显示其土地产权的毛利人手中购买土地。地方长官拒绝支持金吉的否决。这位酋长愤怒地离开去为自己的土地设防，毛利战争开始了。

"孩子不会在一天里长大成人"

很多移民已经准备好面对麻烦，甚至已经期待了它一段时间。

他们想与毛利人摊牌，对毛利人表明让步于欧洲人的需求会有怎样的益处。同样的争论在所有白人农夫定居的地方重复着——在肯尼亚、南非和南美洲。这里就像其他地方一样，移民们对自己强大的阵线有信心，因为他们猜想——事实证明是错误的——毛利人不可能在面对共同的敌人时联合起来。政府没有准备让步。毕竟，原住民助理秘书说："政府绝不可能向毛利人承认任何一个错误。"移民们聚集起来加入民兵队伍，但是用武力征服金吉及其人民的尝试被击退了。

当移民们正迫切地想对抗毛利人时，英国权力当局仍在寻找折中办法。在 1860 年 6 月，他们召集酋长们进行了一场集会，毛利人有机会当场发表他们的担忧。酋长们强调的核心是他们想保持向女王效忠，并且参与进欧洲文明当中。但其百姓不愿意变成一个蔑视他们价值观的社会的从属群体。他们准备好加入一个真正双种族国家的发展当中，其制度和法律不仅会反映移民的利益，也包括毛利人的利益。但是官方代表不会从民族中心主义之外的立场看待这个问题。他们确信毛利人仍旧是幼稚的野蛮人。"孩子们不能拥有属于成年人的东西，"土地收购行政专员（Chief Land Purchase Commissioner）说，"而且孩子不会在一天里长大成人。"

政府干脆着手对毛利人采取军事解决办法，尽管一些有经验的法官和官员呼吁政府承认毛利人关切点的合法性。很多肩负领导责任的人认为毛利人会利用机会，用一种彻底的、建设性的方式去创造一个名副其实的双种族国家。他们认为，结果将是某种形式的种族一体化，会把毛利人和移民的文化带入一种真正的伙伴关系，不仅是把毛利文化转变进欧洲文化。这些建议对移民的利益而言是令人厌恶的，他们只强调消极的一面。"殖民者暴露在日常挑衅中，"一名移民写道，"例如他的牛，偏离了他的牧场；他跟随它们去到一个邻近的毛利堡垒，然后被迫用一笔过高的款项赎回它们。在争执的过程中，或许是一支步枪指向他，或者是一柄战斧在他头上挥舞。"（Simpson 1979, 92）因此，移民们提出，任何与毛利人的妥协自然地会导致更多麻烦。

当战争在怀卡托（Waikato）地区无法避免时，毛利人断定是移民们发动的。他们更愿意通过法庭解决他们的问题。战争开始286于一个愚蠢的事件。一天夜里，毛利人惊恐地看到奥克兰周围的山上燃起大火。他们茫然困惑，不知道那是否是战争的信号。实际上这些篝火是为庆祝威尔士王子的婚礼。毛利人匆忙地召集会议，商讨这奇怪的火焰，因为没有人预先告知他们即将发生的庆祝活动。移民们听说了关于他们集会的报告。当局认为毛利人正在计划一场袭击，回应则是毁灭当地一些邻近城市、主要是老年人居住的村庄。居民们被驱逐，在灌木丛中流离失所。他们的财产被没收，食品供应被军队偷走。毫不意外的是，毛利人杀死了两名移民作为报复。政府把他们的死作为借口，向毛利人正式宣战。在1863年7月12日，英国将军邓肯·卡梅伦（Duncan Cameron）领导700名士兵侵入怀卡托地区。

怀卡托战争持续了两年。说得再好听它也是一场不平等的争夺。毛利人不想打仗。毛利人面对的是总数达两万人，武装着最新式武器，有火炮、装甲轮船和海军部队支持的军队，他们从设有防御工事的阵地退走，只在必需的时候才进行抵抗。在场上作战的毛利人可能随时都只有400人左右。卡梅伦自己似乎已对战争有了严重怀疑，尤其是在他和对手都提出终止敌对但政府坚持让他同毛利人作战的时候。政府的政策似乎已尽可能多地牵涉毛利群体。任何处在备战状态的毛利人都是反抗者，因此他的土地要被没收。在两年零星的、通常残忍的小规模接触战以及一些移民民兵组织令人发指的暴行后，当局认为对怀卡托及其邻居们的惩罚已经够了。毛利人已经失去了他们的土地和财产。其中的很多人在挨饿。酋长们被允许求和。甚至参与其中的英国士兵也已厌恶了移民们的残忍无情。

当军队作战的时候，移民们加速推进其所得财物的合法化。他们为通过一系列《原住民土地法案》（Native Lands Acts）而游说议员，法案试图结束从毛利人那里征用土地的两个主要障碍。第一个是王室购买土地的权利；第二个，也是最让移民们烦恼的，即土地的公共所有权。1862 年的《原住民土地法案》有效地移除了王室的权利。1863 年《镇压叛乱法案》（Suppression of Rebellion Act）不仅授权总督惩处叛乱，还否决了他们人身保护令的权利。为了防止任何人对谁是叛乱者有任何疑问，法案的序文旨在适用于"本地种族中具有罪恶倾向的人"（Simpson 1979, 148）。一个更加阴险的手段是《新西兰定居法案》（New Zealand Settlement Act），它授权政府在有"相当数量"的反叛者占据的地区建立定居地。法案刻意措辞表达道，政府可以在早于战争爆发时向移民们承诺过的地段安置大量前民兵成员和新到达的移民。殖民部因这些严酷的手段而吃惊，但是除了指导地方长官去确保不虐待毛利人以外，并未阻止它们。

这些法律的背后是一群老练而肆无忌惮的土地开发者，其中有托马斯·拉塞尔（Thomas Russell）和弗雷德里克·惠特克（Frederick Whitaker），即新西兰银行的两位创办者，还有一些殖民政府的地产经理人和部长。英国指派的总督面临着特殊处境，即同五名积极参与土地贸易与移民的成员组成的内阁一起工作。这种利欲熏心的伙伴关系无视力不从心的总督，仅在怀卡托就没收了 1 202 172 英亩（4 865 平方千米）土地，还有塔拉纳基和普伦蒂湾（Bay of Plenty）的广袤土地。完全有理由认为战争是因土地开发的利益而被蓄意操纵的。战事有可能被拖延更长时间，因为政府中的一部分人十分乐意见到怀卡托人被屠杀，他们利用一切手段、"忠诚的"毛利人——急于清算旧怨的毛利人，来做这些事。

幸运的是，拉塞尔-惠特克政府倒台，一个更稳健的继任者妥善解决了此事。并不是说这届政府比他的前任更博爱仁慈。但是它的成员们担心军队的开销，并且关心海外战争的政治后果。很多曾在怀卡托英国军团服役的军官正给报纸写抗议战争的文章，他们认为那基本就是从毛利人手中掠夺土地的一种诡计。新政府的领导者是一个名叫"弗雷德里克·韦尔德"（Frederick Weld）的移民，他认为新西兰人应该在伦敦没有介入的情况下解决他们自己的和毛利人的事务。他与殖民部达成协议，新西兰现在会为自己的本土政策付出代价，这意味着全部英国军队会在 1868 年被撤出，留下当地雇佣民兵组织补位。

地产投机者支配的继任政府带着它占有的超过 300 万英亩（12 141 平方千米）的新地，或多或少有能力做他们乐意做的事。1865 年的《原住民土地法案》进一步巩固了他们的势力。它建立起原住民土地法庭（Native Land Court），所有关于土地产权的争议会在那里被裁定。新法律被设计出来以确保共有产权不会阻碍迅速购买毛利土地。土地法庭是一个有害的机构，它按照界限明确的、移民者优先的路径进行操作。关于所有权和产权的听讯以多种方式被迫进行。所有潜在物主必须做的，是唆使土地共同所有者中的一位接受钱财，它会被解释成为所有权而支付的款项。用于威士忌、恐吓、贿赂，甚至被迫醉酒的钱都被用来签订转让产权。当案件上到法庭，公社群体中任何未出席的所有者都会失

288

去他对所有权的主张。毛利人无法负担用于保护其土地的高昂勘测费。无论如何，测量员通常与土地经理人勾结。而且如果一个毛利群体要保卫他们的共有所有权，土地经理人们会把这个案子冻结数月。即使毛利人赢了，他们也会因长时间停留在城里而面对过于昂贵的食宿账单。他们时常被迫以最低价格卖出土地来解决债务。宾馆老板常与土地经理人互相勾结。很多毛利人卖出他们的土地，只是为了避免那漫长而令人懊丧的保护产权的过程。

在 1865 年至 1875 年之间，超过 1 000 万英亩（40 469 平方千米）毛利土地在今天看来难以置信的情况下转为移民者所有。泄气的毛利人开始习惯于谈论欧洲后裔（*paheka*）的和平比战争更令人恐惧。同时，移民们提出毛利人从人种上就不适合掌握他们自己的土地，以此来合理化他们无耻的行为，还认为土地法庭是一个有益的机构。

美好和平运动和举手教派

毛利人以非凡的能力从几十年的战争和土地掠夺的损伤中恢复了生机。其中很多人转而致力于强烈的精神运动，这是他们努力克服因传统文化的瓦解而导致的毛利社会严重破坏的方式。

1862 年末，一位名叫"特·乌阿·哈马纳"（Te Ua Hamene）的前卫斯理派传教员，应运成为一个叫作"Pai mariri"的新教派的精神领袖，它的含义是"美好而和平的"。这个教派提供了一种智识和精神上的替代选择，一种匡正不平的方式。"福音书是一件武器的覆盖物（*kopaki haoari*）"，一名托本加叫喊道。毫无疑问的是，这个教派最初的意图是和平的。特·乌阿·哈马纳和他的祭司伙伴们正尝试发展出一种专门的、毛利人的方式去理解一个似乎已经失去理智的世界。移民们认为美好和平运动是一种暴力且异教的宗派，伴有"血腥的、感官上的、亵渎的和邪恶的仪式"。实际上这些礼仪是为显示毛利人精神上的胜利而设计，即脱离外国人污浊道路的自由。很多强大的酋长加入了该运动，因为他们视其为与欧洲后裔保持距离的象征性手段。

该运动的信条在它的追随者中引起了某种形式的狂热，但并非移民所猜测的其典礼中不可避免地有血腥的、同类相食的仪式。围绕这个教派的信仰有很多神话，包括传说它的成员相信他们不会受到欧洲子弹的伤害。毛利人已经见过太多战斗，不再过于天289真。但是教派成员们进入战争，喊出以"Hapa, hapa, pai mariri hau"为结尾的颂歌，踏实地认为他们拥有纯洁的灵魂并且未被欧洲后裔玷污。很快地，毛利武士被称为"hau hau"，得名自结束了颂歌的急促结尾。

在1869年英国军队撤走后，对抗毛利人的军事行动慢慢进入当地民兵组织所在的地区，他们毫不顾忌把人们驱离他们的土地。很快地，他们每带回一个毛利人的头就会被支付五镑。与移民的小规模冲突导致了另一场抵抗运动的萌发，它的缔造者是一位名叫"特·库蒂"（Te Kooti）的极具魅力的毛利商人。在他揭露了使当地人背负债务的阴谋后，移民们给他贴上了麻烦制造者的标签。因此他们把他驱逐到远离南岛东海岸的查塔姆岛（Chatham Island）罪犯流放地。特·库蒂在监狱里历经了精神上的重生，还得到了一批狂热的追随者。他和他的信徒们制服了守卫，夺取了一艘纵帆船，强迫船组渡他们到大陆。在数年艰苦的反抗后，他得以在北岛一个遥远地区安宁地生活。他在那里以他那被称为"举手教派"（*ringatu*）的宗教崇拜吸引了数千名信徒。特·库蒂把他的追随者与《旧约》中的犹太人以及他们面对残酷敌人寻找应许之地相比。

举手教派和美好和平运动一样，是一种把精神秩序带往一个传统价值观已无立足之地的混乱世界的尝试。举手教派的信徒称他们自己为"图瓦勒瓦勒"（*tuwareware*），即被遗弃者。他们用他们的信仰作为在一个受敌对欧洲人支配的、格格不入的世界中生存的方式。举手教派是一个立足点，一个基于此来反抗移民的地方。"在知识中，欧洲后裔只是孩童、悲惨的生命和傻瓜"，一位先知呼喊。如阿兹特克人、塔希提人和西北海岸地带的印第安人一样，毛利人回头看向自身，从分裂的教派中寻找精神力量。他们中的很多人无论如何都宁愿不与欧洲人接触。

19世纪80年代，很多生活在受战争影响的地区的毛利人正陷在贫困中。尽管有在特·菲蒂（Te Whiti）这类人领导之下的毛利人的不断抵抗，土地出售仍在继续。他是一位拥有伟大马纳的酋长，支持把美好和平运动的教义改善为一个和平和非暴力抵抗的、经过精密调整的体系（图73）。随着移民们竞相争取接近新轨道的战略要地，铁路线的修建挫败了毛利人保持隔绝的尝试。然而与被广泛持有的设想相矛盾的是，毛利人没有在这段创伤时期中成为一个走向消亡的族群。很多部落萎靡不振，人口密度已经大幅下降。很多几乎与毛利人没有什么日常接触的移民猜想他们已经完了。他们认为毛利人是倦怠、懒惰、不可信赖的人。据说老人们只是抽着烟管并问道"又有何用？"（*E tuea te aha?*）。那些被欧洲人雇佣的毛利人或是依据合同修路或砍伐森林，或是作为未受专门训练的劳动力赚取工资。因此，移民们提出唯一的解决办法就是教育毛利人，使其如同欧洲人，或者把他们当作笨拙的雇员来利用。

图 73　1880 年位于权力巅峰的特·菲蒂（比阿特丽斯·多比［Beatrice Dobie］绘）

资料来源: *The Graphic*, 1881.

　　同时代移民的观点出现在当时最早的新西兰小说里。早期小说中的流行主题因循着可预料的轨迹：一个值得尊敬的、贫困但有教养的英国家庭决定出国移民去寻找新生活。他们在出航的船上了解到关于新西兰的一切，这个过程使作者有可能把小说变成一种为移民提供的手册。一家人从友善的毛利人手上购买土地，为他们建立学校，接着与部落成为朋友并在邪恶的威勒缪·金吉反叛时受其保护。他们的新生活是辛勤工作、品行端正和文明在

291

有礼貌的、友善的本地人中的胜利。另一个流行的主题是对战争的详述。故事情节会混入一名英雄般的军官，一位毛利公主或引人注目的移民的女儿，少数托本加，一些流血杀戮和军事活动，当然，还有敌对的野蛮人。正如一位学习新西兰小说的学生写下的："把步枪和不真实的毛利人完全混合在一起，然后呈给伦敦的出版商。"（Stevens 1964, 74）

G. A. 亨蒂（G. A. Henty）和儒勒·凡尔纳（Jules Verne）等享有国际声誉的、受欢迎的小说家也曾描写新西兰和毛利人。生活本身对亨蒂式的维多利亚时代小说家来说并不复杂。对于此类作家，对与错、善与恶、文明的移民与未开化的本地人之间的差别简直不能更明确了。几乎没有欧洲人，当然也没有小说家，已经对毛利生活的细节有详细了解，他们也从未想过要这样做。关于新西兰有太多新鲜又耸人听闻的事情，以致有雄心的小说家们简单地利用了食人、间歇泉、部落战争和其他流行主题去联想出一个怪诞的、关于毛利人生活的刻板印象。艾尔弗雷德·格雷斯（Alfred Grace）的《毛利兰的故事》（*Maoriland Tales*）是 19 世纪晚期的典型，出版于 1901 年。一个毛利女孩被一个白人情人厌弃。她答应了与一位毛利追求者结婚，条件是他会去奥克兰，给她带回她前任情人的欧洲妻子的头。他这样做了，然后她幸福地生活了下去。毛利人最多也只被描述为淘气、可爱的孩子，只要你理解就能掌控他们。在最坏的情况下，他们是嗜血的食人者。

19 世纪最后的几十年见证了毛利人非常关切的一个直到今天他们仍面对的、长期性的问题。他们与主流社会的关系将会是什么样的？主流社会开始感觉到毛利人不再是可发展的部落社会并且不再想处理掉自己的土地。在第一次世界大战结束时，毛利人很清楚他们不可能再与欧洲人分离。更多有洞察力的毛利人意识到他们唯一的希望是得到教育和资格证明，这将使他们能够同化并融入欧洲人的政治和社会主流。60 年后的今天，毛利人生活在一个城市化程度高于法国和日本的国家，一个城市居民的社会，他们在其中扮演着某种不稳定且在很大程度上是力不从心的角色。1926 年，每百名毛利人中仅有 8 人生活在城市里。现在这个比例超过 30%。在同一时期，毛利人继续流失着他们的土地。到 1965 年，他们在新西兰 6 600 万英亩（267 093 平方千米）土地中只占有 3 680 585 英亩（14 895 平方千米）。在这 360 万英亩（14 569 平方千米）中，只有不超过 69.5 万英亩（2 813 平方千米）能被用于全种类的农业用途。175 年的欧洲人接触和移民使毛利社会缩减为它曾经面貌的一个拙劣模仿品。幸运的是，新西兰是一个福利国家，所以相对稳定的社会服务"安全网络"给社会甚至是极度贫困的成员提供了一些保障。近些年中，毛利人已经在法庭质疑反对了《怀唐伊条约》，并且正在积极进取地追求主要的土地所有权。关于他们持续了数世纪的生活方式，毛利人已经只能保持其中很小的一部分，除了他们与欧洲后裔根本不同的关于世界的设想。这个世界是"图阿纳瓦厄瓦厄"（*tuanawaewae*），当全部生活的基础——土地——已经消失的时候，要去的地方。

第十七章　不平等的遗产

> 我又看见一个新天新地，因为先前的天地已经过去了，
> 海也不再有了。……我听见有大声音从宝座出来说："看哪，
> 神的帐幕在人间。……神要擦去他们一切的眼泪，不再有死
> 亡，也不再有悲哀、哭号、疼痛，因为以前的事都过去了。"
>
> ——《圣经·启示录》21：1—4

"当心这一点，人会死亡或消失；但土地不会，它永远存在。"
(*He kura tangata, e kore e rokohanga; he kura whemua ke rokohanga.*)
在一个工业社会价值观缺乏意义的世界里，这句毛利谚语是对待
人类个体身份之态度的缩影。与之形成对照的是 19 世纪欧洲人
的一种普遍态度，一本 1820 年出版的关于新西兰的书对此作出
概括："我们认为野蛮人是智力上的儿童而在身体素质和情感上
又是成人，这可能确实是对其状态和特点的真实全面的评估。"
（Simpson 1979, 83）对非西方人的一致态度——"野蛮人"，如果
你愿意那么称呼的话——盛行于西方人与其他社会相遇并接触的
所有地方。贯穿 19 世纪，这种设想认为全体非西方人在智力上都
次于欧洲人，他们不具备白种人与生俱来的智慧。这些种族主义

的、对人类差异的解释容许了更聪明的族群会倾向于表现得更像西方人。然而，文化差异并非依照高贵或平和，亦非以邪恶的程度，而是按文明和野蛮、进步和人走向开化的智力能力进行解释的（图74）。

毛利人及其土地令人遗憾的历史绝不是新西兰独有的。从19世纪晚期至今，在亚马孙雨林和其他遥远地区，完全互不相容的文化系统之间的冲突发生在世界上很多区域。工业革命启动了一个爆炸性增长的时代，毁灭了人口增长缓慢的部落社会，但在工业化的影响下促进了世界人口的大规模扩张。到20世纪90年代，世界人口每33年会翻倍。因全球化工业文明而引发的、急剧增长的资源消耗甚至比人口爆炸更严重。全球化工业文明的经济，以向往持续扩张和加速消费这一概念（事实上，为其准则）为基础。工业文明用物质财富、生活水准和经济增长率来衡量成功。这些度量方式与已被工业化西方所取代、改变的相对稳定的、非西方社会的那些标准形成鲜明对比。在短短几代人的时间里，新的工业化国家已经用尽了它们自己的资源，不得不去寻找其他地方。它们不仅被迫去海外寻找重要的材料，还向世界各地输出数百万人。20世纪90年代，单是美国人消耗的能源就比史前时期的农民多15倍，在不可再生资源方面是世界平均水平的7倍。工业和非工业化社会之间根本性的不协调影响深远，通常被称为"现代化"（modernization）的强制性进程难以行之有效。

西方和非西方社会之间的冲突，在工业文明似乎在其自身的成功里陷入泥潭之时尤为令人不安。直到现在，人类学家们才开始理解一些使部落社会与其所处环境保持长达数千年动态平衡的机制、控制及关系。此时这几乎已经太晚了。

在五个世纪里，欧洲人就其对待部落社会的政策争论着，有

图74　最浪漫化且怪诞的传教士传道场景（J. C. 伍德［J. C. Wood］绘，1868 年）

注：一幅维多利亚时期的情景画，一名白人传教士正接受着来自北非、亚洲、澳大
　　利亚和新西兰的非西方族群的礼物和恭敬的注目。这与其背景中描绘的混乱
　　和战争场面形成对照。

时充满激情，有时伪善做作，通常还带着值得称道的人道主义关切。但是他们极少倾听部落社会自己的声音，而且在大多数事例中，人们的提议是本土族群把自己同化入主流社会，把"两全其美"（best of both worlds）调和入一个新的、进步得多的未来。没有人正经关心各民族的真实愿望。很多针对本土民族的政策已经建立在进步和改善的概念上。进步已经带来了很多事物：盘尼西林、拖拉机、飞机、冰箱、收音机和电视。它也带来了枪支、核武器、有毒化学物质、交通事故死亡和环境污染，更不用说使人类与人类、社会与社会间相互对立的强大民族主义及其他政治情绪。对非西方社会而言，这些发明中的很多比一个半世纪前土地抢夺和被迫转换信仰的毁灭性更强。有时，在"经济发展"或"现代化"的伪装下，灾难性的改变被强加于人，这是人们出于好意而做出的看似微小的短期决定的后果，今天和过去都是这样。

《大发现四百年》已经讲述了西方文明如何通过武力或其他手段在多种非西方社会之上建立统治，期望这种支配将永久保留，甚至不发生改变的故事。在某些情况下，如对科伊科伊人和塔斯马尼亚人，这种控制已经对较弱的社会造成事实上或彻底的兼并或灭绝。其他的一些，像阿兹特克人、塔希提人或者毛利人，经历了痛苦的文化变迁，失去了共同持有的土地，而且在新的社会秩序里被降为一种从属性角色。还有另一些，像基库尤人，设法调整适应殖民统治的现实，和一种高度改良的传统文化一起幸存下来，在重新独立的国家实现一种支配性的政治角色。影响人们表现方式的一个因素是新社会秩序的性质。有时候，像在新西班牙和新西兰一样，新政府在其治理中是死板甚至严酷的。在其他地方，如巴西，则安于一种流动式的管理。通常，这些就管理而进行的努力，无论是否灵活，都以和平、健康、幸福和在文明中感知到的益处的名义来证明其合理性。几乎不变的首要关注点，是保护新政府及其移民的经济利益，掌控有价值的自然资源以向繁荣于他处的世界经济输出。

19 世纪晚期的殖民地管理者不关心部落国家的主权，即数世纪前已经被巴尔托洛梅·德·拉斯·卡萨斯及其他当权者改组为正当的主权。他们关心的是延伸帝国的控制。例如，在殖民扩张达到高峰的 1888 年，国际法研究所（Institute of International Law）在瑞士洛桑的会议上谴责了毁灭性的战争和其他暴行，但同时提出只要扩展的政府能支配一个新的地区就能获得主权。用来取得这种支配的手段是军事力量，或《怀唐伊条约》这种模棱两可的条约，毛利人在其中割让了土地和矿产权，以及制定法律和发动战争的权力，并且把司法交与一位远方的女王及其政府。这样的条约通常是精心的骗局。赠出贵重的礼物，宣读和平的信息。但是总是有武力威胁的底色。

接下来是大规模、结构清晰的有关大本营、征税方案和征收劳动力的计划，在曾经独立的社会建立统治。在这一点上，部落社会不再掌控它自己的事务。无论是通过对联系起法国殖民地与母国的直接统治的周密设计，还是通过保护立法，即为占少数的、对劳动力及其他发展目的用处不大的原住民族群提供某种形式的福利管理，殖民国家都稳固地控制着局面。最广泛传播的体制是间接统治，由英国在非洲建立，政府在那里承认部落实体并通过酋长和部落会议进行统治。这一体系是维持秩序、征税，以及获得充足劳动力的有效手段。在适当的时候，这种体制让步于一个由教育精英掌控的新的、独立的政府，他只不过接管了旧体制，并用选举出来的官员和一种本地官僚机构替代了很多被任命的酋长。这种情况被杰出的人类学家布罗尼斯拉夫·马林诺夫斯基（Bronislaw Malinowski）很好地总结为："任何种族的政府都包含以下要素：在他们之中注入关于权利、法律和秩序的概念，并使他们服从这种概念。"（1929, 23）

大多数部落社会几乎无力在同等条件下抵御西方文明。他们缺乏能达成显著政治成就的政治组织和主流社会中的同盟。直到近些年，地区、国家和国际组织才姗姗来迟地出现以支持部落社会的事业。这些组织采取了很多形式，但它们的主要关注点在于保持传统文化价值观的存活，把广泛分散开的、有时敌对而且通常感到低落的人们组织进更大的政治单元来对抗外部威胁。一些是政治压力集团，另一些在更大规模上运作，并把有关公然剥削和非法土地掠夺的事带到国家和国际媒体及公众视野。比如，在南美洲的哥伦比亚至少有五个主要的地区组织成立，为印第安土地的控制权而斗争。本地族群也已经在国际舞台上变得更加活跃，尤其是在 20 世纪 70 年代早期以后。1975 年见证了世界原住民理事会（World Council of Indigenous Peoples）在温哥华岛努特卡部落土地举办的会议上成立。来自 19 个国家的 52 名代表建立了一个原住民的国际组织，它已经作为联合国非政府组织获得了官方地位。这一旧属关系确保了它在最广泛的、有可能的国际舞台上呈现有关原住民的事务。它的工作已经在很多领域结出硕果，尤其是在 1978 年联合国反对种族主义和种族偏见会议（UN Conference to Combat Racism and Racial Discrimination）的一份强有力的宣言中（第 21 条）：

> 会议支持原住民保持他们传统的经济和文化结构的权利，298
> 包括他们自己的语言，也承认原住民与其土地的特殊关系，
> 并强调他们的土地、土地权和自然资源不应被剥夺。

第十七章　不平等的遗产

今天，一大堆眼花缭乱的组织声明支持原住民的利益。其中很多是另有政治或宗教企图的特殊利益集团。毫无疑问，最成功的是其中提供资金和技术支持，并强化了部落社会自我防卫与支撑能力的那些。19世纪30年代的原住民保护协会是这些组织中的第一个。一些当代最成功的组织尝试利用总体上非政治的方法去帮助传统社会，支持其发展、适应以及自决自主。不幸的是，这种小规模的努力在误解和忽视中不过是沧海一粟，其中很多不同的特殊利益集团正捕捉和寻找短期和长期利益——这对他们时而声称要帮助的那些社会是有损害的。

直到最近，工业国家都总是设想着部落社会最终将被更大的政体完全整合同化，无论人类的代价为何。赫尔曼·梅尔维尔等维多利亚时期的作家甚至把他们描述为"废弃世界中衰弱的幸存者"（1861, 510）。现在，激烈的辩论聚焦于为那些相对来说未受西方文明影响的少数幸存的部落社会"能做些什么"。他们应该被当成"忙于用奇特、原始和异国风情的方式去娱乐观光客的微笑着的、友善的本地人"（*Cultural Survival Quarterly*, 1983, 3: 3），而被隔绝在人类动物园，或被维持以满足观光客的好奇心吗？或者部落社会有权与任何现代国家结构保持永久隔绝，拒绝任何"使他们现代化"的尝试吗？答案是复杂的，或许超出了我们的能力范围。

很多人类共有的某些根深蒂固的感情已经倾向于加剧文化的冲突。社会分层，即认定社会中的一个群体高于另一个，至少自上万年前农业开始之初就已经深深根植在人类社会。苏美尔人、古埃及人、玛雅人和晚些时候的阿兹特克人与印加人都陷入了人类不平等的问题。他们把无法解释的神圣力量作为让数量庞大的人口无条件地为国家利益——和统治它的少数贵族辛勤工作的正当理由，造成了这个后果。这种社会结构，即极少数人进行统治而大量人口进行劳动，在很多非西方社会中是理所当然的。它在没有文字的社会中流行，早期世代的知识在这里以口述形式通过人类短暂而脆弱的记忆传递。在这里，传统和沟通是最为重要的，共同利益凌驾于个人利益之上。在西方，相似的信仰是古希腊和古罗马文明的一项重要遗产，但是很快被一系列教导全体人类在上帝面前人人平等的对立观念所改良。

这些基督教信条坚持每个个体，无论有多微不足道，都至少在法律和机会方面拥有一些平等。随着时间流逝，个体变得更加重要。由丈夫、妻子和孩子构成的核心家庭开始取代亲缘群体和大家庭，成为技术进步、探索和学习的原因。之后出现了印刷机，即为了向所有人分享而储存知识的能力，为了能吸收掌握它的那些人而打开的一个巨大的人类经验和学问的储藏所。其结果是文艺复兴，它培植了自由探索和个人的主动性。这种主动性被正从中世纪封建王国中浮现的新兴的民族国家的中央集权政府所束缚。然而个人主动性被一个在很大程度上受到控制且分层的教会鼓励着。但即便它自己并不总是相信，它也启示了个人是最重要的，并且在理论上，无论如何，每个人有同等的机会。

这些同时的、关于社会不平等和平等的概念是相矛盾的信条。一个提供了系统化了的欧洲文明的设想。另一个是某种信条，人们每日从各地的基督教讲道坛上，有时在法案中，但总是在公共意识中获悉它。这个基本矛盾与技术优越性一起，提供了使西方国家侵扰世界其他地方的内在力量。它们的政治团结和技术优势是用来统治他人的工具。个人主义、政治团结和社会规则的结合确保了他们达成全面的统治。然而同样的矛盾使其殖民地的反叛不可避免。

第十七章　不平等的遗产

并非单一因素造成了欧洲人和他们邂逅接触的众多社会之间复杂的、不断变化的关系。情势的巨大多样性作为接触的结果而出现，并且影响了每一方对另一方的观点——自觉和不自觉的对主流文化的看法，它对于自身组织机构的设想，主流社会的世故和复杂，以及到访者们的动机。甚至是到访者中的男性相对女性的数量和每个社会对性别的态度，都影响了在后面几十年里发展出的关系。只有一个因素看起来承担了某种占些许主导地位的角色：人类做出清醒决定的愿望及其能力——不论是有深刻重要性的或者是明显无足轻重的。

人类的力量将会给这里描述过的人群造成可怕的影响。科伊科伊人因为许多软弱、一时冲动的决定毁掉了他们用于繁殖的种畜，导致他们损失了大量家牛。他们中的个体行为是小规模而无足轻重的。与之相反，西班牙王室早就决定在共同信仰——天主教的基础上统一新西班牙。王室一次又一次地支持印第安人对抗移民，平民对抗贵族，即便这种支持在那时并不奏效，离墨西哥也有数千里之遥。长远来看，有意识的政策决定在遥远的西班牙流行，并且引领了数世纪以来深刻影响着西班牙裔和印第安人关系的政治和经济趋势。在这些带有重大长期后果的决策中，只有很少一部分被推翻，并且得通过所有相关团体的大范围努力。几乎不变的是，继欧洲人接触之后做出的决策引领了数个世代的进程，用强硬的界限把征服者和被征服者、殖民者与殖民地分开，分化了新社会。

直到19世纪和20世纪，本土社会的后裔才习得其统治者传播的基于基督教的个人主义，然后开始反抗。他们新取得的独立引起了动荡的局面，主仆之间、统治者与被统治者之间的关系已经在第二次世界大战这一西方人仍旧难以消化、解释的可怕事件之后被彻底颠覆。基督教慈善事业中深深根植的感情促进了这一进程，此种感情赋予并总是赋予西方社会倾向于人道主义、负罪感甚至歉意的趋势。也是同样的倾向引起很多早期时代的人谈论高贵的野蛮人，并从事有雄心的人道主义计划，后者是我们与其他社会的关系中更令人振奋的特征之一。

自苏美尔时代开始，国王和统治者的虚张声势就在奏效。成千上万人把社会不平等是其世界的一个固有部分作为毋庸置疑的概念接受。社会稳定性——未必是政治秩序——已经持续了数世纪，甚至上千年。尽管有重大政治变迁这一沉重背景，人们也已从事着种植与收获、贸易、交税、结婚和育子的工作。社会秩序被认为是理所当然的，直到如菲利普·马森（Philip Mason）所称的"欧洲个人主义的传染"抓住了局势。这发生在欧洲人把在西方社会有效的混合了顺从和个人主义的基本道理教授给被统治者的时候。曾经——现在也——不可避免的是被统治者会寻求独立，在他们的殖民地统治者看到他们的认真热切以及在独立被商讨以前，将会发生暴力和社会失序。很多国家的民族主义者都没有忽视教训，美洲印第安领导者和美国黑人也没有：白人不会倾听，直到暴力开始。

这种反抗当然是一种更广泛起义的一部分，贫穷对抗富有，年轻对抗陈旧，甚至是女性对抗男性。这场巨大反抗的每个方面都是崭新现实的一部分，各地的人们已经拒绝了曾被接受的、把不平等作为已建立秩序之一部分的观念。长久以来，不平等是把整个社会、文明甚至帝国维系在一起的黏合剂。"尚未发现与自由一致的能替代不平等的选择"（1970, 326），马森写道，程度严重到非洲裔美国人一度被代表自由平等的北美社会排斥。为什么？因为他们没有被看作是人。对抗种族偏见的反抗尤为强烈而令人心酸，不仅是因为 19 世纪作家的侮辱性观点，其中只有极少的新西兰小说家；还因为在加勒比地区的经验——奴隶制和殖民主义的残酷无情——使黑人们相信值得为与白人同等的身份待遇而奋斗。

几个世纪以来，人们区分其他人群的方式在持续地变化。荷兰人最初认为他们自己和科伊科伊人颇为不同，不仅在于肤色，也在宗教、语言和大量显而易见的文化准则方面。一个世纪之内，科伊科伊人就从开普地区消失了。他们已经迁徙到其他地方，被杀，或被同化进而沦落到欧洲社会的边缘。此时，有色人种崇拜着同一个上帝并享有一种淡化了的欧洲文化。所以荷兰人转换了他们的思想基础，认为开普地区的有色人种是基于其肤色而独自分离开来的人群。这些过于简单化的观点可能持续了数世纪，就像它们在南非持续到 20 世纪 90 年代一样，因越来越荒唐的政府法律法规而强化。在不太极端的案例里，时光的流逝见证了肤色、文化、语言和宗教的界限不再相符。部分是由于逐渐发生的文化变迁，还因为欧洲移民的增长和大为增进的沟通交流已经在不同的、一度相隔甚远的文化之间缩短了空间距离并削减了文化差异。在墨西哥等不同族群的交集得到承认的社会里，这会成为一种社会力量。在另一些社会，如南非，分界变得越来越人为化，紧张局势变得严峻而让社会难以承受，强行推进根本性的改变。21 世纪的问题并非本书中描述过的那种社会不平等是否被证明合理，也不在于它们是否为人类福祉而行事：问题是，将会发展出什么样的社会黏合剂取代它？

历史向我们展示了不存在让不同文化或民族背景下的族群走向和谐关系的简单道路。文明化的人和原始人之间的明确差别源自古典时代并持续到 20 世纪。今天我们知道了它是错误且毫无意

302

义的。数不尽的人类学研究已经显示出，来自其他社会的人和我们一样有能力表现出对人类生活的高度尊重，而且有时就像被激励的一样对他人展现出强烈的利他主义和慷慨。同样的，如阿兹特克人或塔希提人一类的社会也有能力无情地剥削他人。每种文化，不论是塔斯马尼亚人的、雅甘人的或者毛利人的，都像我们一样展示出同样的行为范畴。他们的传统文化不应以超过我们文化的程度被理想化。像早期传教士那样设想其他社会将情愿让他们的文化屈从于我们的，或全然抵制他们的价值观，也不是一个有效假设。

在今天的世界，很多非西方社会停留在来自工业家、武器公司、基要主义者传教士、政治理论家，甚至不幸地还有少数人类学家的物质和意识形态的残忍交叉火力之间。他们的信仰和哲学处在持续的攻击之下。然而其中一些，如美国西南部的霍皮（Hopi）印第安人，尤卡坦的一些玛雅印第安人，或者少数几支澳大利亚原始群仍旧坚守他们关于同自然环境和谐生活的古代哲学。19世纪在新西兰、非洲南部和塔希提工作的传教士们很快发现不可能消灭一整支文化。不幸的是，同样的教训非要在如今被反复重新学习。

人类对理解他者的无能在我们工业化的、有核的世界加剧着越来越多的紧张不安。同样的无能自巴尔托洛梅乌·迪亚士在莫塞尔贝遭遇科伊科伊人和克里斯托弗·哥伦布在圣萨尔瓦多登陆以来就反复纠缠着我们。一代代聪慧而敏锐的人在解决这一问题时的明显失败，或许让人怀疑未来是否还有希望。答案必须是响亮的肯定，因为文化冲突的持久遗产已经否定了把不平等作为压制个人追求的手段。多元的工业社会将必须通过允许人们在文明中表达他们的多样性来达成和谐，在这种文明里，没有任何一个群体拥有压倒一切的优先权，而且最卑微又极度贫困的人们能通过很多方式赢得尊敬。人道主义有能力促成这样一种社会，但是被它自己的恐惧、贪婪和妒忌等一贯伴随着我们的特质阻止去做这件事。随着自然资源变得稀缺，小规模的民族主义沸腾和政治激情的增长，这个任务将变得更加艰巨且令人痛苦。一些理想主义者说技术是未来的潮流，计算机和其他机械巧计将确保人类从根本上塑造新的社会。其他人预测我们将在核能或环境灾难中自我毁灭。更多人倾向于认为未来的希望和抱负不在于微型计算机或惊人的武器中，而在于人类最卓越而与众不同的资产——热情关切着根除不公正和为所有人创造更美好世界的世代相继的人们。这些人通常很少，但幸运的是敢于发声的少数，是拥有强烈的正义感，准备好为了他们的信仰去经受磨难——甚至死亡的人。是他们颠覆了帝国，推动了社会，并撼动了自鸣得意的从众的基础。世界因这种人早在大发现时代以前就是我们的一员而幸运。

我们人类仍然追寻着某种人间天堂。我们从关于伊甸园的模糊神话开始，之后在人间寻找天堂。后来天堂转变为一个高尚的野蛮人的乌托邦，他们朴素地同自然和他人一起生活在梦幻之地。19世纪这一幻景破灭了，并且摒弃遗忘了高贵的野蛮人。今天，我们生活在一个远远更为复杂的世界，计算机、网络、轮船、飞机和世界战争已经使每个人都更易受到影响。曾经互相远离了的社会已融合和迁移，直到半个世纪前的刻板印象和看法正迅速丧失意义。但现在我们正在寻找一个新世界，一个新的乌托邦，数世纪的不公正和不平等将会在那里被消除和遗忘。这场搜寻过多地承载了流行语，例如"人权"（human rights）、"计算机时代"（computer age）和"绿色革命"（green revolution）。但它不过是一场寻找，并且可以想见是不太理想、不现实的。可能这一次，地球上已经有了足够的人来反抗陈旧的、有关不平等和种族主义的恶行，他们准备好把他们的思想转化为共同的行动。或许一个新的信仰将会诞生，它将带我们接近或许难以实现的理想。

"我又看见一个新天新地，因为先前的天地已经过去了，海也不再有了。"两千年前，《启示录》的第 21 章给未来提出了希望。未来的世代和新的信仰无疑将会帮助人类，在一个传统制度和象征似乎越来越破碎且无关紧要的世界里，定义它的理想主义。自从文明开启，人们就困惑于外部世界，给它裹上神话和刻板印象的外衣，映出他们自己的恐惧和根深蒂固的信仰。现实世界总是在这些迷惑之外运转。然而今天，外部世界第一次易于令我们中的大多数人接近，神话的帷幕更难以被抽出。或许神话和现实将最终开始一致。《大发现四百年》讲述了一个悲剧故事，但从它的教训中显现了一条有希望的讯息，即或许某天，人类将能在地球上创造至少一部分公正的社会。

资源指南

关于西方文明与其他社会之间的文化接触这一宏观主题的文献，是非常庞大且超出了单一学者掌握范围的。诚恳地建议那些希望对这一主题进行更深层次探索的读者，先从下面提到的总体性描写开始，之后在其中特定的文化领域查阅某一专家学者的作品，再投入精力到分散且通常有争议的学术文献中。

写作本书所参阅的资料包括从完整专著到大英博物馆阅览室的分散手稿，涉及了多个语种的超过 800 种参考文献。下文列表覆盖了主要的，能在优质大学、学院和公共图书馆中广泛获取的第二手资料、旅行者日志和总体性研究。其中大多数包含实用的参考书目，可作为引导延伸阅读的指南。为保证清晰，以及基于大多数读者将会是英语读者的假设，我把注意力集中在书籍而非英文论文上。

第一章 引言

关于大发现年代和文化冲突的文献正在迅速增加。下面的书单只能就少数总体性研究引导读者，它们应与后面几章引用的更专门的参考文献相结合。亨利·博丹（Henri Baudin）的《人间天堂》（*Paradise on Earth*, New Haven: Yale University Press, 1969）是面向任何对文化的冲突感兴趣的人的基础性著作。它描述了在几百年中不断变化的欧洲人对天堂和乌托邦的看法，并且是本书灵感的一个主要来源。埃里克·R.沃尔夫（Eric R. Wolf）的《欧洲与没有历史的人民》（*Europe and the People Without History*）是另一部对本书写作影响重大的权威著作。它涉及了欧洲资本主义和工业对沃尔夫所谓的"没有历史的人民"的影响。沃尔夫作品中的理论性章节将非常有益于对文化的冲突的学术远景感兴趣的读者。回顾世界体系理论，参阅斯蒂芬·K.桑德森（Stephen K. Sanderson）编辑的《文明与世界体系》（*Civilizations and World Systems*, Walnut Creek, CA: Altamira Press, 1995）。两部经典著作涵盖了有关人类学文化适应理论的全部问题：罗伯特·雷德菲尔德（Robert Redfield）的《原始世界及其转变》（*The Primitive World and Its Transformations*, Ithaca: Cornell University Press, 1953）和梅尔维尔·J.赫斯科维茨（Melville J. Herskovitz）的《文化适应》（*Acculturation*, New York: J. J. Augustin, 1938）。爱德华·斯派塞（Edward Spicer）的《征服的循环》（*Cycles of Conquest*, Tucson: University of Arizona Press, 1961）论述了美国西南部的问题，但也有不少关于其他地区的经验教训。在约翰·米德尔顿（John Middleton）和格里特·克肖（Greet Kershaw）合写的《肯尼亚的基库尤人和坎巴人》（*The Kikuyu and Kamba of Kenya*, London: International African Institute, 1965）中，格里特描述了基库尤人。伦纳德·汤普森（Leonard Thompson）的《在两个世界生存：莱索托的莫舒舒，1786—1870》（*Survival in Two Worlds: Moshoeshoe of Lesotho 1786–1870*, Oxford: Clarendon Press, 1975）是关于19世纪非洲历史中一位卓越人物的研究。目

资源指南

前最全面的大西洋航行记录是塞缪尔·埃利奥特·莫里森（Samuel Eliot Morison）的巨著，《欧洲人发现美洲》（两卷本）（*The European Discovery of America*, 2 vols., New York: Oxford University Press, 1971 and 1974）。关于太平洋可参阅 J. C. 比格尔霍尔（J. C. Beaglehole）的《太平洋探险》（第三版）（*The Exploration of the Pacific*, 3rd ed., Palo Alto: Stanford University Press, 1966）。英加·克伦蒂南（Inga Clendinnen）的《阿兹特克》（*Aztecs*, Cambridge: Cambridge University Press, 1991）提供了一种有关历史和非传统资源所致挑战的巧妙分析。埃里克·威廉斯（Eric Williams）的《资本主义与奴隶制》（修订版）（*Capitalism and Slavery*, rev. ed., Chapel Hill: University of North Carolina Press, 1994）是一部经典。

第二章　好望角的科伊科伊人

玛格丽特·T. 霍金（Margaret T. Hodgen）在《16 世纪和 17 世纪的早期人类学》（*Early Anthropology in the Sixteenth and Seventeenth Centuries*, Philadelphia: University of Pennsylvania Press, 1964）中很好地描述了有关早期人类学观察的争论。关于科伊科伊人的基础性资料可参历史学家理查德·埃尔菲克（Richard Elphick）的《村寨和城堡》（*Kraal and Castle*, New Haven: Yale University Press, 1977）。埃尔菲克的著作是关于科伊科伊人的历史和人类学的综合性记述，面向专业读者，写法洗练，但同样具有可读性。亦可参阅他的《科伊科伊人与白人南非的建立》（*Khoikhoi and the Founding of White South Africa*, Johannesburg: Raven Press, 1985）。阅读此书可结合莫妮卡·威尔逊（Monica Wilson）在她与伦纳德·汤普森合编的《牛

津南非史》（第一卷）（*The Oxford History of South Africa*, vol.1, Oxford: Clarendon Press, 1969）中所作的关于狩猎者和牧人的精彩章节。关于科伊科伊人的两部无价而又生动的早期作品汇编是：R. 雷文-哈特（R. Raven-Hart）编辑的《在简·范·里贝克之前：1488—1652 年间的南非访客》（*Before Van Riebeeck: Callers at South Africa from 1488 to 1652*, Cape Town: C. Struik, 1967）和同一位作者的《好望角，1652—1702 年》（两卷本）（*Cape Good Hope, 1652–1702*, 2 vols., Cape Town: A. A. Balkema, 1971）。关于科伊科伊人的考古学文章较分散，最好在近期《南非考古通讯》（*South African Archaeological Bulletin*）的文章中寻找。安德鲁·史密斯（Andrew Smith）的《非洲畜牧业》（*Pastoralism in Africa*, Johannesburg: University of the Witwatersrand Press, 1992）给出了令人钦佩的考古学综合研究。 307 亦可参阅艾伦·巴纳德（Alan Barnard）的《南非狩猎者和牧人》（*Hunters and Herders of Southern Africa*, Cambridge: Cambridge University Press, 1992）。没有人该错过卡梅尔·斯赫里勒（Carmel Schrire）的《在黑暗中发掘》（*Digging Through Darkness*, Charlottesville: University of Virginia Press, 1995），这是一处偏远荷兰商栈的发掘记录，商栈反映出科伊科伊人/荷兰人的关系。J. S. 马雷（J.S. Marais）的《开普有色人种，1652—1937 年》（*The Cape Coloured People, 1652–1937*, Johannesburg: Witwatersrand University Press, 1962）是一部关于最近几世纪好望角地区种族关系的权威研究。

第三章　阿兹特克人

很多著作概述了阿兹特克文明的兴起和衰落，其中有弗朗西丝·伯丹（Frances Berdan）的《墨西哥中部的阿兹特克人》（*The Aztecs of Central Mexico*, New York: Holt, Rinehart and Winston, 1982）、理查德·F. 汤森（Richard F. Townsend）的《阿兹特克人》（*The Aztecs*, London and New York: Thames and Hudson, 1992）和迈克尔·史密斯（Michael Smith）的《阿兹特克人》（*The Aztecs*, Oxford: Oxford University Press）。英加·克伦蒂南的《阿兹特克》提供了关于这一文明和西班牙征服的敏锐分析。关于西班牙征服的悲剧事件，J. H. 科恩（J. H. Cohen）编辑的贝尔纳尔·迪亚斯（Bernal Diaz）的《征服新西班牙信史》（*The Conquest of New Spain*）或贝亚德·莫里斯（Bayard Morris）编辑的《科尔特斯致国王的五封信》（*Five Letters of Cortés to the Emperor*, New York: W. W. Norton, 1928）的目击者记录中有生动真切的记述。阿兹特克视角的故事已经由阿瑟·O. 安德森（Arthur O. Anderson）和查尔斯·E. 迪布尔（Charles E. Dibble）做了出色翻译，即《佛罗伦萨抄本》（第十二卷）（*The Florentine Codex*, vol. 12, Salt Lake City: University of Utah Press, 1971），或者见于同一作者的《征服战争》（*The War of Conquest*, Salt Lake City: University of Utah Press, 1975），这是对萨哈冈巨著最后一卷的凝练和评注。另一部引人入胜的 16 世纪记述是迭戈·杜兰（Diego Duran）的《阿兹特克人：新西班牙印度群岛史》（*The Aztecs: The History of the Indies of New Spain*, Norman: University of Oklahoma Press, 1994），由多丽丝·海登（Doris Heyden）和费尔南多·奥卡西塔斯（Fernando Horcasitas）翻译。威廉·阿伦斯（William Arens）的《食人神话》（*The Man-Eating Myth,* New York: Oxford University Press, 1979）讨论了同类相食。在考古学方面，可以查阅已经引用的史密斯和汤森的著作，以及缪里尔·波特·韦弗（Muriel Porter Weaver）的《阿兹特克人、

玛雅人和他们的先辈》（第三版）（*The Aztecs, Maya, and Their Predecessors*, 3rd ed., New York: Academic Press, 1991）。最后，认真的读者不应错过 W. H. 普雷斯科特（W. H. Prescott）的《征服墨西哥史》（*The History of the Conquest of Mexico*, New York: Harper, 1843）。这本书因极度的浪漫和民族中心主义观点而成为一部经典。

第四章　西班牙征服的结果

休·昂纳（Hugh Honour）的《新黄金之土：欧洲的美国映像》（*The New Golden Land: European Images of America*, New York: Pantheon, 1975）涉及对美洲印第安人不断变化的视觉感知。亦可参阅本杰明·基恩（Benjamin Keen）的《西方思想中的阿兹特克印象》（*The Aztecs Image in Western Thought*, New Brunswick: Rutgers University Press, 1971）。查尔斯·吉布森（Charles Gibson）的《西班牙统治下的阿兹特克人》（*The Aztecs under Spanish Rule*, Palo Alto: Stanford University Press, 1964）是有关印第安人命运的权威著作，但应通过刘易斯·汉克（Lewis Hanke）的作品，尤其是他的《征服美洲中的西班牙正义斗争》（*The Spanish Struggle for Justice in the Conquest of America*, New York: American Historical Society, 1949）、《巴尔托洛梅·德·拉斯·卡萨斯：对其生活和作品的解读》（*Bartolemé de las Casas: An Interpretation of his Life and Writing*s, The Hague, Netherlands: Martinus Nyhoff, 1951）和《人类一体》（*All Mankind is One*, De Kalb: Northern Illinois University Press, 1974）进行补充。其他一些有帮助的文献还包括：罗伯特·里卡德

（Robert Ricard）的《对墨西哥的精神征服》(*The Spiritual Conquest of Mexico*, Berkeley: University of California Press, 1966），它涵盖了传教士的尽力尝试，还有乔治·福斯特（George Foster）的《文化与征服：美洲的西班牙征服》(*Culture and Conquest: America's Spanish Conquest*, Chicago: Quadrangle Books, 1960），这是一部备受引述的人类学资料。科林·M. 麦克拉克伦（Colin M. Maclachlan）和杰米·罗德里格斯（Jaime Rodriguez）的《宇宙种族的锻造》(*The Forging of the Cosmic Race*, Berkeley: University of California Press, 1980） 是一部引人入胜、可读性强的关于梅斯提索人出现在墨西哥的记述。

第五章　旭日之国

史蒂文·沃肖（Steven Warshaw）的《日本崛起：自起源至今的日本简史》(*Japan Emerges: A Concise History of Japan from Its Origin to the Present*, Berkeley: Diablo Press, 1989）是一部有帮助的总结概要，形成了本章的基础。亦可参阅乔治·桑瑟姆（George Sansome）不朽的《日本史》（三卷本）(*A History of Japan*, 3 vols., Palo Alto: Stanford University Press, 1958—1963），该书讨论了构成日本社会的势力。吉娜·巴恩斯（Gina Barnes）的《中国、朝鲜和日本》(*China, Korea, and Japan*, London: Thames and Hudson, 1994）巧妙地描写了日本考古。埃里克·沃尔夫的《欧洲与没有历史的人民》和约翰·凯伊（John Keay）的《享有盛誉的公司：英国东印度公司史》(*The Honorable Company: A History of the British East India Company*, New York: HarperCollins, 1991）涉及总

体性的欧洲商业背景。杰弗里·马西姆（Jeffrey Massim）的《日本中世纪早期的武士政府》（*Warrior Government in Early Medieval Japan*, New Haven: Yale University Press, 1974）非常有帮助，同样的还有查尔斯·R. 博克瑟（C. R. Boxer）的《日本的基督教世纪，1549—1650 年》（*The Christian Century in Japan, 1549–1650*, Berkeley: University of California Press, 1956）。迈克尔·库珀（Michael Cooper）的《他们来到日本》（*They Came to Japan*, Berkeley: University of California Press, 1956）是一部令人钦佩的对 1543—1640 年间早期日本的目击者记述的概要。罗杰·皮诺（Roger Pineau）编辑的《1852—1854 年日本探险：海军准将马修·C. 佩里的日记》（*The Japan Expedition 1852–1854: The Personal Journals of Commodore Matthew C. Perry*, Washington DC: Smithsonian Institution Press, 1968）给出了有关佩里任务之行的最佳记述。W. G. 比斯利（W. G. Beasley）的《明治维新》（*The Meiji Revolution*, Palo Alto: Stanford University Press, 1972）是权威著作。

第六章　大灭绝

安·拉梅诺夫斯基（Ann Ramenovsky）的《死亡的向量》（*Vectors of Death*, Albuquerque: University of New Mexico Press, 1989）概述了更早的著述以及对人口减少的推算，并用考古数据支持推测。琳达·A. 纽森（Linda A. Newson）的《早期殖民地厄瓜多尔的生与死》（*Life and Death in Early Colonial Ecuador*, Norman: University of Oklahoma Press, 1995）是一部基于部落记录的、有关人口减少的重要研究专著，涵盖了安第斯山脉地区的三个生态区。

309

第七章　高贵的野蛮人：塔希提人

霍克西·尼尔·费尔柴尔德（Hoxie Neale Fairchild）写作了被广泛认为是近四分之三世纪以前，关于高贵的野蛮人的最权威研究：《高贵的野蛮人：浪漫自然主义下的研究》（*The Noble Savage: A Study in Romantic Naturalism*, New York: Columbia University Press, 1928）。它和博丹的《人间天堂》是本章的主要参考资料。贝尔纳黛特·布赫（Bernadette Bucher）的《胸部下垂的野蛮人》（*La Sauvage aux seins pendants*, Paris: Hermann, 1977）分析了有关野蛮人的欧洲图像，而伯纳德·史密斯（Bernard Smith）的《欧洲视野与南太平洋》（*European Vision and the South Pacific, 1768–1850*, Oxford: Clarendon Press, 1960）着眼于欧洲对晚期艺术的回应。J. C. 比格尔霍尔是太平洋历史学的资深专家。他的《太平洋探险》（第三版）是一部经典，而且没人在就库克船长进行写作时能离开他的《詹姆斯·库克船长的一生》（*The Life of Captain James Cook*, Palo Alto: Stanford University Press, 1974）。经过比格尔霍尔在1955—1969年间的编辑工作，库克日志以三卷本形式呈现，即《库克船长在其发现之旅中的日记》（*The Journals of Captain Cook on his Voyages of Discovery*, Cambridge: Halkluyt Society），而且在这里被广泛采用。比格尔霍尔还编辑了《1768—1771年约瑟夫·班克斯"奋进号"日记》（*The Endeavour Journal of Joseph Banks 1768–1771*, Sydney: Angus and Robertson, 1962）。帕特里克·奥布赖恩（Patrick O'Brain）最近有关约瑟夫·班克斯（Joseph Banks）的传记《约瑟夫·班克斯的一生》（*Joseph Banks: A Life,* Boston, MA: David Godine, 1993）也是推荐阅读的作品。塔希提人在道格拉斯·奥利弗（Douglas Oliver）的不朽著作《古代塔希提社会》（*Ancient Tahitian*

Society）中被精彩地描绘。本·芬尼（Ben Finney）的《再发现之旅》（*Voyage of Rediscovery*, Berkeley: University of California Press, 1994）包括了太平洋航行。

第八章（范迪门人）和第九章（"高贵的野蛮人是条狗！"）

近年来，塔斯马尼亚人吸引了很多作者，尽管沉闷但是最全面的记述，可能就是 H. 林·罗思（H. Ling Roth）的《塔斯马尼亚原住民》（*The Aborigines of Tasmania*, London: Kegan Paul, 1890）。D. M. 戴维（D. M. Davie）的《最后的塔斯马尼亚人》（*The Last of the Tasmanians*, London: Frederick Muller, 1973）和罗伯特·特拉维斯（Robert Travis）的《塔斯马尼亚人》（*The Tasmanians*, Melbourne: Cassell, 1968）是被广泛阅读的、受大众欢迎的作品。林德尔·瑞安（Lyndall Ryan）的《原住民塔斯马尼亚人》（*The Aboriginal Tasmanians*, Vancouver: University of British Columbia Press, 1943）把对原住民生活的严谨描述与关于奥古斯塔斯·鲁滨孙（Augustus Robinson）的讨论结合起米。N. J. B. 普拉姆利（N. J. B. Plumley）的《友好的传教：乔治·奥古斯塔斯·鲁滨孙的日志和文章，1829—1834 年》（*Friendly Mission: The Tasmanian Journals and Papers of George Augustus Robinson, 1829–1834*, Hobart, Tasmania: Tasmanian Historical Association, 1966）可能是在欧洲人接触前有关塔斯马尼亚生活的最有帮助的资料。鲁滨孙的日志是一座充满引人入胜的资料的矿藏，而克里斯廷·康奈尔（Christine Cornell）的《上校船长尼古拉·博丹日记》（*The Journal of Post Captain Nicholas Baudin*, Adelaide: Libraries Board of South Australia, 1974）洞察了欧洲人接触

早期的状况。N. J. B. 普拉姆利的《关于塔斯马尼亚原住民的注释文献目录》（*An Annotated Bibliography of the Tasmanian Aborigines*, London: Royal Anthropological Institute, 1969）列出了所有的早期参考文献。N. G. 布辛（N. G. Buthin）的《建立殖民经济》（*Forming a Colonial Economy*, Cambridge: Cambridge University Press, 1994）是一个关于塔斯马尼亚向农业地区转化的有用信息来源。亚历克斯·格雷姆-埃文（Alex Graeme-Evan）的《塔斯马尼亚的流氓和潜逃者》（*Tasmanian Rogues and Absconder*, Launceston, Tasmania: Regal Publications, 1994）是一部关于罪犯和原住民待遇的两卷本研究专著。莎伦·摩根（Sharon Morgan）的《早期塔斯马尼亚土地安置》（*Land Settlement in Early Tasmania*, Cambridge: Cambridge University Press, 1992）描述了殖民地塔斯马尼亚的增长和扩张，还特地参考了奥古斯塔斯·鲁滨孙作品中关于原住民待遇的问题。最后，普通读者不应错过罗伯特·休斯（Robert Hughes）的《致命海岸》（*The Fatal Shore*, New York: Random House, 1986），一部受欢迎的、涵盖塔斯马尼亚的早期澳大利亚历史记述。在考古学方面，读者们或许能从阅读理查德·科斯格罗夫（Richard Cosgrove）、吉姆·艾伦（Jim Allen）和布赖恩·马歇尔（Brian Marshall）的《塔斯马尼亚更新世》（"Pleistocene Occupation of Tasmania", *Antiquity* 64［242］：59-78［1990］）中获益。

第十章　上帝的话语

一部基于 BBC 系列节目的概览性著作可作为一个有帮助的起点：朱利安·佩蒂弗（Julian Pettifer）和理查德·布拉德利（Richard

Bradley）的《传教士》（*Missionaries*, London: BBC Publications, 1990）。理查德·埃尔菲克的《南非的非洲人与基督教运动》（"Africans and the Christian Campaign in Southern Africa"）收录于霍华德·拉马尔（Howard Lamar）与伦纳德·汤普森编辑的《历史学前沿》（*The Frontier in History*, New Haven: Yale University Press, 1981）第 270—307 页，该文为本章的讨论提供了主要的历史学启示。科林·纽伯里（Colin Newbury）的《大塔希提：1767—1945 年间法属波利尼西亚的变化与生存》（*Tahiti Nui: Change and Survival in French Polynesia 1767–1945*, Honolulu: University of Hawaii Press, 1980）描述了南太平洋的传教士活动，在大量服务自身的福音派文献中提供了一条清晰路径。同样的还有来自同一作者的《塔希提传教史，1799—1830 年》（*The History of the Tahitian Mission, 1799–1830*, London: Cambridge University Press, 1982）。威廉·埃利斯（William Ellis）的《波利尼西亚研究者》（*Polynesian Researches*, London: Fisher, Son and Jackson, 1829）提供了一个目击者的视角，亦如詹姆斯·威尔逊（James Wilson）的《向南太平洋的传教航行》（*A Missionary Voyage to the Southern Pacific Ocean...*, London: T. Chapman, 1799）。罗伯特·I. 利维（Robert I. Levy）的《塔希提人：社会群岛的思想与经验》（*Tahitians: Mind and Experience in the Society Islands*, Chicago: University of Chicago Press, 1975）是一部关于近来塔希提文化变迁的卓越研究专著。至于赫尔曼·梅尔维尔（Herman Melville）的作品，参阅查尔斯·罗伯茨·安德森（Charles Roberts Anderson）的《梅尔维尔在南太平洋》（*Melville in the South Seas*, New York: Columbia University Press, 1939）。其他有帮助的资料来源还有：道格拉斯·奥利弗的《太平洋岛屿》（第三版）（*The Pacific Islands*, 3rd ed., Honolulu: University of Hawaii Press, 1989），以及同一作者更具

综合性的《太平洋岛屿的本土文化》(*Native Cultures of the Pacific Islands*, Honolulu: University of Hawaii Press, 1989)。亦可参阅维多利亚·S. 洛克伍德(Victoria S. Lockwood)、托马斯·G. 哈丁(Thomas G. Harding)和本·J. 华莱士(Ben J. Wallace)编辑的《当代太平洋社会:发展与变化研究》(*Contemporary Pacific Societies: Studies in Development and Change*, Englewood Cliffs, NJ: Prentice Hall, 1993)。关于太平洋捕鲸业,参阅约翰·R. 斯皮尔斯(John R. Spears)的《新英格兰捕鲸者的故事》(*The Story of the New England Whalers*, New York: Macmillan, 1908)和埃尔莫·保罗·霍曼(Elmo Paul Hohman)的《美国捕鲸者》(*The American Whaleman*, New York: Longmans Green, 1928)。

第十一章(火地岛人)和第十二章(大地尽头的传教士)

菲利普·L. 柯廷(Philip L. Curtin)的《非洲的形象:1780—1850 年英国的理念和行动》(*The Image of Africa: British Ideas and Actions 1780–1850*, Madison: University of Wisconsin Press, 1964)和温思罗普·D. 乔丹(Winthrop D. Jordan)的《白人高于黑人》(*White Over Black*, Chapel Hill: University of North Carolina, 1968)是有关本章所讨论并且贯穿全书的奴隶制和种族态度的权威研究。E. 卢卡斯·布里奇(E. Lucas Bridge)的《大地最深处》(*The Uttermost Part of the Earth*, New York: E.P. Dutton, 1949)讲述了早期传教士所做努力的生动故事,也提供了深入雅甘人生活的独一无二的一手资料。埃里克·希普顿(Eric Shipton)的《火地岛:致命吸引》(*Tierra del Fuego: The Fatal Lodestone*, London: Charles Knight, 1973)将会

吸引一般读者。传统人类学研究，即塞缪尔·洛思罗普（Samuel Lothrop）的《火地岛的印第安人》（*The Indians of Tierra del Fuego*, New York: Museum of the American Indian, 1928）过时已久，然而，洛思罗普的研究仍旧有帮助，只因它写作于一些传统文化还能够被观察到的时候。还可以尝试约翰·M. 库珀（John M. Cooper）的篇目《雅甘》（"The Yahgan"），收录于朱利安·斯图尔德（Julian Steward）编辑的《南美印第安人手册》（第一卷）（*Handbook of South American Insians,* vol. I, Washington, DC: Bureau of American Ethnology, 1946）第 81—106 页。罗伯特·菲茨罗伊（Robert Fitz Roy）的《1826—1836 年间皇家"冒险号"和"贝格尔号"测量航行记》（*Narrative of the Surveying Voyage of his Majesty's Ships Adventure and Beagle between the Years 1826 and 1836*, London: Henry Colburn, 1839）描述了火地岛人的绑架，并且应结合约翰·W. 马什（John W. Marsh）和 W. H. 斯特林（W. H. Stirling）的《艾伦·加德纳中校的故事》（*The Story of Commander Allen Gardiner, R.N.*, London: James Nisbet, 1887）中关于艾伦·加德纳（Allen Gardiner）的古怪但鲜为人知的故事。乔治·斯托金（George Stocking）的《种族、文化与进化》（*Race, Culture, and Evolution*, New York: Free Press, 1968）描述了原住民保护协会的早年情况和早期人类学的其他发展。

第十三章　皮草与火器：加拿大东部的休伦人

关于休伦人的权威之作是布鲁斯·G. 特里杰（Bruce G. Trigger）的《阿塔恩特西克之子》（*The Children of Aataensic: A History of the*

Huron People to 1660, Montreal: McGill-Queen's University Press, 1976)。
我在本章大量参考了这部作品。特里杰的《休伦人：北方农民》(*The Huron: Farmers of the North*, New York: Holt, Rinehart and Winston, 1969) 是一部充满传统生活细节的历史民族志。伊丽莎白·图克（Elizabeth Tooker）的《休伦印第安人的民族志，1615—1649 年》(*An Ethnography of the Huron Indians, 1615–1649*, Washington, DC: Bureau of American Ethnology, Bulletin no. 190, 1964) 是基础性资源。W. 弗农·基涅茨（W. Vernon Kinietz）的《1615—1760 年间西大湖区的印第安人》(*The Indians of the Western Great Lakes 1615–1760*, Ann Arbor: University of Michigan Press, 1940) 覆盖了更广阔的历史图景。关于加拿大东部耶稣会的文献是丰富的。可尝试参阅科尼利厄斯·J. 杰楠（Cornelius J. Jaenen）的《友与敌：16 世纪和 17 世纪法国人与美洲印第安人文化接触面面观》(*Friend and Foe: Aspects of French-Amerindian Cultural Contact in the Sixteenth and Seventeenth Centuries*, Toronto: McClelland and Stewart, 1976) 和詹姆斯·穆尔（James Moore）的《印第安人与耶稣会士：17 世纪的邂逅》(*Indian and Jesuit: A Seventeenth-Century Encounter*, Chicago: Loyola University Press, 1982)。关于史前时代的背景，参阅布赖恩·M. 费根的《古代北美》（第二版）(*Ancient North America*, 2nd ed., London: Thames and Hudson, 1995)。

312

第十四章　西北海岸的印第安人

库克的日志和比格尔霍尔的《詹姆斯·库克船长的一生》是此处的关键资料，还有罗宾·费希尔（Robin Fisher）的《接触与冲突：英属哥伦比亚印第安人与欧洲人的关系，1774—1890 年》（*Contact and Conflict: Indian-European Relations in British Columbia, 1774–1890*, Vancouver: University of British Columbia Press, 1977）。赫尔曼·梅里韦尔（Herman Merivale）的《关于殖民和殖民地的讲座》（*Lectures on Colonization and Colonies*, London: Longman, Green, Longman, and Roberts, 1861）很好地勾勒出英国对殖民的态度。弗朗兹·博厄斯（Franz Boas）著、海伦·科德尔（Helen Codere）编辑的《夸扣特尔人民族志》（*Kwakiutl Ethnography*, Chicago: University of Chicago Press, 1966），和罗纳德·P. 罗纳（Ronald P. Rohner）编辑的《博厄斯的民族志：1886—1931 年弗朗兹·博厄斯在西北海岸的信件和日记》（*The Ethnography of Franz Boas: Letters and Diaries of Franz Boas Written on the Northwest Coast from 1886 to 1931*, Chicago: University of Chicago Press, 1969）是基础性资料。海伦·科德尔的《财产斗争：1792—1930 年夸扣特尔夸富宴和战争研究》（*Fighting with Property: A Study of Kwakiutl Potlatching and Warfare 1792–1930*, Seattle: University of Washington Press, 1966）描述了夸富宴——西北海岸地区的仪式性宴会。同样的还有 D. I. 科尔（D. I. Cole）和 I. 柴肯（I. Chaiken）的《铁腕镇压：太平洋西北海岸的夸富宴禁律》（*An Iron Hand Upon the People: The Law Against the Potlatch on the Pacific Northwest Coast*, Seattle: University of Washington Press, 1990）。亦可参阅阿尔多纳·约奈蒂斯（Aldona Jonaitis）的《主要宴会：持续的夸扣特尔夸富宴》（*Chiefly Feasts: The Enduring Kwakiutl Potlatch*, Seattle: University of Washington Press, 1991）。利兰·唐纳德（Leland Donald）的《北美西北海岸的原住民奴隶制》（*Aboriginal Slavery on the Northwest Coast of North America*, Berkeley: University of California Press, 1997）提出奴隶和奴隶制对西北狩猎-捕鱼社会具有核心意

义。菲利普·德鲁克（Phillip Drucker）的《北太平洋海岸文化》（*Cultures of the North Pacific Coast*, San Francisco: Chandler, 1965）和《北部和中部努特卡部落》（*The Northern and Central Nootkan Tribes*, Washington, DC: Bureau of American Ethnology, 1951）是对传统文化的较好概括。亦可参阅梅·贝克（May Beck）的《英雄：特林吉特-海达传奇》（*Heroes and Heroines: Tlingit-Haida Legend*, Anchorage: Alaska Northwest Books, 1989），它参考了海达-特林吉特神话与西方和古希腊同类材料的相似性，对其做了重述。有关威廉·邓肯（William Duncan）的主题，参阅约翰·阿克坦德（John Arctander）的《阿拉斯加的使徒：梅特拉特拉卡的威廉·邓肯的故事》（*The Apostle of Alaska: The Story of William Duncan of Metlaktla*, New York: Revell, 1909）。

³¹³ 第十五章（毛利人）和第十六章（新西兰的殖民）

库克的日志和比格尔霍尔的《詹姆斯·库克船长的一生》再次为所有关于早期新西兰的阅读提供了基础。彼得·巴克爵士（Sir Peter Buck）在《毛利人的到来》（*The Coming of the Maori*, Wellington, New Zealand: Whitcombe and Tombs, 1949）中描述了毛利传统文化，那是有几分陈旧且不可信的叙述，亦如埃尔登·贝斯特（Eldon Best）的《毛利人》（两卷本）（*The Maori*, 2 vols., Welling, New Zealand: Whitcombe, 1924）。还可参阅安德鲁·P. 韦达（Andrew P. Vayda）的《毛利战争》（*Maori Warfare*, Welling, New Zealand: Polynesian Society, 1960）。雷蒙德·弗思（Raymond Firth）的《新西兰毛利人的原始经济》（*Primitive Economics of the New Zealand*

Maori, London: Routledge, 1929）是权威著作。基思·辛克莱（Keith Sinclair）的《新西兰史》（修订版）（*A History of New Zealand*, rev. ed., London: Allen Lane, 1980）是关于这个主题的最佳概述之一，而哈里森·M. 赖特（Harrison M. Wright）的《新西兰，1769—1840年：早年的欧洲人接触》（*New Zealand, 1769–1840: Early Years of European Contact*, Cambridge: Harvard University Press, 1959）非常有帮助。戴维·P. 米勒（David P. Millar）的《库克海峡地区的鲸鱼、亚麻交易者和毛利人：文化冲突下的历史学研究》（"Whale, Flax Traders, and Maoris of the Cook Strait Area: A History Study in Cultural Confrontation", *Dominion Museum Records in Ethnology* 2, no. 6［1971］），是一份关于毛利人和外来者相互影响的出色分析。托尼·辛普森（Tony Simpson）的《特·里里·帕赫卡：白人的愤怒》（*Te Riri Paheka: The White Man's Anger*, Martinborough, New Zealand: Alistair Taylor, 1979）是一部关于殖民、战争和土地掠夺的生动、流行的记述。哈罗德·米勒（Harold Miller）的《新西兰的种族冲突，1814—1865 年》（*Race Conflict in New Zealand, 1814–1865*, Auckland, New Zealand: Blackwood and Janet Paul, 1966）是一部更专业的研究著作。对反抗和复兴运动感兴趣的人应阅读安东尼·华莱士（Anthony Wallace）的《复兴运动》（"Revitalization Movements", *American Anthropologist*, 58［1956］: 264–281）。所有这些资源包含极佳的参考书目。琼·史蒂文斯（Joan Stevens）的《1860—1960 年的新西兰小说》（*The New Zealand Novel 1860–1960*, Wellington, New Zealand: A.H. and A.W. Reed, 1964）讨论了 19 世纪新西兰小说。考古学方面有珍妮特·戴维森（Janet Davidson）的《新西兰史前史》（"New Zealand Prehistory", *Advances in World Archaeology* 4［1985］: 239–292）。亦有彼得·贝尔伍德（Peter Bellwood）的《波利尼西

亚人》（*The Polynesians*, London: Thames and Hudson, 1987）和阿索尔·安德森（Atholl Anderson）的《惊人的鸟类：史前新西兰的恐鸟及其捕猎》（*Prodigious Birds: Moas and Moa-Hunting in Prehistory New Zealand*, Cambridge: Cambridge University Press, 1992），以及同一作者的《新西兰殖民年表》（"The Chronology of Colonization in New Zealand", *Antiquity* 65［1991］: 767-795）。

第十七章　不平等的遗产

菲利普·马森（Philip Mason）的《支配模式》（*Pattern of Dominance*, London: Institute of Race Relations, 1970）为本章提供了重要灵感。约翰·H. 博德利（John H. Bodley）的《进步的牺牲者》（*Victims of Progress*, 3rd ed., Mountain View, CA: Mayfield, 1992）在现代态度、反应和政策方面是一个有用的资源。

参考文献

文中的很多参考文献来自原始文献，其他来自普通读者更易接触到的二手文献。在可能的情况下，我尽量使用二手文献，单纯是因为它们便于在公共和大学图书馆中被阅读。原始文献的详情可在下列文献，以及前文"资源指南"中寻找。

Beaglehole, J. C.
    1955–1967   *The Journals of Captain Cook on his Voyages of Discovery*. 3 vols. Cambridge: Cambridge University Press.
    1962   *The Endeavour Journal of Joseph Banks, 1768–1771*. Sydney: Angus and Robertson.
    1966   *The Discovery of the Pacific*. Palo Alto: Stanford University Press.
    1974   *The Life of Captain James Cook*. Palo Alto: Stanford University Press.

Bougainville, Louis A. de
    1772   *A Voyage Round the World*. Translated by John Reinhold Foster. London: Nourse and Davis.

Boxer, C.R.
    1951   *The Christian Century in Japan*. Berkeley: University of California Press.

Chimalpahin Cuauhtlehuanitzen, Domingo Francisco
    1965   *Relaciones originales de Chalco Amquemecan escritas par Don*

Francisco de San Antón Muñón Chimalpahin Cuauhtlehuanitzen. Edited by S. Rendón. Mexico City: Fondo de Cultura Económica.

Clendinnen, Inga
1991   *Aztecs.* Cambridge: Cambridge University Press.

Curtin, Philip L.
1964   *The Image of Africa.* Madison: University of Wisconsin Press.

Darwin, Charles
1839   *The Voyage of the* Beagle. London: John Murray.
1871   *The Descent of Man.* London: John Murray.

Davies, D. M.
1973   *The Last of the Tasmanians.* London: Frederick Muller.

d'Urville, Jules Sebastien Cesar
1834–1835   *Voyage pittoresque autour du monde.* 2 vols. Paris: L. Tenre.

Diaz, Bernal
1963   *The Conquest of New Spain.* Translated by J.M. Cohen. Baltimore: Pelican Books.

Dixon, George
1789   *A Voyage Round the World: but more Particularly to the North-West Coast of America.* London: G. Goulding.

Duran, Diego
1994   *The Aztecs: The History of the Indies of New Spain.* Translated by Doris Hayden and Fernando Horcasitas. Norman: University of Oklahoma Press.

Earle, Augustus
1832   *Narrative of a Month's Residence in New Zealand In 1827.* London: John Murray.

Ellis, W.
1829   *Polynesian Researches*. 2 vols. London: Fisher and Jackson.

Elphick, Richard
1977   *Kraal and Castle*. New Haven: Yale University Press.

Fagan, Brian M.
1977   *Elusive Treasure*. New York: Charles Scribners' Sons.

Fairchild, Hoxie Neale
1928   *The Noble Savage: A Study in Romantic Naturalism*. New York: Columbia University Press.

Fisher, Robin
1977   *Contact and Conflict: Indian-European Relations in British Columbia, 1774–1890*. Vancouver: University of British Columbia Press.

FitzRoy, Robert
1839   *Narrative of the Surveying Voyages of His Majesty's Ships Adventure and Beagle between the years 1826 and 1836*. 3 vols. London: Henry Colburn.

Forster, George
1777   *A Voyage Round the World in His Brittanic Majesty's Sloop, Resolution, Commanded by Captain James Cook, during the years 1772, 3, 3 and 5*. 2 vols. London: White, Robson, Elmsly, and Robinson.

Gomara, Francisco Lopez de
1964   *Cortes*. Translated by Lesley Byrd Simpson. Berkeley: University of California Press.

Hakluyt, Richard
1903–1905 *The Principal Navigations, Voiages and Discoveries of the English Nation ...* (originally written in 1589). Glasgow: J. Maclehose and Sons.

Hanke, Lewis

1949   *The Spanish Struggle for Justice in the Conquest of America.* New York: American Historical Society.

Hawkesworth, John

1773   *An Account of the Voyages Undertaken by the Order of His Present Majesty for Making Discoveries in the Southern Hemisphere ...* London: Strahan and Cadell.

Hodgen, Margaret T.

1964   *Early Anthropology in the Sixteenth and Seventeenth Centuries.* Philadelphia: University of Pennsylvania Press.

Jaenen, Cornelius J.

1977   "Missionary Approaches to Native People." In *Approaches to Native History in Canada*, ed. D. A. Muise, 5–15. Ottawa: National Museum of Man.

Lansdowne, Henry W.

1927   *The Petty Papers: Some Unpublished Writings of Sir William Petty.* 2 vols. Boston: Houghton Mifflin.

Lattimore, Richard A.

1959   *The Works and Days.* Ann Arbor: University of Michigan Press.

Leon-Portilla, Miguel

1963   *Aztec Thought and Culture.* Translated by Jack Emory Davis. Norman: University of Oklahoma Press.

Levy, Robert I.

1973   *Tahitians: Mind and Experience in the Society Islands.* Chicago: University of Chicago Press.

Lubbock, Sir John

1865   *Prehistoric Times.* London: Williams and Norgate.

Malinowski, Bronislaw

1929 "Practical Anthropology." *Africa* 2, 1: 22–38.

Mason, Philip

1970 *Patterns of Dominance*. London: Institute of Race Relations.

McGhee, Robert

1984 "Contact between Native North Americans and the Medieval Norse: A Review of the Evidence." *American Antiquity* 49: 4–26.

Melville, Herman

1847 *Omoo*. Evanston: Northwestern University Press. (Quotes and pagination are from the Newberry Library edition, 1968.)

Moerenhout, Jacques-Antoine

1837 *Voyages aux iles du Grand Ocean* ... 2 vols. Translated by Douglas Oliver. Paris: A. Bertrand.

Montaigne, Michel de

1948 *Of the Canibales*. Translated by Donald Frame. Palo Alto: Stanford University Press.

Moorehead, Alan

1966 *The Fatal Impact*. New York: Harper and Row.

Morison, Samuel Eliot

1971 *The Discovery of America. vol. 1: The Northern Voyages*. New York: Oxford University Press.

Newberry, Colin

1980 *Tahiti Nui*. Honolulu: University of Hawaii Press.

Ogilby, John

1670 *Africa*. London: T. Bowles.

Oliver, Douglas

    1974   *Ancient Tahitian Society.* 3 vols. Honolulu: University of Hawaii Press.

Pitt-Rivers, George H. Lane-Fox

    1927   *The Clash of Culture and the Contact of Races.* London: Routledge.

Prescott, William

    1843   *History of the Conquest of Mexico.* New York: Harpers.

Raven-Hart, R.

    1967   *Before Van Riebeeck.* Cape Town: C. Struik.

Sahagun, Bernardino de

    1950–1982 *The Florentine Codex: General history of the Things of New Spain.* 12 vols. Translated Arthur O. Anderson and Charles E. Dibble. Salt Lake City: University of Utah Press.

Schrire, Carmel

    1995   *Digging Through Darkness.* Charlottesville: University of Virginia Press.

Shipton, Eric

    1973   *Tierra del Fuego: The Fatal Lodestone.* London: Charles Knight.

Simpson, Tony

    1979   *Ti Riri Pakeha: The White Man's Anger.* Martinborough: Alistair Taylot.

Stevens, Joan

    1964   *The New Zealand Novel 1860–1960.* Wellington, New Zealand: A. H. and A. W. Reed.

Tedlock, Dennis

    1995   *Popol Vuh.* New York: Simon and Schuster.

Thompson, Leonard
  1975   *Survival in Two Worlds: Moshoeshoe of Lesotho 1786–1870.*
            Oxford: Clarendon Press.

Tippett, Alan R.
  1971   *People Movements in Southern Polynesia.* Chicago: Moody Press.

Topsell, Edward
  1607   *The Historie of Fowre-Footed Beastes ...* London: J. Williams.

Trigger, Bruce G.
  1976   *The Children of Aataentsic: A History of the Huron People to 1660.*
            2 vols. Montreal: McGill-Queens University Press.

Valliant, George
  1972   *Aztecs of Mexico: Origin, Rise, and Fall of the Aztec Nation.* Rev.
            ed. Baltimore: Pelican Books.

Wolf, Eric
  1982   *Europe and the People Without History.* Berkeley: University of
            California Press.

Wright, Harrison M.
  1959   *New Zealand, 1769–1840: Early Years of Western Contact.* Cambridge:
            Harvard University Press.

索　引

（索引页码为原书页码，即本书页边码）

A Very Brief Account of the Destruction of the Indies (Las Casas)《西印度毁灭述略》（拉斯·卡萨斯）　89

Abolition Society 废奴协会　190

abolitionists 废奴主义者

　and the slave trade 与奴隶贸易　190

Aborigines Protection Society (APS) 原住民保护协会　298

　as a humanitarian organization 作为一个人道主义组织　206

　model 模范　207

Acolhuas 阿科卢亚人　60

adventurers vs. Christians 冒险家对基督徒

　and Spanish exploration 与西班牙探险　58

Africa 非洲

　description in the *Church Missionary Atlas*《教会传教士地图集》中的描述　193

　and savagery of the natives 与原住民的野蛮　42

Africa (Ogilby)《非洲》（奥格尔比）　38

African Institution, The 非洲协会　191

Africans 非洲人

　Lang's description of in 1774 兰在 1774年的描述　192

Age of Discovery 大发现时代　16, 19, 23, 28, 33, 38, 148, 257, 303

alternative literacy 替代性读写能力　31

American Declaration of Independence 美国《独立宣言》　189

American Indian 美洲印第安人　24

American Revolution 美国革命

　influence on abolitionists 对废奴主义者的影响　190

anthropologists vs. historians 人类学家对

历史学家 29

anthropology 人类学 32

Anti-Slavery Society 反奴隶制度协会 206

Antonio de Montesinos, Fray 弗雷·安东
尼奥·德·蒙特西诺斯 83

Apostle of the Indians 印第安人的使徒 89

APS. *See* Aborigines Protection Society
(APS) APS. 参阅原住民保护协会

archaeology 考古学 33

    as relying on early accounts 依赖早期记
    述 121

Arens, William 威廉·阿伦斯 78

Asia 亚洲

    renewed Western interest in 西方再次兴
    起的兴趣 107

Association for Promoting the Discovery of
the Interior Parts of Africa 促进非洲内
陆考察协会

    founding of 建立 191

Astley, Thomas 托马斯·阿斯特利 191

Attenborough, David 大卫·爱登堡 17

    and encounter with Binai of New Guinea
    与邂逅新几内亚比奈人 18

Aztecs 阿兹特克人

    apocalyptic traditions and Christian
    millenarianism 天启传统和基督教千
    年至福说 88

    beliefs of 信仰 66

beliefs vs. Christianity 信仰对基督教 91

Christian mission to 基督教传教 91

creation myth of 创世神话 60

destruction of 毁灭 80

disintegration of the social order 社会秩
    序的瓦解 89

and human sacrifice 与人祭 78

and intermarriage with Spaniards 与西班
    牙人联姻 88

pyramids of 金字塔 76

and rationalization of the Spanish Conquest
    与西班牙征服的合理化 69

and rise of 崛起 59

and sacrifices 牺牲 77

size of empire 帝国的规模 60

social organization of 社会组织 67

warfare as ritual 作为仪式的战争 79

Bacon, Sir Francis 弗朗西斯·培根爵士
124

Balboa, Vasco Nuñez de 瓦斯科·努涅
斯·德·巴尔博厄 129, 130

Bank of New Zealand 新西兰银行

    founding of 建立 287

Banks, Sir Joseph 约瑟夫·班克斯爵士
32, 135, 136, 138, 144, 191, 261

    and observations on tattooing 与对文身
    的观察 139

Baptist Missionary Society 浸礼传教会 175

Barker, Lieutenant Edmund 埃德蒙·巴克中尉 44

Barlow, Arthur 阿瑟·巴洛 124

BaSotho 巴索托 26，27

Baudin, Captain Nicholas 尼古拉·博丹船长 148，154

    arrival in Tasmania 抵达塔斯马尼亚 151

    expedition to Autralia 远征澳大利亚 150

Beaglehole, J.C. J. J. C. 比格尔霍尔 144

belief of Europeans in the nineteenth century 欧洲人在 19 世纪的观念 25

Bishop Diego de Landa 迭戈·德·兰达主教 174

Bishop Zumarraga of Mexico 墨西哥苏马拉加主教 92

Black Legend 黑色传奇 114 *See* Las Casas 参阅拉斯·卡萨斯

Black War (Tasmania) 黑色战争（塔斯马尼亚） 166

Blumenbach, Johann Friedrick 约翰·弗里德里克·布鲁门巴赫 161

Boas, Franz 弗朗兹·博厄斯 255

Borah 博拉 119

Borah, William 威廉·博拉 114

Bougainville, Chevalier Louis Antoine de 舍瓦利耶·路易·安托万·德·布干维尔 130，131，132，144

Brazil 巴西

    as a utopia 作为一个乌托邦 125

Bridges, Thomas 托马斯·布里奇 213

    resignation of 辞职 215

British Admiralty 英国海军

    standard instructions to travelers 给旅行者的标准指南 18

British Columbia 不列颠哥伦比亚省

    increase of settler population 移民人口的增长 253

Buck, Sir Peter 彼得·巴克爵士 269，273

Buddhism 佛教

    as favored religion in Japan 作为在日本受推崇的宗教 99

    vs. Jesuits in Japan 对日本的耶稣会士 102

    vs. Shinto 对神道教 99

Busby, James 詹姆斯·巴斯比 280

Bushido 武士道 106

Buxton, Thomas Fowell 托马斯·福韦尔·巴克斯顿 205

cabecera 市镇

    definition of 释义 93

Cameron, Duncan 邓肯·卡梅伦 286

Camper, Peter 彼得·坎珀 161

Cape of Good Hope 好望角

大发现四百年

founding of colony in 1652 1652 年殖民地的建立 96

Carey, William 威廉·凯里 175

Cartier, Jacques 雅克·卡蒂埃

first contact with Iroquoian Indians 与易洛魁印第安人的初次接触 220

Cayuga 卡尤加 223

Central Mexico 墨西哥中部

Indian population of 印第安人口 114

Chesterfield, Lord 切斯特菲尔德勋爵 46

Chief Te Horata te Taniwha 酋长霍列塔水神 261

Chief Waitangi 怀唐伊酋长 278

Chinook 切努克语 249

Christian millenarianism 基督教千年至福说

and Aztec apocalyptic traditions 阿兹特克天启传统 88

Christianity 基督教

great enemy of in New Zealand 在新西兰的强敌 280

Huron experience vs. Iroquoian experience 休伦人的经历对易洛魁人的经历 234

and importance of converting people 转换民众信仰的重要性 24

later Maori attitudes towards 后来毛利人的态度 283

and the Maori 与毛利人 279

prohibited in Japan 在日本被禁止 104

vs. Aztec belief 对阿兹特克信仰 91

Church Missionary Atlas《教会传教士地图集》 193

Church Missionary Society 教会传教士协会 201, 202, 208, 276, 279

civilization 文明

reserved for white European 为欧洲白人保留 163

clash of cultures 文化的冲突

explanation of 解释 23

Clendinnen, Inga 英加·克伦蒂南 30

Codex Mendoza《门多萨抄本》 31

cofradia 教友会

definition of 释义 92

Cole, Albert 艾伯特·科尔 212

color 肤色

importance of to sixteenth-century Englishmen 对 16 世纪英国人的重要性 40

Columbus, Christopher 克里斯托弗·哥伦布 24, 95

first landing on San Salvador Island 首次登陆圣萨尔瓦多岛 57

Comte de Saint-Simon 孔德·德·圣西门 163

Confucius 孔子 99

congregacions 集合地

definition of 释义 93

conquest of Mexico 征服墨西哥 24

Conrad, Joseph 约瑟夫·康拉德 160

Cook, Captain James 詹姆斯·库克船长 16, 19, 120, 134, 135, 137, 140, 151, 259, 266

  arrival and death in Hawaii 抵达并死于夏威夷 32

  concerns about consequences of European contact on Tahiti 关心欧洲人的接触对塔希提的影响 171

  death of 死亡 135

  and the Nootka 与努特卡人 239

  "Rules" for establishing relations with Tahitians 与塔希提人建立关系的"规则" 135

  sighting of the Oregon coast 见到俄勒冈海岸 237

Cook, Sherburne 舍伯恩·库克 86, 114, 119, 120

Cooper, James Fenimore 詹姆斯·费尼莫尔·库珀 160

Coronado Expedition of 1540 1540 年科罗纳多远征 118

Corregidors 长官

  definition of 释义 93

Cortés, Hernán 埃尔南·科尔特斯 68, 70, 71, 72, 73, 75, 76, 77, 79, 81, 82, 85, 86, 87, 88, 113, 120

Council of the Indies 印度群岛议会 86

Crompton, Samuel 塞缪尔·克朗普顿 22

cultural diversity 文化差异

  nineteenth-century explanation of 19 世纪的解释 294

cultural gap 文化的隔阂

  between Europeans and other societies 欧洲人与其他社会之间 163

Cuvier, Georges 乔治斯·居维叶 161

  and anatomical researches 与解剖学研究 150

cyclical history 循环的历史

  vs. linear history 对线性的历史 33

Darwin, Charles 查尔斯·达尔文 164, 204

  on the Beagle 在"贝格尔号" 199

  impression of the Yahgan 对雅甘人的印象 200

  impressions of New Zealand 对新西兰的印象 280

de Beaulieu, Augustin 奥古斯丁·德·博利厄 45

de Grivalja, Juan 胡安·德·格里哈尔瓦 68

de Soto, Hernando 埃尔南多·德·索托 117, 121

Defoe, Daniel 丹尼尔·笛福 127

Degerando, Citizen 公民德热朗多 150,
154

　　and set of instructions for studying savages
　　与有关研究野蛮人的一系列指导 149

depopulation 人口衰减

　　role of climate and elevation in 气候和
　　海拔的作用 119

Despard, Reverend Packenham 贝肯汉·德
斯帕德牧师 211

Dias, Bartolemeu 巴尔托洛梅乌·迪亚士
40, 43

Diaz, Bernal 贝尔纳尔·迪亚斯 58, 73,
80

Diderot, Denis 德尼·狄德罗 171

Direct Historical Method 直接历史方法
121

*Discours sur l'Origine et le Fondement de
l'Inégalité parmi les Hommes* (Rousseau)
《论人类不平等的起源》(卢梭) 128

diseases 疾病

　　effect on Maori population 对毛利人口
　　的作用 277

　　effects of on the population of the Pacific
　　Northwest 对临太平洋的西北岸的人
　　口的影响 243

　　and the New Mexico colony 与新墨西哥
　　殖民地 118

　　New World vs. European 新大陆对欧洲
　　人 116

　　resistance to 抵抗 116

　　role of in depopulation of the Americas
　　在美洲人口衰减中的作用 114

Divine Will of the Lord 主的神圣意志 174

Dixon, Captain George 乔治·狄克逊船长
240

Dobyns, Henry 亨利·多宾斯 114

Dominicans 多明我会士 83, 86, 89,
91, 173

　　and declining influence in New Spain 与
　　在新西班牙影响力衰减 91

Douglas, James 詹姆斯·道格拉斯 250

　　negotiations with Indians 与印第安人协
　　商 251

Drake, Sir Francis 弗朗西斯·德雷克爵士
117

　　and the Pacific Northwest 与临太平洋的
　　西北岸 238

Dumont d'Urville, Jules Sebastien Cesar 朱
尔·塞巴斯蒂安·塞萨尔·迪蒙·德
于维尔 264

Duncan, William 威廉·邓肯 254

Dunnell, Robert 罗伯特·邓内尔 120

Duran, Diego 迭戈·杜兰 64, 76, 86

Dürer, Albrecht 阿尔布雷克特·丢勒 79

Dutch East India Company 荷兰东印度公
司 259

East India Company, The 东印度公司 96

    founding of 成立 96

    in India 在印度 96

    sales of tea to Europe 向欧洲销售茶叶 97

Ecuador 厄瓜多尔

    demographic history of 人口统计史 119

    population before European contact 欧洲人接触前的人口 119

El Dorado 埃尔多拉多 124

Ellis, William 威廉·埃利斯 141, 186

Elphick, Richard 理查德·埃尔菲克 56

encomienda 委托监护制

    definition of 释义 83

Endeavour expedition "奋进号"探险 135, 136, 137, 144

Enquiry into the Obligations of Christians to Use Means for the Conversion of the Heathen (Carey)《基督徒使异教徒皈依之责任的探究》（凯里） 175

"Enthusiast, The"（Warton）《热忱的人》（沃顿） 129

epidemics 流行病

    effects of 影响 118

    results of 结果 117

    spread of 传播 116

Erwin, James 詹姆斯·欧文 209

Ethiopia 埃塞俄比亚

    as a paradise on earth 作为一个人间天堂 38

ethnographic present 民族志现在时

    myth of 虚构 32

ethnography 民族志

    and ethnohistory 与民族史 32

ethnohistory 民族史 30

    and ethnography 与民族志 32

Ethnological Society of London, The 伦敦民族学学会 253

    founding of 建立 207

    primary philosophical underpinning 基本的哲学支撑 207

Europe 欧洲

    slow growth of population in 人口的缓慢增长 258

Europe and the People Without History (Wolf)《欧洲与没有历史的人民》（沃尔夫） 29

European views 欧洲人的观点

    changes in 改变 148

    of non-Western world 对非西方世界 148

European world 欧洲的世界

    in the fourteenth century 在 14 世纪 36

Europeans 欧洲人

    appeal of simplicity of non-Western life 非西方生活的朴素的吸引 126

    attitude towards other societies 对其他

社会的态度 36

beliefs in the nineteenth century 19 世纪的观念 25

effect of contact on the Huron 欧洲人接触对休伦人的影响 225

Jerusalem as the center of the medieval world 耶路撒冷作为中世纪世界的中心 36

little contact with Maori 与毛利人的少量接触 264

massacre of by Fuegians 被火地岛人屠杀 212

reasons for emigration after the Industrial Revolution 工业革命后的移民理由 258

reluctance to leave home 不情愿离开家园 258

slow colonization of non-Western world 非西方世界的缓慢殖民 258

Europeans and Tahitians 欧洲人和塔希提人

early relations 早期关系 131, 136

Evangelical revival 福音派复兴

in Britains's middle classes 在英国中产阶级中 174

Evangelicals 福音派

and the APS 与原住民保护协会 207

as abolitionists 作为废奴主义者 190

beliefs of 信仰 174, 178

Exoticism 异域风情

in the eighteenth century 在 18 世纪 127

factories 工厂

appearance and growth of 出现和增长 22

founding of in Asia 在亚洲建立 97

Falkland Islands 福克兰群岛（马尔维纳斯群岛）

mission set up 发起传教 211

Feast of the Dead, The (Huron festival) 亡灵节（休伦人的节日） 226

fiestas 节日

definition of 释义 93

firearms 火器

and catastrophic change in Maori society 与毛利社会中的灾难性变化 277

introduction to Japan 引入日本 102

FitzRoy, Captain Robert 罗伯特·菲茨罗伊船长 194, 197, 199, 202, 203, 204

decision to take Fuegians to England 带火地岛人到英国的决定 200

first contact with South American natives 与南美土著居民的初次接触 195

naming of Fuegians 火地岛人的命名 200

protection of Fuegians from infectious diseases 保护火地岛人免受传染病伤害 201

study of Fuegians 有关火地岛人的研究 201

Five Nations of the Iroquois 易洛魁五族同盟 223，235

  decline in population of 人口下降 115

France 法国

  first contact with the Huron 与休伦人的初次接触 222

  formal annexation of Tahiti 正式吞并塔希提 184

  relationship with the Huron 与休伦人的关系 225

Franciscans 方济各会士 91，173

  and campaign of mass conversion in New Spain 与在新西班牙的大量转换信仰运动 92

  in Japan 在日本 103

French Revolution 法国大革命 160

  influence on abolitionists 对废奴主义者的影响 190

Fresne, Marion du 马里恩·迪弗伦 15，154，156，263

  death in New Zealand 死于新西兰 16

  massacre of 屠杀 263

Fuegians 火地岛人 189，200，202，203

  See also Yahgan 亦可参阅雅甘人

  audience with King William IV 受威廉四世国王接见 201

  exposure to infectious diseases 暴露在传染病之下 201

  massacre of European missionaries 屠杀欧洲传教士 212

  meeting with Gardiner 与加德纳会面 209

  travel to England on the *Beagle* 乘"贝格尔号"旅行至英国 201

  in Walthamstow, England 在英国沃尔瑟姆斯托 201

Furneaux, Captain Thomas 托马斯·弗诺船长 146

Furneaux, Tobias 托拜厄斯·弗诺 263

gap, cultural 文化的隔阂

  between Europeans and other societies 在欧洲和其他社会之间 163

Gardiner, Allen Francis 艾伦·弗朗西斯·加德纳 208，209

  and Patagonian Indians 与巴塔哥尼亚印第安人 208

  contact with missionaries 与传教士接触 208

  death of 死亡 209

  interest in after death 对死后之事的兴趣 210

  missionary ship named for 传教船为其命名 210

Gauguin, Paul 保罗·高更 184，185

General History of the Things of New Spain

(Sahagun)《新西班牙博物通史》（萨哈冈） 30，72

Gerando, Joseph Marie de 约瑟夫·马里耶·德·热朗多 See Degerando, Citizen 参阅公民德热朗多

Giddings, Frandlin 富兰克林·吉丁斯 170

Gillespie, Susan 苏珊·吉莱斯皮 69

Grace, Alfred 艾尔弗雷德·格雷斯 291

Great Britain 英国

evangelical revival in 福音派复兴 174

Great Chain of Being 存在之链 42，43，160

applied to social relationships 应用于社会关系 161

way to determine position on 决定在存在之链上的位置的方法 161

"Great Dying, The" 大灭绝 113

Grey, George 乔治·格雷 284

Guayaquil 瓜亚基尔

population decline in 人口下降 120

Gulliver's Travels (Swift)《格列佛游记》（斯威夫特） 127

H. M. S. Beagle 皇家海军"贝格尔号"

haciendas 农庄

definition of 释义 93

Haida Indians 海达印第安人 244，250

Hariot, Thomas 托马斯·哈里奥特 117

Harner, Michael 迈克尔·哈纳 78

Harris, Townsend 汤森·哈里斯 108

Hawkes, Thomas 托马斯·霍克斯 171，175

Hawkesworth, John 约翰·霍克斯沃斯 146

heathen 异教徒

saving of 拯救 175

Henty, G. A. G. A. 亨蒂 291

herding practices 畜牧实践

Khoikhoi vs. European 科伊科伊人对欧洲人 49

Hernandes de Cordoba, Francisco 弗朗西斯科·埃尔南德斯·德·科尔多瓦 68

Hideoyoshi[*] 丰臣秀吉 103，104

historians vs. anthropologists 历史学家对人类学家 29

historical sources 史料资源 30

History of Norway《挪威历史》 36

Hobson, Captain William 威廉·霍布森船长 280，281，282

Hodgkin, Thomas 托马斯·霍奇金 206

---

[*] 此处有误，原书第 102 页正文首次出现时为正确拼写，即 Hideyoshi。

and the APS 与原住民保护协会 206

Hongi Hika 洪吉·希卡 276

    visit to England 到访英格兰 278

Hottentots 霍屯督 *See also* Khoikhoi 亦可参阅科伊科伊人

    as a term of abuse 作为一种贬低用语 46

Hudson's Bay Company 哈得孙湾公司 249，250

    benefits of contact with Indians 与印第安人接触的利益 250

    effects of presence on Indian society 其出现对印第安社会的影响 250

human sacrifice 人祭 78

    in Tahiti 在塔希提 141

Huron 休伦人 219，220

    changes in culture as a result of European contacts 作为欧洲人接触之结果的文化变迁 225

    Christianity and 基督教 233

    clothing of 衣物 221

    decline of population 人口下降 231

    desolation of homeland 家园荒芜 234

    effect of population decline on trade 人口下降对贸易的影响 231

    effects of Christian identity on society 基督徒身份对社会的影响 232

    epidemic of influenza or measles 流感或麻疹流行病 230

    explanation of name 有关名字的解释 221

    extinction of 消失 235

    feud with the Seneca 与塞尼卡的仇怨 223

    first contact with the French 与法国人的初次接触 222，224

    first missionaries among 最初的传教士 229

    and French settlers 与法国移民 228

    and the Feast of the Dead 与亡灵节 226

    and the fur trade 与皮草贸易 29，225

    hostility towards the Jesuits 对耶稣会士的敌意 230

    importance of the Feast of the Dead festival 亡灵节的重要性 228

    and the Iroquois 与易洛魁人 29

    and the Jesuits 与耶稣会士 228

    livelihood of 生计 222

    relationship with the French 与法国人的关系 225

    religious beliefs of 宗教信仰 235

    and ritual cannibalism 与仪式性食人 223

    social organization of 社会组织 224

    technological changes in society 社会中的技术变化 224

    trade and 贸易 222，224

    trade with Quebec 与魁北克人的贸易 228

and warfare 与战争 224

warfare as a part of life 战争作为生活的
一部分 222

Inca empire 印加帝国 115, 119

indentured labor 契约劳动力 257

Indians 印第安人

American 美洲人 24

Yahgan 雅甘人 25

Industrial Revolution 工业革命 20, 22,
25, 193

and a new social order 与一个新的社会
秩序 23

and rapid increase in European emigration
与欧洲移民的迅速增长 258

effects of 影响 294

Ingraham, Joseph 约瑟夫·英格拉哈姆 242

Institute of International Law 国际法研究
所 296

Inter Cetera 《教皇子午线》 82

intermarriage 联姻

of Aztecs and Spaniards 阿兹特克人和
西班牙人 88

Iroquoians 易洛魁人 224, 228, 231, 234,
235, 236

Japan 日本

Buddhism as favored religion 佛教作为

受推崇的宗教 99

centralized government in 中央集权的
政府 106

in Chinese records of the late fifth centry
在 5 世纪晚期的中文记载中 99

Christianity prohibited in 基督教被禁止 104

"discovery" by Portugal 被葡萄牙人"发
现" 102

first mission established at Nagasaki 首
个传教团在长崎建立 102

Franciscans in 方济各会士 103

Fujiwara clan 藤原氏 99, 100

history of 历史 97

isolation from rest of the world 与世界
上其他地方隔绝 105—107

"Jomon" culture "绳文"文化 97

situation in as opposed to that in China
与中国相反的境况 108

social changes in 社会变迁 109

social structure from 1640 to 1854 从
1640 到 1854 年的社会结构 106

trade with China and Korea 与中国和朝
鲜的贸易 101

transformation from feudal to nation state
从封建国家到民族国家的转变 108

Jesuits 耶稣会士

and Buddhists in Japan 与日本的佛教徒
102

and mission to the Huron 与对休伦人传教 228

and the Huron 与休伦人 226

attitude to Indian culture 对印第安文化的态度 229

first mission to the Huron 对休伦人的最初传教 229

Jesuits of the St. Lawrence River 圣劳伦斯河的耶稣会士 174

Johnson, Samuel 塞缪尔·约翰逊 46

Junta de Valladolid (1550–1551) 巴利亚多利德陪审团（1550—1551） 91

Kendall, Thomas 托马斯·肯德尔 277

Kendrick, John 约翰·肯德里克 240

Khoikhoi 科伊科伊人 24, 25, 32, 34

decimation of 毁灭 52

description of 描述 47

as the epitome of savagery 作为野蛮人的缩影 43

and exposure to European life 与暴露在欧洲人的生活之下 53

first Portuguese encounter with 首位邂逅的葡萄牙人 40

and the Great Chain of Being 与存在之链 161

herding practices vs. those of European ranchers 科伊科伊人的畜牧实践对

欧洲大农场经营者的畜牧实践 49

organization of society 社会的组织 49

similarities to Tahitians 与塔希提人的相似 141

and smallpox epidemics 与天花流行病 55

Kikuyu 基库尤人 28

King George Ⅲ 乔治三世国王 276

King Moshoeshoe 莫舒舒国王 26

legacy of 遗产 27

King Prester John 祭司王约翰 38, 39, 56

King William Ⅳ 威廉四世国王

and Fuegians 与火地岛人 201

Kipling, Rudyard 鲁德亚德·吉卜林 160

Kroeber, Alfred 艾尔弗雷德·克罗伯 114, 116

Kwakiutl 夸扣特尔人 253

Labillardière, Jacques de 雅克·德·拉比亚迪埃 151

Lang, Edward 爱德华·兰 192

Las Casas, Bartolomé de 巴尔托洛梅·德·拉斯·卡萨斯 58, 89, 90, 124

vs. Sepulveda 对塞普尔韦达 91

Laws of Burgos《布尔戈斯法》 82, 83

as the start of Dominican attempts to secure Indian rights 作为多明我会士尝试保障印第安人权利的开始 85

Lesotho 莱索托 27

Levy, Robert 罗伯特·利维 186，187

Lewis, John 约翰·刘易斯 213

linear history 线性的历史

    vs. cyclical history 对循环的历史 33

Linnaeus, Carl 卡尔·林奈 191

Livingstone, David 戴维·利文斯顿 175

London Missionary Society, The 伦敦传道

    会 175，179

Lothrop, Samuel 塞缪尔·洛思罗普 214

Lubbock, Sir John 约翰·卢伯克爵士 164

Magellan 麦哲伦

    Strait of 海峡 131，194，208

Magellan, Ferdinand 费尔迪南·麦哲伦

    130

malaria 疟疾 117，119

Malinowski, Bronislaw 布罗尼斯拉夫·马

    林诺夫斯基 297

"Manifest Destiny" "天定命运" 107

Maori 毛利人

    aspects of life 生活的各个方面 274

    battles over land 为土地而斗争 284

    before European contact 欧洲人接触前

    266

    breakdown of society of 社会的瓦解 284

    cannibalism of 食人 269

    canoes as vital to 独木舟作为重要部分

    270

    catastrophic change in society as a result

    of firearms 作为火器所致结果之一的

    灾难性变化 277

    caution when meeting Europeans 会见欧

    洲人时的谨慎 262

    ceremonies of 典礼 271

    and Christianity 与基督教 279

    clothing of 衣物 267

    contact with Cook's expedition 与库克

    的探险队接触 261

    Cook's impression of 库克的印象 260

    Cook's respect for 库克的尊重 262

    demoralization of 道德败坏 289

    as depicted in fiction 被描写于小说中

    291

    diet of 饮食 268

    early relations with settlers 与移民的早

    期关系 281

    effects of European diseases on 欧洲疾

    病的影响 277

    emergence of culture of 文化的出现 266

    and fear of warfare 与对战争的恐惧

    271

    ferocious reputation of 凶残的名声 271

    fight with the French 与法国人战斗 263

    fishing as vital to 捕鱼作为重要部分 269

    heads of enemies as treasured trophies 敌

人的头颅作为珍藏的战利品 273

importance of warfare 战争的重要性 271

impressions of Samuel Marsden 塞缪尔·马斯登的印象 275

and land transanctions 土地交易 283

later attitudes towards Christianity 后期对基督教的态度 283

leaders of 领导者们 273

little contact with Europeans 与欧洲人的少量接触 264

loss of land to settlers 土地丧失给移民 288

massacre of whalers in 1809 1809 年对捕鲸者的屠杀 264

material culture of 物质文化 269

memories of first contact with Europeans 关于与欧洲人初次接触的记忆 262

military solution proposed by colonial government 殖民政府提议的军事解决办法 285

as newcomers to New Zealand 作为新西兰的新来者 265

oral traditions of 口述传统 274

prophecy of who would inherit their land 关于谁会继承他们土地的预言 274

proverb about identity 关于身份的谚语 293

reasons for aggressiveness of 有攻击性的原因 267

reduction of population of 人口减少 277

religious beliefs of 宗教信仰 274

reputation for cannibalism 食人的名声 261

and seagoing canoes 与航海独木舟 270

social organization of 社会组织 273

start of wars with the settlers 与移民战争的开始 284

and tattooing 与文身 267

terrible reputation of 可怕的名声 264

and the Treaty of Waitangi 与《怀唐伊条约》 281

as warlike people 作为好战的民族 259

Western knowledge of 西方的认识 263

Maoriland Tales (Grace)《毛利兰的故事》（格雷斯）

Maquinna family 马奎那家族 243

Markham, Edward 爱德华·马卡姆 280

Marsden, Samuel 塞缪尔·马斯登 175, 207, 275

and mission to the Maori 与对毛利人的传教 276

Martyr, Peter 彼得·马特 123, 124

Maschner, Herbert 赫伯特·马施纳 33, 115

Mason, Philip 菲利普·马森 300, 301

Matthews, Richard 理查德·马修斯 201

大发现四百年

McArthur, Norma 诺尔玛·麦克阿瑟 244

Meiji 明治 107，108

Meiji Restoration 明治维新 109

Melville, Herman 赫尔曼·梅尔维尔 183

Merivale, Herman 赫尔曼·梅里韦尔 259，
298

mestizo 梅斯提索人
   definition of 释义 88

Metlatlaka 梅特拉特拉卡
   as a model missionary village 作为一个
      模范的传教士村庄 254

Mexica 墨西卡 *See* Aztecs 参阅阿兹特
   克人

Mexico 墨西哥
   organization of society 社会的组织 76
   size of at the time of Cortés's invasion
      科尔特斯入侵时的规模 75
   Spaniards in 西班牙人 93

Mexico, Conquest of 征服墨西哥 24

miccatzintli 米卡特津特里
   definition of 释义 93

Middle Missouri Valley 密苏里河谷中部
   decline in population of 人口下降 116

missionaries 传教士
   acceptance in Tahiti 塔希提的接纳 180
   and code of law for Tahiti 与给塔希提的
      法典 181
   description of 描述 176

difficulties in New Zealand 在新西兰的
   困难 276

difficulties in Tahiti 在塔希提的困难
   183

in the Pacific Northwest 在临太平洋的
   西北岸 254

massacre of by Fuegians 被火地岛人屠
   杀 212

opposition to large-scale European
   settlement of New Zealand 反对新西
   兰的大规模欧洲殖民 280

spiritual legacy of 精神遗产 178

missionary activity 传教士活动
   in the seventeenth and eighteenth centuries
      在 17 世纪和 18 世纪 174

Moctezuma Ilhuicamina I 蒙特苏马一世
   63

Moctezuma Xocoyotzin II 蒙特苏马二世
   64
   death of 死亡 79

Moerenhout, Jacques-Antoine 雅克-安托
   万·莫伦豪特 142

Mohawk 莫霍克 223

Molyneux, Robert 罗伯特·莫利纽克斯
   137

monogenists 人类同源论者 163，164
   vs. polygenists 对多元发生论者 164

Montaigne, Michel de 米歇尔·德·蒙

田 125, 126

Moore, Sir Thomas* 托马斯·莫尔爵士 124

myth 神话

    of creation of the Aztecs 阿兹特克人的诞生 60

    of noble savage 高贵的野蛮人 39

    of paradise and utopia 天堂和乌托邦 39

    of Quetzalcoatl** 克萨尔科亚特尔 69

myth and reality 虚构和现实

    dichotomy between 对立 25

Napoleon 拿破仑 148, 149, 159, 165

Napoleonic Wars 拿破仑战争 23, 25, 107

Native Americans 美洲原住民

    and "The Great Dying" 与"大灭绝" 113

    population decline of 人口下降 114

Native Land Court 原住民土地法庭 287

Native Lands Court of 1862 1862 年原住民土地法庭 286

Native Lands Act of 1865 1865 年《原住民土地法案》 287

Native Lands Acts (New Zealand)《原住民土地法案》(新西兰) 286

natural environment 自然环境

    alteration of in the Spanish Conquest 西班牙征服中的改变 88

natural humanity 自然人性 128 See also Rousseau, Jean-Jacques 亦可参阅让-雅克·卢梭

New Atlantis (Bacon)《新大西岛》(培根) 124

New General Collection of Voyages and Travels (Astley)《新航海与旅行总集》(阿斯特利) 191

New Laws (1542)《新法》(1542 年) 91

New Mexico colony 新墨西哥殖民地

    and disease 与疾病 118

New Spain 新西班牙

    Franciscan campaign of mass conversion 方济各会士的大量转换信仰运动 92

    patron saints in 主保圣人 92

New Testament《新约》

    translated into Maori 翻译为毛利语 278

New Zealand 新西兰 134, 258, 259, 262, 263, 265

    climate of 气候 264

    colonization of 殖民 264

---

* 此处有误，原书 124 页正文首次出现时为正确拼写，即 Sir Thomas More。

** 此处有误，原书 67 页正文首次出现时为正确拼写，即 Quetzalcóatl。

contemporary settler opinion 同时代移民的观点 290

first large-scale attempts at colonizing 第一波大规模的殖民尝试 281

similarities of culture with Polynesia 与波利尼西亚的文化相似性 266

New Zealand Association 新西兰协会 281

New Zealand Colonization Company 新西兰殖民公司 281，282

New Zealand Settlement Act《新西兰殖民法案》 286

Newson, Linda 琳达·纽森 119

Nieuhof, Jan 简·纽霍夫 46

Nieuw Zeeland 新西兰 See New Zealand 参阅新西兰

Nippon 日本 99 See also Japan 亦可参阅日本

Noble Savage 高贵的野蛮人 25，123，129，130，132，144，146，192

and humanitarians 与人道主义者 193

demise of 终结 160

fading of image 想象褪去 172

images of 想象 24

in writing of Defoe 在笛福的作品中 127

myth of 神话 39，147

Tasmanians as 塔斯马尼亚人 154

nonconformists 不信英国国教的新教徒

as abolitionists 作为废奴主义者 190

non-Western life 非西方生活

and appeal for Europeans 与对欧洲人的吸引 126

non-Western world 非西方世界

in the view of the European 欧洲人的观点 148

Nootka 努特卡人 237，238，240，243

relations with Cook 与库克的关系 239

Northwest Coast 西北海岸 See Pacific Northwest 参阅临太平洋的西北岸

Of the Cannibals (Montaigne)《论食人族》（蒙田） 125

Ogilby, John 约翰·奥格尔比 38

Omoo (Melville)《奥穆》（梅尔维尔） 184

Oneida 奥奈达 223

Only Method of Attracting All People to the True Faith, The (Las Casas)《吸引所有人向真正信仰的唯一方法》（拉斯·卡萨斯） 89

Onondaga 奥农达加 223

opium 鸦片

as a commodity to pay for Chinese tea 作为一种支付中国茶叶费用的商品 97

oral histories 口述历史 31

Oriente 奥连特 119，120

Origin of Species (Darwin)《物种起源》

（达尔文） 164

Otaheite 奥塔希提 *See* Tahiti 参阅塔希提

Pacific 太平洋

exploration of 探索 130

Pacific Northwest 临太平洋的西北岸

art of 艺术 248

benefits of contacts between Hudson's
Bay Company and Indians 哈得孙湾
公司与印第安人接触的利益 250

climate of 气候 246

conflict between settlers and Indians in
移民和印第安人的冲突 252

contemporary accounts of Indian life in 关
于印第安人生活的同时代记录 252

decline of Indian societies in 印第安人
社会的衰落 252

description of coastal environment 关于
海岸环境的描述 244

disappearance of Indian culture in 印第
安文化的消失 254

effects of diseases on population of 疾病
对人口的影响 243

exploration of 探索 240

feelings of racial superiority among settlers
移民中对种族优越感的感受 251

fur trade in 皮草贸易 242

Indian society of 印第安社会 243

living arrangements of people in 人们的

家居方式 247

missionaries in 传教士 254

organization of society in 社会的组织
246

polygamy in 多偶制 243

rich culture of 丰富的文化 243

size of population at time of European
contact 欧洲人接触时的人口规模
244

social distinctions in 社会差异 248

social organization of 社会组织 248

trade among people in 人群间的贸易
242

trading with Indians in 与印第安人的贸
易 241

Pai mariri 美好和平运动 289

doctrines of 信条 288

European impression of 欧洲人的印象
288

Paine, Thomas 托马斯·潘恩 190

paradise 天堂

and European notion of 欧洲人的概念
38

myth of 传说 39

quest for earthly 追求人间的 303

search for on earth 在人间寻找 24

paradise on earth 人间天堂

as a specific image 作为一个特别的想

大发现四百年

象 124

Parkinson, Sydney 悉尼·帕金森 135，272

Parliamentary Select Committee on Aborigines 议会原住民特别委员会 205

Patagonian Mission Society 巴塔哥尼亚传教协会 208，210，211

Peron, François 弗朗索瓦·佩龙 147，150，151，153，154

Perry, Commodore 海军准将佩里 107

Petty, Sir William 威廉·佩蒂爵士 161

Phillips, Garland 加兰·菲利普斯 212

philosophical speculation vs. science 哲学思索对科学 130

Pizarro, Francisco 弗朗西斯科·皮萨罗 58

Polygenists 多元发生论者 164

　vs. monogenists 人类同源论者 164

Polynesia 波利尼西亚 265

　similarities of culture with New Zealand 与新西兰的文化相似性 266

Pomare I 波马雷一世 178

Pomare II 波马雷二世 178

　conversion of 改换信仰 180

Pope Alexander VI 教皇亚历山大六世 82

population 人口

　explosion of since the Industrial Revolution 自工业革命以来的激增 294

　decline of Native American 美洲原住民

的减少 114

Portlock, Nathaniel 纳撒尼尔·波特洛克 241

Portugal 葡萄牙

　"discovery" of Japan "发现"日本 102

　principal aims of exploration of West African coast 探索西非海岸的首要目标 38

　sailing ships vs. Arab dhows 帆船对单桅三角帆船 96

Postethwayt, Malachy 马拉奇·波斯尔思韦特 193

potlatch 夸富宴

　adoption of by Western society 被西方社会接受 249

　definition of 释义 249

　outlawing of 宣布为不合法 253

Prescott, William 威廉·普雷斯科特 77

Prince Henry the Navigator of Portugal 葡萄牙亲王"航海者"亨利 38，39，95，173

Pritchard, James Cowles 詹姆斯·考尔斯·普里查德 206

progress 发展

　results of 结果 296

Pueblo, Revolt 普韦布洛起义 118

Quakers 贵格会信徒 205，206

Queen Adelaide 阿德莱德王后

and Fuegians 与火地岛人　201

questionnaires 调查表

　　in helping formulate policy in colonies 帮助在殖民地制定政策　191

Quetzalcóatl 克萨尔科亚特尔

　　and European explorers 与欧洲探险者　69

quito 基多

　　population decline in 人口下降　120

Race 种族

　　concept of 概念　163

racial superiority 种族优越感

　　doctrines of 信条　25

　　feelings of among settlers in the Pacific Northwest 临太平洋西北岸的移民的感受　251

　　origins of thought about 思想起源　163

Ramenovsky, Ann 安·拉梅诺夫斯基　115, 116, 119

reality and myth 现实和虚构

　　dichotomy between 对立　25

religious beliefs 宗教信仰

　　of native cultures 本地文化的　173

Renaissance 文艺复兴　299

Requirement《要求》

　　definition of 释义　85

Researches into the Physical History of Man (Pritchard)《人类身体史研究》（普里查德）　206

ringatu 举手教派　288, 289

ritual cannibalism 仪式性食人

　　and the Huron 与休伦人　223

Robinson Crusoe (Defoe)《鲁滨孙漂流记》（笛福）　127

　　and Rousseau 与卢梭　128

Robinson, George Augustus 乔治·奥古斯塔斯·鲁滨孙　166

　　attempts to "civilize" Tasmanians "教化"塔斯马尼亚人的尝试　168

romantic savagery 有浪漫色彩的野蛮人　128

Rousseau, Jean-Jacques 让-雅克·卢梭　32, 129

　　and "natural humanity" 与"自然人性"　128

　　reaction to Maori cannibalism 对毛利人食人的反应　172

Russell, Lord John 约翰·罗素勋爵　283

Russell, Thomas 托马斯·拉塞尔　287

Saar, Johan Jacob 约翰·雅各布·萨尔　46

Sahagun, Fray Bernardino de 弗雷·伯纳迪诺·迪·萨哈冈　30, 33, 58, 69, 70, 72, 73, 75, 77

Sainte-Maire mission settlement 圣玛丽传

教殖民地 232

samurai 武士 101, 104, 106, 108, 109

San 桑人 52

savages 野蛮人

glorification of 赞颂 127

influence on European expansion 对欧洲扩张的影响 127

nontion of "the good" "好" 的概念 127

Western images of 西方的想象 39

in writings of Rousseau 在卢梭的作品中 128

Schrire, Carmel 卡梅尔·斯赫里勒 54

science 科学

vs. philosophical speculation 对哲学思索 130

Selwyn, Bishop G. A. G. A. 塞尔温主教 278

Seneca 塞尼卡

feud with the Huron 与休伦人联盟 223

war with Huron 与休伦人打仗 234

Sepulveda, Gines de 希内斯·德·塞普尔韦达 124

vs. Las Casas 对拉斯·卡萨斯 91

Seven Cities of Cibola 西波拉七城 118

Shaka 沙卡 26

Shinto 神道教 99

vs. Buddhism 对佛教 99

Shogunate 幕府 101, 108

and treaty with Commodore Perry 与海军准将佩里签署条约 107

Simpson, Lesley Byrd 莱斯利·伯德·辛普森 86

slave trade 奴隶贸易

and abolitionists 与废奴主义者 190

beginnings of 开始 190

smallpox 天花

epidemic in the St. Lawrence Valley 圣劳伦斯谷的流行病 230

epidemic of 1778–1780 1778—1780 年的流行病 119

epidemics in Central America 在中美洲流行 113

role of elevation in 海拔的作用 119

spread of in the Pacific Northwest 在临太平洋西北岸的传播 253

Smith, Andrew 安德鲁·史密斯 49

Snow, Parker 帕克·斯诺 210

expedition to the Falkland Islands 远征福克兰群岛（马尔维纳斯群岛）210

social and religious life 社会和宗教生活

focuses for Indians of New Spain 新西班牙印第安人的焦点 92

social stratification 社会等级

as part of human society for over ten thousand years 万余年中作为人类社

会的一部分 298

Societé des Observateurs de l'Homme 人类观察员学会　148

　　collapse of 瓦解　154

　　founding of 成立　148

society 社会

　　contrasts between Western and non-Western 西方和非西方之间的冲突　294

Society for Promoting Christian Knowledge 基督教知识普及协会　175

Society for the Propagation of the Gospel in Foreign Parts 外国福音传播协会　175

Society of Jesus 耶稣会　228

South Seas 南太平洋

　　exploration of 探索　130

Southwest 西南部

　　survival pattern of Native Americans in 美洲原住民的生存模式　118

Spain, William 威廉·斯佩恩　283

Spanish Conquest 西班牙征服　30, 33

　　and alteration of the natural environment 与自然环境的改变　88

　　Aztec rationalization of 阿兹特克的合理化　69

　　and effects on Aztec society 与对阿兹特克社会的影响　87

Spanish Council of the Indies 西班牙印度群岛议会　191

Spanish missionaries 西班牙传教士

　　and their justification of methods of conversion 与他们关于转换信仰的手段的辩护　126

Sparrman, Andrew 安德鲁·斯帕尔曼　49

spice trade 香料贸易　96

Sproat, Gilbert Malcolm 吉尔伯特·马尔科姆·斯普罗特　253

Stirling, W. H. W. H. 斯特林　213

Strandloopers 海滨打环者　52

Sublimis Dens《崇高的上帝》　86

suiegos 村庄

　　definition of 释义　93

Supplément au Voyage de Bougainville (Diderot)《布干维尔游记补遗》（狄德罗）　171

Suppression of Rebellion Act of 1863 1863 年《镇压叛乱法案》　286

Swift, Jonathan 乔纳森·斯威夫特　127

Tahiti 塔希提

　　acceptance of missionaries 接纳传教士　180

　　arrival of missionaries 传教士抵达　176

　　breakdown of society 社会的瓦解　183

　　brief fashion for European clothing 欧洲衣衫的简短流行　176

　　changes in society of 社会的变化　185

decline in population of 人口下降　176

"discovery" of "发现"　131

formal French annexation of 法国正式吞并　184

and free love in 与自由性爱　144

objective of missionaries in 传教士的目标　178

preservation of old customs 旧习俗的保留　183

Tahitian society 塔希提社会

organization of 组织　140

Tahitians 塔希提人

and alcohol 与酒精　176

appearance of 外貌　138

consequence of conversion to Christianity 皈依基督教的后果　186

diet of 饮食　139

and human sacrifice 与人祭　141

and interbreeding with Europeans 与欧洲人混种　185

and open attitudes to secual intercourse[*] 与对性交的开放态度　144

relegated to subservient place 降至从属地位　186

religious beliefs of 宗教信仰　142

similarities to Khoikhoi 与科伊科伊人的相似性　141

simplicity of housing 住房的简单　139

simplicity of life 生活的简单　138

as skilled boatbuilders 作为熟练的造船者　140

Tahitians and Europeans 塔希提人和欧洲人

early relations 早期的关系　131，136

Tahontaenrat 达霍塔恩拉特 See Huron 参阅休伦人

Tasman, Abel 阿贝尔·塔斯曼　134

exploration of New Zealand 探索新西兰　259

Tasmania 塔斯马尼亚　154

aborigines in 原住民　15

French vs. aborigines 法国人对原住民　16

Tasmanians 塔斯马尼亚人

and tattooing 与文身　153

as a "connecting link" 作为"链接"　164

description of lifestyle 关于生活方式的描述　153

diet of 饮食　155

extinction of 消失　169

* 此处有误，原书第 144 页正文首次出现时为正确拼写，即 sexual intercourse。

impact of permanent European settlers on 永久欧洲移民的影响 165

raids on early colonists 对早期殖民者的袭击 166

refusal to eat fish 拒绝食用鱼类 155

simple technology 简单的技术 157

social organization of 社会组织 154

tattooing 文身

in New Zealand 新西兰 267

in Tahiti 塔希提 139

in Tasmania 塔斯马尼亚 153

Te Kooti 特·库蒂 289

Te Rangi Hiroa 特·兰吉·希罗阿 See Buck, Sir Peter 参阅彼得·巴克爵士

Te Ua Hamene 特·乌阿·哈马纳 288

Tepanecs 特帕内克人 60

and the Aztecs 与阿兹特克人 63

Tokugawa Iemitsu 德川家光 104

Tokugawa Ieyasu 德川家康 104

travel books 旅行书

uneven quality of 质量不均 191

Treaty of Waitangi《怀唐伊条约》 280, 282

Maori challenge to in the twentieth century 20 世纪毛利人对条约的挑战 292

Treaty of Washington《华盛顿条约》 250

typhus 斑疹伤寒

spread of 传播 117

Tyson, Edward 爱德华·泰森 161

United Nations Conference to Combat Racism and Racial Discrimination (1978) 联合国反对种族主义和种族偏见会议（1978 年）

declaration of 宣言 197

Universal History《通史》 191

Ushaia* 乌斯怀亚 213

arrival of Argentine ships in 阿根廷舰船抵达 214

utopia 乌托邦 124

myth of 传说 39

Utopia (Moore)** 《乌托邦》（莫尔） 124

utopias 乌托邦

location of 位置 124

in the New World 在新大陆 124

Vaillant, George 乔治·瓦扬 68

Van Diemen's Land 范迪门之地 See Tasmania 参阅塔斯马尼亚

Van Diemen's Land Company 范迪门之地公司 166

---

* 此处有误，应为 Ushuaia。

** 此处有误，原书第 124 页正文首次出现时为正确拼写，即 More。

Van Riebeeck, Jan 简·范·里贝克 52

Vancouver Island 温哥华岛

    colonization of 殖民 251

Vancouver, George 乔治·温哥华 263

Vasco da Gama 瓦斯科·达·伽马 38，

    40，43，95，96

venereal disease 性病 176，183，244，

    250，253

Venn, Henry 亨利·维恩 174

Veritas Ipsa《真理》 86

Verne, Jules 儒勒·凡尔纳 291

Vespucci, Amerigo 亚美利哥·韦斯普奇

    57

Victoria, Francisco de 弗朗西斯科·德·

    维多利亚 85

Voyages (Hawkesworth)《航行》（霍克斯

    沃斯） 147

Voyages de Découvertes aux Terres Australes

    (Peron)*《探索南方土地之旅》（佩龙）

    153

Waikato wars 怀卡托战争 286

Wakefield, Edward 爱德华·韦克菲尔德

    282

    and land transactions 与土地交易 283

Wallis, Captain Samuel 塞缪尔·沃利斯船

    长 130，131，135

warfare 战争

    and the Huron 与休伦人 224

    and the Maori 与毛利人 271

    in New Zealand 在新西兰 278

    as part of Indian life 作为印第安生活的

        一部分 222

Warton, Joseph 约瑟夫·汗顿 129

Washington 华盛顿

    slaughter of Indians in 对印第安人的屠

        杀 251

Weld, Frederick 弗雷德里克·韦尔德

    287

Wendat 温达特 *See* Huron 参阅休伦人

Wesley, John 约翰·韦斯利 174

Whitaker, Frederick 弗雷德里克·惠特

    克 287

Whitefield, George 乔治·怀特菲尔德

    174

William King 威廉·金 *See* Wiremu Kingi

    参阅威勒缪·金吉

Williams, Henry 亨利·威廉斯 278

Wiremu Kingi 威勒缪·金吉 284，291

Wolf, Eric 埃里克·沃尔夫 29，32

---

* 原书第 153 页 *Découvertes* 一词拼写有误。

World Council of Indigenous Peoples 世界
　原住民理事会　297

world system 世界体系　20，28

worldviews 世界观
　diversity of 多样性　32

Yahgan 雅甘人 *See also* Fuegians 亦可参
　阅火地岛人
　diet of 饮食　197
　extinction of 消失　214

housing of 住房　195

lifestyle of 生活方式　195

measles epidemic 麻疹流行病　214

reaction of FitzRoy to 菲茨罗伊对雅甘
　人的反应　199

religious beliefs of 宗教信仰　198

social organization of 社会组织　198

Yamana 雅马纳 *See* Yahgan 参阅雅甘人

Zoffany, Johann 约翰·佐法尼　172

文景

社 科 新 知　文 艺 新 潮

Horizon

大发现四百年：一部文化冲突的历史

[美] 布赖恩·M.费根　著　乔苏婷　译

出 品 人：姚映然
责任编辑：周灵逸
营销编辑：胡珍珍
装帧设计：施雅文

出　　品：北京世纪文景文化传播有限责任公司
　　　　　（北京朝阳区东土城路8号林达大厦A座4A 100013）
出版发行：上海人民出版社
印　　刷：山东临沂新华印刷物流集团有限责任公司
制　　版：南京展望文化发展有限公司

开 本：890mm×1240mm　1/32
印 张：14.25　字 数：332,000　插 页：2
2023年3月第1版　2023年3月第1次印刷
定 价：89.00元
审图号：GS(2022)4976号
ISBN：978-7-208-17812-0 / K·3218

图书在版编目（CIP）数据
大发现四百年：一部文化冲突的历史 / （美）布赖
恩·M.费根（Brian M. Fagan）著；乔苏婷译．—上海：
上海人民出版社，2022
书名原文：Clash of Cultures
ISBN 978-7-208-17812-0

Ⅰ.① 大… Ⅱ.① 布… ② 乔… Ⅲ.① 文化冲突–研
究 Ⅳ.① G0

中国国家版本馆CIP数据核字（2023）第014080号

本书如有印装错误，请致电本社更换　010-52187586